元華文創
卓越文庫 EB011

二二八事件真相辯證

黃種祥 著

《二二八事件真相辯證》推薦序

史學研究以求真、存真為第一無上要義！

說來容易做來難！你想知道二二八事件的真相嗎？推薦你讀黃種祥寫作的《二二八事件真相辯證》！

黃種祥花了十年時間，閱讀了和二二八事件相關的所有資料，參與了與二二八事件相關的幾個研究案，用最嚴謹的態度，審視了原始資料和相關論述，加以分類、分級、定性，再以兩千多份資料為基礎，用最精確的科學方法，做時序和量性分析，以重大事件為指標，找出與二二八事件相關的大量論述，在不同空間和時間中的意義。這樣的巨視分析法，對於充滿矛盾、偏見和商業利益、政治利益、個人情緒和意識型態糾結的二二八事件論述，是目前所知，最佳的研究方法。

資料分類、分級、定性之後，仔細做內部考證，做信度和效度分析，更為困難！

《維摩詰經——佛國品》:「佛以一音演法說，眾生隨類各得解！」

佛陀的「一音」，因為聽眾每個人的慧鈍不同，因緣不同，因而產生各類不同的理解。聽眾把自己的因緣和企圖心，摻合在「一音」中，講給下一代聽者聽，第二代聽者聽到的就是一音加上傳播者的理解、因緣和企圖心混合的雜音，如此一代一代的傳下去，佛陀一音的成份越來越少，徒子徒孫的雜音就越來越多，很快的就形成八萬四千法門！佛陀的「一音」到底說了些什麼？誰也搞不清楚。既然如此，妖魔鬼怪只要冠上一個「佛」字，就以正信佛教自居，指斥其他法門為邪魔歪道。二二八事件的「一音」在哪裡？

謹以臺灣史上以「宜蘭開闢英雄」著名的吳沙從賊首→賊目→義首→墾

首，終於變成神的過程為例：

乾隆 51 年（1786）11 月，林爽文在大里杙（今臺中市大里區）豎旗造反，攻進彰化縣城（今彰化市區），官吏皆被擒殺，由於天地會的運作，烽火瞬間蔓延全臺，舉國震驚。清廷調十四省兵，撥米四十餘萬石、銀四百四十餘萬兩，派遣將軍、總督、提督、總兵、副將等三十餘人率兵征臺，有的遲遲而行、有的逡迴不渡海、有的養寇觀變、有的擁兵自保，人人爭功諉過，大小數十戰，終不能勝。

乾隆 52 年（1787）6 月 20 日，急調傅恆之子福康安「統領大兵」征臺。福康安也懦弱萎縮遲遲而行，11 月 2 日在鹿港登陸，卻有如摧枯拉朽，25 日即攻入林爽文的老巢大里杙，次年正月初四擒林爽文，2 月 5 日俘莊大田，全臺底定。大軍平定組織鬆散的變民，其實不難。

吳沙初次登上歷史舞台，是在乾隆 52 年 4 月 19 日福建巡撫徐嗣曾的奏報：

「三貂奸民吳沙恃其險遠，時出虐民。」

7 月 13 日閩浙總督李侍堯奏報：

「惟賊首吳沙盤據三貂，恃其地險，尚在竄伏，現在設法購線剿捕。」

8 月 17 日李侍堯再奏：

「惟賊首吳沙竄伏三貂尚未弋獲。」

天地會在臺灣有斗六門（今雲林斗六）、大里杙和三貂（今新北市貢寮區）等三大巢穴，吳沙就是三貂角的「賊首」。福康安要進攻大里杙之前，預計林爽文將逃往內山轉進三貂，即飛傳淡水同知徐夢麟到營面授機宜，對於吳沙改剿為撫，以斷林爽文後路。12 月中，同知徐夢麟、副將徐鼎士即稟報：

「其三貂、蛤仔難先為賊目吳沙所據亦招出，令其擒獻首逆自效。」

12 月 28 日福康安的奏摺中，已改稱吳沙為在三貂、蛤仔難「租墾番地之吳沙」，隱匿吳沙出身。

由於政策的改變，吳沙從賊首、賊目變成了「義首」。《噶瑪蘭廳志》和《噶瑪蘭志略》二書〈吳沙傳〉皆謂：

「吳沙在日，官給吳春郁義首戳，疏節闊目，一切頗聽其自便」

也就是說，清朝的官吏，給了一個義首戳就放任他胡作非為。

嘉慶元年（1796），吳沙率領九位「旗首」進踞噶瑪蘭（蛤仔難，今宜蘭），嘉慶三年就死了。在宜蘭留下許多「結首制」的地名，有些寺廟也奉祀「吳沙老大」神位。

咸豐 8 年（1796）頭圍縣城王兆鴻為吳沙立了「昭績碑」，中謂「布衣而建開闢之功；纖民而創不朽之業，生無一命之加，歿享千秋之祀……慕義而任俠」。

此碑定調吳沙為「慕義而任俠」，此後研究者咸無異詞。1972 年，中研院院士許倬雲在《民族學研究集刊》第 33 期發表〈I-Lan in the First Half of the 19th Century〉一文，聲稱「並沒有充分證據證明吳沙與祕密社會有關」。

把原始史料依時序排比，即知其中變化之玄機。

許院士若不是不讀檔案史料，就是心懷鬼胎，扭曲訊息。論述二二八的人，有多少是人云亦云，不讀原始材料，又有多少人是心懷鬼胎，扭曲訊息的邪魔歪道呢？

再舉與林爽文事件有關之一例：

林爽文事件鬧大之後，清廷調遣各省軍隊來臺，並派閩浙總督常青為「將軍」，統帥各軍。常青於乾隆 52 年（1787）二月率軍駐紮「桶盤棧」（今臺南市東區法華寺旁），屢次上奏虛報軍功，乾隆帝命常青先攻打盤據南潭（今臺南市仁德區）的莊大田，常青都設詞搪塞。六月初，乾隆帝親自詢問了常青之「齎摺差弁饒成龍」，才知道「賊目莊大田所踞南潭，距桶盤棧營盤只有五里，似此肘腋之間，任其逼處，竟不思乘勢攻剿，實不可解」，因而下旨痛責。

差弁饒成龍是下級武職，見到皇上不敢說謊；常青是頂級武將，奏摺中充滿了謊言，連五里近處的賊首都不敢發兵攻剿，可見其對於賊兵懦弱顢頇，卻在奏摺中欺上瞞下、膽大妄為。堂堂總督將軍方面大員的奏摺，就可信嗎？

二二八事件相關的檔案和專書、論文，到底誰是誠實的「差弁饒成龍」親歷的陳詞，誰是將軍的謊言呢？

二二八事件和林爽文事件一樣，臺北市延平北路的一點星星之火，瞬間形成燎原之勢。但是二二八事件形成的原因，遠比林爽文事件複雜得多。

首先是殖民地回歸所造成的問題：殖民教育以汙衊母國為前提，根深柢固；殖民主義經營的效果以及殖民者和母國比較的落差、形移勢轉的現實考量以及親殖民者從恐懼轉為投機等等，都是造成動亂的不穩定因素。

其次是戰後復員所造成的問題；經濟衰敗、資源缺乏、道德淪喪、法律崩潰、社會動盪不安，加上臺灣人被徵調的日本軍伕復員、失業，國內各黨分子接收臺灣的爭權奪利，尤其是半山與留臺菁英的傾軋等等，都是事變的助燃劑，火上添油。

第三是國際的爭奪與美國的操控；十九世紀以來，美國覬覦臺灣之心未曾稍歇，軍人、特務更大顯身手，日人之留臺者更積極參與，都使得事件複雜化。

第四是中國本身的問題，首先是沒有長期、廣泛的接收準備（大陸也有接收問題），其次是國共內戰方殷，無暇顧及臺灣，反而要向臺灣徵兵、徵糧。國民黨內部權力鬥爭和國共內戰延伸到臺灣，也使得治理扞格，難以施力。

最重要的還是中央蔣介石和地方陳儀的統治能力，遠不及臺灣回歸、復員的需要，導致事件發生，發生之後也無法妥善處理。

二二八事件發生的原因遠比林爽文事件複雜，許多人見獵心喜，積極地參與；企圖從中取利的個人、團體，與國家相互角力，使事件一發而難以收拾，善後工作也無法進行。

受害者（甚至加害者）訴冤、求救、要求平反，請求美國解放、託管，無奇不有。1950 年國府遷臺，為了維護政權的穩定和社會安定，實施威權統治，二二八事件的善後工作受到擱置，受害者噤若寒蟬，反而在海外發展，成為主張臺獨者的支持力量。

由於美國以世界的警察自居，在世界各地點燃烽火，尤其是越南戰爭，勢成騎虎，1968 年底，尼克森當選總統，謀求脫困，尋求中國協助。1971 年 10 月，聯合國驅逐中華民國，由中華人民共和國取代，在國際上造成一連串的斷交潮，臺灣島內的反對勢力乘機崛起，二二八事件成為反國民黨的利器，躍上檯面，成為選舉時的熱門話題，呈現百家爭鳴，論述蠭起，爭奪政治利益和言論市場的態勢。

1987 年 7 月解嚴以後，官方檔案逐漸釋出，李登輝執政時期，開始鼓勵出版二二八相關人士隱惡揚善的「口述訪錄」，1995 年〈二二八事件處理及補償條例〉公布實施，從此由官方白手套處理二二八事件真相的探索和相關的補償事宜。

二二八事件的相關史料傾巢而出，論述也如波濤般漫延，二二八事件不但成為政治與史學議題，甚至成為美術和音樂、戲劇議題，「二二八基金會」除了處理紀念活動、文宣活動，也補助研究二二八事件的研討會和出版事宜的經費，並且按年公布補償名單（含認定事由）。

黃種祥充份利用了前述資料，並做了深入的比較和分析，此書可以視為關於二二八事件的總結性作品。黃種祥是否從八萬四千法門和浩如翰海的經、律、論中，發現了佛陀的「一音」呢？一讀本書即知！

有幸目睹本書的寫作過程，倍感榮幸，特撰此文，向各位推薦。

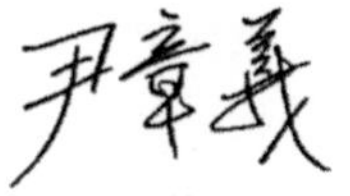

社團法人臺灣史研究會理事長

識於 2018 年 1 月 1 日，新店萬山千水樓

自序

歷史研究的對象是過往的事實，研究者難免會有後見之明，加上每個人的立場、閱歷、性格不同，主觀判斷自然也不一樣。歷史是否由勝利者書寫，各家看法不一，但歷史事件之定位，人物之臧否，難免受當下執政者影響。

二二八是個敏感而複雜的事件，牽扯的因素很多，涉入的勢力也不少。本書以美國駐臺北副領事葛超智為切入點，對美國當年與臺灣的關係著墨甚深。另一個主角是左翼勢力，蔡孝乾當時已建立起中共省工委會的基本架構，雖可確定已有不少臺共被納入麾下，但明顯尚未完全吸收，難以分辨。左翼勢力在二二八事件中地位重要，但由於不符合目前的政治利益，研究者並不多。

本人過去曾在中研院近史所擔任朱浤源教授的助理六年，親身參與相關的三個研究計畫及幾篇研究論文的發表，對二二八事件的相關史料及研究著作自認深入且廣泛的整理過。之後離職，一邊在國中代課，一邊就讀博士班，追隨尹章義老師學習臺灣史，也以該事件為主題撰寫了幾篇文章與學期報告，最後決定就以二二八事件為主題撰寫博士論文。

在這部論文的撰寫過程中，多位長輩、友人勸我別碰這種敏感的主題，況且方向又如此政治不正確，不能順應時勢。甚至有人拿朱教授給我當例子，身為中研院研究員、臺大兼任教授，只因為碰了三一九槍擊案，對二二八事件的論述又不識時務，致使各種研究計劃不是被腰斬，就是被刁難，連中研院的研究室都差點沒保住。

仔細想想，自己一介白身，既非公職也無教職，似乎沒甚麼可以失去，那麼就順自己心意來作。尹章義老師幾次吩咐，人和為貴，僅針對事件相關的人、事、物進行敘述，不碰觸研究者，或對著作內容進行負面評論。

此外，為使三、四章可能有爭議的論述不顯眼，尹老師特別設計了量性分析方式，藉著統計分析一千四百多筆相關文獻，以十萬字的篇幅，得到「二二八事件的研究及論述受政治影響」這種「不用研究也知道」的結論，並為後續的質性分析作出鋪墊。說來輕鬆，但光閱讀這堆論文及專著足足花了我兩年的時間。這部博論雖在審查階段有些插曲，最終以 92 分過關，據說是本院當年的最高分。本書即以博士論文增補而成。

本人向來有自知之明，知道資質並不出眾，也未付出比別人更多努力，又不會經營人際關係，因此人生歷程走來不算順暢，能有機會出版著作，絕非個人微薄的才學所能及，而是借助了許多人的力量，我在此誠摯的感謝各位。

能完成此書，我的指導教授尹章義老師當居首功。從尹老師的授課之中，我對臺灣史的了解有長足進步，在史料分級與文獻探討等方面都獲益良多。尹老師不但傳授我量化分析的研究方法，更幾次在我論文撰寫遭遇瓶頸時，給予建議與鼓勵。幾次早上醒來，看見老師在凌晨兩三點傳來的簡訊，對我的論文內容提供修改意見及增補資料，不由得感動與感激一齊湧上心頭，再次充滿完成論文的動力。

感謝朱浤源老師，收留我在近代史研究所擔任六年的研究助理。這段期間讓我學習到許多治學的方法以及態度，也因此能接觸到大量的史料及學術著作，並認識各位學者專家，讓我對學術界略窺一斑，堅定後來就讀博士班的想法。朱老師也是我博士論文的口試委員，提供撰寫論文的方向以及不少修改的建議，對我影響甚深。

感謝賴澤涵、習賢德及陳立文三位教授擔任我的論文口試委員，賴老師是行政院《二二八事件研究報告》的總主筆，無疑是臺灣二二八研究的最權威學者，對我論文提出的各項修改建議，均有畫龍點睛之效；習老師曾主持二二八事件警幹班成員的口述歷史撰述計畫，對事件了解亦深，除提供我不少相關資料之外，要求我增補史料並據以進行分析論述，對本文內容的充實極有幫助；陳老師對文章結構提供修改意見，並提出避免政治爭議的建議，對我亦有相當助益。

感謝指導我碩士論文的羅獨修老師，當年我從中文系畢業後即考入史學所，各種基本知識及史學方法均極匱乏，是您指引我該從哪些典籍入手，並帶領我們幾位師兄弟舉辦讀書會，從左傳到經學，一步一步指引我進入學術殿堂。雖然我在上古史的領域沒能走得更遠，但從您那邊我學到許多。

感謝我在研究所修業期間的所有老師們，包括王吉林、王仲孚、王綱領、王明蓀、王大智、陳鵬仁、李朝津、蔣義斌等老師，從您們的課程中，我學習到不同領域的史學知識，獲益良多。也感謝辛苦的家禎助教，幾次解答並提醒我應該處理的各項行政程序。

感謝已故的黃彰健院士，在我擔任研究助理期間，多次在史學研究方面指點我迷津；王鏡宇、楊力明、鄭月裡、戚嘉林、紀欣、武之璋、魏宏晉、楊晨光等先進也都曾給予我許多指教及指點，十分感謝。

感謝新北市新莊頭前國中、板橋重慶國中、三重光榮國中、八里國中、泰山義學國中，在我就讀博士班期間，給予我代理代課的機會，使我在求學期間經濟能夠自給。感謝葉俊士主任一席談話，讓我了解江湖險惡；蔡明真主任替我介紹職缺；高玉美主任在行政方面給予我支援；尹遜正、劉良知、莊雅如、林聖峰、張柏年、楊尚樺、鄭維超、汪佩璇、林郁珊、李丘威達、楊雁云等各位老師，都曾給予我幫助，使我獲得成長，十分感激。

最需要感謝的是我的家人們。父親、母親與弟弟在我就讀博士班期間，體諒我在就業方面的各種遷延及不作為，容忍我的固執與妄為，在各方面給了我最大的支持，並且為我付出許多。因為有你們，讓我可以在沒有甚麼後顧之憂的情況下完成學業。

要感謝的人還有很多，朋友們讓我能有更寬廣的視野；學生們有時讓我頭疼不已，但無疑也豐富了我的生活。篇幅有限，未能一一列舉，深感歉意；但寥寥數語，又豈能表達我滿腔的感激於萬一？

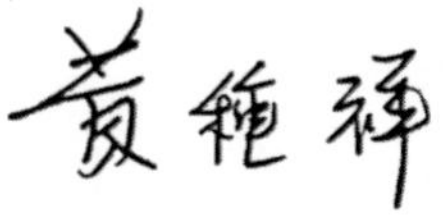

2017.12.20

目 次

圖次

表 次

緒 論

一、緣起

二二八事件發生迄今已七十年，這段期間臺灣的社會與政治環境多次大幅改變，各方對該事件的論述，也不斷因應時局進行調整。仔細觀察，可以發現相關的當事人、目擊者，甚至研究學者們，對事件的認知有一定程度的落差，甚至看法會因時、因地、因立場而異。

毫無疑問，歷史事件的詮釋難免受到各種外在因素的影響，二二八事件的性質本就爭議十足，其過程又與族群、省籍問題關係密切。現今還是除了元旦跟國慶之外唯一的非民俗國定假日，受各方關注實屬必然。

尹章義從 1991 年開始，提出二二八事件必須落實善後工作，除了以研究來探求事件真相外，更首先倡議推動二二八特別立法，視個案情況給予受害者「罪名平反」及「賠償」，希望撫慰受難家屬的傷痛，並還給犧牲者該有的歷史定位。[1]且應重視人性尊嚴，不要以政治意識形態湮滅真相。他將二二八事件的發展史分為七個階段：[2]

1. 二二八事件的發生及善後期

---

[1] 〈立院召開公聽會 討論二二八賠償事宜 各方咸認應賠償難屬〉，《自由時報》，1992 年 3 月 19 日。謝邦振，〈行政院《二二八事件研究報告》出爐，尹章義認為應該透過特別立法作為處理善後依據〉，《中國時報》，1992 年 2 月 12 日。〈基於族群平和觀點 政府不妨賠償可以透過特別立法 作為處理善後依據以免該案一翻再翻〉，《聯合報》，1992 年 2 月 12 日。

[2] 尹章義，〈解讀二二八——撥開迷霧，回到歷史的原點〉，《中時晚報》，1991 年 2 月 27-28 日。

2. 求治期：受難者訴冤、求救、要求平反及向中共、美國請求解放、託管
3. 隱痛期：傷痛受戒嚴與其後的威權統治壓制
4. 觸痛期：因中共及海外獨派的紀念，重新引發傷痛
5. 政治化時期：成為朝野抗爭的政治訴求
6. 泛政治化與商品化時期：由於死者為大，受難者為尊，事件無限上綱
7. 真誠面對二二八問題及療傷止痛期

尹提出，關於二二八之研究，雖然各方紀錄都有差距，但歷史事實只有一個，論述則因立場不同和利害關係的演化而殊異。研究者若以追求真相為目的，應自覺地降低其立場和意識形態的影響，使真相浮現，而不假研究之名，凸顯其工具性格。

賴澤涵認為，二二八事件原是歷史事件，但現今社會卻都拿來當政治事件看待，自然就會有各說各話的現象，例如國民黨比較喜歡批評較少的聲音，因此引來更多批評，可見國民黨的黨政人員對二二八事件認知最少，也最無心；至於民進黨的詮釋又太過，無限上綱，可說過猶不及，所以政治的詮釋終難獲得大家的認同。[3]

戴國煇說過，「多年以來，由於特定政治立場掛帥，而使有關二二八史實，常被扭曲成現實政治的短暫利害之爭。」[4]

陳翠蓮表示，「學術研究不可能沒有立場，其成果有可能有利於某種政治立場，但必須符合學術規範。」[5]

---

[3] 賴澤涵，〈二二八事件研究的回顧與展望——兼談過去研究的秘辛〉，中央研究院臺灣史研究所編，《「紀念二二八事件60週年」學術研討會論文集》（上、下），臺北：編者，2007，頁16。

[4] 戴國煇，〈以客觀、理性的學術立場看二二八〉，葉芸芸主編，《證言二二八》，序文。

[5] 陳翠蓮，〈2009臺灣近現代政治史研究的回顧與展望〉，2009年臺灣史研究的回顧與展望學術研討會會議論文，2010年12月，頁8。

張炎憲將二二八事件，視為「臺灣近代國民意識形成的原點」。[6]

陳芳明則認為，二二八事件當中，即使如謝雪紅這樣採取武裝鬥爭，但她所追求的只是臺灣的「高度自治」，並非革命。[7]

王曉波則認為二二八事件應該以歷史解決，不應自行「創造」歷史：[8]

> 「二二八」是歷史問題，歷史問題必須歷史解決，要歷史解決就必須讓「二二八」回到歷史的脈絡中，而不是在「二二八」之後，來「創造」當年「二二八」的歷史。

朱浤源表示，戰後臺灣的統治權交替，帶來權力組織與政府結構轉化時段中的短暫真空，代表著整體利益的重新分配。他將二二八事件的發生，形容為「五色擦撞的火花」：象徵著中華民國及執政的中國國民黨的藍色、中國共產黨的紅色、有外力支持的基督教長老教會是綠色、流氓與黑道勢力的黑色及臺籍日本兵與仕紳的土色，在查緝私菸這個導火線引發的意外之後，基於不同利益關係產生各種擦撞，二二八事件正是因此在極短暫的日子之內發出的火花。[9]

大陸學者杜繼東表示，二二八事件牽涉甚廣，其背景、過程以及事後的處理都極複雜，又與後來各黨各派的立場、海峽兩岸的關係、臺獨意識、受害者的冤屈與悲情等諸多因素糾合，超出了歷史本身的範疇，表現出泛政治化與泛道德化的傾向。[10]

侯坤宏對臺灣歷來的二二八各種研究成果，進行整理分類之後，大致將

---

[6] 張炎憲，〈二二八事件——臺灣近代國民意識形成的原點〉，《民眾日報》，1991年3月13日。

[7] 陳芳明，《謝雪紅評傳——落土不凋的雨夜花》，臺北：前衛出版社，1991，頁44。

[8] 王曉波，〈是歷史的必須歸還歷史：「二二八」事件的表相與本質〉，《海峽評論》第4期，1991年4月。

[9] 朱浤源教授提供其撰寫的臺灣民主基金會研究計畫〈光復初期臺灣民主實況及其現代詮釋〉。

[10] 杜繼東，〈一九四九年以來中國大陸二二八事件研究評介〉，中央研究院臺灣史研究所編，《「紀念二二八事件60週年」學術研討會論文集》，臺北：編者，2007，頁35。

其分為「藍調二二八」及「綠調二二八」，前者承襲統派的論述，如戴國煇、陳映真、王曉波、曾健民等人；後者則承襲獨派論述，如張炎憲、鄭欽仁、李筱峰、謝里法等。[11]這兩派的不同立場，同時也代表著臺灣目前對立的意識形態。

所有與二二八相同類型的事件，都令人感到悲傷，不應該出現在歷史上。例如日治時代在三鶯走廊、桃園臺地、雲林等地的屠殺，還有林少貓、噍吧哖、霧社等事件，以及後來國民政府的白色恐怖，死亡人數多不下於二二八事件，但這些事件在近代臺灣卻沒有形成重大的政治、社會問題；白色恐怖雖然也引起不少關注，但明顯依附在二二八事件之下。由此可見，在目前重新建構的臺灣史當中，二二八不單純是令人悲傷的歷史事件，亦有相當程度的政治操作成份在內。

以研究者的立場來看，二二八事件的史實不可能被重建，畢竟無論是政府官員、參與者或旁觀的民眾，能見到的僅是事件的局部情況，任何人都無法全面看見所有真相。即使是身為全省最高領導人的陳儀，或是被認為手握屠刀，綏靖南部的彭孟緝，都不可能全盤了解各地的所有狀況，甚至不少見證者留下的證言與口述記錄也是聽來的傳聞。因此，本書透過探究不同時代研究者的意識形態及研究成果，希望略窺史實。

二、目標

本書的第一個目標，是進行二二八相關研究著作的目錄整理。參考書目中的第一個部分「二二八事件文獻目錄」，將目前已知的相關研究成果進行史料分類及編目。計有官方檔案 25 部、文獻資料彙編 16 本、事件當事人及其親友的回憶性著作 68 個單位、當事人及親友的口述訪錄 62 個單位、事件

---

[11] 侯坤宏，《研究二二八》，臺北：博揚文化，2011，頁 195-200。

當時出版品 17 個單位、官方正式調查報告 4 份、中央政府單位研究論著 36 本、地方政府單位研究論著 70 本、相關專書 228 本、學術期刊論文 209 篇、研討會及論文集論文 169 篇、學位論文 106 篇、報章雜誌 506 個單位、相關文學創作 8 本。共計 1522 個單位。此書以臺灣的研究為主，所以未列入太多對岸及外國的論著。

2008 年由國史館及財團法人二二八事件紀念基金會共同出版的《二二八辭典》，整理了截至 2007 年相關重要著作的書目；2011 年國史館侯坤宏的《研究二二八》，對相關研究進行了系統性的介紹；2015 年二二八基金會出版的《二二八事件文獻目錄解題》整理條列大量二二八相關書目；臺史所自 2007 年起每年撰寫的〈臺灣史研究回顧與展望〉，也多將二二八相關研究作為重要主題來評析。這些都會納入本研究的統計中。

本研究採取尹章義老師所授之量性分析方法，[12]先竭盡所能收集所有在臺灣出版的相關著作，將其分類為學位論文、學術期刊及論文集論文、期刊雜誌、官方出版品及其他專書等五種類別。共收錄學位論文 106 部、學術期刊及研討會論文等 358 篇、雜誌期刊專文 491 篇、官方出版品 156 部、其他專書 291 本，總計 1402 個單位進行統計分析。由於僅以臺灣出版的研究著作為對象，故較參考書目的筆數少。

這是本書的第二個目標，希望能藉此分析出二二八事件相關研究之趨勢、頻率、週期、生態以及模式。此外，本論文也針對該研究的部分爭議及問題，整理各家的不同看法略作分析，並提出個人的一些見解，希望能對之後的研究者能夠有微薄助益。

---

[12] Huey-Ming Tzeng, and Chang-Yi Yin, 2007, *No Safety, NoQuality: Synthesis of Research on Hospital and Patient Safety (1996-2007), J Nurs Care Qual.* Vol. 22 No.4 pp.299-306.

三、章節安排

第一章採取量性分析的方式，針對臺灣的二二八研究論文進行統計。共分「學位論文」、「學術期刊及論文集論文」、「期刊雜誌專文」三個項目。第二章亦採取量性分析方式，目標是臺灣出版的二二八研究專書，分為「官方出版品」以及「其他專書」兩節。

第三章依時序介紹二二八事件發生以來的研究情況，分為「事件發生後」、「解嚴前夕」、「李登輝時期」、「陳水扁時期」以及「馬英九時期」五節，進行相關介紹。對二二八事件發生時的美國因素與葛超智的相關研究，置於本章。

第四章則對二二八研究的幾個較具爭議性的問題進行探究，共分五節。第一節探討侯坤宏提出的「三大爭議」，包括事件性質與死亡人數問題；第二節探討二二八研究所使用的史料，並提出部分史料可信度較低的原因。第三節探討二二八研究的史學與政治。歷史事件的詮釋必然受到政治因素的影響，二二八事件自然亦不可免；第四節為二二八否定罪，主要探討由陳其邁等立法委員提出的「二二八事件處理及賠償條例第六條之一條文修正草案」，認為只要提出「否定二二八屠殺」的言論，就形同侮辱受難者，應判處五年以下有期徒刑；第五節為未受重視的左翼勢力，介紹二二八事件中的共產黨問題。

附錄一為「二二八事件補償名單」，以《二二八辭典》別冊的內容為主，並參卓其他史料所整理的簡表。該表特別標示出李筱峰書中列舉之臺籍菁英，亦將其中較有爭議的領取與受難時間較晚，可能屬於白色恐怖受難者的案例標示出來。附錄二則為「二二八事件大事年表」，將相關的重要事件以年表方式呈現。

四、事件簡述

二二八事件的導火線基本是個意外。1947 年 2 月 27 日下午七時，六名查緝員前往臺北市太平町查緝走私香菸，擊傷私菸販林江邁，引發圍觀群眾不滿，追打查緝員，其中一名開槍誤射看熱鬧的市民陳文溪，次日死亡。[13]

當晚，激憤的民眾包圍派出所，隔日上午更聚集數百人，遊行抗議，沿路砸毀警局並毆傷主管，接著攻打專賣局，打死兩名警員，傷者四名。下午一時，群眾前往長官公署抗議，引發長官公署開槍事件，死亡四人，傷數十人。[14]

28 日下午二時，民眾佔據臺灣廣播電臺（今臺北二二八紀念館），並廣播全省，要求民眾驅逐官員自保，僅有板橋轉播站抵制。其後，臺北市外省人及相關商店、百貨均遭攻擊，接著官民衝突擴及全省。[15]

接下來行政院《二二八事件研究報告》以約百頁的篇幅，敘述全省各地民眾對政府機構及外省民眾的攻擊行為，大抵派出所武器皆被接收，除臺北市外，各縣市政府也由各種民間組織接管，機場、彈藥庫多被攻擊。

陳儀在民眾代表的要求下，同意成立「二二八事件處理委員會」，以處理事件後續發展，但他隨即震怒於處委會迅即在全省各縣市成立分會，由地方人士控制該地。陳儀本有意自行處理事件，遲未發正式電文向中央報告，反倒是中統、軍統的各項報告更早抵達。

弔詭的是，二二八事件的前幾日，除長官公署事件及北門事件外，多是民眾攻擊政府機關，但 3 月 3 日的上海《大公報》突然出現了合眾社所發的新聞稿，表示臺北的紛爭已有三、四千人殞命，當地憲警被迫向憤怒群眾開

---

[13] 行政院研究二二八事件小組編，《二二八事件研究報告》，臺北：時報文化，1994，頁 48。

[14] 行政院研究二二八事件小組編，《二二八事件研究報告》，頁 51-53。

[15] 行政院研究二二八事件小組編，《二二八事件研究報告》，頁 54-55。

槍，百姓多人擬入美國領事館避難。[16]

這報導內容明顯與事實不符，國軍甚至還沒接到調動的命令，臺北怎可能已有數千人喪命？且逃往美國領事館求救的，是被本省參與者追打的外省民眾，與憲警開槍並無關連。

此新聞很快在整個中國大陸發酵，3 月 4 日，《文匯報》報導臺灣旅滬同鄉會要上書蔣主席的新聞，要求徹查慘案。[17] 3 月 5 日《大公報》刊登了中央社新聞稿，澄清臺北至 3 月 4 日為止，臺胞傷亡約 40 人，反倒是外省公務員及眷屬被毆傷亡者已逾四百人，且巡邏的憲警只有開槍反擊，逃往美國領事館避難的，都是被追打的外省群眾。[18]

期間，北部的地下黨學生軍起義沒有成功發動，但包括二七部隊、民主自治聯軍、高雄學生軍等，在各縣市都有斬獲。紅毛埤彈藥庫被攻破，嘉義等地的國軍被逼困守水上機場，整個臺灣風雲變色。

3 月 6 日，高雄要塞彭孟緝扣押了談判的民眾代表與後來宣稱被挾持同往的高雄市長，下午開始攻擊高雄市政府及車站，造成大量傷亡。隔日，繼續進軍學生軍的總部高雄中學時，已空無一人。[19]

3 月 7 日，蔣主席電告陳儀，二十一師部隊正午由上海出發往臺灣。同日，處委會擬定所謂的三十二條處理大綱，與陳儀會商。有人認為陳儀之前對處委會虛與委蛇，知道援軍將至當即翻臉；也有人提出三十二條極為嚴苛，根本不可能接受，結果雙方談判破裂。[20]隔日，處委會四名代表到長官公署謝罪，並公開表示前一天的要求有失公意，但陳儀已斷絕談判之路，決心全面鎮壓。

---

[16] 《大公報》，上海，1947 年 3 月 3 日。

[17] 〈臺南臺北續有紛擾 當局組二二八案處理委會 民眾要求改變現行政策〉、〈臺旅滬同鄉會 上書蔣主席 要求徹查慘案真相〉《文匯報》，上海，1947 年 3 月 4 日。但 3 月 4 日軍隊尚未派出。

[18] 《大公報》，上海，1947 年 3 月 5 日。

[19] 行政院研究二二八事件小組編，《二二八事件研究報告》，頁 117-120。

[20] 後續三四章將說明。

3 月 9 日凌晨，憲兵第二十一團及二十一師一個團抵達，上午六時陳儀宣布臺北戒嚴，展開大規模逮捕行動。3 月 10 日陳儀宣布全省戒嚴，臺北、基隆之間的交通重新打通。3 月 11-12 日，二十一師大部隊陸續抵達，13 日開始向全省各縣市推進。[21]

接下來《二二八事件研究報告》以百頁的篇幅，敘述國軍在各地「鎮壓綏靖」，攻擊逮捕的各項行動，造成許多參與者及無辜民眾的傷亡。3 月 17 日，大勢已定，國防部長白崇禧奉命抵臺宣慰；至 3 月 19 日，除嘉義小梅山區的陳篡地與民主自治聯軍仍頑強抵抗外，整個臺灣已找不到有組織的反抗群眾。

嚴格來說，二二八事件的官民衝突，就在這二十天內，但後續的清鄉事實上才是最引人詬病的部分，各種報復及秋後算帳不但針對參與群眾，也波及許多無辜者。

---

[21] 行政院研究二二八事件小組編，《二二八事件研究報告》，頁 210-211。

第一章
相關論文之量性分析

本章以量性分析的研究方式，將發表於臺灣的二二八事件相關論文，分為學位論文、學術期刊及研討會論文集論文與期刊雜誌專文三個類別，統計其數量及發表年份，再分別以研究所性質及刊物別等進行分類，之後依時間順序進行排比及整理，最後以質性分析來做出結論，以探討二二八相關研究的趨勢、頻率、週期、生態以及模式。

學位論文方面，以「二二八」為關鍵字，在國家圖書館的臺灣博碩士論文知識加值系統對論文名稱及關鍵詞進行檢索，共得到博碩士論文共 106 部；學術期刊及研討會論文是以篇名、關鍵字兩項，使用同樣關鍵字，在國家圖書館的臺灣期刊論文索引進行檢索，並參考《二二八辭典》及《二二八事件文獻目錄解題》當中所列的參考書目所得，共 358 篇論文；至於其他期刊與雜誌專文，是將臺灣期刊論文索引檢索結果，及上述兩冊所列之參考書目，扣除學術期刊論文所得，總計 491 篇。總計納入本章統計的論文數量為 955 篇。

一、學位論文

(一) 說明

在相關學位論文的統計方面，本期望能將臺灣所有論及二二八事件的博碩士論文納入，但數量十分龐大，要一一詳閱歷年所有論文的內容，確有相當難度。只好縮小範圍，使用國家圖書館的臺灣博碩士論文知識加值系統進行檢索，以「二二八」為關鍵字，對論文名稱及關鍵詞進行搜尋可得者。以上述標準，列入此次統計的博碩士論文共有 106 部，先以研究所所別來進行統計，得到表 1-1 的數據：

表 1-1　相關學位論文所別統計表

所別	數量	比例	所別	數量	比例
歷史、臺史	32	30.2%	教育類	5	4.7%
中文、臺文	18	17%	法律所	5	4.7%
藝術類	9	8.5%	歐美所	2	1.9%
政治學	9	8.5%	地政、城鄉	2	1.9%
社會學	8	7.5%	陸研所	1	1%
三民、國發	7	6.6%	國企所	1	1%
新聞、傳播	6	5.7%	心理所	1	1%

表 1-2　相關學位論文時間及所別數量統計表

	1981	1985	1986	1990	1991	1992	1994	1995	1996	1997	1998	1999	2000	2001	2002	2003	2004	2005	2006	2007	2008	2009	2010	2011	2012	2013	2014	2015	小計
歷史、臺史所		1			1	1		1		1	2	1	1	1	2	4	2	2	2	1	1	4	2			2			32
中文、臺文所											1				1	1	1	2	3		2	2	4	1					18
藝術類研究所													1								1		1		2	1	3		9
政治所			1	2			2		1							1	1	1											9
社會所						1			1				1	1					1				1				1	1	8
三民、中山、國發所								1		1			1					1	1	1				1					7
傳播、新聞所											1		1				1		1				1	1					6
教育類研究所													2					1					1	1					5
法律所													1									2				1		1	5
歐美所																1									1				2
地政、城鄉所							1									1													2
陸研所	1																												1
國企所																											1		1
心理所																1													1
總計	1	1	1	2	1	2	3	2	2	2	4	1	8	2	3	9	5	7	8	2	4	8	10	4	3	4	5	2	106

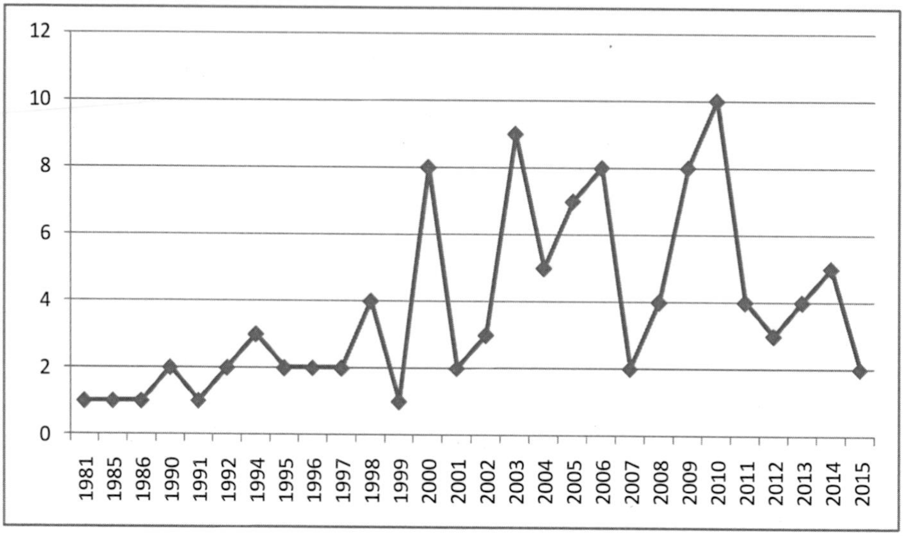

圖 1-1　相關學位論文時序統計圖

接下來以論文審查通過的年份，再統計一次，得到每年與二二八事件相關的學位論文數量如圖 1-1。接下來將各類型研究所的畢業論文，再以時間表列，得到表 1-2 的二二八事件相關學位論文時間及所別數量統計。最後，將以這兩項數據來進行相關研究的時序及質性分析。

由圖 1-1 的統計圖，可以看出相關學位論文有三個數量上的高峰期，分別是 2000 年、2003-2006 年以及 2009-2010 年。時序分析的部分在本節第三部分進行探討。由於學位論文的完成，由擬訂題目至完稿，一般需要一兩年甚至更長時間，因此以時序進行質性分析時，會稍微提前時間定位。

(二) 以研究所所分析

以統計結果來看，對二二八進行研究的學位論文中，以歷史、臺史所最多，但也只佔 30.2%，僅有三成；足見由史學立場來研究二二八的學位論文，並不如想像地佔壓倒性多數。其次是中文、臺文所，比例佔 17%，這些論文大致分為探討個別作品內容，與研究時代風格兩類，除可看出二二八相關的文學作品數量愈來愈多之外，對臺灣文學的影響力也愈來愈高，以數量來看，已是二二八研究的重要方向。

由於全臺各地陸續興建二二八紀念館、紀念碑與紀念公園，加上每年舉辦相關的二二八音樂、美術等展覽，藝術類研究所的相關學位論文在數量上位居第三，且時間幾乎都集中在二次政黨輪替之後，成為該時段相關學位論文當中數量最多的所別。

社會所、政治所、國發所的研究方向較廣，舉凡意識形態、族群問題、政治影響都有；新聞、傳播所則多探討媒體對相關人物、事件報導的角度及立場；教育類研究所的相關論文主要探討二二八事件在教科書當中的論述與影響，及教育政策的本土化對歷史教育的影響；法律所的研究多提所謂的「轉型正義」，要追究事件責任及建構相關法律。

以下就各所別的學術論文進行簡單的介紹及分析：

1. 歷史學、臺灣史研究所

1985 年，李筱峰完成他的碩士論文〈臺灣戰後初期的民意代表〉，這部作品以光復初期臺灣的民意代表作為研究對象，將「臺灣光復」、「1947 年社會動亂」、「實施三七五減租政策」、及「國府播遷來臺」作為四個時間分段，研究當年民意代表的產生、成分及其行為影響。文中雖未將二二八事件作為主軸，但已視為重要的時間分期，當然也論及了事件的片段，這在戒嚴時期完全是踩著警戒線的危險舉動。幸好作者並沒有因此受到政府或者情治單位的迫害，該書後來順利由自立晚報出版；這本學位論文被認為是「臺灣第一本專章討論二二八事件的學術著作」，[1]其後類似的著作陸續出現。

1991 年，陳木杉的〈中共編寫「中華民國史」理論與實際之研究〉，主要探索中共如何篡改「中華民國史」。作者認為中共對歷史研究的取向，是「歷史為政治服務」，而為了完善其建國的正當性，必須建構一套合適的歷

[1] 李筱峰、陳孟絹，《二二八消失的臺灣菁英（二〇一五增訂版）》，臺北：玉山社，2015，再版序。

史觀；在這個過程中，當然會對原本的「中華民國史」進行調整。論文中舉了不少實例，來證明中共編寫的「中華民國史」有明顯偽造之處，其中也包括對二二八事件的曲解在內。

1992 年李世偉的〈中共與民間文化（1935～1948）〉，探討中共在「延安時期」與民間文化的互動關係。如利用民間文藝發聲，以「文藝為工農兵服務」為口號，並使用各類文學作品進行宣傳及攻擊對手，二二八也是主題之一；此外，創作新秧歌、新民歌、新年畫、新說書來拉近與群眾的距離。本文的結論認為，中共當時與民間文化處於一種不斷交融、衝突、妥協的複雜互動狀態。

1995 年夏金英的碩論〈臺灣光復後之國語運動（1945～1987）〉中雖然以國語運動為主要對象，但也提及二二八事件對該運動的影響。1997 年陳淑芬的〈戰後之疫：臺灣的公共衛生問題與建制（1945～1954）〉，提到日本政府強制推動臺灣公共衛生工作，雖有立竿見影的成效，但並沒有讓民眾養成自發性衛生觀念。國民政府接收後未能顧及，臺灣民眾的自主性公共衛生觀念又不足的情況下，傳染病再次流行，是二二八之前社會不安的主因之一。

李文環在 1998 年完成的〈戰後初期臺灣對外貿易之政經分析（1945～1949）〉提到，臺灣在戰後的貿易雖出現鉅額順差，但事實上大量物資被中央以低價或無償投入內戰中，對戰後的經濟復甦造成負面影響；作者認為二二八事件的爆發，直接反映國民黨政權對臺灣的巧取豪奪。同年，陳亮州〈戰後臺灣日產的接收與處理〉中也提到，政府對日產的接收缺乏專業人才與行政效能，且沒有效率地消耗日產，未能顧及臺灣本島所需，民眾更得承受接收過程的紛擾，以致對於政府信心破滅，導致後來的二二八事件發生。

1999 年，吳純嘉的〈人民導報研究（1946～1947）：兼論其反映出的戰後初期臺灣政治、經濟與社會文化變遷〉，以《人民導報》為主，戰後初期其他報紙為輔來進行研究，發現報刊內容揭櫫了許多戰後初期臺灣在政治、經濟與社會文化各方面因政府貪污腐敗、施政不當造成的各種亂象，二二八事件就在這樣的背景之下產生。

2000 年許淑真的〈政治與傳記書寫：謝雪紅形象的變遷〉，以哈伯瓦克的「集體記憶說」，來研究謝雪紅的形象變遷。作者認為謝雪紅形象的描述，隨著政治局勢和政策轉變而幾次改變：二二八時，官方將謝雪紅描述為主導叛變的共黨，中共則以謝雪紅為革命女英雄；中共「反右運動」時，又被打為「二二八的逃兵」；後來中共進行「和平統戰」新政策時，平反受批鬥的赴陸臺灣人，又強調謝雪紅「實現祖國統一而鬥爭的精神」。史明、盧修一、陳芳明等強調「臺灣意識」的左派臺灣史研究者，則重視臺共黨綱中「臺灣獨立」、「臺灣共和國」的主張，並加諸謝雪紅的形象上。

2001 年，王峙萍〈暴動與抗爭的迷思：論二二八事件中的校園與學生反抗運動〉，認為國府初期的治臺政策令臺人一再失望，緝煙事件遂成為反抗的導火線，青年學生挺身而出期許改革，卻遭遇無情屠殺。之後的戒嚴統治，無法獲得人權與自由，青年學生多次發動反抗，代表臺人充滿希望與改革的熱誠。

2002 年謝欣純的〈郭國基與戰後臺灣地方自治〉，以早期省議會「五龍一鳳」中最出名的郭國基進行研究。作者認為郭是一個改革急先鋒，其意見總是走在政府前面，問政訴求不但深具法理背景，且能回歸民主憲政，極力捍衛人民權益，對議題訴求也有延續性。二二八是郭氏政治生涯的重要轉折，在戒嚴體制下，是極少數不附和當局，以民主理念監督政府的諤諤之士。

同年，陳恕的〈從《民報》觀點看戰後初期（1945～1947）臺灣的政治與社會〉，想由 1945～1947 年臺灣所發行的《民報》社論、新聞報導、讀者投書等內容，深入的了解當時的歷史真相。《民報》從戰後初期開始，一再提醒長官公署注意各種政治、社會、經濟民生的問題。但長官公署並未加以重視，使各種問題積重難返。在戰後的一年半內，臺灣社會的民怨猶如一個快撐破的氣球，二二八事件的發生，正好是一個最佳的導火線。

2003 年，林秀玲的〈高雄中學與「二二八事件」〉當中提到，高雄中學在二二八事件中，是唯一遭受軍隊攻擊的校園。因為當時有不少學生自發性組織治安隊，出面維持地方治安，其他學校學生也自發聚集在該校商討對策；但其組織極為鬆散，實為烏合之眾，軍隊根本不需要鎮壓。事件結束後，校長林景元被撤換，部分教師被逮捕或通緝，高雄一、二中合併，由二中校長任新校長。作者認為高雄中學學生留校目的純粹是護校，加上對長官公署執政的失望及對軍隊的不信任，事件後許多學生以實際行動表達不滿，包括不配合當局政策，不認同校方精神講話，日後政治立場更傾向臺灣獨立。

同年，陳宏昌的〈二二八平反運動初探〉，研究 1987 年起，二二八和平日促進會所推動的平反運動，及國民黨政府如何因應其訴求。經過二二八團體的演講會及遊行活動，二二八不再是社會的禁忌，民眾也普遍對該事件及相關議題表現濃厚關注。當時國民黨對二二八平反運動亦有善意回應，受難者家屬團體的組成，更使平反運動回歸到家屬與國民黨政府間的協調。

黃淑英同年亦完成〈《民報》與戰後初期的臺灣〉。《民報》是戰後臺灣最早創刊的報紙，二二八事件後被查封，該報由一群具有政治、文化背景的臺籍人士經營，是最具民間輿論色彩的報紙，可說是「為人民利益奮鬥的十字軍」。該論文中有專章探討《民報》與二二八事件的關係，試圖究明事件前後民報的角色，及二二八事件對臺灣報業之衝擊。

楊翠的〈鄉土與記憶：七〇年代以來臺灣女性小說的時間意識與空間語境〉主要透過對戰後女性小說的解析，探索隱含的政治認同與精神圖像。其中與二二八相關的部分，作者認為一九八〇年代中期以後，二二八歷史記憶進入重構階段，以小說處理記憶重構者不少，女性小說中的二二八歷史記憶圖景，與以男性受難精英為主體所建構的圖景差異頗大。女性二二八小說以女性受難家屬的漫長等待為主題，反襯二二八大歷史，更能鮮明展現歷史悲劇的荒謬性，及當年國民黨政權的威權與殘酷體質。

2004 年張光輝的〈戰後初期的國民學校教科書分析（1945～1963）：以「反共抗俄」教育實踐之探討為中心〉，對 1945 至 1963 年的國民學校教科書內容進行分析，以了解其中反共抗俄教育的內容，並探討此種意識成為主流的過程。

同一年羅元德的〈《中國論壇》半月刊與戰後臺灣自由民主之路（1975～1990）〉，主要研究《中國論壇》半月刊與戰後臺灣民主發展的關係。《中國論壇》有別於早年純知識份子的「文人辦報」，首次嘗試與「報團」合作，在當時臺灣的思想輿論界扮演重要角色，分裂後多數成員加入「澄社」。《中國論壇》的政治立場屬於「中間派」，具國民黨的改革色彩，主張溫和漸進的體制內改革，因此比同時代大多數的政論雜誌走得更遠。

2005 年陳惠珠的〈戰後臺灣中等師資之搖籃：臺灣省立師範學院之研究（1946～1955）〉主要研究臺灣省立師範大學。民國 35 年臺灣省立師範學院成立，經歷了二二八事件後，師資素質逐漸提升，學校設備亦不斷充實，44 年改制為師範學院。同年有蔡佳真〈二二八事件後之海外臺獨運動（1947～1970）〉，作者認為二二八事件的發生是臺灣與中國衝突的開端，事後臺人開始思考國家與個人的定位，部分知識份子開始向世界發聲，宣告臺灣應屬於臺人。

2006 吳勇正的〈戰後臺灣戶政變革之研究──從「接收復員」到「清鄉戒嚴」（1945～1949）〉探討臺灣戰後初期戶政重建和變革，時間界定在 1945 到 1949 年間，橫跨行政長官公署到省政府時期，直到政府遷臺。1945 年行政長官公署成立，重新建立臺灣戶政，1947 年二二八事件促使省政府成立，是戶政的重要轉折。統治者因局勢不同，政策也有改變，從戰後接收的復員，到二二八事件發生乃至於戒嚴及國府遷臺，期間戶政執行和變革的過程，是本文主要研究目的。

石育民〈二二八事件前後的蔣渭川（1945～1947）〉，探討蔣渭川在二二八期間的行動與主張，及因二二八事件留下的歷史評價。蔣渭川於二二八期間，被後人指為國民黨特務，或認為因一己之私而甘受官方操控，作者認為這些說法，多來自立場相異的事件參與者，與觀察者的理解誤差；他認為蔣渭川是被動受到官方操弄，而非主動配合，且蔣在二二八事件期間，實有收拾大局、保全臺灣人民的貢獻。

2007 年，畢凌晨的〈葛超智對二二八事件與美國政府觀點之差異：第一手觀察與外交決策間的矛盾〉主要研究葛超智與二二八事件。葛超智參與臺灣事務近三十年，在民間及官方立場都有獨特見解，並以提倡臺獨聞名。二二八事件後，葛超智對臺獨的的建議越發堅定，他主張臺灣應該移交美國託管，這種帝國主義觀點，在華盛頓當局並不受歡迎，最終導致他的離職。

2008 年，鄭睦群完成〈淡水基督長老教會對時代的因應——以「二二八事件」與「美援時代」為研究中心〉，本文探討長老教會的地方教會在面臨「二二八事件」與「美援」這種時代性問題時，因應的方式是否得當；作者的結論是，面對二二八事件時，淡水教會太過軟弱，但在發放美援救濟物資上則有良好表現，值得肯定。

2009 年蘇聖雄的〈「奸黨煽惑」——蔣中正對二二八事件的態度及處置〉似對《二二八責任歸屬報告》提出異議。作者應用大溪檔案、蔣介石日記等，對蔣中正與二二八事件進行重新探討。他認為現今沒有直接證據可證明蔣中正指使軍隊「屠殺」；而且未立刻將陳儀撤職，應是要他辦理善後事宜。蔣當時面對整個中國紛亂的局勢，只能相信下屬提供的情報作決策，二二八悲劇就在這種難以突破的困境中上演。

同年，蕭碧珍〈動盪的年代：戰後初期魏道明主持臺灣省政研究〉，認為二二八事件釀出波及全島、影響深遠的社會大動亂，國民政府為緩和民怨，將行政長官公署改制為省政府，任命魏道明為省主席。其主要改革在政局方面，吸納臺籍精英進入權力核心層，立即結束清鄉，對二二八事件人犯採寬大政策。經濟發展方面，公營事業開放民營，且在未加稅的原則下進行發展，保持臺灣經濟的復原與重建。

陳武男的〈嘉義「三二事件」之研究——嘉義民眾在「二二八事件」中的抗爭與肆應〉，主要針對嘉義「三二事件」進行研究，探討當地在二二八事件發生時，民眾的抗爭與肆應，並試圖了解事件形成原因與特殊事件。本文描述三二事件中，嘉義民眾攻佔紅毛埤軍械庫和水上空軍機場，阿里山鄒族原住民也下山協助攻打的情形，也描述參議會的協商與外省人的困境。

同一年夏良業的〈魏道明與臺灣省政改革（1947～1948）〉，探討魏道明主政期間省政府之各項施政，並比較與長官公署時期之異同，也剖析二二八事件對當局治臺的轉變。作者認為行政方面，省政府對人事的安排雖以廣用臺人為原則，但仍以「半山」集團為主；財經整頓方面，撤銷專賣和貿易局，展開公營企業民營化等措施；「中國化」政策推展方面，國語運動和愛國教育是主軸，甚至比長官公署時期更顯激進和強烈。結論是魏道明權限不足，改革有限。

2010 年陳家瑩〈高中學生的歷史因果概念之探究——以「二二八事件」為例〉中，認為歷史教育的目的，包含認識歷史學的性質和理解此學科常運用的概念。作者認為要達到這樣的目標，理解學生想法是首要任務，並以此為基礎，幫助他們運用因果概念，建構一套自己的歷史因果解釋，真正「理解」歷史。

同年，詹又霖在〈當代臺灣獨立論述評析〉中提到，解嚴之後，被壓制已久的臺獨議題，趁機依附於民主改革的大旗下默默成長；1992 年左右，藉著二二八事件研究興盛，獨派靠輿論運作讓這個議題受到認同，相關論述也不斷成長，成為臺灣政治爭議、人民對立的焦點。

2013 年楊欽堯的〈二二八事件前後廖文毅思想轉變之研究〉，提到戰後廖文毅認為臺灣光復的意義在於「民族精神的振興」、「國土重圓」、「家人再集」以及「達成統一國家」的目的，為此他提出「聯省自治」，認為臺灣應該在聯邦的體制下完全自治。後來他因二二八事件牽連受通緝，在其兄廖文奎被捕入獄後，逐漸轉向臺獨之路。廖文毅在香港曾與中共臺盟有短暫合作關係，後因兩者成見太深而分離，他與葛超智、謝偉思等人的密切往來，足以證明美國在背後操縱臺灣獨立運動。

同年鄒婷婷〈布魯納（Jerome S. Bruner）「發現學習理論」在國中歷史教學的實踐——以「戰後初期與二二八事件」單元為例〉中，以「文字」、「圖表」與「影視」等三種類型的資料，藉此瞭解學生對不同類型教材的學習狀況。結果顯示國中七年級學生的認知程度雖達到符號表徵階段，但對教材的抽象思維能力亟待加強，在因果關係的推論及對歷史事件的評價上，都遭遇學習困難，顯示歷史思維能力的培養，必須循序漸進。

以史學系所的這些學位論文來看，在 2000 年之前，沒有一篇針對二二八事件本身進行研究，且相關論述都較為保守。2000 年適逢臺灣的總統大選，由於雙方陣營的政治操作，可說是省籍對立與族群撕裂最嚴重的時期，許淑真對謝雪紅的研究顯示，個人形象的詮釋尚且受政府立場及政策需要而有截然不同的形塑，何況歷史事件如二二八。

2000 年之後的論文，由於執政黨的更替，在官方立場及資源分配方面都有極大轉變，本土論述成為新的主流。在二二八事件這個議題上，對當年國民政府的批評都很直接且強烈，藍綠的不同詮釋造成對事件認知的兩極化，由論文內容當中不難看出。民進黨執政的八年間，每年都有二二八的相關論文通過審查，可說是相關研究的高峰期。

二次政黨輪替後，相關論文的屬性似乎也隨之變化，先有對《二二八事件責任歸屬報告》提出疑問的研究；後面又有認為臺獨議題依附在民主改革之下，造成政治對立的論文。2013 年楊欽堯的論文，延續其指導教授朱浤源對美國影響二二八事件的研究，用美國國務院檔案來勾勒出廖文毅的思想轉變，及當時臺獨團體受到美國鷹派勢力扶持的情形。

由上述的情況來看，或可看出學位論文的主題及屬性，除了問題意識及研究資料的充足與否之外，也會受到社會的輿論及大環境的影響。

2. 政治研究所

1986 年，歐陽聖恩的〈無黨籍人士所辦政論雜誌在我國政治環境中角色功能之研究〉，主要研究民國 64 年 8 月創刊，由無黨籍人士所辦的政論刊物《臺灣政論》；這本刊物最早開始用雜誌傳播「反對意識」的政治動員運動，二二八是其主要議題之一。十年之間，政論雜誌如雨後春筍般滋長，國內的反對勢力也不斷茁壯，作者認為朝野雙方應共同思考如何使這股反對力量在正軌上運作。

1990 年吳介民的〈政體轉型期的社會抗議：臺灣 1980 年代〉，主要探討 1980 年代臺灣自力救濟行動的風潮，他認為從 50 年代經濟改善後，國民黨威權體系已動搖，但到了 80 年代，大量自力救濟的抗議行動形成社會運動，並蔚成風潮後，政府反而強化社會控制，未試圖解決問題，可見統治者維持權力的本質。

同年鄭維禮的〈國家機關在臺灣發展過程中角色之研究（1945～1987）〉探討國家機關的角色問題；以及在一黨威權體制下，政府運用權力去促進發展，維持生存，帶來的各種影響。作者並推測 80 年代解嚴之後，因體制鬆動，對臺灣未來的發展又可能出現哪些問題。

1994 年，李悅肇〈臺灣政治反對運動之研究〉一文探討從 1949 年至 1993 年期間，政治反對運動在臺灣發展的情形。作者將民國 36 年發生的二二八視為政治反對運動，並列為第一時期；雷震事件、美麗島事件及民進黨的成立作為反對運動的另外幾個關鍵時間分段，來進行分析。

同年陳翠蓮的〈二二八事件研究〉，試圖跳脫二二八事件「統治者鎮壓叛亂」與「群眾被壓迫屠殺」兩種對立的主流觀點，而由不同的角度來探索真相。該文的第一個重點是戰後臺灣物資大量輸往中國大陸造成的經濟危機；其次是國府政治派系的鬥爭與運作，造成亂局愈演愈烈；第三是長官公署早已請兵，卻運用政治權謀對臺人加以欺瞞分化，中央政府也未顧慮臺人請求而悍然出兵；第四是美國在事件中的立場及態度，並論及「臺灣獨立」、「國際託管」、「公民自決」等主張與美國的關係。

1996 年王良卿的〈三民主義青年團與中國國民黨關係研究（1938～1949）〉，主要探討當年三民主義青年團與中國國民黨衝突的結構性原因，以及在 1949 年國民黨政權潰敗過程裡所起的作用。二二八之前的臺灣，三青團可說是國民黨外圍組織，但既共享資源，又有競爭的關係。二二八事件中，部分左翼成員參加處委員，站在政府的對立面，取代官方地位，維護地方秩序，種種問題導致後來蔣中正的黨務改造。

2003 年，蔡佩如的〈中華民國中學歷史教科書的後殖民分析：以臺灣論述為核心〉，主題意識是「臺灣在西元 2000 年經由總統大選選出自己的總統之後，為何仍身置遭受中國殖民的處境？」她認為長久以來，國民黨政權經由黨控制國家，從而控制教育。在過去的中學歷史教育中，教科書的內容強調中國歷史，有關臺灣史的篇幅卻不多。欲擺脫文化殖民，須由教育及媒體兩方面著手改革，建立以臺灣為主體的臺灣意識和認同。

2004 年吳君麗有感於二二八事件的關鍵人物陳儀評價兩極，撰寫〈陳儀與臺灣光復初期的政局：從光復接收到二二八事件前〉進行研究，試圖了解像他這樣一個廉潔勤奮、各界看好的人，為何把臺灣局面弄到不可收拾，也追究陳儀個人應負的責任，及在當時歷史背景下各種因素的影響。

2005 年，吳由美的〈臺灣族群問題的探源與進路〉一文，以歷史分析法探討臺灣族群問題如何被界定，這種情節在 1945 年至 1990 年之間，被整合成臺灣意識與中國意識對抗，1990 年代後更演化臺灣人與中國人的國家認同之爭。作者認為國家認同的對立，將造成我國民主鞏固與深化的危機，而且這種對國家未來南轅北轍的看法，已造成我國憲政延宕、公民社會難以建立的窘境。

歐陽聖恩的論文完成於解嚴之前，且作者曾任職於調查局，[2]下筆自然較為謹慎，且其內容也符合政府當時的規範。解嚴之後，敢於批評時政的論文開始出現，吳介民認為政府在八〇年代面對民眾的社會運動，不思反省卻加強對社會控制；鄭維禮則探討解嚴對國民黨的威權體制將帶來哪些影響。

1994 年有兩篇相關的學位論文，李悅肇研究政治反對運動，並將二二八事件視為臺灣第一波的對抗政府的行動；陳翠蓮的〈二二八事件研究〉使用了美國國務院臺灣檔案及相關的大量史料，她認為二二八事件的發生，主要是國民黨內部的權力鬥爭造成。書中將國民黨的執政系統分為政學系、孔宋系統、軍統、CC 派、三民主義青年團等五大派系，認為當時臺灣的種種

---

[2] 城邦圖書館，〈歐陽聖恩〉，http://www.cite.com.tw/authors_search.php?authors_id=58 77。

問題，多出於這些派系的爭權奪利，而二二八事件的擴大，主要是軍統對政學系及三青團的鬥爭造成，而 CC 派又趁機扯陳儀的後腿，事件更一發不可收拾。

陳翠蓮對中共是否介入二二八事件採取否定的態度，認為「舊臺共勢力固然有較前者深厚的社會基礎，但稍有作為的謝雪紅一支，也難免受到士紳階級的抵制，在國府軍隊增援前後匆匆潰散」，所以「國民黨政府指二二八事件為中共奸黨所策動，則顯然是搪塞卸責之詞」[3]。陳這部論文後來由時報文化出版為《派系鬥爭與權謀政治——二二八悲劇的另一面向》，至今仍是研究二二八事件的重要參考書籍。

接下來近十年的時間，政治系所沒有出現以二二八為主題的學位論文。直到 2003 年，蔡佩如認為臺灣人已選出自己的總統，可擺脫中國的文化殖民，應由教育及媒體兩方面著手，建立臺灣主體的意識和認同；2004 年吳君麗針對評價兩極的陳儀進行研究；2005 年，吳由美認為臺灣社會已被意識形態撕裂，變成臺灣人與中國人的對立，這種情況對我國各方面將造成不利的影響。

3. 教育相關研究所

教育類研究所的相關學位論文共有五篇，分別在 2000 年與 2010 年左右通過審查。2000 年發表的是胡育仁〈國小社會科教科書本土化之分析研究〉與劉信成〈臺灣政治民主化對小學社會科課程影響之研究〉；李登輝在中華民國第九任總統任內，推行「本土化」與「民主化」政策，更啟用《認識臺灣》教科書，是這兩部論文進行相關研究的主因。前者認為本土化教育是必須的，但也要增強學生的世界觀；後者則比較政治民主化對國小社會科的影響，二二八事件是其中的重要議題。基本上兩位都對教材的本土化持正面看法。

---

[3] 陳翠蓮，《派系鬥爭與權謀政治——二二八悲劇的另一面向》，臺北：時報文化，1995，頁 190-194。

2005 年，柯怡禎的〈二二八歷史教育的回顧與展望〉認為二二八事件是臺灣省籍摩擦之源、戰後臺人追求獨立的原點，也是形成臺灣歷史文化發展與國家認同的重要關鍵。作者自製問卷寄發給七百多位教授國一學生的歷史老師，收回 475 份，並訪問十位老師，作出統計。其結論為：教科書內容缺乏事件完整過程，多探討政治、經濟方面；有一定比例教師未學習過臺灣史，對二二八事件缺乏認識；建議各縣市教育局應舉辦相關教學研習營，輔助二二八事件的歷史教學。[4]

2010 年陳丹怡〈歷史創傷經驗與解說——以嘉義市陳澄波、二二八文化館為例〉，探討二二八文化館，研究該館如何處理二二八事件造成的歷史創傷。2011 年林欣宜的〈國民小學社會領域時序教學之研究——以「吳沙拓墾」、「霧社事件」、「二二八事件」為例〉在 2011 年提出，主要針對國小學生對社會科的歷史事件，時序容易混亂的問題進行探討，本文中二二八僅作為舉例的對象，並未提出較深入的見解。

整體來看，教育所與二二八相關的幾篇論文，皆與事件本身沒有直接關聯，對事件的看法也大致以教材上的內容為主。2000 年胡育仁、劉信成的兩篇都看好教育政策的本土化與民主化，也認為會對學生有正面影響；2005 年柯怡禎的論文則檢討二二八教學的不足之處，認為仍有改善空間；2010 年陳丹怡試圖研究二二八文化館如何處理歷史創傷；2011 年林欣宜的論文則以二二八為例提出時序教學的方式。

4. 法律研究所

法律所的相關學位論文有五篇。首先是 2000 年羅詩敏的〈二二八事件之法律史考察〉，作者認為二二八事件不僅影響臺灣戰後的政治發展，也對法律造成衝擊，補償條例的制訂雖填補了部份損害，但政府對事件真相及相關責任的釐清都付之闕如，需要有所作為。

2009 年，莊育豪〈臺灣轉型正義的實踐——以二二八究責條例、不當

---

[4] 事實上從 2001 年起，二二八基金會已經幾乎每年都辦這樣的活動，直到第二次政黨輪替。

黨產條例草案為例〉、林傳智〈轉型正義之理論與實踐──以二二八事件之處理為例〉，同時針對二二八事件的轉型正義提出探討，莊認為黨產、二二八事件的課責及真相公布等問題，至今仍是我國民主發展的絆腳石；林則認為轉型正義可避免民主政治倒退回獨裁，所以對加害者的責任必須追究。

2013 年，涂若筠在〈國際人道法與臺灣之連結──論違反人道罪於二二八事件之適用〉一文中，認為二二八事件在北部及高雄地區造成死傷，確實構成違反人道罪，直接參與及下令武力鎮壓者都應負直接責任，相關之上級長官，因疏於對下屬之監督，導致違反人道罪之發生，亦應負上級責任。

2015 年，陳興蓉的〈仇恨性言論的管制──以歐洲各國大屠殺否認罪的合憲性探討為中心〉，認為「二二八事件處理及賠償條例第六條之一」條文修正草案的第 2 項，要將「公開否認二二八事件的言論」入罪化，這種作法有問題。現階段二二八事件在各方面的爭議仍多，制定「否認二二八事件罪」[5]不但有違憲的疑慮，也有迫害不同政治立場的嫌疑。

法律所的論文立場鮮明，2000 年羅詩敏的論文認為政府應查明真相並追究法律責任；2009 年莊育豪、林傳智皆以轉型正義為題，要求追究二二八責任；2013 年涂若筠也提出二二八相關人等都應負法律責任；2015 年，陳興蓉則提出應檢討民進黨提出的「否認二二八事件罪」。

5. 新聞、傳播研究所

解嚴之後，關於二二八的討論十分熱絡，1998 年葉斯逸的〈由敘事理論角度分析媒介對「二二八事件」的報導〉，以「敘事分析」的角度，探析各家平面媒介對讀者「說什麼樣的二二八故事」，以及「如何述說」。他以《中國時報》和《聯合報》為對象，觀察所有相關論述，發現報導多以非官方的角度出發，著重描述民眾被政府方面無故逮捕殺害，強化「民眾是受害

[5] 2011 年由陳其邁等人提出，認為二二八官方報告早已塵埃落定，卻有少數學者（如朱浤源、習賢德等）仍提出否認說法，為了避免傷害二二八家屬，提議否認二二八事件論述者應入罪。2012 年已經過委員會審查。2016 年民進黨勝選後再次提出。

者，政府是加害者」的故事核心，不重視官方的解釋觀點，並以此作為「歷史事實」來論述。

2000 年有夏春祥的〈媒介記憶與新聞儀式：二二八事件新聞的文本分析（1947～2000）〉，本文探討新聞媒介如何建構歷史事件，他將二二八的建構分為三個階段十七種類型，第一階段為 1947 年的事件初始期，第二階段則為 1948 年到 1983 年的社會失憶期，第三階段的眾聲喧嘩期，由 1984 到 2000 年。

2004 年，王若馨的〈二二八論述與民進黨的崛起〉，認為早期因官方壟斷，致使民間的反對人士必須仰賴黨外雜誌等另類媒體發聲，並透過運動的方式表達理念。探討民進黨如何趁著二二八論述翻轉之際，乘勢而起，在政治及論述場域內取得發言位置及生存空間。

2006 年有廖崧傑的〈二二八事件期間《臺灣新生報》的角色與作為分析〉，《臺灣新生報》在長官公署時期是官方媒體，原本也常批評統治者，但二二八期間言論立場驟然轉變，完全支持政府一方，對事件造成了負面影響，也探討國民黨的意識形態霸權對臺灣媒體論述的影響。

2010 年，賴曉慧的〈報紙報導政治人物形象之研究——以聯合報、中國時報及自由時報報導二二八事件新聞中提及馬英九為例〉，以內容分析法分析《聯合報》、《中國時報》及《自由時報》提及馬英九的二二八事件新聞。《聯合報》與《中國時報》對於提及馬英九的二二八事件新聞多為讚揚的書寫語氣，強調他虛心面對二二八的姿態；《自由時報》報導的書寫語氣以攻擊為主，多用「二二八事件的歷史定位與究責」為主題，也多傾向於不利馬英九形象的負面新聞報導。

2011 年，張惠嵐的〈創傷、記憶與儀式——後二二八紀念性文化的敘事及建構〉以社會學的方法，探討歷史事件如何透過一個「後事件」的重複詮釋與建構，成為國族社會的文化記憶。結論中提到，二二八在不同政權主政時，就出現不同的記憶論述，而特定的團體更透過以大量、持續、重複的複製貼上這些事件，來重構歷史記憶。

新聞、傳播所的論文，多論及二二八事件詮釋的角度及立場，並探究媒體在二二八研究中的角色。令人在意的是，有半數的論文都認為新聞媒體「建構」了二二八歷史。

6. 中國文學、臺灣文學研究所

1998 年，許詩萱完成〈戰後初期（1945.8～1949.12）臺灣文學的重建：以《臺灣新生報》「橋」副刊為主要探討對象〉。《臺灣新生報》是長官公署以來的官方報紙，但二二八之後政治氣氛緊繃，1949 年 4 月所發生的「四六事件」更是風雨欲來。在這樣的陰霾下，省內外作者共同攜手在《臺灣新生報》「橋」副刊上展開一場為期甚短，但有重要時代意義的「臺灣新文學運動」，共識是「反映現實生活」，這也成為當時各大刊物的共同創作宗旨。

2002 年，蔡淑滿的〈戰後初期的臺北文學活動研究〉，探討 1945～1949 年間，戰後臺北的「文學活動」。戰後初期的臺灣處於新舊政權交替，社會文化轉型的過渡時期，臺北是臺灣的政治中心，無論各方面都居主導地位，當時臺灣重歸中國統治，省內外文化交流在此時蓬勃發展。但其後的二二八事件，卻為文學界帶來最大轉折。

2003 年，邱麗敏在〈二二八文學研究：戰前出生之臺籍作家對「二二八」的書寫初探〉中研究二二八時期的環境，以及當代作家的文化活動。她認為當時的作家受到政治無情的迫害，不得不維持沉默，但冰層底下流水潺潺，「二二八」作品的書寫，不僅將史實攤在陽光下，更將臺灣文學的種子傳播下去。至今，新世代作家也紛紛加入「二二八文學」的陣營，為臺灣文學主體性的建立而努力。

2004 年，徐秀慧的〈戰後初期臺灣的文化場域與文學思潮（1945～1949）〉，研究臺灣戰後初期政治、經濟、社會、文化等等權力場域對文學生產的影響。該文以二二八事件為分界，分析兩岸文化人如何各自佔據適當的「位置」，爭取文化生產的支配權，與國民黨官方的文化宣傳，來進行意識形態與文學內部美學的鬥爭。

2005 年，林碧芳〈高雄市二二八事件參與者之研究：從政治組織的互動看彭孟緝出兵前後〉，探討高雄市二二八事件前九日的情況，試圖釐清事件衝突前期，攻擊者的組織情形及其行動，並從地方士紳的參與及組織互動情形，希望能釐清高雄市二二八事件的性質。

同年，黃文成的〈受刑與書寫：臺灣監獄文學考察（1895～2005）〉通過審查，他認為臺灣文學中的「監獄書寫精神」，反映出的是時代的大環境、創作者個人及創作空間三者互為影響的文學作品。「臺灣監獄文學」有三個主要面向，一是時代大環境，二是書寫場域，三是創作者與文本。了解人性在文本所呈現的面向，是創作者的主要目的。

2006 年洪英雪的〈文學、歷史、政治與性別：二二八小說研究〉，以二二八小說為核心，觀察它在不同社會情勢下的發展與特性，從中勾勒出臺灣文化主體建立的歷程，並反觀歷史、政治與文學的跨領域糾葛。作者認為二二八事件的發生，是開啟臺灣住民重新思考臺灣定位，以及未來走向的重要契機，臺灣文學的定義，應該以「臺灣意識」的有無為依據，以抵抗精神之有無作為主要特質，二二八小說正是見證這一史觀的最佳文類。

同年蔡永豐的〈嘉義市新二二八紀念碑圖像〉，以嘉義市新二二八紀念碑與碑文的文本進行探討。先認識二二八期間嘉義所遭遇的經過，再描述歷史上的悲情，最後從結構主義的文學批評到解構的批評方式，建構出關於二二八紀念碑與碑文的文學評論。

顏鳳蘋的〈從《埋冤一九四七埋冤》史料應用看二二八事件與當時的臺灣社會〉，以李喬創作的文學大作《埋冤 1947 埋冤》作為材料，來探究二二八事件的面貌，並為事件的起因做探討。作者從這部小說中了解了二二八事件的始末和緣由，希望大家記取歷史教訓，學習互相尊重和包容，讓悲劇不再重演。

2008 年，周美雲的〈鄭坤五《九曲堂時文集》與二二八前夕的臺灣社會研究〉，鄭坤五是個身兼多本期刊主編的小說家，作者以他的著作文集作為史料，藉此對戰後初期臺灣的政治、治安、教育、國民氣節、道德與民生等問題，進行探討及分析。

同年蔡佳玲〈歷史、傷痕、二二八——李喬後殖民歷史小說《埋冤一九四七埋冤》研究〉，研究李喬的作品《埋冤一九四七埋冤》，探究其中的二二八歷史意義與作家的創作意識。作者認為這部作品承載了李喬對歷史的使命感、挑戰官方歷史論述的勇氣，並透過小說傳達其創國的理想與期待。

2009 年的〈臺灣當代女性二二八小說研究——以一九八〇年以後作品為考察對象〉，李崇綾收錄 1981 年到 2008 年的「女性二二八小說」，總計 11 位女性作家的 20 篇作品。藉由對文本的解讀與分析，探討作品中想表達的意涵，不同年代的作品具有的書寫風格，不同族群立場的女性作家對「二二八事件」的不同解讀態度，以及男性與女性作家對於「二二八事件」不同的書寫特色等。

同年，郭孟宜在〈楊照小說主題及形式之研究〉中，認為楊照富有強烈人文主義精神，也有知識份子的責任感，對升斗小民十分關懷，他以「本土左派」的身份自居，對於社會各層面保持高度關注。本文以小說主題及形式兩個角度切入，分析楊照創作時表達的思判與自省，並分析其寫作技巧。

2010 年劉玉慧的〈歷史記憶與傷痕的書寫——鍾肇政《怒濤》研究〉，以鍾肇政的作品《怒濤》為對象，先研究作者的生平及寫作風格，再以俄國文學評論家巴赫汀的文化理論、薩依德的後殖民與傷痕文學理論及傅柯的新歷史理論，從後殖民、傷痕文學及歷史小說三個面向，來剖析這部作品。最後與《無花果》、《臺灣連翹》等做比較，釐清二二八事件在臺灣文學史上的意義。

同年，史峻的〈臺灣白色恐怖的創傷研究：一個奠基於「族裔反霸權主義敘述」的觀點〉以二二八事件與白色恐怖時期有關的文本為研究，以後殖民主義/去殖民化的角度切入，理解文化創傷與臺灣歷史記憶的關係，並探討當代臺灣歷史記憶的象徵如何被反霸權主義的論述利用。

黃文源〈蘇新的革命道路——一位臺共在東亞共產運動的矛盾與困境〉，以蘇新的革命經驗，來探討臺灣共產運動發展過程中，知識份子遭遇的矛盾與困境。二二八事件發生後，舊臺共和中共地下黨勢力合流，蘇新以議會路線和張志忠、謝雪紅的武裝路線配合，對國民黨展開鬥爭，最後在武力鎮壓下潰敗，蘇新、謝雪紅等人逃亡中國大陸。

陳棚現的〈二二八題材小說與女性形象研究〉以二二八小說中的女性形象為研究方向，探討不同時期、不同作家筆下女性的象徵意義。作者認為早期二二八小說往往強調女性的母性特質，或藉女性象徵臺灣的悲情命運，但隨時代變遷，二二八小說的層次更加豐富，作家的寫作重心已改變為女性的自我、情欲自身的記憶和主體性。

2011 年，李茗洋〈二二八、陳澄波與嘉義美術家〉採取文獻分析、歷史比較、藝術社會學三種研究法，研究受到二二八事件影響的臺灣美術圈。與陳澄波關係密切的四位嘉義美術家：林玉山、蒲添生、劉新祿、歐陽文，對二二八事件雖有不同的作為與態度，但都發揮了美術家的社會功能，持續創作，對於美術的教育與推廣也都有極大貢獻。

文學系所的學位論文，除 2005 年林碧芳探討高雄地區的二二八事件經過、2010 年黃文源研究蘇新的行動之外，多針對相關的文學作品、創作者及時代風格進行研究。2000 年之前，文學系所的相關論文僅有一篇；在政黨輪替後，相關論文數量逐年增加，反映出二二八文學作品不但在質量方面都有所提升，受重視的程度也越來越高，在臺灣文學中地位及影響力都與日俱增。

7. 藝術類研究所

2000 年，張永智撰寫〈天亮前，誰在玩遊戲？〉，這是他的畢業劇本，企圖打造一個不明白描寫二二八，卻又自二二八底層延展而出的故事。他認為「二二八事件」及之後的「白色恐怖」時期，為整個臺灣社會帶來了極大的恐懼，這份恐懼的後遺症，造成臺灣人的「民族疾病」。

2008 年，潘桂芳的〈殖民與再殖民的認同困境——李石樵〔唱歌的小孩〕與〔市場口〕之研究〉，透過研究李石樵的作品風格與經歷，感受當時的社會情景。如〔市場口〕以太平町永樂市場為題材，描繪富裕的上海女子，對照四周貧窮的本地人，展演出戰後二二八事件爆發之前，臺灣被「祖國」歧視剝削的實景。象徵現代化、充滿自信的臺籍菁英，抗拒「祖國」的再殖民統治。

2010 年施國政〈臺北二二八紀念館的過去現在與未來〉一文，探究臺北二二八紀念館過去、現在與未來的營運，以企業管理的概念，就組織、財務、博物館之典藏、研究、展示與教育等四大功能做分析研究，並就現況提出該館未來經營之建議。

2012 年，楊愉珍的〈臺北二二八紀念館常設展應用口述歷史之研究〉以臺北二二八紀念館為研究個案，探討口述歷史在展館中的內容建構，以及詮釋出的歷史面貌。作者透過研究新舊常設展的不同面貌，觀察口述歷史從挑選受訪者、受難者與其不同經歷，詮釋出不同的歷史面貌。也建議擴大訪問不同族群（原住民、外省人）與不同立場受訪者的想法，並與相關文獻多重交叉比對，來驗證其真實性。

同年，涂嘉倫的〈當代臺灣紀念碑研究：以二二八紀念碑為例〉整理二二八事件的歷史，及建碑過程等資料，企圖建構公共藝術指標意義的二二八紀念碑，與臺灣當代民主化的歷程的關係。2013 年陳秀祝的〈從文化創傷敘事與復原看二二八美展的藝術創作〉，研究藝術家從那些角度去呈現二二八事件相關作品的內容，來表現二二八的歷史真實與受難者、受難者家屬的傷痛。

2014 年黃渝婷〈聆聽（不到的）「二二八」：Eric Clarke 音樂知覺生態論與 2008 年《以愛重生》音樂會〉，認為實證式音樂的研究，易將意義限制於文本的囹圄之中，忽略了音樂的脈絡；新音樂學的研究，卻常被各種意識形態綁架，相對忽略了音樂本身。在多元族群方面的表達，代表普世價值的貝多芬《歡樂頌》只以「臺語」版唱出，獨缺「國語」曲目的作法，讓音樂會的意義在「以愛重生」的和解與對立之間擺盪。作者希望音樂能抵抗政治的擺佈，甚至回過頭救贖被政治壟斷的二二八紀念。

同年呂翊廷的〈臺灣當代安魂曲初探——以柯芳隆的《二二八安魂曲》與賴德和的《安魂曲——祭九二一臺灣世紀末大地震》為對象〉，作者認為《二二八安魂曲》與《九二一安魂曲》的作曲家以不同題材為主題，用相異的技法與音樂語言，作出了對事件的詮釋。以社會關懷為出發點，藉此來撫慰生者並悼念不幸的罹難者，屬於貼近民眾的安魂曲。

王琬宜的〈臺灣當代具政治批判性藝術的發展〉，認為八〇年代開始，臺灣的藝術家們積極以藝術介入社會，由於社會的發展與政治唇齒相依，因此藝術的創作也離不開政治。他們的創作內容高度強調本土意識，解嚴之前受限於政治而隱晦不明，解嚴後具有政治意識的藝術創作大幅激增，對政治提出許多的批判及探討。

藝術類研究所的相關學位論文在 2000 年之前並未出現，陳水扁執政期間也僅有一篇戲劇所的畢業劇本；反倒是 2008 年馬英九上任之後突然大量出現，甚至在數量上凌駕其他所有系所。這或許與二次政黨輪替後，受限於官方較不積極的態度，二二八基金會所舉辦的活動多是較靜態的藝術展、音樂會之類有關。

8. 三民、國發、中山研究所

1995 年，鄧建邦完成〈歷史、身份建構、與臺灣民族主義：以宜蘭縣及高雄鄉土歷史教材為主的分析〉。當時各縣市的鄉土教材由縣市政府自選，針對當時民進黨執政的縣市推出的《我的故鄉》及《蘭陽歷史》，作者認為這些教科書採取移民觀點，強調殖民與被殖民的過程，而非傳統的中國史詮釋，試圖建構一個以臺灣為範圍的「想像的共同體」，類似「臺灣民族」的概念。

1997 年，翁嘉禧的〈陳儀時期臺灣經濟政策之研究：1945～1947〉分析陳儀掌管臺灣時經濟的背景，並深入研究其經濟政策對社會的影響，及二二八事件發生的關聯性，最後也提二二八對臺灣經濟的衝擊，以及對後續經濟政策的影響。曹校雯在 2000 年完成〈臺灣省政府組織變革之研究〉，探討省政府自成立以來，組織的各種變革及扮演角色的轉變，也討論精省的各種影響。

2005 年，葉志清以〈臺灣本土化教育論述的意識型態分析〉，探討臺灣本土化教育的課程安排機制，及教材編纂方向如何決定，對此爭議的各方勢力又如何透過鬥爭達成效果。結論是，「肯認」習性的形塑深受利益影響，不同文化的「肯認」者容易塑造穩固的邊界來進行排他的工作，而本土化教育的走向與內容，深受政治勢力所支配。

2006 年吳宥霖的〈戰後臺灣政治案件之補償與平反：以「二二八基金會」與「補償基金會」為中心〉，針對《二二八事件處理及補償條例》和《戒嚴時期不當叛亂暨匪諜審判案件補償條例》進行比較，認為這些善後補償，雖然已事隔數十年，但是設立補償基金會來處理戰後臺灣政治案件之補償優點甚多，例如：1. 避免當事人訟累；2. 避免加重法院負擔；3. 加速案件之審結；4. 補償之公平性。

2007 年有廖育信〈全球化對臺灣國家認同的影響〉，探討在全球化之下影響臺灣國家認同的內外部因素。作者認為臺灣意識凝聚於日治時期，卻在國民黨接收後在文化上被強力灌輸大中華文化。雖然民進黨已經執政，但與中共互動的臺商、泛藍媒體及其陣營，使少數政府難以凝聚國家共識。朝野政黨的對立，和住民本身對身分認同、文化認同、政治認同看法不一，因此難以形成一致的國家認同。作者認為，政策上應當更注重本土化，制訂合身的憲法，尋求國際分工的定位與優勢，以網路拓展臺灣住民的國際視野，迎接全球化加速的趨勢。

2011 年，陳盈如的〈影視史學課程對國一學生歷史思維能力與國家認同影響之研究——以二二八事件為例〉，用以二二八事件作為背景的《傷痕二二八》及《天馬茶房》兩部影片，透過播放影片的方式進行教學，企圖瞭解影視史學課程對受試者的歷史思維能力及國家認同是否會造成改變。結論是，觀看意識形態較強烈的《傷痕二二八》後，其歷史思維能力及國家認同皆有顯著差異；觀看《天馬茶房》的組別僅歷史思維能力的部分發生改變。

這幾類研究所的學位論文包羅較廣，包含經濟、政治、法律、教育議題都有，2011 年陳盈如的研究成果，顯示使用適當的影視教學，可有效影響學生的歷史思維能力與國家認同，尤其是對心智初開的國一學生。

9. 社會所

1992 年，陳仰天的〈二二八事件前農業與非農業人口張力強度之探討〉探討事件前臺灣農業的生產狀況，認定事件的發生與當時糧食匱乏有關，造成失業率與犯罪率都很高，而官員的操守問題也影響不小。

1996 年何華欽完成〈二二八歷史敘事權的爭奪及其社會效應：歷史的敘事分析〉，他認為解嚴之後，二二八成為引爆社會衝突的最大焦點，各方勢力都想爭奪二二八的歷史敘事權；本文以四個場址（社運、國會、學術、輿論）來描述二二八論述的「生產」。他同時提出二二八研究的兩個問題，在高舉人民立場的口述歷史寫作下，是否掩藏了內部的矛盾，過分膨脹了人民立場的光環？其次作者認為近年來的二二八研究有史詩化的現象，政客透過不斷援引二二八圖騰的光環，來增加自身的政治籌碼。

2000 年有徐秀琴的〈「中國本位」與「臺灣本位」意識型態形成制度過程的衝突與調和：以國民中學納入「認識臺灣」課程為例〉，她認為自民國 38 年起，「中國本位」與「臺灣本位」就一直進行意識形態之爭；「認識臺灣」課程的催生更凸顯了這種情況，但其結果反映出藍營某種程度的政治妥協。

2001 年，林雯〈黨外雜誌與民族主義：七、八〇年代臺灣的民族主義論述〉探討黨外雜誌的民族主義論述在七、八〇年代的變遷。七〇年代的黨外雜誌多將臺灣人的歷史推向悲情，指出臺灣與中國雖有共同文化，但政治分離對臺灣有利；另外認為中華民國現實的領土只在臺澎金馬，國會應全面改選以符合民意。八〇年代的要素如「臺灣應建立新而獨立的國家」、「住民自決」等主張，認為臺灣社會的中國意識是國民黨教育下的產物，應以移民、殖民史分析臺灣歷史，排除中國影響，並肯定日本統治之現代化成就；

此外，共同生活於這塊土地者，即為臺灣人。血緣方面強調原住民的起源，臺灣人為混種，來與大陸做區隔。

2006 年，顏世佩的〈歷史書寫的政治：二二八事件真相的爭奪戰〉研究二二八的平反運動及口述歷史。解嚴後各界對這段歷史的論述，處在不同的政治立場上進行詮釋，並形成爭戰交鋒，這是否對「異己」論述的排除？作者認為歷史事件進行書寫和再現，必須更謹慎省思。

2010 年，林欣怡的〈臺灣社會「轉型正義」問題的探討：以二二八事件為例（1987～2008）〉，作者認為二二八是臺灣尋求落實轉型正義的重大工程之一，應該包括追求事件真相、追究責任歸屬，甚至制憲、正名、追索黨產、去除兩蔣崇拜、扭轉教科書「去臺灣化」的偏差，來矯正歷史，並形塑當代民眾對民主、人權與人性的認識，實現正義。

2014 年，關秀惠〈事件的美學政治：二二八展覽（1993～2007）、美術及其後〉，以 1993 到 2007 年的二二八展覽及相關藝術作品為研究對象，討論這些展覽如何在國家官方主導與民間團體承辦所構築的美學體制之中，形成二二八事件的政治美學化，並見證藝術的侷限。作者討論美學的政治性，但也強調受難者的證言、藝術／影像的詮釋與美學表現一樣，都不能陷入任何被絕對化的位置。

2015 年侯漢廷的〈二二八史觀與歷史真相——反正合試論〉，前半段先由各種不同立場的正反面論述，來檢視二二八事件的不同面相，後半段透過統計報紙上二二八報導的數量，提出現今的二二八論述已被政治化，國民黨的消極處理，使二二八成為民進黨的最佳武器，每逢選舉都被拿來利用。

社會所的論文可以看出社會輿論的轉變趨勢，1996 年時何華欽提出二二八事件受到過度美化，可能有政治上的考量；2000 徐秀琴提出「認識臺灣」教科書的推出，代表著國民黨的政治妥協；2001 年林雯提出臺灣的民族主義立場不斷改變；2006 年顏世佩的研究認為，二二八的各種詮釋，事實上只是不同的政治立場的交鋒；2010 年林欣怡認為應進行轉型正義，避免「去臺灣化」；2014 年關秀惠認為二二八的相關展覽，在官方主導與民間團體承辦下，構築形成二二八事件的政治美學化；2015 年侯漢廷統計媒體報導，提出二二八論述已被政治化，成為民進黨的武器。

10. **其他**

陸研所的陳木杉在 1981 年其碩論〈中共史學的演展（一九四九——一九七九）〉中，探討中共史學的理論架構，唯物史觀、階級觀點、歷史發展五階級論等等。由於中共很長時間將二二八事件作為攻擊國府的武器，因此論文將二二八作為關鍵字之一。

1994 年城鄉所的吳金鏞完成〈國族建構、歷史記憶與紀念空間：二二八紀念碑的建構〉，作者認為二二八紀念碑是臺灣民族國家建構的象徵，建碑過程中生產與再生產了對民族國家的想像，象徵原本在大中國意識形態下受到壓抑的臺灣意識重新取得了主流的霸權地位。靠著平反二二八事件對臺灣人族群的民族重構而建立起一個不同於過往的族群歷史。

2003 年，心理所的陳彥宏〈櫻花的生命實踐——年輕生命的自我探索與實踐看到自己〉中提到，研究者曾因早年記憶中的政治事件對家庭、家人所造成的影響與所背負的背景，在這篇論文中完成所謂的自我探索。

美國所的謝英德在 2003 年的〈美國對二二八事件的認知和對策之研究〉中，透過美國國務院檔案，說明二二八事件發生時，美國高層極力避免介入，採行「無政策之政策」，既不主張介入臺灣托管，也不贊同臺灣獨立。1949 年發生轉變，國民政府在內戰潰敗，美國曾經希望將臺灣分離出來成為一個政治實體，但發現當時的臺獨力量不夠強大，計劃也因此而作罷。

2012 年陳韋達的〈轉型正義在第三波民主化國家之發展——以西班牙、捷克、斯洛維尼亞和臺灣為例〉中認為，轉型正義具有普世性的價值，文中的四個國家都正在進行轉型正義，不過每個國家會基於自身政治發展的不同，形成不同模式的樣貌。在臺灣，僅處理受害者補償，卻對加害者無一著墨的情形，是民主化之下的未竟之業。

2013 年，地政所廖淑婷的〈權力與空間形塑之研究：以臺北市都市公園為例〉，本文以「文化霸權」及「權力三面向」為理論基礎，探討權力在公共空間中的運作。如中正紀念堂從建堂過程到空間設計，充滿「中國意識」，與解嚴後興建的二二八紀念碑、二二八紀念館相比，分別象徵當代的政治意識型態。而大安森林公園在體育館與森林公園之爭及觀音像去留問題後，反映出市民已能透過動員，來改變政府的既定決策。

2014 年，國際企業所的李佩澐撰寫〈公私夥伴關係觀點之地方文化館之價值共創的探討──以國立臺灣文學館、交趾陶館、夕遊水逸埠頭及陳澄波、二二八文化館為例〉，探討地方文化館如何透過資源的投入及政府功能，在公私協力的機制下提高使用價值。結論是政府面對公有及民間館舍，在經費補助與溝通協調上有所差異，；國立臺灣文學館等三個地方文化館在公私協力上較偏向「整合型協力機制」，陳澄波、二二八文化館則較偏向「自主型協力機制」。

(三) 以時序分析

1. 解嚴之前

以年份來看，1987 年戒嚴解除之前，僅有三本學位論文提及二二八事件，其中陳木杉的碩士論文〈中共史學的演展（一九四九──一九七九）〉與歐陽聖恩〈無黨籍人士所辦政論雜誌在我國政治環境中角色功能之研究〉，對二二八事件本身著墨不多，加上兩人都曾任職於調查局，對當局的尺度拿捏較為了解，沒有引發甚麼問題。

李筱峰的〈臺灣戰後初期的民意代表〉一文，出版時以「臺灣第一本專章討論二二八事件的學術著作」為宣傳，畢竟當時二二八事件在臺灣仍是禁忌話題；他在學位論文中藉著探究民意代表，不僅提及了二二八事件，並作了簡單介紹。據說當時警總有意查禁此書，但經過會議討論之後，認為這是國立大學的碩士論文，經過教育部的審核通過，最終沒有查禁。[6]在這個擦

[6] 李筱峰本人提到：「意外地，這本原為碩士論文的書，竟然銷售了數版。但也不意外地，果然引起當時還在戒嚴時期的警備總部的注目，警總準備將該書查禁！但後來沒有查禁成功，據說是因

邊球過關之後，戴國煇、王曉波等人也陸續有相關的專書發行，對二二八事件的研究可說是個里程碑。

2. 解除戒嚴至李登輝時期

從 1987 到 1999 年，這段時期的相關學位論文共有 19 本。解嚴初期，討論二二八事件的學位論文以政治所數量最多，如吳介民的〈政體轉型期的社會抗議：臺灣 1980 年代〉，探討當時的社會運動；鄭維禮的〈國家機關在臺灣發展過程中角色之研究（1945～1987）〉則研究政府在發展當中的角色問題；李悅肇的〈臺灣政治反對運動之研究〉從二二八事件開始，研究其後的政治反對運動；王良卿的〈三民主義青年團與中國國民黨關係研究（1938～1949）〉，探討三民主義青年團與中國國民黨團衝突的結構性原因。陳翠蓮的〈二二八事件研究〉則是第一本以二二八事件為主題進行研究的政治所學位論文。

1992 年，行政院《二二八事件研究報告》公開發表之後，相關學位論文的數量略有增加，如吳金鏞〈國族建構、歷史記憶與紀念空間：二二八紀念碑的建構〉對二二八紀念碑進行研究、李悅肇的〈臺灣政治反對運動之研究〉等。但整體而言，可能由於行政院版的權威報告剛出爐，能針對二二八事件再深入研究的，多為較資深的學者，博碩士生一般能取得的資料有限，研究功力尚淺，敢於挑戰相關研究的並不多。

1996 總統大選前，總統李登輝成立二二八基金會，並發表重視本土的言論，二二八事件的影響愈趨強烈。以教育方面來看，歷史教科書不但納入相關事件，也開始有本土化改革的趨向。當時鄧建邦以〈歷史、身份建構、與臺灣民族主義：以宜蘭縣及高雄鄉土歷史教材為主的分析〉探討教材及政策的改變對歷史教育的影響。

為警總內部開會時，有人提出這本書是國立大學通過的碩士論文，且有教育部頒發的學位證書，如果警備總部把碩士論文查禁，無異是警備總部打了一記教育部耳光。因此，這本書終於得以安全脫險。」李筱峰、陳孟絹，《二二八消失的臺灣菁英（二〇一五增訂版）》，再版序。

討論文化方面的有李世偉的〈中共與民間文化（1935～1948）〉、夏金英〈臺灣光復後之國語運動（1945～1987）〉以及許詩萱〈戰後初期（1945.8～1949.12）臺灣文學的重建：以《臺灣新生報》「橋」副刊為主要探討對象〉。公共衛生方面則有陳淑芬〈戰後之疫：臺灣的公共衛生問題與建制（1945～1954）〉

研究經濟方面的有陳仰天〈二二八事件前農業與非農業人口張力強度之探討〉、翁嘉禧〈陳儀時期臺灣經濟政策之研究：1945～1947〉、李文環的〈戰後初期臺灣對外貿易之政經分析（1945～1949）〉與陳亮州〈戰後臺灣日產的接收與處理〉。

吳純嘉的〈人民導報研究（1946～1947）：兼論其反映出的戰後初期臺灣政治、經濟與社會文化變遷〉，由當年的報紙作為史料探究當年的事件背景；葉斯逸的〈由敘事理論角度分析媒介對「二二八事件」的報導〉，認為媒體的各種報導多以非官方的角度，以政府加害民眾為敘事核心，無視官方史料的論點，並以此為「歷史事實」來論述。何華欽的〈二二八歷史敘事權的爭奪及其社會效應：歷史的敘事分析〉則研究當時藍綠雙方對二二八詮釋權的爭奪。

在這個時期，雖然《二二八事件研究報告》已經發布，二二八基金會也著手進行受難者的補償，但可看出藍綠雙方對二二八事件的詮釋權，依然如火如荼的互相競爭，執政者的本土政策及立場，應該是最重要的影響要素。

3. 陳水扁時期

2000 至 2007 年的相關學位論文共有 44 本。2000 年正值大選，在雙方陣營的操作下，族群及省籍問題受關注的程度達到最高峰，一口氣出現了八本研究二二八事件的學位論文，而且由七個不同的研究領域進行，其中胡育仁的〈國小社會科教科書本土化之分析研究〉與劉信成的〈臺灣政治民主化對小學社會科課程影響之研究〉、徐秀琴的〈「中國本位」與「臺灣本位」意識型態形成制度過程的衝突與調和：以國民中學納入「認識臺灣」課程為例〉等三本都探討教科書改革，可見相關議題在這段時期最受重視。

同時，新聞所的夏春祥研究二二八事件的媒體報導，將二二八的論述分為三個時期十七種不同類型；[7]許淑真的〈政治與傳記書寫：謝雪紅形象的變遷〉探討人物形象在不同政治環境之下的轉變；這兩部論文都認為臺灣意識型態正逐漸改變，羅詩敏的〈二二八事件之法律史考察〉則開始研究二二八事件相關的法律問題，並主張追究責任。陳恕的〈從《民報》觀點看戰後初期（1945～1947）臺灣的政治與社會〉則由報紙的社論及民眾投書，觀察事件之前社會已對陳儀政府的施政有許多反彈，政府卻未能及時處理。

接下來的兩年內，研究二二八事件當中學生反抗運動的有王峙萍〈暴動與抗爭的迷思：論二二八事件中的校園與學生反抗運動〉與林秀玲〈高雄中學與「二二八事件」〉，王認為學生期許改革卻被屠殺，因而多次發動反抗，代表臺人充滿希望與革新的熱誠；林則認為高雄中學聚集的學生目的僅是護校，軍隊根本不需要鎮壓，這種行動反而使許多學生政治立場傾向臺灣獨立。

其他如謝欣純的〈郭國基與戰後臺灣地方自治〉以郭國基為主題進行研究；蔡淑滿〈戰後初期的臺北文學活動研究〉探討戰後臺北的文學活動；林雯〈黨外雜誌與民族主義：七、八〇年代臺灣的民族主義論述〉以黨外雜誌的主題來討論七八〇年代的民族主義論述。

2003 年之後，由於國家檔案局的設立及二二八相關檔案的開放，加上國史館開始出版《二二八事件檔案彙編》系列，使得開放的史料大為增加，進行相關研究的博碩士生也較過去更多。第一次政黨輪替之後，既有二二八基金會的研究補助，又有不少相關的政府活動，二二八研究的學位論文相當興盛。

也大致從這段期間開始，中文、臺文所的相關論文數量大幅提升，邱麗敏的〈二二八文學研究：戰前出生之臺籍作家對「二二八」的書寫初探〉、

---

[7] 夏春祥，〈媒介記憶與新聞儀式：二二八事件新聞的文本分析（1947～2000）〉，政治大學新聞學系博士論文，2000。

楊翠的〈鄉土與記憶：七〇年代以來臺灣女性小說的時間意識與空間語境〉、徐秀慧〈戰後初期臺灣的文化場域與文學思潮（1945～1949）〉、黃文成的〈受刑與書寫：臺灣監獄文學考察（1895～2005）〉、洪雪英〈文學、歷史、政治與性別：二二八小說研究〉、顏鳳蘋〈從《埋冤一九四七埋冤》史料應用看二二八事件與當時的臺灣社會〉、周美雲〈鄭坤五《九曲堂時文集》與二二八前夕的臺灣社會研究〉與蔡佳玲的〈歷史、傷痕、二二八——李喬後殖民歷史小說《埋冤一九四七埋冤》研究〉。可見對二二八事件的認知也開始滲入文學作品當中，影響越來越大。

2001 年起，二二八基金會多次舉辦中小學歷史教師的相關研習，以及大專青年的二二八營隊，落實各階段學生的二二八教學。[8]蔡佩如的〈中華民國中學歷史教科書的後殖民分析：以臺灣論述為核心〉，認為教育長期受到國民黨把持，既已政黨輪替，中學教科書應強調臺灣論述，不應受中國文化殖民。王若馨的〈二二八論述與民進黨的崛起〉，則描述民進黨如何藉二二八論述的翻轉，乘勢而起，在政治及論述場域內取得發言位置及生存空間。

這段期間，關於族群問題及本土論述的論文也不少，包括吳由美的〈臺灣族群問題的探源與進路〉、葉志清〈臺灣本土化教育論述的意識型態分析〉，這種思維也開始成為主流的論述角度。蔡佳真〈二二八事件後之海外臺獨運動（1947～1970）〉認為二二八事件的發生是臺獨運動產生的關鍵，詹又霖的〈當代臺灣獨立論述評析〉以不同的角度出發，認為二二八事件相關研究的興盛，給了臺獨議題成長的最佳環境。

2007 年起，相關的學位論文大幅減少，一方面可能與長期沒有新的相關史料出現有關；另一方面，二二八研究已有一定成果，研究生的水準與學者專家相比仍有差距，較難有所突破。

---

8 〈基金會大事記〉，二二八基金會網站，http://www.228.org.tw/largerecord.aspx?v=2001。

4. 馬英九時期

2008 年二次政黨輪替之後，二二八事件相關研究的性質有了很大變化，文學與藝術類研究所的學位論文數量，開始凌駕歷史、臺史所。

從統計表 1-2 的內容可以看到，2008 年起每年都有文學、藝術類研究所的相關論文出現，例如潘桂芳〈殖民與再殖民的認同困境——李石樵〔唱歌的小孩〕與〔市場口〕之研究〉以李石樵的作品來思索臺灣被「殖民與再殖民」的問題，李崇綾〈臺灣當代女性二二八小說研究——以一九八〇年以後作品為考察對象〉研究女性的二二八小說，劉玉慧由鍾肇政的作品《怒濤》來感受歷史記憶與傷痕，史峻更由這些相關文學作品中肯定所謂的「族裔反霸權主義敘述」。

這種情況符合江宜樺、侯坤宏等人提出的後二二八說法，二二八事件的社會認知，在第一次政黨輪替後就已大致塵埃落定，對事件本身進行研究的學位論文僅有陳武男〈嘉義「三二事件」之研究——嘉義民眾在「二二八事件」中的抗爭與肆應〉一篇，研究生們轉而研究二二八的各項周邊。如陳棚現的〈二二八題材小說與女性形象研究〉、潘桂芳〈殖民與再殖民的認同困境——李石樵〔唱歌的小孩〕與〔市場口〕之研究〉、蔡佳玲〈歷史、傷痕、二二八——李喬後殖民歷史小說《埋冤一九四七埋冤》研究〉等美術及小說的研究。

2006 年的《二二八事件責任歸屬報告》的公布，影響了後續政治、法律相關研究所的方向，開始偏向所謂的轉型正義與法律責任的追究。如莊育豪〈臺灣轉型正義的實踐——以二二八究責條例、不當黨產條例草案為例〉、林傳智〈轉型正義之理論與實踐——以二二八事件之處理為例〉，林欣怡〈臺灣社會「轉型正義」問題的探討：以二二八事件為例（1987～2008）〉、陳韋達〈轉型正義在第三波民主化國家之發展——以西班牙、捷克、斯洛維尼亞和臺灣為例〉、涂若筠〈國際人道法與臺灣之連結——論違反人道罪於二二八事件之適用〉等，蔚為風潮。

但也有不贊同責任歸屬報告的研究，如蘇聖雄〈「奸黨煽惑」——蔣中正對二二八事件的態度及處置〉認為現階段證據沒充足到能將蔣中正冠上「元兇」罪名。

賴曉慧的〈報紙報導政治人物形象之研究——以聯合報、中國時報及自由時報報導二二八事件新聞中提及馬英九為例〉，透過對不同媒體的統計，得到臺灣媒體的報導多以政治立場書寫的結論。同樣一件與二二八相關的報導，《聯合報》與《中國時報》提及馬英九多為讚揚語氣，強調他虛心面對二二八的態度；《自由時報》的報導則以攻擊為主，多用「二二八事件的歷史定位與究責」為主題，內容也多以負面譴責的報導為主。

2015 年的兩篇學位論文中，陳興蓉的〈仇恨性言論的管制——以歐洲各國大屠殺否認罪的合憲性探討為中心〉，對「二二八事件處理及賠償條例第六條之一」條文修正草案的第 2 項，要將「公開否認二二八事件的言論」入罪化有所疑慮，認為制定「否認二二八事件罪」有違憲嫌疑。侯漢廷〈二二八史觀與歷史真相——反正合試論〉統計並分析中央社相關報導的數量，認為二二八論述已被政治化，成為民進黨的武器。

二次政黨輪替後，馬政府對二二八的論述並未有太大改變，但相關活動較民進黨執政期間低調許多，基金會及紀念館的活動多是靜態的藝術展覽及音樂會，這或許是藝術類系所學位論文在這段時期佔多數的因素之一，也有人認為是因為受難者家屬中不少從事藝術創作所致。文學類系所的學位論文多支持本土論述，並將二二八小說視為臺灣文學的重要成份；政治法律類的研究所，研究題目多與轉型正義有關，明顯成為這段期間的主流題材。

5. 小結

學位論文的題材選擇，最容易受到三種方面影響：其一是研究生個人的問題意識，其次是參考資料的多寡，最後是指導教授的建議。某種程度來說，學位論文在各種體裁的研究當中，已屬於最不容易受到社會、政治等外在因素影響的類別，但事實上仍難免受到輿論及大環境的牽動。

以學位論文通過的年份來看，數量最大的時間點有四個：其一是李登輝推行本土政策，與「認識臺灣」教科書的推出，使不少教育所及新聞所的論文，研究其帶來的影響；其二是 2000 年的政黨輪替，是臺灣對族群及省籍問題爭論最激烈的時段，政論節目及各種媒體上天天能看到雙方激烈的罵戰，民進黨能夠在大選中勝出，與相關議題獲得民眾支持有一定程度的關聯。

第三個時間點是 2003 年，應該與檔案局的成立，及二二八相關檔案的開放有關。民進黨執政期間二二八基金會十分活躍，相關議題也一直受到重視，加上大量檔案的公開，對研究生進行學位論文的寫作有很大幫助。最後是 2005-2006 年，可能受到前年李登輝及民進黨推動百萬人「二二八手護臺灣運動」的影響，這部分有待研究。

其後，《二二八事件責任歸屬報告》的完成，改變了原本政府及民間對二二八的認知，並以官方報告的高度為事件下了新的定義。不但二二八紀念館為此改變整個常設展的規劃，對學術、政治各界看待二二八事件的角度也有相當大的影響。法律、政治系所研究「轉型正義」及責任追究的論文數量大增，而文學、藝術相關系所的相關論文，也多以此鋪陳其論述。

若以學位論文的性質來看，解嚴之前政治環境肅殺，即使是李筱峰的踩線之作也相對保守；解嚴之初有不少政治所的論文出現，對時局多有批評，但政府積威已久，點到為止的成分較高。最早以二二八為主題進行深入研究的學位論文應是陳翠蓮的〈二二八事件研究〉，她將二二八事件的擴大，歸咎國民黨內部的權力鬥爭，認為當時臺灣的種種問題，多出於這些派系的爭權奪利，並駁斥當年政府將責任歸於共產黨的說法。

二二八事件的性質出現「大規模無故屠殺」的定位，應在二二八基金會成立前後，李登輝急於在大選中迎戰國民黨的舊勢力，必須得到臺灣本土派的協助。這段期間新聞所、傳播所都有不少研究二二八論述的論文，葉斯逸的〈由敘事理論角度分析媒介對「二二八事件」的報導〉，認為媒體的報導多以非官方的角度出發，以政府加害民眾為敘事核心，而無視官方史料的論點。何華欽的〈二二八歷史敘事權的爭奪及其社會效應：歷史的敘事分析〉

也針對當時藍綠雙方爭奪二二八詮釋權有相關研究。

從《二二八辭典》別冊的補償檔案當中，可以看到二二八基金會接受受難家屬的補償申請，理由清一色是「無故」受難，遭到「羅織」罪名，對於受難者而言，可說是完全平反。政黨輪替後，臺灣人當家作主，本土論述興起亦合情合理，國民黨威權時期的歷史觀念及意識型態全面受到顛覆。例如徐秀琴的論文就討論「中國本位」與「臺灣本位」意識型態的問題；蔡佩如甚至提出後殖民理論，質疑臺灣人已當家作主，為何在教育上還要接受中國的文化殖民？以學位論文的數量來看，侯坤宏提出的「綠調二二八」佔據上風，相關的論文數量壓過「藍調二二八」論述。

《二二八事件責任歸屬報告》獲得當時陳水扁總統及國史館館長張炎憲的褒揚，再次改變官方對二二八事件的定位。楊愉珍的〈臺北二二八紀念館常設展應用口述歷史之研究〉中，比較二二八紀念館中的新舊常設展內容，認為新展主要昭示受難者被政府計畫性殺害，二二八事件的詮釋由「政府無故屠殺民眾」調整為「政府刻意謀殺臺籍菁英」；同時期國民黨主席馬英九則提出二二八是「官逼民反」的說法，但民眾接受度並不高。

二二八事件的官方論述，隨政治權力的更替與環境氛圍，不斷進行調整，改變幅度不小；不少學者的立場及研究成果，也隨之微調。在眾多先進的學位論文當中，我們可以體察到時代變遷與政府立場的改變，確實對學術研究的趨勢帶來不小影響。

二、學術期刊及研討會、論文集論文

(一) 說明

本書針對學術期刊論文進行量性分析的對象，同樣以篇名、關鍵字兩項，使用國家圖書館的臺灣期刊論文索引進行檢索，並參考《二二八辭典》

及《二二八事件文獻目錄解題》當中所列的參考書目所得。

本書將單篇論文大致區分為學術與非學術兩類，本節納入學術期刊及論文集論文，第三節則針對非學術期刊及雜誌作統計；當然非學術期刊亦會刊登學術論文，反之亦然。但要對所有期刊進行地毯式的查閱太過費時，只能依照期刊本身的性質來區分。

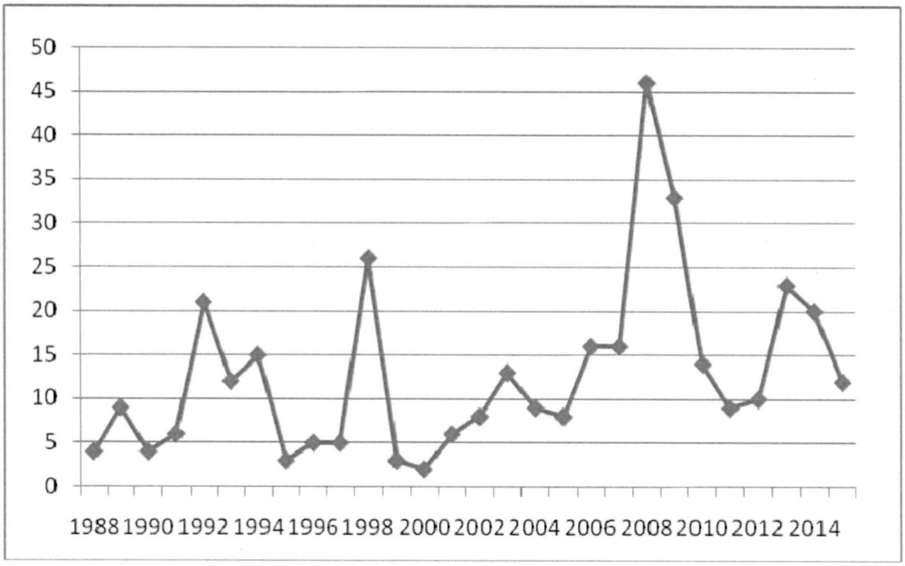

圖 1-2　二二八學術期刊及論文集論文依時序排列之數量統計圖

在學術期刊及研討會、論文集論文方面，本研究納入統計的共有 358 篇論文。並將這些學術論文，依照出版時序及出版單位分類計算，來作為後續分析的基礎，請參見圖 1-2。

由於相關論文集及學術研討會，一次舉辦就會發表為數不少的論文，對統計及分析會帶來變數，因此也試著將研討會及論文集論文分開計算，總數是 229 篇，依時序統計如圖 1-3：

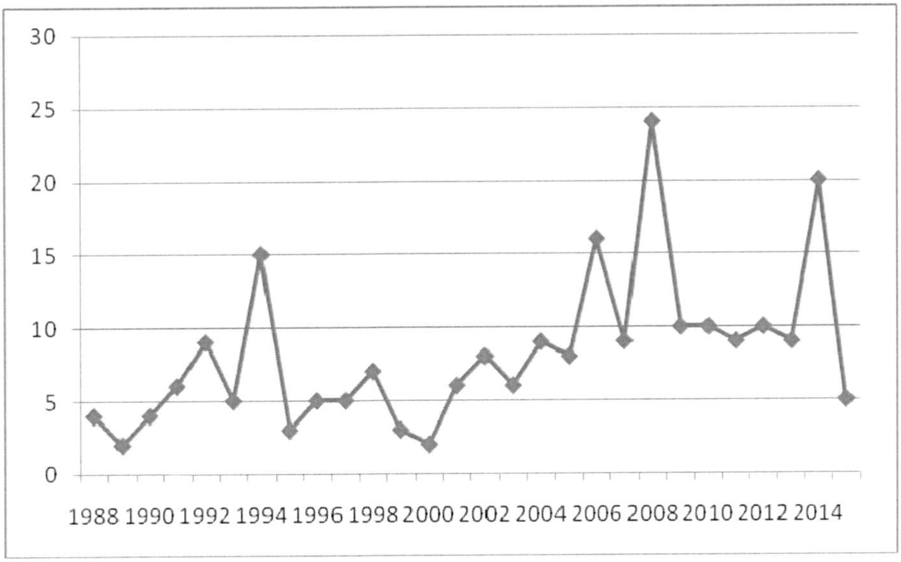

圖 1-3　相關學術期刊論文依時序排列之數量統計圖

由圖 1-3 當中可以看出，數量較多的高峰點有三個，分別是 1994 年、2006～2008 年及 2014 年。1994 年數量較多，是由於發刊第二年的《臺灣史料研究》將主題定為二二八事件，單是該期刊就有九篇相關文章所致；2007 年是二二八事件 60 周年，可能對前後相關論文的撰寫有所影響，紀念及回憶類的文章亦多，《思想》更出了專號刊載八篇相關論文；馬英九時期，二二八學術論文發表篇數明顯較陳水扁時期少了許多，直到 2014 年，臺灣史研究所將前一年研討會當中的論文，刊載於《臺灣史研究》中，因此數量達到八篇之多，加上《臺灣史料研究》亦有三篇論文刊載，使當年的論文發表數量突然增加。

(二) 研討會及論文集論文

接下來先將納入統計的論文集及研討會論文，依時序列表作簡單介紹：

表 1-3　相關研討會及論文集列表

研討會名稱	論文集名稱	主辦者	出版者	時間
二二八事件四十周年紀念學術研討會	二二八事件學術論文集：臺灣人國殤事件的歷史回顧	北美洲臺灣人教授協會、全美臺灣同鄉會、北加州臺灣同鄉聯合會及《臺灣文化》雙月刊	陳芳明，前衛出版社	1987/2/28 舉辦，1989 出版
二二八學術研討會	二二八學術研討會論文集	二二八民間研究小組	二二八民間研究小組、自立晚報社	1991/12 舉辦，1992 出版
	臺灣光復初期歷史論文集	中央研究院中山人文科學院	賴澤涵，中央研究院中山人文科學院	1993 出版
二二八事件五十週年國際學術研討會	二二八事件研究論文集	吳三連臺灣史料基金會、臺北市政府、臺灣歷史學會	吳三連臺灣史料基金會	1997/2/20-22 舉辦，1998 出版
二二八事件新史料學術研討會	二二八事件新史料學術論文集	財團法人二二八事件紀念基金會	財團法人二二八事件紀念基金會	2003/6/28 舉辦
紀念 228 事件 60 週年學術討論會	紀念 228 事件 60 週年學術討論會論文集	高雄市文獻委員會	高雄市文獻委員會	2007 年舉辦並出版
二二八事件 60 週年國際學術研討會	二二八事件 60 週年國際學術研討會：人權與轉型正義學術論文集	財團法人二二八事件紀念基金會	財團法人二二八事件紀念基金會	2007 年舉辦並出版
紀念二二八事件 60 週年學術研討會	「紀念二二八事件 60 週年」學術研討會論文集	中央研究院臺灣史研究所	中央研究院臺灣史研究所	2007 舉辦，2008 出版
大國霸權 or 小國人權——二二八事件與人權正義二二八事件 61 週年國際學術研討會	二二八事件 61 週年國際學術研討會：大國霸權 or 小國人權學術論文集	財團法人二二八事件紀念基金會	財團法人二二八事件紀念基金會	2008/2/23-24 舉辦，2009 出版

研討會名稱	論文集名稱	主辦者	出版者	時間
二二八事件 62 週年學術研討會：歷史教育與傳承	二二八事件 62 週年學術研討會：歷史教育與傳承學術論文集	財團法人二二八事件紀念基金會與高雄市政府	財團法人二二八事件紀念基金會	2009/2/26-27 舉辦並出版
黃彰健院士追思研討會	二二八研究的校勘學視角：黃彰健院士追思論文集	中央研究院二二八研究增補小組	朱浤源，文史哲出版社	2010 出版
新史料與二二八研究學術研討會		中央研究院臺灣史研究所	中央研究院臺灣史研究所	2013/11/29-30 舉辦
二二八與臺灣戰後發展學術研討會		臺北二二八紀念館、靜宜大學、中研院臺灣史研究所		2015 年 8 月 10-11 日舉辦

1. 研討會論文介紹

(1)《二二八事件學術論文集：臺灣人國殤事件的歷史回顧》

1987 年 2 月 28 日，數位旅居海外的學者群聚於舊金山南灣，舉辦「二二八事件四十周年紀念學術研討會」，該會議由北美洲臺灣人教授協會、全美臺灣同鄉會、北加州臺灣同鄉聯合會及《臺灣文化》雙月刊四個單位合辦，1989 年由陳芳明主編，前衛出版社出版了這場研討會的臺灣版論文。

這部論文集包括張旭成〈二二八事件的政治背景及其影響〉、陳芳明〈陳儀與謝雪紅：二二八人物的再評價〉、謝里法〈從二二八事件看臺灣智識份子的歷史盲點〉、林宗義的〈林茂生與二二八——他的處境與苦悶〉、謝聰敏〈臺灣抵抗運動與華人世界〉、林宗光〈美國人眼中的二二八事件〉及林衡哲〈從吳濁流的文學作品看二二八事件〉等共七篇文章。

(2)《二二八學術研討會論文集》

1991 年 1 月，「二二八民間研究小組」成立，12 月時舉辦臺灣首次以二二八事件作為主題的學術研討會，並於隔年由陳琰玉、胡慧玲兩位編輯，與自立晚報社共同出版了《二二八學術研討會論文集》。

該論文集中共收錄 12 篇論文：

- 陳芳明〈戰後初期臺灣自治運動與二二八事件〉
- 張富美〈陳儀與福建省政（1934～1941）〉
- 蕭聖鐵〈臺灣二二八事件的經濟與文化背景——社會期望理論之應用〉
- 李筱峰〈「二二八事件處理委員會」與陳儀的對策〉
- 吳密察〈蔣渭川與二二八事件（初探）〉
- 李喬〈臺灣二二八研究之片段——由「埋冤一九四七」資料理出〉
- 陳儀深〈論臺灣二二八事件的原因〉
- 黃英哲〈許壽裳與臺灣——兼論二二八前夕長官公署時代的文化政策〉
- 張炎憲〈戰後初期臺獨主張產生的探討——以廖家兄弟為例〉
- 鄭梓〈試探戰後初期國府之治臺政策——以用人政策及省籍歧視為中心的討論〉
- 蕭欣義〈評賴、馬、魏新著「悲劇的開端」〉
- 陳少廷〈中共對臺灣二二八事件的歷史解釋——兼評臺灣統派紀念二二八的政治訴求〉

(3)《二二八事件研究論文集》

1997 年，由吳三連臺灣史料基金會、臺北市政府及臺灣歷史學會在臺北共同舉辦「二二八事件五十週年國際學術研討會」；該研討會所發表的論文，隔年由張炎憲、陳美蓉、楊雅慧等編輯，交由吳三連基金會，出版《二二八事件研究論文集》。該論文集中共收錄 19 篇論文，包括：

- 薛化元〈戰後十年臺灣的政治初探（1945～1955）——以國府在臺統治基盤的建立為中心〉
- 陳翠蓮〈「大中國」與「小臺灣」的經濟矛盾——以資源委員會與臺灣省行政長官公署的資源爭奪為例〉
- 顏娟英〈戰後初期臺灣美術的反省與幻滅〉
- 黃英哲〈臺灣省編譯館研究（1946.8～1947）——陳儀政府臺灣文化重編機構研究之一〉
- 鄭梓〈二二八悲刻之序曲——戰後報告文學中的臺灣「光復記」〉
- 陳儀深〈再探二二八事件處理委員會——關於其政治立場與角色功能的評

估〉

- 何義麟〈臺灣省政治建設協會與二二八事件〉
- 陳永興〈二二八與臺灣醫界〉
- 陳芳明〈殖民歷史解釋下的蔣渭川〉
- 孫萬國〈半山與二二八初探〉
- 林鐘雄〈1940 年代的臺灣經濟〉
- 郝任德〈紅毛城與二二八——英國外交部對於臺灣 1947 的態度〉
- 李敏勇〈傷口的花——臺灣詩的二二八記憶與發現〉
- 鄭仰恩〈危險記憶的轉變力量——試論二二八事件的神學意涵〉
- 林宗光〈臺灣人之認同問題與二二八〉
- 林宗義〈抗爭抑或復和？——武力壓制者 V.S.苦難的倖存者〉
- 李喬〈「二二八」在臺灣人精神史的意義〉
- 李筱峰〈蔣介石與二二八事件——兼論其責任問題〉
- 張炎憲〈二二八的歷史意涵——鎮壓、反抗、扭曲與重建〉

(4)《二二八事件新史料學術論文集》

2003 年由財團法人二二八事件紀念基金會舉辦的「二二八事件新史料學術研討會」，由李旺臺總編輯、曾美麗主編，年底便出版了《二二八事件新史料學術論文集》。

該論文集收錄了侯坤宏〈情治單位在二二八事件中的角色〉、歐素瑛〈二二八事件中的校園〉、周琇環〈二二八事件在彰化〉、李筱峰〈二二八事件與臺灣獨立運動〉、陳儀深〈元凶的責任評量——歷史觀點豈止是「維持治安而已論蔣介石與臺省軍政首長對二二八事件的處置」〉、陳志龍〈元凶的責任評量——法律觀點二二八元凶追究之迫切性與必要性從法律觀點探究如何使司法面對此問題〉與陳翠蓮的〈二二八事件史料評述〉等論文。

(5)《紀念 228 事件 60 週年學術討論會論文集》

2007 年由高雄市文獻委員會主辦的「紀念 228 事件 60 週年學術討論會」，同年便出版《紀念 228 事件 60 週年學術討論會論文集》。

內容包括許雪姬〈高雄二二八事件真相再探〉、陳儀深〈為何考證？如何解讀?評論黃彰健著《二二八事件真相考證稿》〉、翁嘉禧〈二二八事件時期臺灣經濟政策的特質及其影響〉、蘇瑤崇〈中國報紙有關二二八事件報導之研究：以南京上海為例〉、鄭志敏〈二二八事件與高雄地區的醫界人士〉及陳芳明的〈「32 條政治要求」再閱讀〉等論文。

(6)《二二八事件 60 週年國際學術研討會：人權與轉型正義學術論文集》

2007 年由財團法人二二八事件紀念基金會主辦的「二二八事件 60 週年國際學術研討會」，同年由楊振隆總編，出版了《二二八事件 60 週年國際學術研討會：人權與轉型正義學術論文集》。

該論文集中包括陳翠蓮的〈歷史正義在臺灣：兼論國民黨的二二八論述〉、張炎憲的〈「二二八事件處理及補償條例」立法爭議與影響的研究二二八平反問題與歷史意義〉、謝聰敏〈由國際人權角度探討二二八事件〉、陳志龍〈由人權與法律角度探討二二八事件究責問題〉、陳儀深〈族群衝突、官逼民反與報復屠殺：論二二八事件的性質定位〉、翁金珠〈「二二八事件處理及補償條例」立法爭議與影響的研究〉及何義麟的〈二二八事件對戰後臺灣語言政策之影響〉等。

(7)《「紀念二二八事件 60 週年」學術研討會論文集》

2007 年由於適逢二二八事件六十週年紀念，學術研討會較多，中央研究院臺灣史研究所也主辦了「紀念二二八事件 60 週年學術研討會」，該研討會參與者眾多，分為兩天進行論文發表，並於 2008 年出版。此本論文集當中收錄了：

- 賴澤涵〈臺灣二二八事件研究的回顧與展望〉
- 杜繼東〈中國大陸「二二八」事件研究評介〉
- 呂興忠〈彰化縣二二八事件新出土官方檔案研究〉
- 蘇瑤崇〈二二八事件相關英日文資料之問題研究〉
- 歐素瑛〈臺灣省農學院與二二八事件〉
- 李東華〈二二八事件中的臺灣大學〉

- 王昭文〈二二八事件中嘉義地區的學生與武裝行動〉
- 陳翠蓮〈二二八事件中被關閉的兩所臺灣人學校〉
- 吳叡人〈「臺灣高山族殺人事件」──高一生、湯守仁、林瑞昌事件之初步重建〉
- 范燕秋〈樂信瓦旦與泰雅族在二二八事件的動態──探尋戰後初期臺灣原住民菁英的政治實踐〉
- 李筱峰〈二二八事件與族群問題〉
- 黃美娥〈戰後初期的臺灣古典詩壇（1945～1949）〉
- 前田直樹〈臺灣政治自由化與美國對臺政策：從二二八到雷震案件〉
- 黃富三〈二二八事件的臺灣：英國人之「如是我見」〉
- 畢凌晨〈A Contradiction Between Research Based Recommendations and Policy Making George Kerr's View of the 2-28 Incident As Contrasted with that of the United States Government〉
- 許時嘉〈紀錄與記憶──228 前夕（1945～1947 年）日記中的族群書寫〉
- 候坤宏〈從二二八到後二二八──由歷史解釋權角度觀察〉
- 鄭梓〈記憶、傷痕與歷史再現──二二八事件中一位外省編導「影像札記」的解析為例〉
- 陳佳宏〈日治中期至二二八事件前後臺灣之認同糾葛〉
- 楊子震〈日本「戰後初期臺灣」相關研究的回顧與展望──以二二八事件為中心〉
- 朱浤源、黃文範〈葛超智在二二八事件中的角色〉

(8)《二二八事件 61 週年國際學術研討會：大國霸權 or 小國人權學術論文集》

2008 年，財團法人二二八事件紀念基金會舉辦了「大國霸權 or 小國人權──二二八事件與人權正義」二二八事件 61 週年國際學術研討會，並於 2009 年出版了這部《二二八事件 61 週年國際學術研討會：大國霸權 or 小國人權學術論文集》。收錄了：

- 林元輝〈二二八事件期間臺灣官民營媒體報導之比較：以報導事件為例〉

- 陳慈玉〈二二八事件期間臺灣與中國衛生之落差連續與斷裂：戰後初期的臺灣工礦業（1945～1947）〉
- 何義麟〈二二八事件前後之自治論爭：從「臺灣勿特殊化」問題談起〉
- 涂醒哲〈二二八事件期間臺灣與中國衛生之落差〉
- 李明峻〈二二八事件與個人國際賠償請求問題〉
- 蘇瑤崇〈外國人見證的二二八事件〉
- 王景弘〈美國報紙處理二二八事件新聞之分析：以《紐約時報》為例〉
- 金貞和〈韓國人看二二八與臺灣意識〉
- 葛祥林〈由東京審判看二二八〉
- 又吉盛清〈臺灣二二八事件與沖繩：由沖繩來的報告〉
- 黃秀政、蕭明治，〈二二八事件的善後與賠償：以「延平學校復校」為例〉
- 陳儀深，〈秋後算帳：二二八事件中的「綏靖」與「清鄉」〉

(9)《二二八事件 62 週年學術研討會：歷史教育與傳承學術論文集》

2009 年，財團法人二二八事件紀念基金會與高雄市政府合辦了「二二八事件 62 週年學術研討會：歷史教育與傳承」，由楊振隆總編、柳照遠執行主編，出版了這部《二二八事件 62 週年學術研討會：歷史教育與傳承學術論文集》。該書收錄了：

- 沈育美〈在高中課堂遇見臺灣史的傷口：談二二八事件教學的過去與現在〉
- 陳志瑋〈國小社會領域康軒版二二八教學的困境與省思：以澎湖文澳國小為例〉
- 郭燕霖〈二二八教學在國小實施的情況與困境：以苗栗縣山腳國小為例〉
- 劉熙明〈再論蔣介石在二二八事件中的責任：由蔣介石在國共內戰的作為來分析〉
- 張耀仁，〈二二八事件期間駐臺中國記者報導之析論：以報導事件起因、省籍形象與引述消息來源為例〉
- 石育民〈廣播與收音機在二二八事件中的角色〉

- 陳淑媛〈臺灣史是誰的歷史？以二二八事件教學為例〉
- 林明德〈臺灣二二八事件的清算與教育宣傳〉
- 倪仲俊、李汾陽合著的〈二二八事件前後本土菁英的參與障礙與其我群意識之形成〉
- 林欣怡〈二二八與轉型正義〉

(10)「新史料與二二八研究學術研討會」

2013 年由中央研究院臺灣史研究所舉辦的「新史料與二二八研究學術研討會」，主要針對他們由跳蚤市場購得的情治單位檔案所進行之研究。該場研討會係睽違多年的二二八事件研討會。該場研討會發表的論文有：

- 許雪姬〈解讀史料與研究二二八〉
- 吳叡人〈二二八事件中桃園地方民眾抵抗模式初探〉
- 林正慧〈二二八事件中的保密局〉
- 陳儀深，〈雲嘉二二八再探：口述史與檔案的對照研究〉
- 歐素瑛〈二二八事件中縣市首長的角色與應對〉
- 郎咏恩〈二二八事件期間警察的角色與作為：從情治檔案觀看警察的應變與結果〉
- 蔡秀美〈二二八事件期間消防隊員的角色〉
- 劉恆妏〈二二八事件中的自新〉
- 曾文亮〈二二八事件中的叛亂、懲罰與司法〉
- 蘇瑤崇〈二二八事件中的正當性問題初探：從考證編造的「大溪中學女教員姦殺案」論起〉
- 陳中禹〈二二八事件中原住民族群動態與形象轉變〉
- 侯坤宏〈重探「二二八事件處理委員會」的角色〉
- 何義麟，〈二二八事件評述在日本的傳播與影響〉
- 陳翠蓮，〈生存遊戲：陳逸松、劉明的政治試煉〉

(11)「二二八與戰後臺灣發展」學術研討會

2015 年 8 月 10-11 日，臺北二二八紀念館與靜宜大學、中央研究院臺灣史研究所，假中央研究院人文社會科學館，共同舉辦「二二八與臺灣戰後發展」學術研討會，透過不同角度來探討、認識二二八事件與臺灣戰後歷史發展之關連。該場研討會發表的論文包括以下：

- 杜正宇，〈二戰時期美國人眼中的臺灣認同〉
- 蘇瑤崇，〈戰後（1945～1947）政權轉移與二二八事件：從中美共同佔領臺灣論起〉
- 張富美，〈臺灣基督長老教會與二二八事件的平反〉
- 吳叡人，〈臺灣轉型正義的歷史構造〉
- 吳俊瑩，〈二二八事件中的清鄉：以臺中縣為例〉
- 林正慧，〈臺籍原日本兵與二二八事件〉
- 曾令毅，〈戰後初期中國空軍在臺灣的接收工作與二二八事件 1945～1947）〉

2. 相關論文集

(1)《臺灣光復初期歷史》

1993 年由賴澤涵主編，中央研究院中山人文科學院出版的《臺灣光復初期歷史》論文集中，主要探討中華民國政府最初統治臺灣期間的各項政策，以及當時面臨的各種問題。其中多篇論文與二二八事件之研究及其背景相關。

如吳乃德、陳明通〈政權轉移和菁英流動：臺灣地方政治菁英的歷史形成〉、黃富三的〈「二二八事件處理委員會」與二二八事件〉、許雪姬〈臺灣光復初期的民變：以嘉義三二事件為例〉、陳純瑩〈光復初期臺灣警政的接收與重建：以長官公署時期為中心的探討〉、顏清梅，〈光復初期臺灣米荒問題初探〉、吳文星〈二二八事件期間國民政府的因應與決策之探討〉與陳明通的〈派系政治與陳儀治臺論〉。

(2)《二二八研究的校勘學視角：黃彰健院士追思論文集》

中央研究院黃彰健院士雖係明清史專家，但晚年轉而深入研究二二八事件，並與近史所的朱浤源、陳存恭研究員，學者程玉鳳、戚嘉林、楊晨光，民間史家武之璋等組織「二二八研究增補小組」，希望能對行政院《二二八事件研究報告》的不足之處進行增補。黃院士過世之後，該小組的主要成員朱浤源教授為其編撰了《二二八研究的校勘學視角：黃彰健院士追思論文集》，作為紀念。

這部論文集中有數篇事件當事人的口述訪錄及筆記，亦有對黃院士的追思文，還收錄了幾篇與二二八相關的論文，包括：曾建元〈黃彰健的中共論述與最新發現〉、朱浤源、黃種祥合著的〈戰後美國情報人員在臺活動初探——以 George H. Kerr 為中心〉、吳銘能〈檔案與口述歷史之間——「口述歷史」文字更動與二二八事件研究〉與楊晨光〈二二八事件期間整編廿一師主力赴臺經過〉。

(三) 相關學術期刊

刊載二二八相關論文的學術期刊不在少數，但並沒有專門進行相關研究的期刊。納入相關統計的學術期刊論文共有 229 篇，由於期刊數量較多，相關文章數量在四篇之下的，列入其他。參見表 1-4：

表 1-4　相關學術期刊論文數量統計表

刊名	數量	比例
臺灣史料研究	36	15.7%
臺灣史研究	18	7.9%
國史館館刊及學術季刊等	15	6.6%
臺灣風物	11	4.8%
思想	9	3.9%
輔仁大學之學報	6	2.6%
當代	6	2.6%
思與言	6	2.6%
近代中國史研究通訊	5	2.2%
臺灣文學研究學報	5	2.2%

刊名	數量	比例
中興大學之學報	4	1.7%
臺灣學研究	4	1.7%
其他[9]	104	45.4%
總計	229	100%

[9] 包括稻鄉出版社《現代學術研究專刊》3 篇、淡江大學《法政學報》3 篇、中研院《近史所集刊》3 篇、政大的《新聞學研究》3 篇、檔案學會期刊 3 篇、東華大學之學報 3 篇、呂秀蓮聯合辦公室的《臺灣國際研究季刊》3 篇、《東海史學》2 篇、陳中和翁慈善基金會 2 篇、《清雲學報》2 篇、《國父紀念館館刊》2 篇、中央大學之學報 2 篇、中華科技大學之學報 2 篇、中正大學之學報 2 篇、《孫學研究》2 篇、《臺灣人權學刊》2 篇、臺灣教授協會 2 篇、《臺灣社會研究季刊》2 篇、《當代文學史料研究叢刊》1 篇、臺灣史研究會 1 篇、教育部《人文及社會學科教學通訊》1 篇、《郵史研究》1 篇、《社會科學論叢》1 篇、臺北科技大學學報 1 篇、《《國立臺灣大學法學論叢》》1 篇、花蓮師範研討會論文 1 篇、《現代學術研究》1 篇、《建國學報》1 篇、《中國歷史學會史學集刊》1 篇、桃園縣文化局研討會論文 1 篇、《史學集刊》1 篇、《臺灣詩學學刊》1 篇、文化大學研討會論文 1 篇、元照出版社 1 篇、樂學出版社 1 篇、臺北教育大學研討會 1 篇、《弘光人文社會學報》1 篇、《臺大文史哲學報》1 篇、《文化研究月報》1 篇、戒嚴時期不當審判基金會 1 篇、揚智文化 1 篇、唐山出版社 1 篇；《人文資源研究學報》1 篇、屏東教育大學研討會 1 篇、《檔案與微縮》1 篇、《臺灣國際法季刊》1 篇、《臺灣文學評論》1 篇、《教育研究與發展》1 篇、《中華科技史學會學刊》1 篇、《傳播與社會》1 篇、《師大臺灣史學報》1 篇、《雄中學報》1 篇、《通識教育與多元文化學報》1 篇、《高雄文化研究》1 篇、《漢學研究通訊》1 篇、《興國學報》1 篇、《高雄師大學報》1 篇、《教育科學研究期刊》1 篇、文訊雜誌社 1 篇、《東亞研究》1 篇、《國立臺灣博物館學刊》1 篇、《海外華人研究》1 篇、時報文化 1 篇、《大直高中學報》1 篇、《臺灣文學學報》1 篇、《文史臺灣學報》1 篇、《臺灣史學雜誌》1 篇、《清華歷史教學》1 篇、《麗山學報》1 篇、《博雅通識學報》1 篇、《臺灣研究集刊》1 篇、《口述歷史史學會會刊》1 篇、《博物館學季刊》1 篇、《松商學報》1 篇。

表 1-5　相關學術期刊時間及期刊別統計表

	1988	1989	1990	1991	1992	1993	1994	1995	1996	1997	1998	1999	2000	2001	2002	2003	2004	2005	2006	2007	2008	2009	2010	2011	2012	2013	2014	2015	
臺灣史料研究						2	9	1	3	2	4	1			2		2		1		2		1	3			3		36
臺灣史研究																			1		1	2	4	1	1		8		18
國史館				1	1		2							2	2	1	1	1		1	1				1	1			15
臺灣風物			1		2	1					1	1			1			1	1							1	1		11
思想																					8				1				9
輔仁大學	1			1			1									1			1		1								6
當代		2				1		1		1									1										6
思與言	1			2		1					1																		5
近代中國史研究通訊				1	4																								5
臺灣文學研究學報																		1	1		1					1		1	5
高雄市文獻委員會																				5									5
中興大學							1			1									1		1								4
臺灣學研究																					1	1			2				4
其他	2	0	3	1	2		2	1	2	1	1	1	2	4	3	4	6	5	9	3	8	7	5	5	5	6	7	5	100
	4	2	4	6	9	3	6	2	2	3	3	2	2	6	6	6	7	8	15	9	22	10	9	6	10	9	16	6	229

這些學術期刊當中，以吳三連臺灣史料史料基金會發行的《臺灣史料研究》刊載最多與二二八事件相關的研究論文，數量遠超過第二名，由中央研究院臺灣史研究所發行的《臺灣史研究》。以下先就發表相關論文數量較多的幾份期刊，略作介紹：

1.《臺灣史料研究》

《臺灣史料研究》期刊由吳三連臺灣史料基金會發行，文章屬性上偏重本土論述，第一期在 1993 年 2 月出刊。在本文所統計的相關學術論文當中，數量最多，達到 36 篇。關於基金會創設之宗旨，其網站提到：[10]

> 為使臺灣史料研究有交流，以及基金會成立宗旨落實，經董事會決議，定期出版《臺灣史料研究》雜誌，以研究通訊之形式做臺灣民眾史之耙梳工作。其定位以「民間的、史料的、生活的」為主，初期集中於臺灣民眾史及民眾文化之範疇，並兼及本基金會及其他單位館藏之介紹。
>
> 現在，《臺灣史料研究》在基金會部份董事及學者專家的協助下，正式問世，本人深覺慰。但願各界人士及學者專家均能透過這本雜誌，為尚待充實之臺灣史料研究領域貢獻才智，以使這本臺灣第一本史料研究雜誌得以繼續成長，並輝耀過往年代，鑑照後代來者。

1993 年，該期刊刊載陳芳明〈臺灣抗日運動史上的兩份重要左翼刊物：《臺灣大眾時報》與《新臺灣大眾時報》〉及張炎憲等人訪錄的〈一位老臺共的心路歷程：莊春火訪問記錄〉。

1994 年，刊載了陳芳明〈林木順與臺灣共產黨的成立〉、張炎憲的〈二二八：臺灣史詮釋的原點〉與〈二二八民眾史觀的建立——基隆二二八事件

[10] 吳三連臺灣史料基金會網站，http://www.twcenter.org.tw/about。

的悲情〉；〈日本「朝日新聞」載臺灣二二八事件〉、唐羽的〈評介《二二八週年誌》〉、王昭文〈簡介嘉義二二八口述歷史計劃〉、何義麟〈被遺忘的半山：謝南光〉與呂培苓訪錄的〈冤冤枉枉兩代人：高雄縣旗山的王獅、王天煌父子〉、張炎憲等訪錄的〈為市民而亡的潘木枝醫師：潘信行訪問錄〉等九篇。

1995 年有王蕙瑛的〈創傷與記憶：二二八民眾史與臺灣主體性〉；1996 年有李筱峰的〈從《民報》看戰後初期臺灣的政經與社會〉與何義麟〈戰後初期臺灣報紙之保存現況與史料價值〉、〈《留臺日僑世話役日誌》中有關二二八事件之史料〉。

1997 年有張文義〈歷史的回顧與展望——宜蘭縣二二八受難家屬關懷協會概述〉及鄭梓〈二二八悲劇之序曲：戰後報告文學中的臺灣「光復記」〉；1998 年有李筱峰、林芳微的〈回憶錄與自傳中的二二八史料〉、歐陽可亮著、張志銘翻譯的〈二二八大屠殺的證言〉、莊天賜〈長老教會與二二八平反運動（1987～1990）：以《臺灣教會公報》為中心之研究〉與張炎憲等人訪錄的〈永不止息的等待：陳炘遺屬訪問錄〉。

1999 年有張炎憲等訪錄的〈陳遜章先生訪問記錄〉。2002 年有林文奎〈臺灣見聞錄——林文奎的二二八事件見聞錄〉及張炎憲等訪錄的〈一個時代的遊俠：劉明——劉心心口述歷史紀錄〉；2004 年有陳翠蓮的〈二二八事件史料評述〉與林熙皓〈媒體與族群意識：以報紙對於二二八事件的報導看報紙對族群意識的回應〉；2006 年有陳翠蓮〈解讀許德輝《臺灣二二八事件反間工作報告書》〉；2008 年刊載潘桂芳〈二二八風暴籠罩下的臺灣美術〉與編輯部所編的〈受難與昇華的創作對話——歐陽文與陳武鎮座談紀實〉訪談。

2010 年有張秉仁的〈憶往事〉；2011 年，有彭瑞金〈自死地奮力求生的故事——《花蓮鳳林二二八》〉、劉天賦〈岡山二二八事件始末〉及劉熙明的〈檔案的玄機：二二八事件的社會菁英被害與蔣介石之關係〉。2014 年刊載溫秋芬〈臺灣人旅京滬團體 228 救援紀實〉、張炎憲〈白色恐怖與高一生〉

與何義麟〈在日臺灣人的二二八事件論述——兼論情治單位監控報告之虛實〉。

2.《臺灣史研究》

在本研究的統計當中，《臺灣史研究》與二二八事件直接相關的論文有 18 篇，在學術期刊當中，數量僅次於《臺灣研究史料》。《臺灣史研究》是由中央研究院臺灣史研究所發行的學術期刊，該所網站在介紹此刊物時，提到是目前史學界學術評價最高，水平也較整齊的：[11]

> 《臺灣史研究》為本所自籌備處時期以來的代表性期刊，於民國八十三年六月創刊。本刊自民國八十三年至九十五年為半年刊，九十六年起改版為季刊，收錄範圍除了中英專題論文之外，包括書評、史料評介，以及學術動態，是目前臺灣史學界學術評價最高、水平較為整齊的學術刊物，同時是主導、整合臺灣史研究的要角。

該期刊 2006 年刊載陳翠蓮〈戰後臺灣知識菁英的憧憬與頓挫：新生臺灣建設研究會延平學院始末〉；2008 年有歐素瑛〈從二二八到白色恐怖——以李媽兜案為例〉；2009 年有許雪姬〈2007 年臺灣史研究的回顧與展望〉及吳彥明〈臺灣國族認同的連續或斷裂？——評[陳翠蓮著]《臺灣人的抵抗與認同，1920～1950》〉。

2010 年有陳翠蓮〈2008 年臺灣史研究的回顧與展望〉及陳儀深〈臺獨主張的起源與流變〉、若林正丈〈葉榮鐘的「述史」之志：晚年書寫活動試論〉、劉恆妏〈戰後初期臺灣司法接收（1945～1949）：人事、語言與文化的轉換〉；2011 年有黃仁姿、薛化元之〈戰後臺灣精英的連續與斷裂：以農會精英為例（1945～1953）〉；2012 年有何義麟的〈戰後初期臺灣留日學生的

[11] 中央研究院臺灣史研究所網站，http://www.ith.sinica.edu.tw/quarterly_01.php。

左傾言論及其動向〉。

2014 年的後兩期都是二二八專號，包括陳翠蓮〈「祖國」的政治試煉：陳逸松、劉明與軍統局〉、林正慧〈二二八事件中的保密局〉、蔡秀美〈二二八事件期間消防隊員的角色〉、蘇瑤崇〈謊言建構下二二八事件鎮壓之正當性：從「大溪中學女教員案」論起〉、許雪姬〈「保密局臺灣站二二八史料」的解讀與研究〉、劉恆妏〈二二八事件中的自新：以臺中、嘉義、臺南、高雄為中心〉、侯坤宏〈重探「二二八事件處理委員會」的角色〉及歐素瑛，〈二二八事件期間縣市首長的角色與肆應〉等八篇。

3.《臺灣風物》

在本研究中，《臺灣風物》刊載相關論文 11 篇，數量上是學術期刊中第三位。

《臺灣風物》創刊於 1951 年 12 月，迄今已 65 年，出刊未曾間斷，是戰後民間最悠久的刊物。創辦人陳漢光身兼發行人，主編為楊雲萍，宋文薰、曹永和、賴永祥等協助編輯。其後，郭薰風、蘇惟梁、陳重光都擔任過社長。1956 年至 1960 年是該刊物最艱苦的時期，常因經費不足，而無以為繼。當時臺灣風物曾以手寫編印發行，或以史料印行充當。自 1969 年林崇智出任發行人之後，在板橋林本源中華文化教育基金會的贊助下才漸趨穩定，而有今日的發展成果。

1986 年起，編務由張炎憲負責，其間吳文星、吳密察、翁佳音、李宜洵、林偉盛、陳美蓉等都曾協助編輯工作。該刊物的網站中提到：[12]

> 戰後，臺灣剛脫離日本戰時體制的控制，文化界一時顯得朝氣蓬勃，批判時政，探討臺灣本土文化特質的言論，蔚為風潮。不幸，二二八事件發生後，緊接著國民黨高壓統治，臺灣人的心靈受到無比的創痛，許多人自此不敢再談政事，在大中國文化意識

---

[12]〈簡介〉，臺灣風物雜誌社網站，https://folkways.twcenter.org.tw/about/intro.jsp。

> 主導之下，臺灣研究成為一種禁忌，而受到排斥。這樣畏縮恐懼的氣氛裡，臺灣風物的誕生，彷彿寒夜之中的一股暖流，長久以來，慰藉了臺灣研究者心中的創傷，集合同好，默默地出發，默默地工作，留下了一線未來發展的希望。

該刊物希望承繼日治後期《民俗臺灣》，重視民俗習慣的採集、整理和紀錄。扮演香火傳承角色，架起日治時代民俗研究和戰後臺灣研究的橋樑。

該雜誌的風格在 1970 年代末期轉變。當時臺灣政治社會運動風起雲湧，本土意識日漸高漲，臺灣研究逐漸受到重視；許多有良好學識的年輕人投入臺灣研究的行列，使得臺灣風物越來越學術化，越來越專業化。自黃富三接任主編後，學術專業化的趨向越來越明顯，另一方面仍維持臺灣風物特有的民俗採風的傳統，在兩者兼具的情況下，臺灣風物的內容得以更多元化、更豐富化。[13]

1990 年，刊載賴澤涵〈陳儀和二二八事件〉；1992 年有林衡道〈二二八的見聞〉及朱高影〈行政長官公署時期臺灣經濟之探討（一九四五至一九四七）〉；1993 有石萬壽的〈成功大學檔案中的二二八史料〉；1998 年刊載翁嘉禧〈論二二八事件與經濟政策的因果關係〉；1999 年莊惠惇發表〈戰後初期臺灣的雜誌文化（1945.8.15-1947.2.28）〉。

2002 年刊登陳建忠〈關於虹之虛與實的辯證──評[橫地剛]《南天之虹：把二二八事件刻在版畫上的人》〉；2005 年有陳佳宏〈「二二八事件」與臺獨之發展與演變〉；2006 年有胡茹涵〈二二八事件前後的臺灣中學教育（1945～1949）〉；2013 年刊載張炎憲〈白色恐怖的口述訪談與歷史真相〉；2014 年有劉熙明，〈二二八事件中凃光明刺殺彭孟緝真實性之平議〉。

4.《思想》

《思想》期刊由聯經出版社發行，創刊於 2006 年 3 月，總編輯為錢永

---

[13] 同前注。

祥。該期刊企圖建立一個跨越國界的中文論壇，鼓動中文知識分子，面對大變動中的世界形勢及歷史漩渦，忠於知識人的人文理想，為著人性的寬厚與進步，進行自己的思考努力。[14]

2008 年刊載郭譽先〈《被出賣的臺灣》：葛超智（George H. Kerr）其書其人與臺灣民族主義〉、吳乃德〈書寫民族創傷：二二八事件的歷史記憶〉、劉亮雅〈解嚴以來的臺灣小說：回顧與展望〉及陳芳明〈複數記憶的浮現：解嚴後的臺灣文學趨向〉；呂正惠、陳宜中的〈一個臺灣人的左統之路：陳明忠先生訪談錄〉、呂正惠〈陳明忠先生訪談錄後記〉、宋家復〈中國史是臺灣史的一部分？論楊照的臺灣史意識型態構想〉、陳偉智〈論楊照、陸森寶與臺灣史研究：回應宋家復〉。2012 年則有吳乃德所發表的〈歷史記憶中的模糊與未知：二二八死難人數的爭論〉。

5.《當代》

1986 年，《中國時報》人間副刊主編金恆煒，因受報社諸多政治限制，決心自己辦一份刊物。便以他在美國及人間副刊擔任主編時積累的人脈，邀請許多重量級學者，如余英時、杜維明、金耀基、李歐梵、張忠棟等數十位加入「編輯委員會」。金恆煒表示這份刊物是許多知識分子的集體工作成果，當時有多位學者出錢出力，也有如黃道琳、錢永祥、石守謙等一起策劃選題，但具體的編輯工作實際上是金恆煒自己一個人在家處理。[15]

《當代》創刊號的發刊詞題為：「是當代也是反當代」。最初其構想，是介紹西方思想，希望影響臺灣本土的思想水平提升。最初以介紹法國思潮為主，其次注重德國思想，後來逐漸把關懷重心放在臺灣。[16] 2008 年一度停刊，2010 年由陳師孟擔任社長，目標是彰顯民主法治和人權，並以文字進行臺灣的「轉型正義」。

---

[14] 聯經出版社網頁，http://www.linkingbooks.com.tw/lnb/top/linkingreflexion.aspx。

[15] 張鐵志，〈《當代》，一個臺灣思想雜誌身世的故事〉，金恆煒部落格，http://wenichin.blogspot.tw/2014/11/blog-post_7.html。

[16] 同前注。

1989 年，刊載賴澤涵〈二二八事件與當代臺灣的發展〉及鄧孔昭〈從二二八事件看民主與地方自治的要求〉；1993 年刊載吳密察〈臺灣人的夢與二二八事件：臺灣的脫殖民地化〉；1995 年刊載林文淇〈「回歸」、「祖國」與「二二八」「悲情城市」中的臺灣歷史與國家屬性〉；1997 年吳密察發表〈歷史教育與鄉土史教育：一個提供討論的意見〉；2006 年曾建元、曾薰慧合著〈青春戰鬥曲——戰後國立臺灣大學政治事件之研究（1945～1955）〉。

(四) 以時序分析

以時序而言，1987 年解除戒嚴之後，陸續有二二八相關的學術論文發表。1988 年有尹章義的〈日治時代臺灣歷史人物的評價問題〉，收錄於輔仁大學歷史系主編的《慶祝王任光教授七秩嵩慶中西歷史與文化研討會論文集》中，文中論及二二八事件重要受害者林茂生的歷史評價問題。鄭梓則在《思與言》期刊發表〈戰後臺灣省制之變革：從行政長官公署到臺灣省政府（1945～1947）〉，亦在《東海大學歷史學報》發表〈國民政府對於「收復臺灣」之設計：臺灣接管計劃之草擬、爭議與定案〉。李霽野在《當代文學史料研究叢刊》發表〈「二二八事變」及臺灣省編譯館〉。共計四篇文章。

1989 年，賴澤涵及鄧孔昭分別在《當代》期刊上發表了〈二二八事件與當代臺灣的發展〉、〈從二二八事件看民主與地方自治的要求〉。同年由陳芳明編輯的《二二八事件學術論文集：臺灣人國殤事件的歷史回顧》則收錄了陳芳明、謝聰敏、林宗光、林宗義、林衡哲、張旭成及謝里法等人共七篇論文。該年相關論文共計九篇。

1990 年，稻鄉出版社的《現代學術研究專刊》中，收錄張國興〈二二八事件前後的勞資爭議事例〉、李筱峰〈二二八事件中臺灣社會名流遇害因素初探——以三十個個案為研究對象〉以及陳少廷〈評中共對臺灣二二八事件的解釋〉等三篇。賴澤涵則於《臺灣風物》發表〈陳儀和二二八事件〉。共計四篇。

1991 年，賴澤涵於國史館出版的《中華民國建國八十年學術討論會論文集》中發表其作品〈陳儀與閩、臺、浙三省省政（1926～1949）〉；《臺灣史研究會論文集》中收錄尹章義〈從唐山、半山聯合治臺到福佬沙文主義——光復以來的省籍問題〉；楊彥彬在輔仁大學的期刊《史繹》中發表〈林茂生與臺大文學院接收初探〉；許雪姬在《近代中國史研究通訊》上發表〈行政院二二八工作小組的分工與資料蒐集〉；《思與言》期刊則收錄了鄭梓〈戰後臺灣行政體的接收與重建：以行政長官公署為中心之分析〉以及李筱峰的〈二二八事件前的文化衝突〉。共計六篇。

1992 年，二二八民間研究小組與自立晚報社共同出版了《二二八學術研討會論文集》。該論文集收錄張富美、陳儀深、蕭聖鐵、黃英哲、陳芳明、李筱峰、吳密察、李喬、鄭梓、張炎憲、陳少廷及蕭欣義的 12 篇論文。

同年，陳三井在國史館出版的《中華民國史專題論文集》中發表〈白崇禧與二二八事件〉；《近代中國史研究通訊》中則收錄許雪姬的〈「二二八事件資料選輯 (1)」簡介〉、〈中央研究院近代史研究所檔案館「二二八檔案資料」簡介〉、〈行政院二二八工作小組的分工資料蒐集〉與賴澤涵〈我參與二二八相關研究之經過〉。《臺灣風物》中收錄朱高影〈行政長官公署時期臺灣經濟之探討（一九四五至一九四七）〉及林衡道〈二二八的見聞〉。徐雪霞在《人文及社會學科教學通訊》中發表〈我國國小歷史教育研究的回顧與展望〉提及二二八事件，源流水在《郵史研究》中發表〈從郵政封函看二二八的片段——臺中機場被佔八日記〉。1992 年共計相關文章 21 篇。

1993 年，由賴澤涵主編，中央研究院中山人文社會科學研究所出版的《臺灣光復初期歷史》論文集，收錄陳明通、吳乃德、黃富三、許雪姬、吳文星、陳純瑩及顏清梅等學者的七篇論文。

同年，陳君愷在《思與言》發表〈光復之疫——臺灣光復初期衛生與文化問題的鉅視性觀察〉；吳密察在《當代》發表〈臺灣人的夢與二二八事件：臺灣的脫殖民地化〉；《臺灣史料研究》則收錄陳芳明〈臺灣抗日運動史上的兩份重要左翼刊物：《臺灣大眾時報》與《新臺灣大眾時報》〉及張炎憲等訪錄的〈一位老臺共的心路歷程：莊春火訪問記錄〉；石萬壽則在《臺灣風物》發表〈成功大學檔案中的二二八史料〉。該年共計相關論文 12 篇。

1994 年，共有 15 篇相關論文，其中以吳三連史料基金會出版的《臺灣史料研究》篇數最多，刊載陳芳明〈林木順與臺灣共產黨的成立〉、呂培苓採訪記錄的〈冤冤枉枉兩代人：高雄縣旗山的王獅、王天煌父子〉、張炎憲等訪錄的〈為市民而亡的潘木枝醫師：潘信行訪問錄〉、何義麟〈被遺忘的半山：謝南光〉、張炎憲〈二二八：臺灣史詮釋的原點〉、唐羽〈評介《二二八週年誌》〉以及王昭文〈簡介嘉義二二八口述歷史計劃〉、張炎憲〈二二八民眾史觀的建立──基隆二二八事件的悲情〉、〈日本「朝日新聞」載臺灣二二八事件〉等九篇。

此外，賴澤涵在國史館主辦的「臺灣光復初期史料研討會」中發表〈臺灣光復初期歷史資料〉；許雪姬在財團法人陳中和翁慈善基金會出版的《高雄歷史與文化論集》中刊載〈二二八事件時高雄市的綏靖〉；黃秀政在《興大歷史學報》中發表的〈評鍾逸人著《辛酸六十年》的史料價值：以光復初期歷史為中心〉；侯坤宏在《國史館館刊》中發表的〈「二二八事件」有關史料與研究之分析〉；盧信昌、胡春田發表於《社會科學論叢》的〈「二二八事件」罹難人數之推估〉；古怡青發表於輔仁大學《史苑》期刊的〈陳儀治臺與二二八事變〉。共計 15 篇。

1995 年，賴澤涵〈光復初期臺灣政治社會變遷：回顧與展望〉收錄於財團法人陳中和翁慈善基會出版的《高雄歷史與文化論集》(二)；王蕙瑛〈創傷與記憶：二二八民眾史與臺灣主體性〉刊載於《臺灣史料研究》；林文淇〈「回歸」、「祖國」與「二二八」「悲情城市」中的臺灣歷史與國家屬性〉刊載於《當代》，共計三篇。

1996 年，陳翠蓮在淡江大學的《法政學報》上刊載〈二二八事件與美國〉及〈三民主義青年團與戰後臺灣〉兩篇論文；《臺灣史料研究》則刊載了何義麟〈《留臺日僑世話役日誌》中有關二二八事件之史料〉、〈戰後初期臺灣報紙之保存現況與史料價值〉及李筱峰〈從《民報》看戰後初期臺灣的政經與社會〉。共五篇文章

1997 年有陳翠蓮在《法政學報》刊載的〈二二八事件後的臺灣省政府人事〉；黃秀政在《國立中興大學臺中夜間部學報》刊載的〈傳記與戰後臺灣史研究：以鍾著「辛酸六十年」和古著「臺中的風雷」為例〉及吳密察〈歷史教育與鄉土史教育：一個提供討論的意見〉載於《當代》；以及《臺灣史料研究》中，張文義〈歷史的回顧與展望——宜蘭縣二二八受難家屬關懷協會概述〉與鄭梓〈二二八悲劇之序曲：戰後報告文學中的臺灣「光復記」〉等五篇。

1998 年，吳三連臺灣史料基金會出版《二二八事件研究論文集》，該論文集當中包括薛化元、陳翠蓮、顏娟英、黃英哲、鄭梓、陳儀深、何義麟、陳永興、陳芳明、孫萬國、林鐘雄、郝任德、李敏勇、鄭仰恩、林宗光、林宗義、李喬、李筱峰與張炎憲等人發表的 19 篇論文。

同年尚有陳美妃發表於《臺北科技大學學報》的〈二二八事變後中央治臺策略之形成〉；《臺灣史料研究》所刊載李筱峰、林芳微合著的〈回憶錄與自傳中的二二八史料〉、歐陽可亮著、張志銘譯的〈二二八大屠殺的證言〉、莊天賜〈長老教會與二二八平反運動（1987～1990）：以《臺灣教會公報》為中心之研究〉及張炎憲等人訪錄的〈永不止息的等待：陳炘遺屬訪問錄〉。此外，翁嘉禧於《思與言》發表〈二二八事件與戰後臺灣的經濟政策〉，於《臺灣風物》發表〈論二二八事件與經濟政策的因果關係〉等七篇。該年共 26 篇論文。

1999 年有莊惠惇在《臺灣風物》發表的〈戰後初期臺灣的雜誌文化（1945.8.15-1947.2.28）〉、王泰升在《國立臺灣大學法學論叢》發表的〈臺灣戰後初期的政權轉替與法律體系的承接（一九四五至一九四九）〉以及張炎憲等人訪錄的〈陳遜章先生訪問記錄〉刊於《臺灣史料研究》。共三篇。

2000 年僅有周鳳美在花蓮師範學院出版的《「多元文化、身分認同與教育」學術研討會論文集》中發表〈我國小學社會科課程的民主化：臺灣史教學與國家認同教育〉與林怡瑩在《新聞學研究》中發表的〈由「人民導報」看二二八事件對臺灣報業的影響〉兩篇。

2001 年，在《曹永和先生八十壽慶論文集》中收錄陳翠蓮的〈戰後初期臺灣之政治結社與政治生態〉；清雲技術學院通識教育中心主編的《傳統與現代文學、史學學術研討會論文集》中收錄邵承芬〈二二八事件中的經濟因素——以官方貪污為探重心〉；《中央研究院近代史研究所集刊》中刊載黃克武、洪溫臨〈悲劇的歷史拼圖：金山鄉二二八事件之探析〉；蘇瑤崇〈託管論與二二八事件——兼論葛超智 (George H. Kerr) 先生與二二八事件〉則發表於《現代學術研究》。

《國史館館刊》則刊載朱重聖修訂之〈大臺中地區二二八事件口述訪錄〉及洪溫臨〈檔案挖掘與真相探索——近年臺灣二二八事件檔案的徵集與分析（1991～2001）〉。該年總計六篇。

2002 年，《臺灣史料研究》刊載林文奎〈臺灣見聞錄——林文奎的二二八事件見聞錄〉及張炎憲等人所訪錄的〈一個時代的遊俠：劉明——劉心心口述歷史紀錄〉；《中國歷史學會史學集刊》刊載林蘭芳〈從「二二八史料舉隅」論戴國煇與「二二八」研究〉；楊仲源、李孟君〈二二八事件發生原因之分析——從長官公署體制、文化認知及經濟的角度談起〉發表於《建國學報》；陳建忠〈關於虹之虛與實的辯證——評[橫地剛]《南天之虹：把二二八事件刻在版畫上的人》〉發表於《臺灣風物》；邵承芬的〈囤積居奇對臺灣戰後初期物資失衡的影響〉發表於《清雲學報》；歐素瑛〈理性・感性・記憶：二二八事件新書發表會紀實〉發表於《國史館館刊》；陳君愷則在國史館出版的《20 世紀臺灣歷史與人物——第六屆中華民國史專題論文集》中有〈穿透歷史的迷霧——王添灯的思想、立場及其評價問題〉一文。該年共有八篇相關研究論文。

2003 年由財團法人二二八事件紀念基金會舉辦的「二二八事件新史料學術研討會」，年底便出版了《二二八事件新史料學術論文集》。該論文集收錄了侯坤宏、歐素瑛、周琇環、李筱峰、陳儀深、陳志龍與陳翠蓮所發表的七篇論文。

同年尚有陳建忠在《大河之歌：鍾肇政文學國際學術會議論文集》中發

表的〈後戒嚴時期的後殖民書寫：論鍾肇政《怒濤》中的「二二八」歷史建構〉、夏春祥〈新聞論述與臺灣社會：二二八事件的議題生命史〉發表於《新聞學研究》、尹章義〈朝鮮義勇隊與臺灣義勇隊──兼論二十世紀中期中國人的「朝鮮、臺灣觀」〉發表於《輔仁學報》、葉永文〈論二二八事件中的民主意識〉發表於《國家發展研究》、張炎憲〈二二八事件研究詮釋的總檢討〉發表於《國史館館刊》以及《國父紀念館館刊》收錄的蘇嘉宏、王呈祥〈陳儀在臺主政期間（1945～1947）的經濟政策：孫中山先生「民生主義」的實踐與背離〉。該年共 13 篇文章。

2004 年共有九篇相關論文，包括：

- 陳翠蓮，〈二二八事件史料評述〉，《臺灣史料研究》；
- 林熙皓，〈媒體與族群意識：以報紙對於二二八事件的報導看報紙對族群意識的回應〉，《臺灣史料研究》；
- 傅玉能，〈二二八事件中國民政府派兵問題再探討〉，《史學集刊》；
- 蘇瑤崇，〈葛超智 (George H. Kerr)、託管論與二二八事件之關係〉，《國史館學術集刊》；
- 朱浤源，〈從史學方法論檔案的重要性：以二二八事件研究為例〉，中華檔案暨資訊微縮管理學會主編，《「2004 年海峽兩岸暨微縮學術交流會」論文集》；
- 朱浤源，〈多元文化與歷史：以二二八事件研究為例〉，發表於國父紀念館主辦的「多元文化與族群融合」研討會；
- 劉恆妏，〈日治與國治政權交替前後臺籍法律人之研究──以取得終戰前之日本法曹資格者為中心〉，《戰鬥的法律人──林山田教授退休祝賀論文集》；
- 尹章義，〈中國如何對待韓國──以朝鮮義勇隊與臺灣義勇隊的比較研究為中心所作的個案分析〉，中國文化大學編，《第七屆環太平洋韓國系國際學術會議論文集》。

2005 年，中央大學出版的《臺灣四百年的變遷》中收錄賴澤涵的〈臺灣光復接收與光復初期的臺灣社會與政治變遷〉與〈戰後臺灣經濟社會與文化變遷〉；陳君愷在新境界文教基金會及北市教育大學合辦的「2005『中華文化』與『臺灣本土化』研討會」中發表〈關於當前臺灣「去中國化」現象的文化省思〉；曾建元〈不信青春喚不回，不容青史盡成灰〉發表於《中華人文學報》；陳佳宏〈「二二八事件」與臺獨之發展與演變〉發表於《臺灣風物》；許育銘〈戰後留臺日僑的歷史軌跡——關於澀谷事件及二二八事件中日僑的際遇〉發表於《東華人文學報》；薛月順〈陳儀主政下「臺灣省貿易局」的興衰（1945～1947）〉發表於《國史館學術集刊》；《臺灣文學研究學報》則刊載廖振富〈與「二二八事件」相關之臺灣古典詩析論——以詩人作品集為討論範圍〉。共八篇論文。

2006 年共有相關學術論文 14 篇，包括：

- 黃秀政，〈論二二八事件的發生及其對臺灣的傷害〉，《興大人文學報》；
- 胡茹涵，〈二二八事件前後的臺灣中學教育（1945～1949）〉，《臺灣風物》；
- 陳翠蓮，〈解讀許德輝《臺灣二二八事件反間工作報告書》〉，《臺灣史料研究》；
- 陳翠蓮，〈戰後臺灣知識菁英的憧憬與頓挫：新生臺灣建設研究會延平學院始末〉，《臺灣史研究》；
- 朱浤源，〈檔案與口述歷史之間（三）：二二八史學在中研院近史所〉，發表於「2006 年海峽兩岸暨微縮學術交流會」；
- 洪英雪，〈一個歷史，各自解讀：二二八小說及其相關作品選集的多元論述〉，《臺灣文學研究學報》，
- 洪英雪，〈論《埋冤一九四七埋冤》的寫作模式與主題意識〉，《弘光人文社會學報》；
- 李東華，〈光復初期（1945～50）的民族情感與省籍衝突：從臺灣大學的接收改制做觀察〉，《臺大文史哲學報》；
- Fleischauer, Stefan 的〈Interpretations on 228: The 28 February 1947 Incident on Taiwan and the Taiwan Independence Movement〉，《輔仁歷史學報》；
- 曾建元、曾薰慧，〈青春戰鬥曲——戰後國立臺灣大學政治事件之研究（1945～1955）〉，《當代》；
- 黃昱珽，〈口述史：一個整合單一化的過程——以二二八事件口述史為

例〉，《文化研究月報》；

- 林虹好，〈戰後臺灣的接收與政府遷臺——兼論二二八事件〉，《松商學報》；
- 夏曉鵑主持，沈昌鎮整理，〈誰的悲情誰的歌？從影像二二八的記憶政治（座談會）〉，《臺灣社會研究》；
- 陳君愷，〈臺灣的近代化蛻變——日治時期的時代特色及其歷史意義〉，唐山出版社，《近代國家的應變與圖新》；
- 陳君愷、蘇瑞鏘，〈威權統治時期校園政治案件中的人權侵害初探〉，《臺灣人權與政治事件學術研討會論文集》；
- 賴澤涵，〈多元文化與族群關係：臺灣的抉擇〉，《多元文化與族群關係》。

2007 年由高雄市文獻委員會主辦的「紀念 228 事件 60 週年學術討論會」，同年出版《紀念 228 事件 60 週年學術討論會論文集》。內容收錄許雪姬、陳儀深、翁嘉禧、蘇瑤崇、鄭志敏等五篇論文。

同年，財團法人二二八事件紀念基金會主辦「二二八事件 60 週年國際學術研討會」，並出版《二二八事件 60 週年國際學術研討會：人權與轉型正義學術論文集》。該論文集中包括陳翠蓮、張災憲、謝聰敏、陳志龍、陳儀深、翁金珠及何義麟等學者論文共七篇。

此外尚有翁嘉禧〈二二八事件後臺灣經濟政策與組織的調整〉發表於《人文資源研究學報》；朱浤源、楊晨光、黃種祥合著的〈郭國基、凃光明與高雄二二八〉收錄於屏東教育大學出版的《「南臺灣社會發展」學術研討會論文集》；陳君愷〈戰後臺灣「校園文化」的轉型〉收錄於國史館出版的《臺灣 1950～1960 年代的歷史省思第八屆中華民國史專題論文集》；張晏滋〈虎尾的二二八事件探究〉發表於《中正臺灣文學與文化研究集刊》。該年共 16 篇相關論文。

2007 年適逢二二八事件 60 週年紀念，中央研究院臺灣史研究所主辦「紀念二二八事件 60 週年學術研討會」，該研討會參與者眾多，分為兩天進行論文發表，並於 2008 年出版。該論文集中收錄賴澤涵、杜繼東、呂興忠、蘇瑤崇、歐素瑛、李東華、王昭文、陳翠蓮、吳叡人、范燕秋、李筱峰、黃美娥、前田直樹、黃富三、畢凌晨、許時嘉、候坤宏、鄭梓、陳佳宏、楊子震與朱浤源、黃文範合著的共 21 篇文章。

此外，2008 年《思想》也出專刊，刊載郭譽先〈《被出賣的臺灣》：葛超智[George H. Kerr]其書其人與臺灣民族主義〉、吳乃德〈書寫民族創傷：二二八事件的歷史記憶〉、劉亮雅〈解嚴以來的臺灣小說：回顧與展望〉、陳芳明〈複數記憶的浮現：解嚴後的臺灣文學趨向〉及呂正惠、陳宜中〈一個臺灣人的左統之路：陳明忠先生訪談錄〉、呂正惠〈陳明忠先生訪談錄後記〉、宋家復〈中國史是臺灣史的一部分？：論楊照的臺灣史意識型態構想〉及陳偉智〈論楊照、陸森寶與臺灣史研究：回應宋家復〉等八篇。

同年發表的二二八相關研究文章數量甚多，共達 46 篇，除上述 29 篇之外，還包括：

- 程玉鳳，〈從臺糖檔案看「二二八事件」中的糖廠〉，《檔案與微縮》；
- 謝若蘭，〈二二八口述歷史看臺灣族群關係——兼談臺灣研究方法〉，《臺灣學研究》；
- 歐素瑛，〈從二二八到白色恐怖——以李媽兜案為例〉，《臺灣史研究》；
- 李明峻，〈論個人的國際賠償請求權——兼論二二八事件的琉球人受害者問題〉，《臺灣國際法季刊》；
- 陳翠蓮，〈歷史正義的困境——族群議題與二二八論述〉，《國史館學術集刊》；
- 林上哲，〈戰後初期臺灣傳染疾病問題之探究（1945～1949）〉，《洄瀾春秋》；
- 許毓良，〈戰後臺灣史研究的開啟：以 1945～1949 年臺灣各類型雜誌刊載的內容為例〉，《輔仁歷史學報》；
- 朱于君，〈歷史、記憶、再現政治——以紀錄片〈還原二二八〉為分析對象〉，《臺灣文學評論》；
- 黃秀政、蕭明治，〈二二八事件的善後與賠償——以「延平學院復校」為例〉，《興大歷史學報》；
- 陳儀深，〈為何考證？如何解讀？——評論黃彰健著《二二八事件真相考證稿》〉，《中央研究院近代史研究所集刊》；

- 陳依玲，〈語言教育政策促進族群融合之可能性探討〉，《教育研究與發展期刊》；
- 洪英雪，〈從性政治突圍而出——論謝雪紅書寫以及李昂《自傳の小說》〉，《臺灣文學研究學報》；
- 潘桂芳，〈二二八風暴籠罩下的臺灣美術〉，《臺灣史料研究》；
- 臺灣史料研究，〈受難與昇華的創作對話——歐陽文與陳武鎮座談紀實〉，《臺灣史料研究》；
- 朱浤源，〈檔案文獻的分類與比較：以二二八時期蔣中正三天內的決策為例〉，「2008 年海峽兩岸檔案暨微縮學術交流會議」，中華檔案暨微縮管理學會；
- 李學勇，〈臺大的黑暗時期——光復初期的臺大印象〉，《中華科技史學會學刊》；
- 李勝雄，〈論二二八事件之司法與人權〉，《兄弟的鏡子：臺灣與韓國轉型正義案例的剖析：518 光州抗爭、43 大屠殺 vs.228 事件》。

2009 年，財團法人二二八事件紀念基金會出版《二二八事件 61 週年國際學術研討會：大國霸權 or 小國人權學術論文集》。該書收錄林元輝、陳慈玉、何義麟、涂醒哲、李明峻、蘇瑤崇、王景弘、金貞和、葛祥林、又吉盛清、陳儀深及黃秀政、蕭明治合著的 12 篇論文。

同年，財團法人二二八事件紀念基金會與高雄市政府合辦了「二二八事件 62 週年學術研討會：歷史教育與傳承」，並出版《二二八事件 62 週年學術研討會：歷史教育與傳承學術論文集》。該書收錄沈育美、陳志瑋、郭燕霖、劉熙明、張耀仁、石育民、陳淑媛、林明德、林欣怡及倪仲俊、李汾陽合著的論文共 10 篇。

此外，尚有以下 11 篇文章，該年總計 33 篇：

- 陳美伶，〈臺灣二二八事件的「補償」與「賠償」？〉，《2008 第一屆臺韓人權論壇論文集：政黨輪替與轉型正義》；
- 吳筱玫，〈PageRank 下的資訊批判：新二二八事件回顧〉，《傳播與社會學刊》；

- 陳佳宏，〈日治中期至二二八事件前後臺灣之認同糾葛——以精英為主的分析〉，《師大臺灣史學報》；
- 許雪姬，〈2007 年臺灣史研究的回顧與展望〉，《臺灣史研究》；
- 陳培文，〈管窺二二八事件前後臺灣文化界的若干氣象——以《臺灣文化》為考察對象〉，《雄中學報》；
- 吳彥明，〈臺灣國族認同的連續或斷裂？——評陳翠蓮著《臺灣人的抵抗與認同，1920～1950》〉，《臺灣史研究》；
- 藍博洲，〈歷史的認識與政治的認同〉，《臺灣社會研究季刊》；
- 李功勤、沈超群，〈二二八的轉型正義：張七郎事件探討〉，《通識教育與多元文化學報》；
- 蘇嘉宏、王呈祥，〈二二八事件與臺灣族群關係的變遷〉，《高雄文化研究》；
- 陳翠蓮，〈臺灣政治史研究的新趨勢——從抵抗權力到解構權力〉，《漢學研究通訊》；
- 林平，〈戰後初年臺灣廣播事業之接收與重建（1945～1947）——以臺灣廣播電臺為中心〉，《臺灣學研究》。

2010 年，領導成立「二二八研究增補小組」的黃彰健院士過世，朱浤源教授為其主辦追思研討會，並編撰《二二八研究的校勘學視角：黃彰健院士追思論文集》，收錄與會學者的文章。該論文集中除數篇事件當事人的口述訪錄及筆記，亦有對黃院士的追思文，亦收錄曾建元、吳銘能、楊晨光及朱浤源、黃種祥合著的文章共四篇。

此外，中研院《臺灣史研究》刊載陳翠蓮〈2008 年臺灣史研究的回顧與展望〉、陳儀深〈臺獨主張的起源與流變〉、若林正丈〈葉榮鐘的「述史」之志：晚年書寫活動試論〉、劉恆妏〈戰後初期臺灣司法接收（1945～1949）：人事、語言與文化的轉換〉等四篇。

加上王呈祥〈「二．二八」抗議遊行時王民寧的角色探討〉發表於《興國學報》；曾建元〈二二八事變之新發現與新論證：民生史觀的檢視〉發表於《孫學研究》；李文環〈戰後初期臺灣走私問題之研究（1945～1949）〉發表於《高雄師大學報》；張秉仁刊載於《臺灣史料研究》的〈憶往事〉亦提及二二八往事；黃順星〈新聞的場域分析：戰後臺灣報業的變遷〉載於《新聞學研究》；宋佩芬、張韓曦〈臺灣史的詮釋轉變：國族歷史與國家認同教育的省思〉發表於《教育科學研究期刊》。該年相關論文共 14 篇。

2011 年，《臺灣史料研究》刊載彭瑞金〈自死地奮力求生的故事——《花蓮鳳林二二八》〉、劉熙明〈檔案的玄機：二二八事件的社會菁英被害與蔣介石之關係〉與劉天賦〈岡山二二八事件始末〉共三篇。

此外有黃仁姿、薛化元〈戰後臺灣精英的連續與斷裂：以農會精英為例（1945～1953）〉發表於《臺灣史研究》；曾建元〈二二八事變之新發現與新論證：民生史觀的檢視——紀念黃彰健院士〉發表於《孫學研究》；楊穎超〈不正當政權？還是不適當概念？——「外來政權」論述的再思考〉發表於《東亞研究》；李維哲、周毅怡〈問題取向的歷史教學嘗試及其意義——以「二二八事件」為例〉刊載於《清華歷史教學》；隆世秀、張裕惠〈高中臺灣史教學之再思——高、國中臺灣史的比較研究〉載於《麗山學報》；以及收錄於《戴國煇國際學術研討會論文集》的吳銘能〈戴國煇先生與「二二八事件」研究〉。共計九篇論文。

2012 年，《臺灣學研究》刊載許雪姬〈1937～1947 年在上海的臺灣人〉及張素玢〈事變下的北斗林家〉；《臺灣人權學刊》刊載吳豪人〈「野蠻」的復權：臺灣修復式正義與轉型正義實踐的困境與脫困之道〉及王興中〈書寫臺灣人權運動史：普世人權的本土歷程〉。

曹欽榮〈紀念博物館在轉型正義中之角色〉發表於《國立臺灣博物館學刊》；吳乃德〈歷史記憶中的模糊與未知：二二八死難人數的爭論〉發表於《思想》；王德威〈從吞恨到感恩：見證白色恐怖〉刊於《中正漢學研究》；何義麟〈戰後初期臺灣留日學生的左傾言論及其動向〉發表於《臺灣史研究》；吳淑鳳〈軍統局對美國戰略局的認識與合作開展〉發表於《國史館館刊》；朱浤源、王鏡宇合著的〈民國歷史的相對性與李友邦之死〉則刊載於《海外華人研究》。該年共十篇相關論文。

2013 年，中央研究院臺灣史研究所舉辦「新史料與二二八研究學術研討會」，該研討會共發表論文 14 篇，包括許雪姬、吳叡人、林正慧、陳儀深、歐素瑛、郎咏恩、蔡秀美、劉恆妏、曾文亮、蘇瑤崇、陳中禹、侯坤宏、何義麟及陳翠蓮的作品在內。

同年，薛化元在《白崇禧與二二八》學術研討會中發表〈白崇禧部長與 228 事件的後續處理〉；鄭凱文發表〈「直觀教學法」在國中歷史教學的運用——以臺灣光復初期二二八事件為例〉於《大直高中學報》；黃惠禎發表〈揚風與楊逵：戰後初期大陸來臺作家與臺灣作家的合作交流〉於《臺灣文學學報》；何義麟亦發表〈戰後初期臺灣的國際新聞傳播與管制——以澀谷事件之報導為中心〉於《文史臺灣學報》；《臺灣史學雜誌》收錄陳君愷〈建構關於中國史的臺灣觀點〉；《洄瀾春秋》刊載黃亮清〈從 2012 年回顧二二八歷史詮釋轉變〉；《臺灣風物》刊載張炎憲〈白色恐怖的口述訪談與歷史真相〉；鄭梓則發表〈缺憾還諸白氏父子：為「白崇禧與將軍題聯」拾遺補綴〉於《臺灣文學研究》；蘇聖雄〈評侯坤宏《研究二二八》〉發表於《國史館館刊》。該年相關論文共計 23 篇。

2014 年，《臺灣史研究》刊載了〈「祖國」的政治試煉：陳逸松、劉明與軍統局〉、林正慧〈二二八事件中的保密局〉、蔡秀美〈二二八事件期間消防隊員的角色〉、蘇瑤崇〈謊言建構下二二八事件鎮壓之正當性：從「大溪中學女教員案」論起〉、侯坤宏〈重探「二二八事件處理委員會」的角色〉、許雪姬〈「保密局臺灣站二二八史料」的解讀與研究〉、劉恆妏〈二二八事件中的自新：以臺中、嘉義、臺南、高雄為中心〉、歐素瑛〈二二八事件期間縣市首長的角色與肆應〉等八篇，應是去年「新史料與二二八研究學術研討會」的文章修改刊登。

此外，尚有以下 12 篇相關研究論文，全年共計 20 篇：

- 王呈祥，〈「二二八事件」期間蔣介石的決策研究（1947.2.28-3.2.）〉，《博雅通識學報》；
- 劉熙明，〈二二八事件中凃光明刺殺彭孟緝真實性之平議〉，《臺灣風物》；

- 溫秋芬，〈臺灣人旅京滬團體 228 救援紀實〉，《臺灣史料研究》；
- 施正峰，〈臺灣轉型正義所面對的課題〉，《臺灣國際研究季刊》；
- 陳君愷，〈民主時代所需要的歷史教育——以臺灣高級中學歷史教科書為中心的探討〉，《歷史記憶與國家認同——各國歷史教育》；
- 朱雙一，〈光復初期臺灣社會諸種矛盾辨析——從文學看臺灣民眾的悲情與認同〉，《臺灣研究集刊》；
- 許雪姬，〈解嚴後臺灣口述歷史的發展及其檢討〉，《口述歷史史學會會刊》；
- 林佳龍、曾建元，〈反抗精神：臺灣歷史的伏流與巨流：以蔣渭水、郭雨新與鄭南榕為例〉，《中華行政學報》；
- 張炎憲，〈白色恐怖與高一生〉，《臺灣史料研究》；
- 何義麟，〈在日臺灣人的二二八事件論述——兼論情治單位監控報告之虛實〉，《臺灣史料研究》；
- 蘇瑤崇，〈戰後臺灣米荒問題新探（1945～1946）〉，《中央研究院近代史研究所集刊》；
- 施正鋒，〈歷史教育、轉型正義及民族認同〉，《臺灣國際研究季刊》。

2015 年，臺北二二八紀念館與靜宜大學、中央研究院臺灣史研究所，共同舉辦「二二八與臺灣戰後發展」學術研討會，由杜正宇、蘇瑤崇、張富美、吳叡人、吳俊瑩、林正慧與曾令毅等分別發表相關論文。而臺灣教授協會主辦的「軍事佔領下的臺灣（1945～1952）——張炎憲教授逝世週年紀念學術研討會」中，薛化元〈後二二八國民黨政權財經政策的再檢討——以新臺幣政策為中心〉與林正慧〈隱身的左翼武裝——二二八事件中的自治聯軍〉的文章亦是相關論文。

此外尚有尹章義〈臺灣人的中國認同與日本認同——張福祿、李登輝的比較研究〉發表於東吳大學舉辦的「乙未戰爭 120 週年暨臺灣光復 70 週年紀念研討會」；楊愉珍、陳佳利〈博物館與非物質文化遺產之再現——臺北二二八紀念館口述歷史展示之研究〉發表於《博物館學季刊》；陳淑容〈雷石榆〈臺南行散記〉分析：後二二八的風景與心境〉發表於《臺灣文學研究學報》。共計 12 篇。

整體來看，1992 年左右，由於省文獻會的耆老訪錄及文獻整理，以及行政院《二二八事件研究報告》完成，加上中央研究院近代史研究所將研究小組使用的檔案資料等出版，將二二八事件的相關資料第一次大量攤開在陽光下；這段時期的研究論文突然增加許多，可說是第一個高峰期。

1997 年是二二八事件 50 週年，除研討會之外，也有不少紀念性的文章；此外，由於李登輝的本土化政策，對歷史教學帶來不小改變，也對二二八事件的詮釋及平反、賠償等問題影響頗深，相關的論文在這段時間數量頗多，但立場及觀點針鋒相對的情況也常見。

2007 年是事件的 60 週年，除數場研討會之外，相關的論文大量出現，數量方面達到歷年來的最高點。以研究的內容而言，經過政黨輪替之後，政府立場的轉變及各項政策的迴異，已使二二八事件的研究及詮釋，與十年前有很大不同，以受難者家屬為中心，出現了近乎絕對的價值觀，並衍伸出「轉型正義」的觀念。[17]許雪姬便表示：「2007 年度的臺灣史，在史觀上雖仍有對立，但以臺灣的立場看臺灣史已是大勢所趨。」[18]

二次政黨輪替之後，相關研究的數量逐漸減少，可能與政府的立場以及久未出現新史料有關。這種情況一直維持到 2013 年，中央研究院臺灣史研究所以跳蚤市場購得的安全局史料開啟研究，才有所改善。2014 年該所期刊連續刊載多篇相關論文，但以內容來看，似乎未有突破性的進展。

---

[17] 作者並不相信人世間有絕對的正義存在，也不喜歡以今非古的作法，只希望所謂的「轉型正義」不單純是勝利者對失敗方的清算鬥爭，甚至異端審判。

[18] 許雪姬，〈2007 年臺灣史研究的回顧與展望〉，《臺灣史研究》第 16 卷 2 期，2009 年 6 月，頁 201。

三、其他期刊及雜誌專文

(一) 說明

本節所統計的期刊雜誌專文，是以篇名、關鍵字搜尋國家圖書館的臺灣期刊論文索引，並參考《二二八辭典》及《二二八事件文獻目錄解題》當中所列的參考書目，扣除學術期刊論文所得，總計 491 篇。將這些文章，依照出版時序及期刊別分類計算，作為後續分析的基礎。

數量上，除中央研究院近代史研究所發行的《口述歷史》之外，以《海峽評論》的 56 篇數量最多，《傳記文學》的 25 篇居次，《中國論壇》及《神學與教會》也都有 14 篇之多。但也有些在短期內發表大量相關文章，或以二二八為主題作專號的期刊，如《南主角》、《*Taiwan News* 財經・文化周刊》在 2004 年大量發文；《神學與教會》、《王城氣度》在 2007 到 2008 年間也有同樣的情況。

這些刊載二二八專文的期刊，屬性包括多種性質，有《神學與教會》之類宗教性質的刊物，亦有經濟相關的《財訊》、教育相關的《人本教育札記》、建築相關的《空間》，藝術類的刊物則意外的多，《臺灣文藝》、《典藏藝術》、《臺北畫刊》、《臺灣畫》、《藝術家》等。

表 1-6　二二八相關期刊雜誌專文刊物別統計表

刊名	數量	比例	刊名	數量	比例
口述歷史	78	15.9%	南主角	8	1.6%
海峽評論	56	11.4%	典藏藝術	8	1.6%
傳記文學	25	5%	臺北畫刊	8	1.6%
神學與教會	14	2.9%	財訊	7	1.4%
中國論壇	14	2.9%	人本教育札記	7	1.4%

刊名	數量	比例	刊名	數量	比例
臺灣文獻	11	2.2%	臺灣畫	7	1.4%
Taiwan News	10	2%	藝術家	6	1.2%
歷史月刊	9	1.8%	空間	6	1.2%
臺灣文藝	9	1.8%	文學臺灣	6	1.2%
王城氣度	8	1.6%	臺北文獻	6	1.2%
			其他	188	38.3%

表 1-7　二二八相關期刊雜誌期刊別及時序數量統計表

	1946	1947	1948	1950	1980	1982	1984	1985	1986	1987	1988	1989	1990	1991	1992	1993	1994	1995	1996	1997	1998	1999	2000	2001	2002	2003	2004	2005	2006	2007	2008	2009	2010	2011	2012	2013	2014	2015	總計
口述歷史														1	32	43	1								1														78
海峽評論														7	1	1	3	3		6	1	2			1	1	3	2	5	7	7	2	1		1		2		56
傳記文學										2	2	2	1	1	5			1									1	2		2	1	3	1		1				25
中國論壇									1	5				6	2																								14
神學與教會																														13	1								14
臺灣文獻																1	1					1			1		1	1	1	2	1	1							11
Taiwan News																										1	8	1											10
歷史月刊											1	1							1						1		1		3	1									9
臺灣文藝																	1		3	4						1													9
王城氣度																															8								8
南主角																											8												8
典藏藝術																1	1	2	1	1	1	1																	8
臺北畫刊																			1	1		1	3	1					1										8
財訊														1				2	1				1				2												7
人本教育札記																				4												1	2						7
臺灣畫																3	1	1	2																				7
藝術家																			2	2							2												6
空間																1		3		1		1																	6
文學臺灣															1		1						1									1	1	1					6
臺北文獻															2		1								1		1				1								6
其他	1	4	2	1	1	1	3	1	2	18	12	5	0	5	9	13	1	1	11	18	12	5	3	6	4	5	6	3	1	3	7	5	3	4	3	4	2	3	188
總計	1	4	2	1	1	1	3	1	3	25	15	8	1	21	52	63	11	13	22	37	14	11	8	7	9	8	33	9	11	28	26	13	8	5	5	4	4	3	491

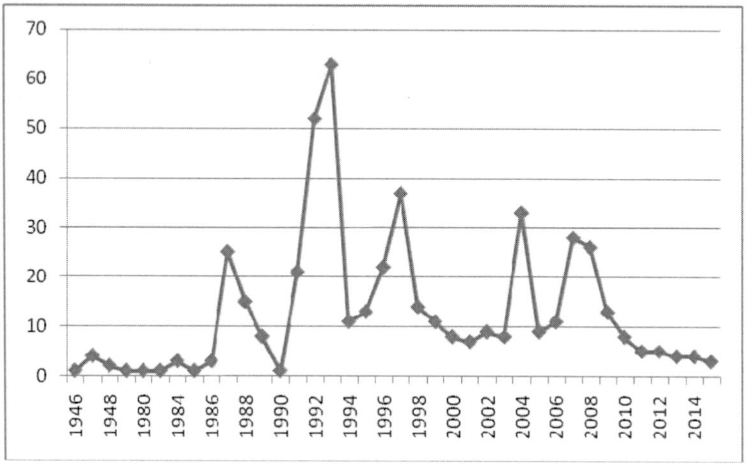

圖 1-4　二二八相關期刊雜誌出版時序數量統計圖

以圖 1-4 來看，本統計的最大變數是中研院近史所的《口述歷史》不定期刊，該刊物有兩本二二八專號，且訪錄篇數都在三十篇以上，以至於 1992 及 1993 兩年的專文數量增加甚多，對統計結果影響較大。因此除原本統計方式外，也將其扣除，另做計算並統計為圖 1-5。

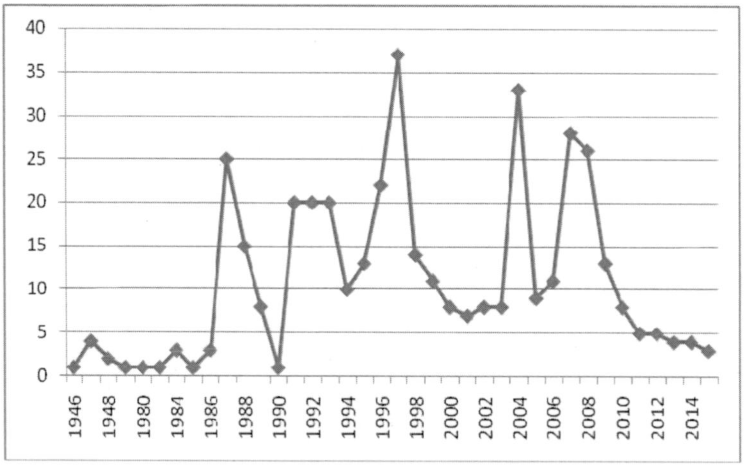

圖 1-5　二二八相關期刊雜誌出版時序數量統計圖

（將《口述歷史》期刊除外）

由圖 1-5 的統計可看出，解嚴之後，相關文章的發表數量急速增加，但很快就下滑；到行政院《二二八事件研究報告》發表前後，伴隨大量口述訪錄及檔案的公開，相關專文的數量也提升不少。1996 年二二八基金會成立前後，相關專文的數量達到最高峰，其後逐漸退燒；2004 年數量驟增，與政治因素較有關係；2007 年適逢事件 60 週年，紀念回顧之類的專文不少，皆有影響。

(二) 相關期刊雜誌

1.《口述歷史》

中央研究院的近代史研究所，是臺灣最早進行口述歷史的學術機構；該所針對二二八事件進行的口述訪錄，訪問對象數量上雖較同期的省文獻會稍遜，但品質猶有過之。1991 年開始陸續出版的《口述歷史》，屬於不定期刊，當中多有二二八的相關敘述，第二期收錄了林衡道〈二二八事件的回憶〉，第三、四期完全是二二八事件專號，第三期收錄了臺灣南部 32 位相關人物的訪談記錄，[19]第四期則收錄全臺灣共 43 位相關人物的訪談記錄，[20]第五期以日治時期前往中國大陸的臺灣人為主題，但提到二二八事件的也不少。該刊物的發刊詞當中，提到發展口述歷史的重要性：[21]

---

[19] 訪談人物包括（一）嘉義地區：李曉芳、鍾逸人、林山生、唐智、陳玉樹、高總成、武義德、武青世、汪成源、潘信行。（二）臺南地區：葉石濤、楊熾昌、蔡丁贊、王振華、沈義人、沈乃霖。（三）高雄地區：謝有用、郭萬枝、李佛續、陳錦春、陳桐、張萬作、柯旗化、林流夏、陳蔡嬌、林祺瑞、周耀門、王嬋如、高李麗珍、林黎彩。（四）屏東地區：葉郭一琴、李堯階。（五）澎湖地區：許整景。

[20] 包括（一）北部地區：王雲青、林忠、簡文發、廖德雄、黃紀男、鄧進益、陳知青、嚴秀峰、劉昌智、王水柳、黃瑞霖、黃瑞峰、林信一、林信二、林勳彥、王陳仙槎、盧屬、陳林麗珊、林陳阿幼、周陳碧、曹賜固。（二）中部地區：楊子榮、張深鑐、尤世景、林才壽、葉世傳、林朝業。（三）東部地區：周金波、許炎廷、李文卿、周秋金、張楊純、林金春、蔡陽昆、梁阿標、林川維。（四）南部地區：陳重光、蔡鵬飛、莊政華、蘇金全、王作金、郭榮一、周李翠金、陳泙錄、許昭玉、許明男。

[21] 〈發刊詞〉，中央研究院近代史研究所編，《口述歷史》第 1 期，臺北：編者，1989 年 10 月，頁 3。

> 愛迪生發明錄音機之後，口傳資料的登錄進入另外一個時代。言者、聽者與紀錄者之間的距離，在了解的程度上有了重大突破；說話的原音被保存，紀錄者藉著重複播放，可以完整無誤的將原意登錄下來。以前因主觀判斷或認知上的差異，所生誤導、誤傳、誤解的遺憾，至此減到最低。說話者的情緒、甚至特殊的語氣，都能藉文字的技巧保留下來，更增加動態的層次。

也同時說明進行口述歷史對訪問者及後續的編輯處理都有能力上的要求：[22]

> 史料除了需要動態之外，還需有深度。深度的具備，不賴科技，而賴學養。言者、聽者以及紀錄者所具備相關知識的多寡，亦對史料的深度有直接影響。為得到有深度、高質量的史料，在展開訪錄之前，說與錄的雙方都應妥善準備：擬定主題、閱讀相關資料，俾能在談錄之間，勾起具體、深入而且真實的回憶。記錄者事後從事整理，更需以時間為主軸，擷取談話內容中，人、事、地、物的重要關聯。在這個階段，當事人必須密切合作，以決定架構與章節，印證相關的人、事、時、地、物。

《口述歷史》第三期提到：近史所早期單獨訪談的白崇禧、於達、魏火曜等人都多少提到二二八事件，1986 年起由朱浤源、許雪姬等策畫、執行的二二八口述史訪問工作已展開。1991 年行政院二二八小組成立後，許雪姬為成員之一，近史所的朱浤源、江淑玲、方惠芳等人也配合許展開行動，在三個多月的時間內訪問一百五十餘人，六十多萬字訪錄，並於嘉義、高雄兩地召開座談會。[23]

---

[22] 同前注。

[23] 中央研究院近代史研究所編，《口述歷史》，第 3 期，臺北：編者，1992，頁 6。

此外，單獨出版的《林衡道先生訪問紀錄》、《藍敏先生訪問紀錄》等，也提到不少與二二八有關的訊息。1995 年所出版的《高雄二二八事件相關人物訪問紀錄》（分上、中、下三冊），雖然部分訪錄與《口述歷史》期刊有所重複，但內容方面有些增補。[24]

2.《海峽評論》

海峽評論出版社創立於 1991 年，創辦人為王曉波，其創設之宗旨，亦於該年 1 月的第一期《海峽評論》當中便寫明：[25]

一、政治民主，社會平等。

二、兩岸整合，祖國統一。

三、復興中華，世界和平。

文中提到，臺灣的領導人滿足於「霸權主義附庸的特殊地位」，且「有力者階級」使獨臺與臺獨主張充斥臺灣；因此認為，唯有統一的中國能帶來安全及福祉：[26]

面對著世界和解的大潮流，和分裂中國家統一的趨勢，臺灣朝野的「有力者階級」卻只知沈緬於「權力的遊戲」。從來沒有認真而嚴肅的去接納過期望祖國統一結束兩岸分裂的臺灣民眾的民意，更沒有誠意承擔實現祖國統一的歷史遠見和責任，僅自滿於維持其作為霸權主義附庸的特殊地位。

中國統一的條件，仍有待於創造，中國統一的方式，更有待於集

[24] 許雪姬提到，出版本書之後，由於增補及修改部分內容，甚至還挨了告。許雪姬，〈解嚴後臺灣口述歷史的發展及其檢討〉，《口述歷史史學會會刊》第 5 期，2014 年 8 月，頁 33。

[25] 〈創社旨趣〉，《海峽評論》第 1 期，1991 年 1 月，頁 1。

[26] 同前注。

中這代中國人的智慧共同探索，形成共識。然而在「有力者階級」的把持下，獨臺與臺獨合流的聲浪充斥著整個臺灣的言論市場。在他們口口聲聲「民主」和「民意」的口號下，期望祖國統一的民意無由表達，更無由實現。在他們口口聲聲「二千萬人民的安全和福祉」的幌子下，由經濟衰退引起的廣大民眾的困苦無人聞問，真正危害臺海安全的內戰狀況無由解除。所以，我們認為「民主」,「民意」及「二千萬人民的安全和福祉」，是不能依賴朝野的「有力者階級」了，更遑論祖國的統一和 21 世紀中華民族的復興。

1991 年 3 月，發刊第三期即推出了馬非馬〈也是二二八紀念碑〉、陳君愷〈平心看陳儀的評價問題：以二二八事件為中心〉、海峽評論記者的〈訪陳明忠談「二二八」〉與〈訪嚴秀峰女士談李友邦與「二二八」〉、〈揭開塵封的歷史：「二二八事件」機密檔案〉、〈揚棄二二八陰影重建臺灣人心靈〉及蔡其達、孫大川的〈激情後的「二二八」〉。隔月又有王曉波的〈是歷史的必須歸還歷史：「二二八」事件的表相與本質〉。

1992 年有蘇新的〈悲情新聞：二二八之後：從香港看臺灣（一九四七～一九四九）〉；1993 年有杜繼平〈慘死於「二二八」的抗日英雄：廖進平的家世與生平〉；1994 則有李雙龍的〈「二二八」在「北京」：北京臺胞紀念「二二八」起義四十七周年〉、〈「二二八」平反之後：論「白色恐怖」和解的意義〉與王曉波的〈檢討蔣介石的歷史問題：講於「二二八事件」處理問題公聽會〉。

1995 年刊載師桐〈只有統治的矛盾，沒有族群的矛盾：寫在「二二八紀念碑」之後〉、王曉波〈把「二二八」從政治還給學術：與臺獨批判〉與陳明忠的〈見證二七部隊：二二八證言〉；1997 年有黃企之的〈二二八日記見證──五十年前一個二十二歲大陸青年目擊實錄〉、王曉波的〈請把二二八還給二二八：「二二八事件」五十週年感言〉、吳克泰〈我們都是黃帝子孫：「二二八」事件的若干問題〉及黃嘉樹〈「二二八事件」的歷史意義與現實意義〉、蔣永敬〈中日代理戰爭的危機已在臺灣燃起〉與茅漢〈走出悲情，走出二二八：評〈彭明敏對臺灣歷史的無知〉〉。

1998 年有劉延兵〈二二八精神永垂不朽：臺灣人民與祖國人民共同的鬥爭〉；1999 年有王曉波〈「新臺灣人」的歷史觀：論馬英九「二二八紀念會」之致詞〉及馬英九的〈記取教訓，走出悲情：講於「二二八紀念會」〉；2002 年有王曉波的〈二二八事件五十五周年——重版「二二八真相」自序〉；2003 年有阿修伯〈二二八：外省人的共業原罪〉。

2004 年刊載〈論臺灣人民的「二二八」精神：抗議皇民化餘孽對臺灣愛國主義的歷史強暴〉及王曉波〈陳儀、國民黨和臺盟——「二二八事件」史料選輯的說明〉、李哲夫〈「二二八」精神〉；2005 年有臧克家的〈表現：有感於臺灣二二八事變〉與茅漢〈揭開「國共和解」的歷史序幕誌連戰、陳明忠「二二八」的歷史和解〉；2006 年有朱浤源的〈二二八事件真相還原〉、陳毓鈞〈美國，二二八與臺獨〉、詹又霖〈臺獨意識對「二二八事件」的扭曲和利用〉及戚嘉林，〈二二八事件時臺灣物價飛漲因素之探討：日帝離臺前曾發動一場無硝煙的經濟戰〉。

2007 年有陳建仲〈追諡忠魂——「二二八事件」創痕的昇華〉、戚嘉林則連續發表三篇，包括〈臺灣二二八解析〉、〈二二八事件本省菁英的不當之處：陳儀紅線：臺灣永為祖國領土的一部份〉與〈釐清二二八論述盲點，兼駁官方學者對歷史真相的扭曲〉、廖繼斌的〈由法治國原則評述馬英九主席對二二八事件之看法與處理兼論二二八事件處理及補償條例之應然與實然〉、王曉波〈「二二八」不是「官逼民反」嗎？也談「二二八」事件的責任歸屬問題〉以及陳建仲〈偏頗的獨派二二八史觀，埋下族群矛盾的種子〉等。

2008 年刊載朱浤源〈二二八事件真相還原〉、吳銘能〈檔案、校勘與歷史真相——以黃彰健著《二二八事件真相考證稿》為例〉、彭莊〈一位「二二八」受難家屬的心聲〉、戚嘉林〈二二八事件定性問題——起義、臺獨、民變 vs.平變〉、楊晨光〈二二八事件期間整編廿一師主力回臺經過〉及楊建成〈二二八研究另一種方向〉、狩甫〈柯建銘羞辱「二二八」〉。

2009 年有戚嘉林〈林茂生之死——解構臺獨史觀下的二二八〉、王呈祥〈揭開葛超智與「二二八事件」之謎〉；2010 年有戚嘉林〈黃彰健院士與我——兼論黃院士著《二二八事件真相考證稿》〉，2012 年有王曉波〈二二八事件研究的自我告白〉；2014 年則有戚嘉林〈歷史教科書中的 228 選擇性記憶〉及張方遠〈臺獨教科書是怎樣煉成的〉。

《海峽評論》期刊的政治立場明確，偶有對岸學者發文，能看到不少與官方立場相異的說法；但部分文章屬於政論，學術價值上不是那麼高。

該期刊與二二八相關的文章多論及抗日、起義，在立場上，該刊物否認二二八是省籍衝突的說法，認為與政府失政較有關係，是人民反抗暴政；對李登輝後期的本土政策持反對意見，呼籲將二二八脫離政治，還給學術。2000 年政黨輪替後，相關文章一度減少，2004 年一口氣暴增，可能與總統選舉將至有關；2007 年時就發表不少反駁《二二八事件責任歸屬報告》的文章，2008 年選前相關文章數量又增加許多。到馬英九勝選，二次政黨輪替後，文章數量銳減，有見好就收的感覺。

以作者而言，前半段最常撰文的是王曉波，後半段則為戚嘉林，前者多針對二二八事件的性質及詮釋質疑政府立場，後者則由經濟、事件性質及歷史教學各方面，批評政府對二二八事件的偏頗立場。

3.《傳記文學》

《傳記文學》期刊由 1962 年 6 月創刊，創始人是被稱為「野史館館長」的劉紹唐，創刊宗旨為「提倡傳記文學，保存近代史料」。其網站寫道：[27]

> 傳記文學熔史學與文學於一爐，為歷史保存史料，替文學開創新路，數十年來已有輝煌的成績。傳記文學自西元 1962 年創刊，至

[27] 「關於傳記文學」，傳記文學出版社網站 http://www.biographies.com.tw/5。

今逾 52 年，已出刊 629 期（現仍繼續出版發行）。雜誌於每月一日出版，未曾間斷。現已發表傳記文字與民國史料兩萬多篇，字數逾億。本著「為史家找材料，為文學開生路」宗旨，以輕鬆雋永的文學筆法寫嚴肅的近代真人真事，為國家存信史，為名人留偉績。主要內容包括自傳、評傳、年譜、回憶錄、名人日記、重要手蹟、珍貴史料、史事研究等，是中國現代史最豐富的寶庫，是海內外史學界公認的「民國史長城」。

創刊號當中提到其理想：[28]

《傳記文學》不僅是「『給史家做材料，給文學開生路』，也必然創了寫傳記、讀傳記、重視傳記文學的新風氣」，同時於創刊伊始之時，「謹願以『對歷史負責、對讀者負責』兩語而自勉」

初解嚴的 1987 年，便刊載嚴演存的〈二二八事變的親歷與分析〉及沈雲龍〈初到臺灣：憶述四十年前一些往事〉；隔年有葉明勳〈二二八事件親歷的感受〉及〈後世忠邪自有評：從陳公洽主閩主臺談到二二八事件〉；1989 年有沈雲龍〈陳儀其人與二二八事變〉及葉明勳〈記取歷史的教訓：臺灣光復後陳儀下錯了的一著棋〉。

1990 年有汪彝定〈陳儀印象記〉；1991 年起有康澤的〈三民主義青年團成立的經過〉，亦提到與二二八相關的部分；1992 年有翟羽〈「二・二八」十二日記〉、胡允恭〈地下十五年與陳儀〉、李雲漢〈永懷楊亮功先生〉及編輯部的〈「二・二八」事變有關文獻補遺〉；1995 年刊載由二檔館公布的楊亮功報告〈中共中國第二歷史檔案館正式公布楊亮功等二二八事變原始調查報告〉。

---

[28]〈我們的想法與作法〉，《傳記文學》，第 1 期，1962 年 6 月。

2004 年有藍博洲〈革命醫師郭琇琮〉；2005 年有汪榮祖整理，〈寫在「夏德儀教授二二八前後日記」之前〉及〈夏德儀教授二二八前後日記〉；2007 年有陳肇家〈我所經歷的「二二八事變」〉及高茂辰〈歷史應給陳儀公正評價〉

2008 年刊載藍博洲〈消逝在二、二八迷霧中的王添灯〉；2009 年有楊天石的〈二二八事件與蔣介石的對策——蔣介石日記解讀〉及陳兆熙〈陳儀的本來面目〉、陳正茂〈記光復初期中共在臺之地下組織：「臺灣省工作委員會」〉；2010 年有戚嘉林〈林茂生及其二二八之死〉；2012 年有侯坤宏的〈白崇禧與二二八〉。

傳記自然是研究歷史事件的重要史料，但因個人的立場，容易有隱惡揚善、抹黑溢美之處，難以盡信。李敖曾表示：「《傳記文學》二十年，有功有過，功在很技巧的顯出了（還談不到揭發）國民黨的許多糗事；過在挾泥沙俱下，也幫國民黨做了太多不實的宣傳與偽證。」[29]

4.《中國論壇》

《中國論壇》半月刊屬於聯合報系，創刊於 1975 年 10 月，1991 年改以月刊方式發行，但隔年就停止出刊。

戒嚴時期臺灣的民主發展，政論雜誌扮演啟蒙的角色。早期最出色的《自由中國》、《文星》、《大學雜誌》陸續停刊後，比較信奉自由主義理念的人物多轉進到由《聯合報》資助的《中國論壇》。《中國論壇》有別於早年純知識份子的「文人辦報」，而採取與「報團」合作的發展模式。《中國論壇》是由一群富有自由民主理念的知識份子催生，包括胡佛、李鴻禧、張忠棟、韋政通、楊國樞和黃光國等人，在當時臺灣思想輿論界扮演重要角色。1990 年《中國論壇》編輯委員會分裂，多數成員加入「澄社」。[30]

---

[29]〈豬羅紀〉，李敖，《李敖快意恩仇錄》，臺北：李敖出版社，2000。

[30] 羅元德，〈《中國論壇》半月刊與戰後臺灣自由民主之路（1975～1990）〉，東海大學歷史學系碩士論文，2004。

《中國論壇》面對國民黨的威權統治，致力於鼓吹自由民主、憲政改革，對戒嚴解除，政黨政治推動，動員戡亂停止，以及國會全面改選，都發揮了一定程度的激發作用。《中國論壇》的政治立場屬於「中間派」，偏國民黨的改革派，主張溫和漸進的體制內改革。《中國論壇》之所以能未間斷地發行了十七年，在於《中國論壇》的文章注重學術架構，文筆也較學術性，沒有那麼激進、尖銳，因此比同時代多數的政論雜誌（尤其是黨外雜誌）走了更長的道路。[31]

1986 年，尹章義撰寫〈臺灣意識之史的發展〉；1987 年解嚴之後，相關文章數量大增，包括尹章義〈臺灣意識試析：歷史的觀點〉、陳其南〈本土意識、民族國家與民主政體〉、王曉波〈日據時期「臺灣派」的祖國意識〉、張茂桂、蕭新煌、章英華合著的〈大學生的「中國結」與「臺灣結」：自我認定與通婚觀念的分析〉與戴國煇的〈我觀「中國結」與「臺灣結」之爭論：藉心理歷史學（psychiohistory）視野的幾點剖析〉。

1991 年有賴澤涵、陳芳明、葉芸芸合著的〈解構「二二八」〉及賴澤涵〈陳儀在閩、臺的施政措施〉、蔡其達與孫大川的〈激情後的「二二八」〉、陳芳明〈中共對二二八事件史觀的政策性轉變〉、蔡其達〈二二八出版品一覽表〉及楊家宜編〈二二八的官方說法〉。

1992 年則有戴國煇與葉芸芸合著的〈回首「二二八」〉及該刊發布之〈二二八事件第一手機秘回憶錄臺灣警備總司令部參謀長柯遠芬發表臺灣二二八事變之真相〉。

5.《*Taiwan News* 財經・文化周刊》

《英文中國日報》的創辦人是魏景蒙，1966 年魏出任行政院新聞局局長後離職。1988 年轉由義美食品總經理高志明接手經營，正式易名為《英文臺灣日報》，該刊物除每日出報 4 大張，並同時擁有臺灣英文新聞（*Taiwan News Online*）。也曾發行目前已停刊的《*Taiwan News* 財經・文化

---

[31] 〈摘要〉，羅元德，〈《中國論壇》半月刊與戰後臺灣自由民主之路（1975～1990）〉。

周刊》，當時身為呂秀蓮重要幕僚的楊憲宏擔任社長。[32]

2003 年 10 月起，該刊物開始刊載二二八相關文章，如陸綺怡〈李登輝部署二二八大遊行〉；2004 年 2 月起有張國城〈二二八沒有歡樂的理由〉及〈二二八不是和解日〉、馮青〈侯孝賢的二二八〉、張葆蘿〈搖滾二二八唱出臺灣魂〉、吳志中〈歐盟研究協會論壇：後二二八的國家認同〉、揚陽〈喜樂二二八牽手寫歷史〉，陳鴻基〈悲情二二八自信二二八〉及蘇秀琴，〈二二八熱情延燒三二〇〉，至 2004 年 3 月後，未曾再有相關的文章刊載。

由於 2004 年 3 月舉辦總統大選，且該次選舉中二二八事件被當作某陣營的重要武器，密集在選前發表相關文章，不免讓人懷疑有政治上的目的。

6.《神學與教會》

《神學與教會》創刊於 1957 年，發行至 1986 年 6 月一度停刊，後來在 1990 年 3 月復刊，名稱一度改為《南神神學》，1996 年 1 月又恢復原來名稱。[33]該刊物由臺南的南神出版社發刊，隸屬於長老教會的臺南神學院。該期刊並不常有類似的文章出現，2007 年 2 月因二二八事件 60 週年，出版了一份二二八專號，使論文數量一口氣大量增加。

當期有王昭文〈二二八事件的原因、經過、影響及平反概述〉、王貞文〈由控訴、紀念到復和與救贖——情境轉變中的二二八紀念禮拜〉、羅光喜〈二二八國難的記憶與禮拜內涵〉及〈從舊約聖經反省二二八反殖民抗爭〉、王崇堯，〈省思「二二八」的幾個神學向度〉、廖學銘〈二二八大屠殺六十週年：從舊約先知的角色反省臺灣基督長老教會的社會功能〉、李孝忠〈從「二二八」探討臺灣宣教契機〉、張村樑〈二二八事件高雄慘景的見證〉、謝秀雄〈馬加比事件和臺灣二二八事件的省思〉、林娜鈴、洪玉麗、江

---

[32] 維基百科，Taiwna News，https://zh.wikipedia.org/wiki/%E8%8B%B1%E6%96%87%E5%8F%B0%E7%81%A3%E6%97%A5%E5%A0%B1。

[33] 中華民國出版期刊指南系統，http://readopac1.ncl.edu.tw/nclserialFront/search/guide/detail.jsp?sysId=0006510852&dtdId=000075&search_type=detail&mark=basic&la=ch&checked=&unchecked=0010006511731,0020006510852,。

明吉、陳春菊、李盈賢合著的〈我們所認識的二二八〉、蔡佳真〈二二八事件與國家意識的轉變〉、曾昌發〈二二八的省思〉及黃伯和〈歷史的傷痕成為救贖的記號：二二八事件六十週年的神學省思〉。

2008 年則有鄭浚豪〈R. Niebuhr 政治倫理──「愛與正義」──之觀點，來初探轉型正義在臺灣：以二二八事件為例〉，以二二八事件來討論臺灣的轉型正義。

7.《王城氣度》

《王城氣度》創刊於 2006 年 4 月，至 2008 年 5 月停刊。發行單位是臺南市文化基金會。臺南市文化基金會，原是 1985 年時代理市長陳癸淼有感於府城在文化推展活動上缺乏固定財源而顯得無法連貫，發起召開籌募文化基金會，募得壹仟餘萬元的創會基金，就在該年底舉行成立大會。並於林文雄市長任內完成法院立案登記，所成立的一個非附屬於公部門的縣市文化基金會，第一任董事長為林文雄市長。

因應臺南縣、市於 2010 年 12 月 25 日合併升格為直轄市，臺南縣、市基金會也於隔年合併為「財團法人臺南市文化基金會」，由市長賴清德擔任董事長，臺南市政府文化局長葉澤山兼任本會執行長，以協助臺南市政府辦理並規劃多項藝文活動，以落實基金會成立之宗旨。[34]

該刊在 2008 年 2 月到 3 月間，刊載了臺南市文化基金會月刊編輯部的〈揮別烏暗迎向新生──二二八事件的過去、現在與未來〉、〈「二二八事件」應更名為「二二八起義」──專訪臺南神學院歷史神學榮譽教授鄭兒玉牧師〉、〈從政經觀點談「二二八」──專訪成功大學政治經濟學的研究所暨政治系丁仁方教授〉與〈歷史借鏡，事蹟永存──專訪前二二八事件紀念基金會董事王克紹醫師〉。

2008 年 4 月至 5 月間，刊載了周曉君，〈史料．文學．二二八──專訪眞理大學臺灣文學資料館張良澤館長〉、臺南市文化基金會月刊編輯部〈走

---

[34] 〈本會介紹〉，臺南市文化基金會網站，http://www.tncf.org.tw/content/index.php?m2=15。

在臺灣文學路上的二二八——專訪國立臺灣文學館鄭邦鎮館長〉、〈啟動二二八的歷史對話框——專訪國立臺灣歷史博物館吳密察館長〉等。

8.《歷史月刊》

《歷史月刊》是臺灣人文歷史學的普及刊物，是聯合報系的旗下刊物之一，是由《聯合月刊》改名而來，1988 年 2 月創刊，曾多次獲得臺灣的金鼎獎。2009 年 12 月發行最後一期（263 期）後停刊。

《聯合月刊》則創刊於 1981 年 8 月，王惕吾本來要利用這月刊來培養相關人才，但績效不彰。後來改辦《歷史月刊》時，王表示：[35]

> 盈虧不計，亦不與人爭利，但品質務求精美。本報系之創辦報紙、期刊，總以對社會有正面貢獻著眼。別人或許以為是做傻事，但該做的還是要做，這便是我們常說的有所為，有所不為，應為同仁所共知。

1988 年 4 月，刊載沈雲龍〈沈雲龍先生遺稿：「二二八」事變的追憶〉；1989 年刊載陳弱水〈歷史上的「二二八事變」〉；1996 年有陳芳明〈臺灣研究與後殖民史觀〉；2002 年有之宇〈張學良將軍口述歷史之外——二二八前後〉；2004 年有黃彰健〈林茂生之死考〉；2006 年有尹章義〈美國的擴張主義與臺灣的命運：160 年來美臺關係的回顧〉、陸以正〈葛超智（George H. Kerr）給國務院遠東司長的密件〉及〈臺獨運動的教父：葛超智（George H. Kerr）其人其事〉；2007 年有黃彰健〈二二八高雄事件新考〉。

9.《南主角》

《南主角》創刊於 2002 年 6 月 10 日，至 2006 年 5 月停刊。發行單位為高雄市的南主角文化事業有限公司。創辦人是薛兆基，高雄左營人，畢業

[35] 習賢德，《《聯合報》企業文化的形成與傳承，1963-2005》，臺北：秀威出版社，2006，頁 424。

於中興大學歷史系。薛兆基是謝長廷派系的大將，核心幕僚。《民報》報導：其創辦的「南主角」雙周刊，僅用 4 年半的時間便在出版界吹起「佇南方，看臺灣」，翻轉臺灣正視「南方觀點」的風潮。[36]

薛兆基表示「南方觀點不是邊陲、更不是剩餘價值」，將南方觀點窄化為代表本土立場、選舉的票倉動員的說法，只突顯出用「政治的絕對性觀點」壓迫各地觀點的主題性的荒謬與傲慢。所以「南主角」雙周刊的專題取材銜接在地國際化，伴隨綠營成功主政高雄。後來葉菊蘭代理高雄市長時，薛擔任其辦公室主任，而停辦此期刊，功成身退。[37]

在 2004 年 2 月至 3 月間，刊載李興祈〈回顧 1947 年二二八事件的「政治」、「經濟」、「文化」背景，展望未來〉、李靜〈二二八牽手活動，喚醒臺灣社會底層守護土地的決心〉、施美旭〈走過歷史的二二八〉及〈學者看二二八守護臺灣〉、李靜盈〈二二八牽手活動，喚醒臺灣社會底層守護土地的決心〉、容瑜鴻〈回首二二八的痕跡〉及成中原〈解讀二二八牽手運動的大選效應〉、吳惠玲、容瑜鴻的〈全國首座二二八紀念碑發起人陳英華〉。

(三) 以時序分析

1947 至 48 年的期刊，主要以官方說法安撫民間情緒，而解嚴之前文章雖不算少，但來自中國大陸與美國、日本臺獨團體居多，一邊以人民起義、革命來定義二二八事件，一邊以二二八事件攻擊政府，尋求獨立。在臺灣談論相關事件的期刊多為黨外刊物，以反抗威權統治為主軸，對事件自然也多予負面評價。

1987 年解除戒嚴之後，相關的期刊論文的數量大增，但由於當時對事件的了解有限，評論或分析的文章，內容多較保守；但親身經歷或見證者撰寫的文章，內容則南轅北轍，相差極大。解禁之初，以《中國論壇》討論二

---

[36] 〈「南主角」薛兆基「佇南方，看臺灣」〉，《民報》，2014 年 5 月 16 日。

[37] 同前注。

二八事件的文章最多，品質也相當高。此時由於對二二八事件的研究還不深入，多數民眾所了解多為片面，可說是各吹各調，認知差距頗大。

這種情況並未維持很久，可能新鮮感過了，加上史料久未開放，相關文章數量很快減少；一直到 1991 年，包括省文獻會、近代史研究所的文獻檔案彙編陸續發行後，數量才又急遽增加。行政院《二二八研究報告》的完成，使相關討論的面向與數量增加許多。另一個因素應屬《海峽評論》的創刊，該刊物刊載二二八事件相關文章的比例相當高。1992～93 年，即使不計算《口述歷史》兩期專刊的篇數，依然相當可觀，這三年可說是相關期刊專文的第一個高峰期。

1996 年二二八基金會成立，加上李登輝的勝選與本土化的推動，二二八的相關期刊論文數量再次攀升，這段期間的期刊論文以《海峽評論》及《人本教育札記》較多，而討論對教育的影響及本土意識形態的佔據多數，而文學藝術方面，如《臺灣文藝》、《臺灣畫》等期刊的相關文章也意外多。2000 年政黨輪替之後，相關官方出版品的數量急遽增加，但期刊論文的數量卻大幅減少，這種情況代表的意義仍須研究。

2004 年大選前，期刊論文的數量暴增許多，包括《*Taiwan News* 財經文化周刊》，及政論性質較濃厚的高雄《南主角》雙周刊，同樣在選前連續數期以二二八為主題出刊。張炎憲以國史館館長身分，對二二八詮釋做出了總結，而幾本較偏本土的期刊也開始宣傳百萬人「手護臺灣」的活動，最終綠營贏得選戰，陳水扁總統得以連任。

2006 年二二八真相研究小組所發表的責任歸屬報告，引發激烈的討論，加上 2007 年是二二八事件 60 週年，除長老教會的《神學與教會》以此為主題發行專刊之外，其他期刊也有紀念專文，使數量提升不少；到 2008 年大選前，是前後幾年期刊專文最多的一段時間，臺南市文化局主導的《王城氣度》以二二八事件為主題，連發多篇專文；《海峽評論》則大力抨擊由二二八基金會發行的《二二八事件責任歸屬報告》。二次政黨輪替之後，二二八相關的期刊論文急速減少，各家期刊偃旗息鼓，就連《海峽評論》都很少再發表與二二八相關的文章，似有見好就收的感覺。

根據期刊雜誌方面的統計結果，可看出有五個較關鍵的時間點。第一是戒嚴的解除，眾人終於能夠抒發胸中所藏，相關文章數量暴增；其次是省文獻會、中研院近史所開始進行口述歷史訪錄，到《二二八事件研究報告》公開的那段時間，但若扣除《口述歷史》兩本專號帶來的影響，增加的數量不如圖表上顯示的那麼多。

第三個時間點在 1997 年，一方面有事件 50 週年的紀念研討會及期刊專號，另一方面，李登輝的教改及本土化政策帶來不同立場者的激烈討論；第四、五個時間點分別是 2004 年及 2008 年前後，一方面適逢總統大選，部分期刊以二二八事件來作為拉抬選情之用；另一方面 2007 年是二二八事件 60 週年紀念，相關的紀念專號也造成統計上的影響。

以納入統計的這些期刊雜誌來看，非學術性的相關文章受政治因素影響的比例相當高。二二八事件發生期間，代表美國鷹派勢力的葛超智，就試圖利用此事件誘使美國政府干涉，創造控制臺灣的機會；當時共產黨也利用此事件大做宣傳，潛伏的地下黨不少人員參與並擴大此事件，製造臺灣政局的混亂，在國共內戰當中佔據道德上風；李登輝掌政期間，透過對二二八事件的平反及補償，得到本土勢力的支持而與老國民黨派系決裂。

伴隨著二二八事件的巨大悲情以及民眾對國民黨的不信任，帶來了民進黨勝選的契機；經過陳水扁八年執政後，政府對二二八事件的詮釋已與過去截然不同，甚至在 2004 年總統大選時，成為該黨選戰中的強力武器。國民黨多次透過道歉試圖減輕政治影響，甚至因應綠營的攻擊，調整自身對二二八事件的定位與詮釋，但收效有限，恐怕也非真心還原歷史真相。

第二章
相關專書之量性分析

本章同樣以量性分析方法，針對二二八事件相關專書進行統計。第一節以官方出版品為對象，共納入 156 部著作；第二節以相關的非官方出版品進行統計分析，根據國家圖書館及中研院檢索系統，以「二二八」為關鍵字搜尋，並參考《二二八辭典》及《二二八事件文獻目錄解題》書目後，共列出 291 本專書。本章之統計總共納入 447 部相關著作。

一、官方出版品

(一) 說明

本書對政府出版品的統計，以與二二八事件有直接關係者為主。財團法人二二八紀念基金會最初由行政院成立，僅是負責相關賠償、紀念活動與撫慰的法人團體。2007 年由政府核定為常設性機構，不但負責經營 228 國家紀念館，包括相關的紀念、教育、文化三個方面的運作也屬其權責，故視為官方機構。目前納入統計的 156 部官方出版品，先以出版單位來計算，可得到表 2-1 的結果。

表 2-1　二二八相關政府出版品出版單位別統計表

單位	數量	比例	單位	數量	比例
各縣市文化局	23	14.7%	臺史所	4	2.6%
二二八基金會	22	14.1%	北美館	4	2.6%
國史館	20	12.8%	調查局	4	2.6%
二二八紀念館	13	8.3%	國防部	4	2.6%
各縣市政府	12	7.7%	省議會	2	1.3%
檔案局	11	7.1%	國立編譯館	2	1.3%
省文獻會	8	5.1%	文建會	2	1.3%
近史所	6	3.8%	警總	2	1.3%
行政院	5	3.2%	其他[1]	10	6.4%

數量統計方面，叢書僅作為一個單位計算，例如近史所的《二二八事件資料選輯》雖有六冊，只以一個單位來計算；惟一例外的是國史館的《二二八檔案彙編》，該叢書目前已出版 18 冊，其中 1-12 冊在 2002 年出版，13-15 冊在 2003 年，16 冊在 2004，17-18 冊在 2008，故而分別在這四年各計算為一個單位。

由上述統計大致可看出，財團法人二二八紀念基金會與二二八紀念館本身就因為二二八事件而設置，相關的官方出版品自然不少，而臺北二二八紀念館隸屬於臺北市文化局，其出版品多與文化局共同出版，以隸屬關係來看，都列入文化局的部分。

解除戒嚴之前，情治單位有不少相關出版品，但多為內部刊物，並未對外出版；但既有出版事項，也納入官方出版品的統計當中。二二八基金會成立之前，相關出版品當以臺灣省文獻委員會出版最多，中研院近史所雖有為數甚多的口述歷史訪錄，但由於多刊載於《口述歷史》期刊中，計入期刊論

---

[1] 包含立法院出版兩冊、臺灣大學出版兩冊、國科會一冊、中央研究院中山人文科學研究所一冊、中央研究院一冊、監察院一冊、日產接收委員會一冊、行政長官公署一冊、成功大學一冊。

文類別。除此之外，國家檔案管理局、國史館及中央研究院的近代史研究所、臺灣史研究所相關出版品也占總數當中的一定比例。

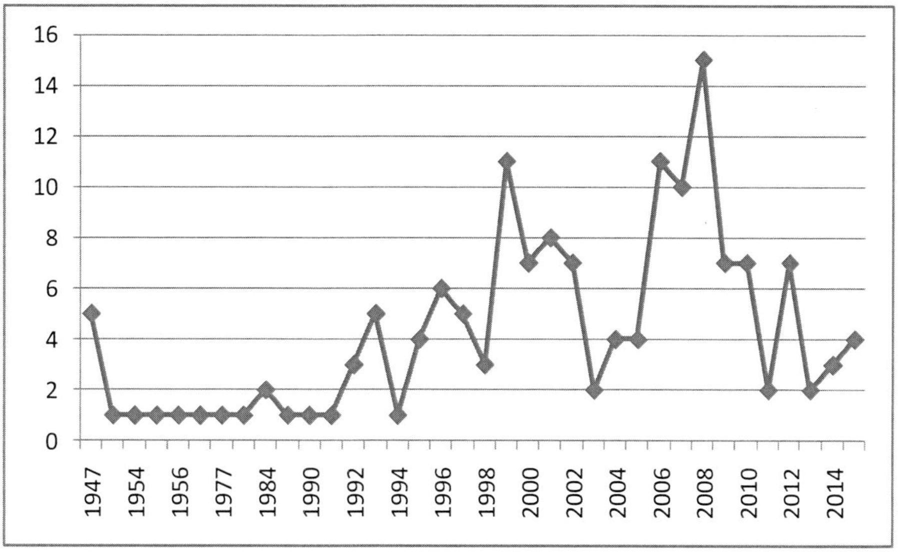

圖 2-1　二二八相關政府出版品時序統計圖

以數量來看，解嚴前多為官方報告以及情治系統的內部刊物，數量有限； 1992-93 年，先有省文獻會的《二二八事件文獻輯錄》、《續錄》及《補錄》，緊接著行政院《二二八事件研究報告》出爐，接著近代史研究所將相關檔案資料出版為六冊《二二八事件資料選輯》，可說是第一波高峰期。

1996-97 年，以臺北的陳水扁市長為首，包括臺北美術館連續四年舉辦二二八藝術展，並發行專刊，文化局也有相關出版品；緊接著臺北縣、臺南縣、高雄縣政府陸續跟進，相較下中央機構的反應就遜色許多。1999 到 2000 年，二二八基金會及紀念館開始大量出版相關刊物，數量上超越過往的任何一年。由於適逢大選，省籍問題及族群議題的衝突達到顛峰，二二八事件也成為最重要的話題之一。接下來到 2002 年為止，每年的官方出版品都維持 7-8 本的數量。

表 2-2　二二八相關政府出版品出版時間及單位別統計表

	1947	1951	1954	1955	1956	1958	1977	1980	1984	1989	1990	1991	1992	1993	1994	1995	1996	1997	1998	1999	2000	2001	2002	2003	2004	2005	2006	2007	2008	2009	2010	2011	2012	2013	2014	2015	小計
各縣市文化局																			1		1	1			1		3		4	1	3	1	6			1	23
二二八基金會																				2	1		3	1	1		1	2	2	3	2		1		1	2	22
國史館											1			1			1						1	1	1		1	2	8	1					2		20
二二八紀念館																			1	5	3	1	1				1	1									13
各縣市政府																	3	3		1	2		2											1			12
檔案局																						3				2	3	1	1	1							11
省文獻會	1											1	1		1	1						3															8
近史所									1					2		2				1																	6
行政院										1			1			1										1	1										5
台史所																		1										1						1		1	4
北美館																	1	1	1	1																	4
調查局		1		1			1		1																												4
國防部	1		1			1		1																													4
省議會													1																	1							2
警總	1				1																																2
文建會																				1								1									2
編譯館																											1	1									2
立法院																	1														1						2
台灣大學																										1					1						2
國科會														1																							1
中山所														1																							1
中研院																												1									1
台南市立圖書館																																1					1
監察院																									1												1
日產接收委員會	1																																				1
長官公署	1																																				1
總數	5	1	1	1	1	1	1	1	2	1	1	1	3	5	1	4	6	5	3	11	7	8	7	2	4	4	11	10	15	7	7	2	7	2	3	4	155

2006-08 年，是二二八官方出版品的最高峰期，從二二八基金會發行《二二八事件責任歸屬報告》起，包括檔案局、國立編譯館、國史館及文建會等都有相關作品，各縣市政府也多有建樹。國史館的《戰後臺灣政治案件彙編》系列，雖以白色恐怖受難者為主，但與二二八受難者重複度高，也多論及該事件。

二次政黨輪替之後，相關官方出版品數量驟減，且性質多為研討會論文集及檔案彙編、口述歷史，可能與國民黨不願意在二二八事件議題上著墨太多有關。僅有 2012 年時二二八基金會、紀念館出版二二八與青年學生、司法人員等相關書籍，使數量略有提升，時機適逢總統大選，是否有政治上的考量，仍待釐清。

(二) 以出版單位分析

1. 行政長官公署

二二八事件發生時，由陳儀主政的行政長官公署治理臺灣，這是一個前所未聞的機構。二戰之後，中華民國政府從日本手中接管臺灣，雖設為省，但因臺灣長期受到日本統治，情況特殊，且為了方便各種接收事宜，未與其他省份同樣設置省政府，而創設了「行政長官公署」這個特別的行政組織。事實上，在設置之初，此單位就已備受爭議。

二戰末期，陳儀主持的臺灣調查委員會在 1944 年 6 月，聘李友邦、李萬居、謝南光為專門委員，也任用不少臺籍人士。原本該委員會僅有六名委員，為陳儀及五位班底，同年 9 月改組，將委員擴增為 11 位，增加了黃朝琴、游彌堅、丘念臺、謝南光、李友邦五位臺灣人。據鄭梓表示，五位臺灣人各有職務，很少與會，基本上還是由陳儀主導一切事務。[2]

1944 年時，陳儀曾提出「臺灣接管計畫綱要」，表示要「以臺灣為省，

---

2 鄭梓，〈試探戰後初期國府之治臺策略——以用人政策及省籍歧視為中心的討論〉，陳琰玉、胡慧玲編，《二二八學術研討會論文集》，臺北：二二八民間研究小組、自立晚報社，1992，頁 232-233。

接管時正式成立省政府」。[3]但日本投降後，接收體制卻與計畫大相逕庭。不但連震東在《臺灣民聲報》上批評為日本總督制度的復活，輿論也認為行政長官權力過大，甚至認為陳儀太過親日，不應擔任行政長官。[4]鄭梓表示，陳儀最大的錯誤其實在於排除臺灣人參與政權，各級主管都是其班底，少數被任用的臺灣人僅擔任參議、秘書等不具實權的位置，[5]職位最高的宋斐如也不過是副處長，謝南光更完全被排除在外，這種情況讓半山十分不滿，李友邦、謝南光都加劇左傾的趨向。

二二八事件後，長官公署出版了《臺灣省二二八暴動事件紀要》，將事件定位為「暴動」。該報告主要分為七個部份，第一部分為蔣介石 3 月 10 日的相關報告詞；第二部分是白崇禧的七篇相關廣播詞及講演；第三部分是楊亮功的對全省廣播詞；第四部份是陳儀的七次廣播及公開文告；第五部分是臺灣人民代表團體電文；第六部份是各縣市情形簡表；第七部份是事件日誌。內容當中提到，光是臺北市公教人員就死亡 33 人、失蹤 7 人、受傷者 866 人；民眾方面死亡 7 人，受傷 44 人，失蹤 1 人，但亦補充說明，統計數據尚未報齊，僅依據當時已收到的資料報告。[6]

2. 警備總司令部

1945 年 9 月，臺灣省警備總司令部成立於重慶，最初的任務是負責遣返日本在臺俘虜及僑民、接收臺灣與維持治安；第一任總司令由陳儀兼任。戒嚴以後權責擴張，兼及衛戍、保安、後備軍事動員、文化審檢、入出境管制、郵電檢查、電訊監查定位監聽等，是權力極大的情治單位。

二二八事件後出版了《臺灣省二二八事變紀事》，內容主要分為七個章節，第一章為事變原因，包括遠因五項：1. 潛伏奸黨之死灰復燃；2. 御用紳

---

3 張瑞成，《臺籍志士在祖國復臺的努力》，臺北：國民黨黨史會，1990，頁 119。

4 何義麟，〈被遺忘的半山——謝南光（下）〉，《臺灣史料研究》第 4 期，1996，頁 123。

5 鄭梓，〈試探戰後初期國府之治臺政策——以用人政策及省籍歧視為中心的討論〉，頁 249。

6 收錄於魏永竹編，《二二八事件文獻續錄》，南投：臺灣省文獻委員會，1992。

十及歸臺浪人之煽動；3. 日本奴化教育之遺毒；4. 戰後經濟問題刺激；5. 宣傳與教育工作之失敗。近因四項：1. 經濟風潮之刺激波動；2. 特殊階級之陰懷怨恨；3. 不法份子之勾結蠢動；4. 駐軍之內調。第二章為事變前本省之軍事概況，第三章為事變經過，第四章是暴亂罪行，第五章為綏靖經過，第六章善後處理，第七章則附錄了部分檔案。

1956 年，臺灣省保安司令部出版了《臺灣二二八變亂紀略》，應屬內部刊物，對二二八事件的發生及經過有記載與分析。保安司令部兩年後併入警備總司令部，故而計入警總的部分。

3. 臺灣省文獻委員會

1947 年，事件發生的同一年年底，省文獻會出版了《二二八事變撫慰紀念碑拓本》，這塊位於澎湖縣馬公市中正公園的紀念碑，立於民國 36 年 12 月，內容如下：

> 馬公要塞司令部史司令文桂勛鑒
>
> 頃奉
>
> 國民政府主席蔣電令節開以澎湖列島人民對此次事變嚴守秩序殊堪嘉慰又查該島地屬貧瘠生計困難亟待救濟特發國幣二億圓請前往宣慰賑撫等因茲派貴司令代表本部長宣達主席關懷臺胞之德意即會同地方政府及各法團士紳人等妥為撫慰散發賑款以示德意並將辦理情形具報為要
>
> 國防部部長白崇禧卅六寅儉慰
>
> 史文桂敬書

事件當中，澎湖除了一名婦人腿部中槍之外，並未發生衝突；依這份碑文紀載，在白崇禧宣慰之後，政府仍撥發兩億元作為賑撫之用。

1988 年 4 月 20 日，臺灣省議會在審查文獻會下年度預算時，議員提出關於二二八事件，省文獻會竟完全沒有相關史料，甚為荒謬；乃由民政委員會議決，請文獻會立即開始進行收集，並向議會提出報告。在三年多的時間當中，省文獻會訪問了三百多人，且參閱了各機關檔案六百八十多件，自 1991 年起，接連出版了《二二八事件文獻輯錄》、《二二八事件文獻續錄》及《二二八事件文獻補錄》，可說是最早期的二二八耆老訪談及文獻資料彙整。

《二二八事件文獻輯錄》的〈序〉當中，提到書中的訪談由於觸及政治敏感，許多當事人及家屬都不願接受訪問，訪問者只能用誠意及耐性來化解仇恨及疑慮，甚至陪著家屬去弔祭，才順利得到了這些訪談紀錄。同時編者也提到，因為年代久遠加上各種因素，受訪者們有極主觀與誇張的描述，各篇訪問紀錄中矛盾的地方也很多，但基於採訪的原則，仍忠實記錄，作為研究參考之用。[7]

1995 年，魏永竹主編《抗戰與臺灣光復史料輯要：慶祝臺灣光復五十周年特刊》。

2001 年，許雪姬撰寫《林正亨的生與死》，林正亨是霧峰林家的成員，抗戰時期到中國大陸參加了中日戰爭，戰後帶著中校頭銜回到臺灣，二二八事件期間也有一些行動，但最終與林獻堂一起到城外迎接國軍。書中提到其妻認為他的身分特殊，可能與臺共有關：[8]

> 我母親在進入臺盟之後改名叫沈毅（以前叫沈寶珠）。謝雪紅在二二八事件時，是臺灣中部的領袖，搞了一個二七部隊，我母親曾告訴我，他知道父親在臺中參加了二二八起義，他是搞武裝的，所以在臺灣很活躍。這次我回霧峰，秀容告訴我，在我們花廳的牆裡發現了一些炸藥及發報機的部件，這次修繕才發現的，他們

---

[7] 魏永竹等編，《二二八事件文獻輯錄》，南投：臺灣省文獻委員會，1991，頁 3。

[8] 許雪姬，《林正亨的生與死》，南投：臺灣省文獻委員會，民 90，頁 65-66。

說是我父親在二二八事件後藏起來的。

2015 年，中共臺盟已經公開資訊，林正亨在 1946 年加入中國共產黨，1949 年在臺灣因地下黨機構被破獲遭逮捕，隔年被槍決，1983 年中共的民政部就已經頒發「革命烈士證明書」給林正亨的家屬。[9]這或許能證明，二二八事件當中中共地下黨雖然人力單薄，但應該不是毫無作為。

同年出版朱德蘭主編之《戒嚴時期臺灣政治事件檔案、出版資料、報紙人名索引》是本不錯的工具書。另有吳文星、許雪姬採訪編輯的《戒嚴時期臺灣政治事件口述歷史》。

精省之後，2002 年省文獻會改隸國史館，更名為國史館臺灣文獻館，因此該館之後的出版品，都轉至國史館的部份進行統計。

4. 調查局

調查局前身可追溯 1928 年成立的「國民革命軍總司令部密查組」，1932 年 9 月，改設「國民政府軍事委員會調查統計局」(簡稱軍統局)，下轄二處，第一處負責黨務，第二處負責情報。

1937 年開始對日抗戰，軍統局重組，第一處改為「中國國民黨中央執行委員會調查統計局」(簡稱「中統」)，為中國國民黨中央執行委員會所屬機構；原軍統局改為專責軍事情報（今國防部軍事情報局)。1949 年 4 月再改隸內政部，更名為內政部調查局，同年 12 月隨政府遷臺北。1955 年接收國防部軍事情報局的保防偵查等業務。[10]

1951 年，調查局出版《共匪在臺之陰謀與活動》，將二二八事件列入中共的在臺活動；民國 44 年，郭乾輝的《臺共叛亂史》主要介紹臺灣共產黨的發展過程，二二八事件當中該黨的行動也列於其中。

---

[9] 臺灣民主自治同盟官網，〈臺盟早期盟員之傳奇人物——林正亨〉http://www.taimeng.org.cn/zt/jnzgrmkrzzsljtwgfqszn/lshm/t20150717_328758.htm。

[10]〈歷史沿革〉，法務部調查局網站，http://www.mjib.gov.tw/mojnbi.php?pg=newintroduction/newintro-2.html。

1977 年出版的《臺灣光復後之「臺共」活動》，從蔡孝乾、張志忠等人抵臺建立組織開始，歷經二二八事件，到光明報案等一系列行動，皆有介紹；民國 73 年孫亞光翻譯的《日據時期臺共活動始末》，則詳述了臺共自創黨以來的發展情況及活動，以及多位老臺共在二二八事件中相當活躍的表現。1984 年，孫亞光翻譯了盧修一的著作《日據時期臺共活動始末》，繼續追溯臺共由日治時期開始的各種發展及行動模式。

5. 國防部總政治部

1925 年 6 月，黃埔軍校開辦政治訓練班，是正式培訓政工幹部之始。不久，國民政府軍事委員會成立，下設「軍事委員會政治訓練部」，成為國軍政工體制的最高主管機構。北伐期間，增設「國民革命軍總司令部政治部」，下設黨務、宣傳、總務三科。1946 年 6 月，軍事委員會改制為國防部；政治部改為「國防部新聞局」，監察工作另成立「國防部監察局」，康樂工作則畫歸「國防部後勤司令部特勤處」；1948 年 2 月，新聞局再次整併監察與康樂部門，改制為「政工局」。

中華民國政府遷臺後，國防部政工局又擴編為「國防部政治部」，由蔣經國擔任主任。1951 年改為「國防部總政治部」，並成立「政工幹校」（今國防大學政治作戰學院）。1963 年，再更名為「國防部總政治作戰部」。民國 89 年，總政治作戰部再改組為「國防部總政治作戰局」2013 年 1 月 1 日，《國防部政治作戰局組織法》施行，組織調整並更名為「國防部政治作戰局」。[11]

1947 年，黃存厚撰寫的《二二八事變始末記》由隸屬於國防部的掃蕩周報社出版；1954 年，保密局編撰《附匪份子實錄》，描述當時參加共黨的臺灣人，如謝雪紅等；1958 年發行《謝雪紅的悲劇》，對謝雪紅的形象及經歷頗多詆毀之處；1980 年則發行了謝阿水的《二二八真相》。

---

[11] 姜亦青，〈政工〉，《中華百科全書》，http://ap6.pccu.edu.tw/encyclopedia/data.asp?id=4671&forepage=1。

6. 行政院

行政院部會甚多，且所屬複雜，本次統計僅將出版事項中列出「行政院」三字的歸屬其中。1989 年 4 月 22 日，在立法院二二八事件專案報告會議上，由內政部、國防部引用檔案及中共文件提出書面報告，後由新聞局出版為《二二八事件專案報告》。但此份報告仍以共黨煽動、野心人士利用為主軸，受到多位立委質疑，認為完全站在統治者立場，不但未能安撫創傷，反而會挑起對立。1992 年，由行政院研究二二八事件小組完成的《二二八事件研究報告》，至今仍是二二八研究的權威之作。

1995 年出版了《二二八紀念碑》，介紹已經建立的各地紀念碑；2005 年出版《行政院公報：二二八事件受難案件處理報告書》，當時十年的補償申請期間已滿，故行政院將通過審查的二二八補償案件處理情形予以公告。

2006 年文建會出版了《簡國賢》，簡是著名的政治諷刺話劇「壁」的作者，當時是聖烽演劇研究會的文藝部長，該研究會與中共地下黨關係密切。研究會的會長宋非我，據說當時既是地下黨人，又與廖文毅合作進行走私，簡國賢後來在桃園一帶從事地下活動被捕槍決。[12]

7. 中央研究院

中研院的二二八事件相關出版品，早期以近史所最多。1991 年開始，陸續出版的《口述歷史》，當中多有二二八的相關敘述，第二期收錄了林衡道〈二二八事件的回憶〉，第三、四期是二二八事件專號，第三期收錄了臺灣南部 32 位相關人物的訪談記錄，第四期則收錄全臺灣共 43 位相關人物的訪談記錄，第五期以日治時期前往中國大陸的臺灣人為主題，但提到二二八事件的也不少。因《口述歷史》在近史所的定位是期刊，所以這些口述訪錄移往期刊論文的部分作統計。

---

[12] 藍博洲《消失在歷史謎霧中的作家身影》，2001；〈彭坤德談話筆錄〉，國家檔案局檔號 0041/340.2/5502.3/006。劉青石口述、吳國禎整理，〈我的臺灣地下黨經歷〉，《海峽評論》第 187 期，2006 年 7 月。

1984 年，即有白崇禧口述，賈廷詩等訪問記錄的《白崇禧先生訪問記錄》；此外，單獨出版的《林衡道先生訪問紀錄》、《藍敏先生訪問紀錄》當中都提到不少與二二八有關的訊息。1995 年又出版了《高雄二二八事件相關人物訪問紀錄》（分上、中、下三冊），雖然部分內容與《口述歷史》期刊有所重複，但據說增補不少。1999 年，又有呂芳上等訪問、丘慧君等紀錄的《戒嚴時期臺北地區政治案件口述歷史》三冊，因白色恐怖與二二八事件受難者重複度相當高，提及相關事件的人也不少。

1992 年，近史所將行政院二二八事件研究小組撰寫報告所使用的資料，匯集成《二二八事件資料選輯》共六冊。第一冊包括柯遠芬、彭孟緝之回憶錄，及不著撰人的〈二二八事件平亂〉、長官公署、警備總司令部部分檔案及判決書；第二冊收錄大溪檔案當中二二八相關之部分；第三冊為警備總司令部之〈綏靖實施計畫〉及〈綏靖執行及處理報告〉等；第四冊接續前冊，將綏靖之檔案及後續清鄉的相關情況及電文做整理；第五冊收錄警備總部清鄉、案犯處理、解散非法組織等相關文件及涉案人犯名冊等；第六冊除繼續刊登涉案及自新名冊外，亦有各地情報資料及各單位之函電。

1993 年中研院中山所曾出版《臺灣光復初期歷史》，包括賴澤涵等學者探討光復初期的各方面情形，對二二八事件研究的背景及因果有相關論述，也屬於相關研究重要的參考書籍。[13] 2007 年出版的《二二八事件真相考證稿》，由黃彰健院士撰寫，一方面可能因為黃院士並非近代史專業，另一方面他的立場有別於綠調二二八論述，遭致相當嚴重的攻擊。

臺灣史研究所在籌備處時期，1997 年就出版了《臺籍日本兵座談會記錄并相關資料》，其中有不少與二二八相關的史料；2007 年時出版《「紀念二二八事件 60 週年」學術研討會論文集》（分上、下冊）；2008 年又出版《二二八事件 60 週年紀念論文集》；2013 年，《光復臺灣與戰後警政：「臺灣警察幹部訓練班」口述訪談紀錄》也從當時警政看到相關線索。2015

---

[13] 賴澤涵編，《臺灣光復初期歷史》，臺北：中央研究院中山人文科學研究所，1993。

年，許雪姬出版了《保密局臺灣站：二二八史料彙編（一）》，從二手市場搶救回來的保密局檔案。臺灣史研究所對二二八的研究成果數量多且水準高，但與近史所一樣，多收錄於學術期刊當中，單本的出版品數量較少。

8. 臺北美術館

陳水扁擔任市長期間，連續三年在臺北美術館舉辦二二八美術展，馬英九接任之後，也繼續辦理。因此分別出版有 1996 年的《回顧與省思：二二八紀念美展專輯》、1997 年的《悲情昇華：二二八美展（2.28 commemorative exhibition）》、1998 年的《凝視與形塑：後二二八世代的歷史觀察》以及 1999 年《二二八美展歷史現場與圖像——見證、反思、再生》等。

9. 國家檔案局

公開二二八檔案，本來就是國家檔案局設置之初的重要目的，因此在 2001 年，還是籌備處的國家檔案局就先出版了《二二八事件檔案導引》與《二二八事件檔案管理作業彙編》，依「事件背景」、「事件經過」與「善後措施」等層面介紹 228 事件發生經過，並記錄檔案局進行「二二八檔案蒐集整理工作計畫」的經過，並將徵集之檔案，依機關類別加以說明。同年又出版《開誠佈公．鑑往知來——二二八事件檔案蒐集整理及開放應用成果紀實》，說明二二八檔案的整理情況及開放提供應用的成果。

2005 年，由陳翠蓮完成了《二二八事件與青年學生：二二八事件檔案專題選輯》，以學生為主題進行相關檔案的研究；內容分為「前言」、「戰後初期的校園」、「學生軍與治安隊」、「復課、獎懲與自新」、「強化校園控制與加強中國化政策」、「防共與清共」、「受難身影」及「結語」等八單元。同年尚有《二二八事件檔案目錄彙編》。

2006 年，為了讓二二八受難者的查詢更順利，整理了《清鄉相關案卷人名索引》四冊及《綏靖相關案卷人名索引》、《二二八事件案犯處理人名索引》，讓查詢者可以以人名來查詢相關檔案。2007 年由吳若予完成《二二八事件與公營事業：二二八事件檔案專題選輯》，以政治經濟學觀點，針對公營事業檔案與228事件間的關係進行研究，並對史料加以彙纂。

2008 年則由黃富三完成《二二八事件的鎮壓與救卹：二二八事件檔案專題選輯》。內容分為「導言」、「國民政府派軍鎮壓之決定」、「鎮壓之（一）：海軍之角色」、「鎮壓之（二）：陸軍之角色」、「清鄉計畫及其執行」、「本省人、外省人之受害情形」、「本省人與外省人之互助事蹟」、「政府之救卹工作」及「結論」等9個單元。二二八檔案的收集與應用，在國家檔案局一直屬於重要的業務。

10. **國史館**

民國元年，胡漢民、黃興等人最早向臨時大總統孫文呈請設置國史院，但實際設置是在北京政府初期，設於在國務院之下，因政局多變，始終未成定制。民國35（1947）年11月，「國史館組織條例」制定公布；隔年1月，在南京正式立館，隸屬國民政府。民國 46年6月，在臺灣復館，直屬總統府。復館後歷任館長依序為羅家倫、黃季陸、朱匯森、瞿韶華、潘振球、張炎憲、林滿紅、呂芳上。[14]

國史館屬於中央二級機關，下設修纂、審編、采集、秘書四處，人事、會計、政風三室；並設下屬機關——國史館臺灣文獻館。國史館置館長、副館長、主任秘書、纂修、處長、副處長、主任、專門委員、協修、秘書、科長、專員、助修、科員、分析師、設計師、辦事員、書記等，約有130餘位正式員工。依法掌理中華民國史與臺灣史的修纂和研究、重要歷史檔案、文獻及圖書的蒐藏和應用，並自 2004 年 1 月起，依據「總統副總統文物管理條例」，為總統副總統文物的主管機關，負責行憲以來歷任總統副總統任職期間所有文物的徵集、典藏、維護、管理、研究和陳列展覽。[15]

國史館目前最重要的二二八相關出版品，應屬簡笙簧等人主編的《二二八事件檔案彙編》，截至目前已出版18冊。第一冊內容是立法院檔案及國安

---

[14]〈簡介〉，國史館網站，http://www.drnh.gov.tw/Content_Display.aspx?MenuKey=163。

[15]同前注。

局檔案；第二冊為國安局檔案；第三冊為臺灣高等法院檔案；第四冊為新竹、臺南、臺中、高雄、臺北、嘉義地方法院檔案；第五冊為專賣局及臺糖檔案；第六冊為中油、臺電檔案；第七冊為臺大、師大、成功中學檔案；第八冊為中興大學、臺中技術學院、成功大學、嘉義中學、高雄中學檔案；第九冊為國安局及省諮議會檔案；第十冊為省政府、省文獻會檔案；第十一冊為臺北縣政府檔案；十二冊為彰化縣政府檔案；十三冊、十四冊為臺中縣檔案；十五冊為臺北市政府、臺東縣政府檔案；十六冊為國安局檔案；十七冊為大溪檔案；十八冊為國防部及檔案管理局檔案。[16]

1990 年，何鳳嬌編輯了《政府接收臺灣史料彙編》；1993 年，薛月順主編《資源委員會檔案史料彙編：光復初期臺灣經濟建設》；1996 年，薛又編輯了《臺灣省政府檔案史料彙編行政長官公署時期》共四冊；1997 年，侯坤宏完成《國史館藏二二八檔案史料》。

2000 年出版的《一九四九年：中國的關鍵年代學術討論會論文集》中，也論及不少與二二八事件相關的議題。2002 年起陸續出版簡笙簧等主編的《二二八事件檔案彙編》。

2006 年，國史館臺灣文獻館出版《走過兩個時代的公務員 從臺灣總督府到臺灣省行政長官公署》，訪談經歷日治時期及戰後初期兩個時代的公務員，探究在不同背景之下，政府的運作模式、人才任用及相關制度的變遷，與其親身經歷。

2007 年，臺灣文獻館出版陳遵旭《記憶拼圖下的浴血百合——228 事件 60 週年紀念特展圖錄》，該書以照片、歷史文物、文件、報章雜誌以及書信等資料，讓讀者走過這段傷痛的歷史，記取傷痛、包容仇恨，讓白色的百合在鮮血下盛開後，綻放紅色的幸福與白色的和平；另外也出版了黃英哲、許時嘉編譯的《楊基振日記：附書簡、詩文》。

2008 年出版張炎憲主編的《二二八事件辭典》。該書分為正冊及別冊，

---

[16] 其中 1-12 冊在 2002 年出版，13-15 冊出版於 2003 年，16 冊 2004 出版，17-18 冊是 2008 年。

正冊收錄 1126 則與二二八相關的詞目，將人、事、地、物、機關組織等，或與二二八平反及紀念相關者彙整，編成詞條，加以介紹。別冊則收錄「二二八事件受難者名冊」（共 2267 位）、「二二八事件處理及賠償條例」、「二二八事件紀念碑．紀念館．紀念公園」及「二二八事件相關人民團體」。

同年還有薛化元、林果顯、楊秀菁的《戰後臺灣人權年表（1945～1960）》，收錄重要人權事件及臺灣整體歷史發展相關的重要政治經濟社會事件製成年表；張炎憲、許芳庭的《戰後臺灣政治案件——林日高案史料彙編》、葉惠芬的《戰後臺灣政治案件——李武忠案史料彙編》及許進發《戰後臺灣政治案件——簡吉案史料彙編》、歐素瑛《戰後臺灣政治案件——李媽兜案史料彙編》、何鳳嬌《戰後臺灣政治案件——湯守仁案史料彙編》、許進發《戰後臺灣政治案件——學生工作委員會案史料彙編》。

2009 年有張炎憲、許瑞浩訪問，許瑞浩、王峙萍整理的《從左到右六十年：曾永賢先生訪談錄》；2014 年有歐素瑛、林正慧、黃翔瑜的《戰後臺灣政治案件——簡國賢案史料彙編》及謝培屏、何鳳嬌《戰後臺灣政治案件——藍明谷案史料彙編》。

11. 各縣市政府及文化局

陳唐山擔任縣長期間，臺南縣於 1996 年出版了《撫平歷史傷痕：臺南縣二二八紀念碑落成專刊》；1997 年有許獻平的《愛與尊嚴：臺南縣二二八紀念碑落成暨追思大會專刊》；2001 年則有凃叔君的《南瀛二二八誌》。

陳水扁擔任市長期間，臺北市在 1997 年出版吳英璋編輯的《咱著打開心內的門窗．二二八事件史實紀要》。馬英九擔任市長期間，2002 年出版何義麟《認識二二八》；2006 年出版了張安滿、高傳棋的《張七郎父子受難紀事暨文物展專輯》、黃惠君的《記憶底層的黑暗板塊——中部二二八事件檔案特展專輯》及何義麟主編的《認識 228：《和平鴿》選輯與文獻解題》。

郝龍斌擔任臺北市長時，文化局與二二八紀念館共同出版陳怡臻的《希望，重生：2008 年二二八紀念藝文特展專輯》、高傳棋的《臺北放送局暨臺灣廣播電臺特展專輯》、陳怡臻《希望，重生：2008 年二二八紀念藝文特展專輯》與黃姍姍、何欣怡合著的《搖到外婆橋：錄像・藝術・228：何欣怡錄像藝術專輯 2008》；2010 年文化局出版黃惠君主編的《陳澄波與蒲添生紀念特展專刊》，2011 年出版《臺北二二八紀念館常設館專輯》。

2012 年有黃惠君編著的《公與義的堅持：二二八事件司法人員受難者紀念特刊》。2012 年文化局與二二八紀念館合出了趙宏禧《臺灣民主先聲與 228：王添灯 110 週年紀念特展》、陳翠蓮《二二八事件與青年學生特展專刊──炙熱的靈魂、血染的青春》及洪維健所編的《黃榮燦紀念特展專刊》。

2015 年，柯文哲擔任市長期間，出版了《臺灣民主高峰會──二二八事件處理委員會特展》。因臺北二二八紀念館隸屬於文化局，所以該館的出版品常以文化局的名義出版，故而在量的方面較其他縣市勝過許多。

臺北縣在蘇貞昌擔任縣長期間，出版了張炎憲、高淑媛的《鹿窟事件調查研究》以及張炎憲、陳鳳華著作的《寒村的哭泣：鹿窟事件》。

高雄縣則在余政憲擔任縣長時，1997 年出版藍博洲的《高雄縣二二八暨五〇年代白色恐怖民眾史》。2009 年，楊秋興擔任縣長期間，出版鍾怡彥主編的《新版鍾理和全集》

1999 年，謝長廷擔任高雄市長期間，由市立歷史博物館出版許雪姬的《愛・希望與和平：二二八事件在高雄紀念專輯》，2000 年時，市教育局出版《愛、希望與和平──二二八事件在高雄紀念專輯》；陳菊在位期間，2012 年出版了施曼妮著、儲嘉慧繪圖的《走出二二八：以愛相會》；2013 有吳榮發、林秀玲的《改寫歷史「二二八高雄中學自衛隊」座談會手冊》。

1996 年，張文英擔任嘉義市市長時，出版《嘉義市二二八紀念公園專集》；2000 年時，張博雅擔任市長時，出版《嘉義二二八美展》。

2002 年，新竹市在林政則擔任市長時，出版了張炎憲、許明薰、楊雅慧、陳鳳華等人的作品《風中的哭泣：五〇年代新竹政治案件》及《新竹風城二二八》。[17]

彰化縣在 2004 年翁金珠擔任縣長時，出版了呂興忠編撰的《彰化縣二二八事件檔案彙編》，2010 年卓伯源在位時，又出版呂興忠的《彰化縣二二八口述歷史系列書》及《彰化縣二二八事件警察檔案》。

2011 年，臺南市在賴清德擔任市長時，市立圖書館出版何聰明、林藏滿的《啥云乎祖國：二二八的教訓》。

2012 年，蘇治芬擔任縣長時，雲林縣出版楊欽堯的《風起雲湧二二八——雲林記事》。

由上所述，大致可以看出各縣市政府及文化局的二二八相關出版品，除臺北市文化局因下轄臺北二二八紀念館，情況較特殊之外，多在綠營政治人物掌政期間進行。可明顯看出，相關官方出版品的論述的確對該陣營較為有利。

12. 財團法人二二八紀念基金會

1995 年 4 月 7 日，「二二八事件處理及補償條例」公布，同年 12 月行政院成立「財團法人二二八事件紀念基金會」，秉持物質補償與精神撫慰並濟之原則，受理 228 補償申請並核發補償金。此外，透過舉辦各種紀念活動，撫慰受難者及家屬之心靈創痛；祈使歸還臺灣社會公平與正義，帶來真正寬恕與永久和諧。2007 年，二二八基金會成為常設性機構，除經營二二八國家紀念館外，也負責相關文物的收集與典藏與歷史文化教育的推廣。[18]

1999 年，出版了《二二八事件紀念基金會簡介》並贊助編印游賜壹口述、潘是輝訪錄之《二二八受難者：游賜壹先生口述歷史》；隔年出版《悲慟中的堅毅與昇華：228 受難者及家屬藝文特展》；2002 年有李旺臺編輯的《二二八和平週教學手冊》、盧信昌主持的《二二八事件之經濟面剖析》與陳正和的《二二八事件的政治社會化與變遷中的國家認同：不同世代大學生

---

[17] 以時間來看應是蔡仁堅時期通過的。

[18] 〈本會簡介〉，二二八基金會網站，http://www.228.org.tw/pages.aspx?v=82D4F7824F7815C 6。

的比較分析》；2003 年有曾美麗主編的《二二八事件新史料學術研討會會議論文》；2004 年有李旺臺編輯的《財團法人二二八事件紀念基金會簡介》。

2006 年出版張炎憲等人的《二二八事件責任歸屬研究報告》，直指蔣介石為二二八事件元兇，須負最大責任；隔年出版《二二八事件 60 週年國際學術研討會：人權與轉型正義》；2008 年出版《二二八事件與人權正義——大國霸權 or 小國人權——國際學術研討會》及楊振隆總編輯、柳照遠執行主編之《兄弟的鏡子：臺灣與韓國轉型正義案例的剖析：518 光州抗爭、43 大屠殺 vs.228 事件》；2009 年有林元輝編註的《二二八事件臺灣本地新聞史料彙編》四冊及陳儀深主持的《濁水溪畔二二八：口述歷史訪談錄》、楊振隆主編的《二二八歷史教育與傳承學術論文集：二二八事件 62 週年學術研討會》。

2010 年與國立臺灣文學館合出黃進蓮、杜潘芳格的《天・光：二二八本土母語文學選》及徐裕健等人撰稿的《二二八國家紀念館（原臺灣教育會館）古蹟再利用計畫暨古蹟管理維護計畫》；2012 與中華民國律師公會全國聯合會共同發行陳銘城《槍口下的司法天平：二二八法界受難事蹟》2014 年則有黃惠君編著的《沉冤 真相 責任展覽專輯》；2015 年有楊碧川的《見證二二八》及廖繼斌總編，蔡秀美主筆之《二二八事件文獻目錄解題》。

13. 臺北二二八紀念館

1930 年，臺灣總督府交通局為發展臺灣的廣播事業，成立臺北放送局。1945 年國民政府接收後，改為臺灣廣播公司。二二八事件發生，廣播電臺扮演著黨政軍各界人士宣傳政令，以及參與事件的群眾代表報告近況的重要角色。1996 年市府基於這棟建築物在二二八事件中的重要地位與歷史意義，選作臺北二二八紀念館的館址。

臺北二二八紀念館於 1997 年 2 月 28 日開館。設立宗旨主要是公布史料，安慰受難者家屬，希望透過興建此紀念館，讓臺灣人民走出二二八陰影，將苦難提升為進步或再創造的力量，使臺灣社會重建健康心靈，愛和寬恕得以成為和諧生活的命運共同體，促進族群的和諧及社會建全發展。[19]

該館最初委託臺灣和平基金會經營，2000 年 6 月 1 日由臺灣區域發展研究院接手，2003 年 1 月 1 日起由臺北市政府文化局直接經營。2007 年起由財團法人新臺灣研究基金會重新規畫常規展內容，以臺灣為主體呈現二二八受難者主張，於 2011 年 2 月 20 日常設展更新工程完工後再次開館。

1998 年，出版該館自編的《臺北二二八紀念館文物展示圖集》；1999 年，出版李喬《二二八在臺灣人精神史的意義》、施正鋒的《浩劫與認同》、王貞文的《控訴與紀念》、鄭純宜主編的《被出賣的臺灣：葛超智（George H. Kerr）文物綜覽 從世界史的角度反省二二八事件》與李敏勇編著的《傷口的花：臺灣詩的二二八記憶與發現》。

2000 年出版蘇瑤崇編的《葛超智先生文集》、《葛超智先生相關書信集》（分上、下冊），並與臺灣和平基金會、財團法人二二八紀念基金會合辦 228 受難者及家屬藝文特展，出版展覽刊物《悲慟中的堅毅與昇華：228 受難者及家屬藝文特展》。2001 年出版《臺北二二八紀念館年報》；隔年出版施國政編輯的《臺北二二八紀念館年報（2001～2002）》。

2006 年出版蘇瑤崇編輯的《聯合國善後救濟總署在臺活動資料集》；隔年出版鄭文勇、林辰峰、柳照遠主編之《二二八 60 年臺灣新紀元：二二八基金會 12 年紀念專輯》；2008 年有陳怡臻《希望，重生：2008 年二二八紀念藝文特展專輯》；2010 年出版黃惠君主編的《陳澄波與蒲添生紀念特展專刊》；2012 年有趙宏禧《臺灣民主先聲與 228：王添灯 110 週年紀念特展》及陳翠蓮《二二八事件與青年學生特展專刊——炙熱的靈魂、血染的青春》、陳銘城《槍口下的司法天平：二二八法界受難事蹟》。

(三) 以時序分析

二二八事件發生後，包括長官公署、警備總司令部都對該事件做出了相

---

19 〈關於紀念館〉，臺北二二八紀念館網站，http://228memorialmuseum.gov.taipei/ct.asp?xItem=1651473&ctNode=38985&mp=11900A。

關的分析報告，上繳中央政府；隸屬軍方的掃蕩周報社，出版了黃存厚的《二二八事變始末記》，站在政府發言；省文獻會則對澎湖所立的事件紀念碑，發行了《二二八事變撫慰紀念碑拓本》。

以每年出版的官方出版品數量來看：解嚴之前多為官方報告以及情治系統的內部刊物，數量有限；戒嚴之後，二二八成為政府禁忌，官方出版品自然不可能論及；但情治單位對這個影響深遠的事件不能視若無睹，必須進行相關研究，以避免類似情況再次發生。因此，包括調查局、保密局、國防部總政治部、國安局等都將二二八與共黨連結，並進行各項分析及應對的研究。我國二二八相關檔案現今大多都已公開，仍未公開的應該是情治單位所掌握的部分，蔡孝乾等地下黨幹部後來多「自新」求生並加入情治系統，應有較詳細的資料。

李登輝就任之後，承諾對二二八事件重新進行調查，於是自 1988 年起，省文獻會訪問了三百多人，且參閱了各機關檔案六百八十多件，1989 年由行政院首先推出《二二八事件專案報告》，自 1991 年起，省文獻會的口述歷史與耆老訪談接連出版，包括《二二八事件文獻輯錄》、《二二八事件文獻續錄》及《二二八事件文獻補錄》，可說是最早期的二二八耆老訪談及資料彙整。

中研院近史所的《口述歷史》期刊，也是最早進行二二八口述訪錄的出版品之一，成果豐富，品質亦高。1992 年行政院《二二八事件研究報告》出爐後，近史所彙整二二八研究小組所使用的史料及檔案，出版了《二二八事件資料選輯》共六冊。這是相關官方出版品在數量上的第一波高峰。

陳水扁任職臺北市長期間，臺北美術館每年固定舉行二二八紀念展覽，並發行專刊，市府也有不少相關活動。緊接著臺北縣、臺南縣、高雄縣政府陸續跟進，積極舉辦紀念儀式，並發行相關刊物。相較之下中央機構的反應遜色許多。

財團法人二二八紀念基金會自 1995 年依法成立，負責相關補償、撫慰及舉辦各項紀念活動，2007 年後成為常設機構，是二二八事件的專責單位。二二八相關的官方出版品中，由二二八基金會、紀念館及其主管單位臺北市文化局占最大宗，影響力也最大。

1999 到 2000 年，二二八基金會及臺北二二八紀念館出版多種相關刊物，高雄市、嘉義市也都有類似的出版品，數量上超越過往的任何一年。由於適逢大選，省籍問題及族群議題的衝突達到顛峰，二二八事件也成為最重要的話題之一，受到重視。接下來到 2002 年為止，每年的官方出版品都維持 7-8 本的數量。

2001 年國家檔案局成立，第一個任務就是進行二二八事件相關檔案的整理及開放，同時國史館也將這些檔案進行編輯，推出《二二八事件檔案彙編》，至今已有十八冊之多，再次帶起學界二二八的研究熱潮。2007 年是二二八事件 60 週年，舉行了不少紀念活動與研討會，也發行了相應的論文集與紀念冊，可說是政府出版品發行的另一個高峰期。

2006-08 年，是二二八官方出版品的最高峰期，從財團法人二二八紀念基金會發行《二二八事件責任歸屬報告》起，包括檔案局、國立編譯館、國史館及文建會等都有相關作品，各縣市政府也多有建樹。該報告直指蔣中正為元凶，陳儀政府相關軍政大員皆為共犯，引發兩極化的評價，但總統陳水扁、副總統呂秀蓮及國史館長張炎憲都給予高度肯定。

2008 年，國史館推出一系列的《戰後臺灣政治案件史料彙編》，雖以白色恐怖受難者為主，但由於與二二八事件受難者的重複度高，也多論及二二八事件。由於 2004 年年選舉前，二二八「百萬人手護臺灣」運動收到相當大的成效，2008 年官方出版品的數量達到歷年的最高峰，可能也與選舉有些關係。

馬英九上任之後，相關的官方出版品數量下降明顯，且性質多為研討會論文集及檔案彙編、口述歷史，可能與執政黨的國民黨，不願意在二二八事件這個議題上著墨太多有關。僅在 2012 年時，二二八基金會及紀念館出版二二八與青年學生、司法人員等相關的書籍，使數量略有提升，時機又適逢總統大選，是否有政治上的考量，有待觀察。

其後，中研院臺史所許雪姬自民間購得安全局二二八新史料，並於 2015 年出版，雖然目前還沒有看到突破性的成果，但對二二八的相關研究無疑又是一大利多。

二、其他專書

(一) 說明

本節所統計的專書，主要針對書名或內容以二二八事件為主的作品，或對二二八研究有較重要或較多著墨者。根據國圖及中研院檢索系統，並參考《二二八辭典》書目後，共列出 291 本專書作為本次統計的對象。由於僅計算時序感覺較不充實，故加上出版社別進行分析。

表 2-3　二二八相關專書出版社別統計表

出版社	數量	比例	出版社	數量	比例
前衛	33	11.3%	聯經	6	2.1%
吳三連	19	6.5%	二二八和平日促進會	5	1.7%
個人出版	17	5.8%	印刻	4	1.4%
海峽學術	14	4.8%	李敖	4	1.4%
自立晚報	13	4.5%	遠流	4	1.4%
玉山社	12	4.1%	長老教會[20]	4	1.4%
時報文化	10	3.4%	晨星	3	1%
人間	9	3.1%	獨家	3	1%
海洋臺灣	7	2.4%	愛鄉	3	1%
稻鄉	7	2.4%	其他[21]	114	39.2%

[20] 加上臺灣神學院及臺南神學院出版的部分。

[21] 包括國民黨黨史會 4 冊、民進黨相關 3 冊、帕米爾出版社 2 冊、文英堂 2 冊、農學社 2 冊、聯合文學 2 冊、時英出版社 2 冊、嘉義二二八研究會 2 冊、臺灣書房 2 冊、博揚文化 2 冊、臺灣教授

純以數量來看，前衛出版社在相關書籍的出版量領先其他出版社相當多，應該與該社的宗旨有關。吳三連基金會也以發行臺灣本土史料聞名，由張炎憲等人訪錄的《二二八事件口述歷史系列》，在相關研究當中頗受重視，但部分已先由自立晚報社及新竹市政府出版過，故計算時歸於先出版的單位。

海峽學術在立場方面不同於前兩名的出版社，明顯較偏統派，出版的書籍多駁斥現階段臺灣官方及社會對二二八事件的普遍看法；玉山社的活動幾次與臺灣建國聯盟合作，政治立場也頗明顯，出版的相關書籍中約一半是李筱峰的著作；自立晚報社從戒嚴時期就以敢於對抗政府聞名，出版李筱峰的爭議論文，解嚴後更是最早大量出版二二八相關作品的出版社。

協會 2 冊、大同文化 2 冊、自由時代 2 冊、望春風 2 冊、麥田出版社 2 冊、臺灣新生報（以下皆為 1 冊）、南瀛出版社、伸根雜誌、皇極出版社、噶瑪蘭出版社、臺灣商務印書館、臺灣文藝、新臺政論、中華民國公共秩序研究會、東大出版社、文訊雜誌、新新聞周刊、臺灣民眾史工作室、臺原出版社、中華民國團結自強協會、林茂生基金會、中華日報社、劉雨卿將軍遺著編印紀念委員會、一橋出版社、少年臺灣、杜威廣告、日創社、文津出版社、巨流出版社、風雲時代、中華基金會、文史哲出版社、杜葳廣告、臺灣女性藝術協會、允晨文化、生活教育報導雜誌、二二八公義和平運動團體、二二八民間研究小組、唐山出版社、春暉出版社、帝門藝術中心、自由時代、三三書坊、阮朝日二二八紀念館、尚昂文化、海洋國家文化、中華基金會、南方畫廊、天元出版社、博遠文化、臺灣和平基金會、中華福音學院、臺灣社會科學、新文豐出版社、臺北市新聞記者公會、基隆市二二八關懷協會、巴札赫出版社、克寧出版社、臺灣正義出版社、泛亞國際文化、臺英社、三民書局、閩臺通訊社、臺灣史研究會、琑琅山房、雅歌出版社、高立出版社、韋伯文化、嘉義農專、長榮中學、遠景出版社、文海出版社、商周文化、曜昇文化、凱達格蘭學校、延平昭陽文教基金會、民主潮社、中和庄文史研究協會、不二書局、月旦出版社、臺灣講談出版社、達璟文化、龍文出版社、花木蘭文化、第一出版社。

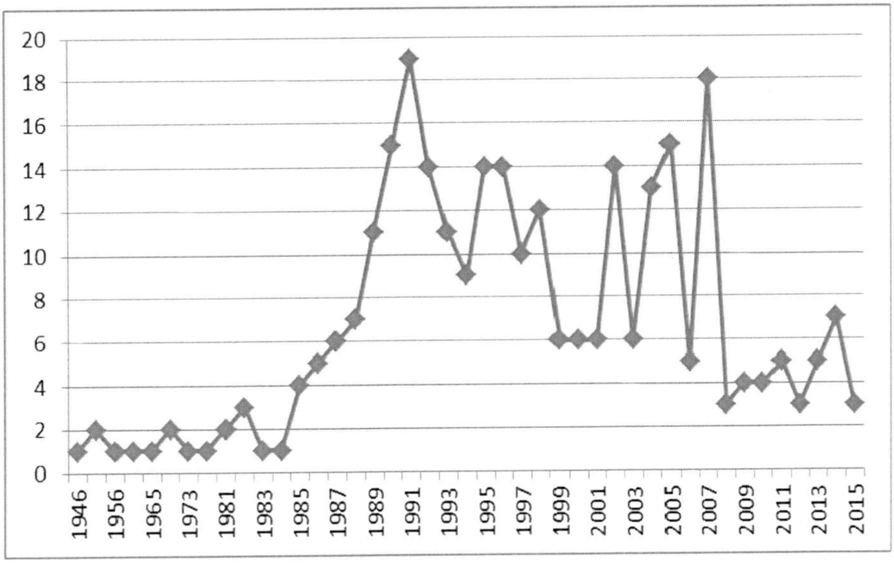

圖 2-2　二二八相關專書時序數量統計圖

以時序上來看，解嚴後相關書籍的發行量節節上升，至 1991 年達到第一次高峰，當年包括省文獻會、中研院近史所都公開不少史料，行政院《二二八研究報告》更於當年完成，可說是二二八相關研究百家爭鳴的時期。

1995 年前後，吳三連臺灣史料基金會由張炎憲領銜，開始發行二二八口述歷史系列，在李登輝與國民黨舊勢力對抗，並開始本土路線這幾年，前衛、玉山社等出版社都積極出版相關著作。

財團法人二二八紀念基金會成立之後，政府對事件的詮釋很快定調，此時海峽學術也加入戰局，發行的書籍立場多與另外幾家出版社迥異。政黨輪替之後，二二八相關書籍出版數量一直都維持在平均之上，尤其 2007 年適逢事件 60 週年，加上選舉將近，達到第二波的高峰。

二次政黨輪替之後，由於二二八論述本來就對當事人的國民黨不利，加上多年以來未有新史料的加入，接下來的八年當中，二二八事件的相關書籍數量明顯銳減。

表 2-4　二二八相關專書出版時序及社別統計表

	1946	1947	1956	1962	1965	1967	1973	1977	1981	1982	1983	1984	1985	1986	1987	1988	1989	1990	1991	1992	1993	1994	1995	1996	1997	1998	1999	2000	2001	2002	2003	2004	2005	2006	2007	2008	2009	2010	2011	2012	2013	2014	2015	小計
前衛																2	3	5	4	1	1	2	1	2	1				1	2	1	2	1				2					1	1	33
吳三連																				1		1	3	3	2	1	1						1					1	3	1			1	19
個人出版			1			1							1	1					1	2			1	1	1		2	1					1									3		17
海峽學術																											2		1	2	1	3	1		3		1							14
自立晚報										1				1	1		1	1	2	2	2	2																						13
玉山社																							2	1	2	1				1	2									1	1		1	12
時報文化																			2		3	2	2																			1		10
人間																		1		1	2									2				1	2									9
海洋台灣																							1		1					1	1	1	2											7
稻鄉																	1	1	2	2				1																				7
聯經																1		1								2							1		1									6
二二八和平日促進會															1		1		2					1																				5
印刻																														1			2					1						4
李敖																	3		1																									4
遠流																			1	1					1					1														4
長老教會												1							1																1						1			4
國民黨																		3				1																						4
晨星																												2			1													3
愛鄉																																			3									3
獨家																			1			1	1																					3
民進黨																		1														2												3
其他	1	2		1	1	1	1	1	2	2	1		3	3	4	4	2	2	2	4	3		3	5	2	8	1	3	4	4		5	6	4	8	3	1	2	2	1	3	2		107
總計	1	2	1	1	1	2	1	1	2	3	1	1	4	5	6	7	11	15	19	14	11	9	14	14	10	12	6	6	6	14	6	13	15	5	18	3	4	4	5	3	5	7	3	291

(二) 以出版社別分析

1. 前衛出版社

前衛出版社成立於 1982 年 9 月，該社的宗旨是「秉持本土意識、人文精神、社會關懷的職志」，早期的出版品主要以本土文學為大宗，戒嚴時代被認為「臺灣文學的最後堡壘」。1988 年起，因應解嚴後急遽轉型的臺灣社會，前衛的出版品兼及臺灣歷史、政治、社會、語言、文化、自然生態等，並結合本土菁英作家創辦《臺灣新文化》、《臺灣 e 文藝》雜誌，並接辦吳濁流創刊的《臺灣文藝》雜誌。至今，前衛出版社已成為臺灣本土文化、臺灣學的出版重鎮，及反對運動著述的大本營。[22]

社長林文欽，出生於 1953 年，雲林人，畢業於文化大學中文系文藝創作組，曾任三民書局主編，據說在任職的三年十個月當中，編了五百種書籍，在這段時間深感本土作家不受重視，也因為親眼見到老闆因白色恐怖被盯、被恐嚇，決心為臺灣人編自己的書。[23]還曾擔任臺灣筆會秘書長、《臺灣文藝》雜誌總編輯、《臺灣新文化》雜誌社長、《臺灣新文學》雜誌社長、建國黨與臺灣北社發起人、臺灣獨立建國聯盟成員。[24]

曾與前衛出版社合作過的業界人士表示，這家出版社並不參與政治，他們只是懷抱著獨立建國的理想，甚至不在乎營利：[25]

> 這間公司的員工不像員工，倒像一群捍衛理想的志工，在公司困難時，他們不支薪仍是留在公司，甚至借錢給公司，而公司有收

---

[22] 〈關於前衛〉，前衛出版社網站，http://www.avanguard.com.tw/web/SelfPageSetup?command=display&pageID=8690&_fcmID=3000529。

[23] 〈前衛出版社 清倉賣庫藏書〉，《自由時報》2008 年 11 月 10 日。

[24] 〈在文化的前沿，用出版描繪島嶼的模樣──前衛出版社〉，http://light.iing.tw/team/avang uard。

[25] 〈與前衛合作的小感想──社長的心願〉，http://blog.sina.com.tw/matchmaker/article.php?pbgid=46790&entryid=585727&comopen=1&trackopen=1。

入時，又眼錚錚（按：睜睜）看著社長把錢繼續投入下一本沒人要看的書。我想他們或許都和我一樣，被社長的心願所感動，於是邏輯和理性有時就悄悄的擺到一邊，讓社長再任性一回，再賭一回，看看這一回能不能再多讓一些人能夠相信臺灣獨立會更好，看看這一回會不會讓臺灣獨立這個遙不可及的夢想更近一些

解嚴之後，前衛出版社大量出版過去的禁書。1988 年，前衛出版了吳濁流曾被禁的前半生自傳《無花果：臺灣七十年的回想》；隔年一口氣出版了林樹枝《良心犯的血淚史》、陳芳明《楊逵的文學生涯》與其主編的《二二八事件學術論文集：臺灣人國殤事件的歷史回顧》與吳新榮《吳新榮回憶錄》，內容都與二二八事件有關，林樹枝一書還提到不少關於中共地下黨的秘辛。

1990 年，與二二八相關的書籍也出版了林木順《臺灣二月革命》、楊逸舟的《受難者》、盧修一的《日據時代臺灣共產黨史》、王建生、陳婉真、陳湧泉合著的《一九四七臺灣二二八革命》與楊克煌化名為莊嘉農所作的《憤怒的臺灣》。

1991 年出版了葛超智著作，陳榮成翻譯的著名禁書《被出賣的臺灣》、陳芳明的《謝雪紅評傳——入土不凋的雨夜花》、葉石濤《一個臺灣老朽作家的五〇年代》與楊逸舟的《二二八民變：臺灣與蔣介石》。

1992 出版了受難者阮朝日之女阮美姝的《幽暗角落的泣聲：尋訪二二八散落的遺族》；1993 年有二七部隊隊長鍾逸人的回憶錄《辛酸六十年》；1994 年有三青團重要幹部陳逸松的《陳逸松回憶錄》及吳君瑩紀錄的《朱昭陽回憶錄：風雨延平出清流》；1995 年有楊逸舟的《二二八民變》；1996 年有陳芳明編著的《蔣渭川和他的時代》及家屬蔣梨雲等編輯的《蔣渭川和他的時代：附冊》；1997 年出版簡炯仁的《臺灣共產主義運動史》，講述臺灣共產黨的發展。這段時間，前衛每年都有相關的書籍出版，對本土的歷史相當重視。

2001 年，出版了葉博文的《龍應台・馬英九・二二八》，批評馬英九在臺北市長任內，派龍應台擔任文化局長，期間對二二八紀念館的各種不配合，並取消了該會投標權；2002 年有王育德的自傳《王育德自傳：出生自二二八後脫出臺灣》及其《王育德全集》；2003 年有阮美姝的自傳《孤寂煎熬六十年：尋找二二八消失的爸爸阮朝日》；2004 年有二七部隊參加者黃金島的自傳《二二八戰士——黃金島的一生》與林毅夫的《臺灣人「受虐性格」的心理分析：從二二八事件的受難經驗談起》；2005 年有胡長松的《槍聲：臺語二二八小說集》。

之後隨著二二八研究的熱潮稍微退燒，相關的出版書籍逐漸減少。2009 出版 Nancy Hsu Fleming 著、蔡丁貴譯的《狗去豬來：二二八前夕美國情報檔案》，揭露不少美國當年的情報檔案，頗有研究參考價值；同年還有鍾逸人回憶錄的續篇《辛酸六十年（續篇）火的刻痕：鍾逸人後 228 滄桑奮鬥史》。接下來有一段時間沒有相關的著作出版，直到 2014 年出版西區老二的《毋通袂記：1947 島國的傷痕：2014 二二八共生音樂節活動手冊》；2015 繼續出版共生音樂節工作小組的《走過：尋訪二二八》。

前衛出版社的出版品多有濃厚的臺灣本土意識，該社期望讀者能藉由他們出版的書籍更加了解臺灣，並支持獨立的理念；該出版社對二二八事件的看法及理念，也多能由出版的相關書籍屬性當中看出。

2. 吳三連臺灣史料基金會

吳三連在日治時期曾參與抗日運動，為臺灣人爭取權益。戰後歷任國大代表，首屆民選臺北市市長、臺灣省議員、國策顧問等公職。卸下公職後，創立臺南紡織、環球水泥及大臺北瓦斯公司等民間企業，並致力於文教事業，經營《自立晚報》，創辦天仁工商、延平中學及南臺工專等，是日治時期與戰後臺灣民族運動、社會運動及政治運動的先驅人物。吳三連逝世後，子女為延續他生前關懷臺灣本土文化之精神，邀請長期戮力於臺灣文史界人士共組董事會，1991 年 11 月成立「財團法人吳三連臺灣史料基金會」，以關懷、振興臺灣本土文化為宗旨，致力於史料的蒐羅及整理工作。[26]

吳三連擔任臺北市長期間，長子吳逸民因匪諜案被捕，因此受到很大壓力。吳逸民自述，在二二八事件時就讀建中，曾在學長帶領下包圍警局、接收武器；就讀臺大時更加入了中共的外圍組織，但還未入黨，中共地下黨在臺灣的組織就因為蔡孝乾被捕自新而整個瓦解，他因此被關了十二年多。[27]

該基金會的出版品中，與二二八事件有直接關聯的是《二二八事件口述歷史系列》，以錄音訪談的方式進行口述訪錄，「藉以增補既有的檔案資料，填補文字資料的空隙，在執政者壟斷所有史料資源的臺灣，尤其重要。」[28]該會完成了 11 本二二八事件口述歷史，分別是：1995 年出版的《臺北南港二二八》、《嘉義驛前二二八》、《諸羅山城二二八》；1996 年的《淡水河域二二八》、《臺北都會二二八》；1997 年的《嘉雲平野二二八》；2010 年的《花蓮鳳林二二八 》、2011 年的《嘉義北回二二八》、《基隆雨港二二八》與《悲情車站二二八》、2013 年的《噶瑪蘭二二八》及 2014 年出版的《新竹風城二二八》。

另外，尚有 1994 年由張炎憲編輯的《二二八民眾史》、1996 年張炎憲主持的《臺北二二八紀念館主題展示內容及規劃計劃書》，1997 年張炎憲主持的《臺北二二八紀念館主題展示內容及史料文物徵集規劃期末研究報告書》，1998 年由張炎憲、陳美蓉、楊雅慧編著的《二二八事件研究論文集》；2005 年張炎憲主編的《王添灯紀念輯》；2012 年由張炎憲等人整理的《建國舵手黃昭堂》；2015 年賴進祥的《傳染病與二二八》。

3. 海峽學術出版社

海峽學術出版社並無網站，網路上資訊亦有限。但由商業登記可得知成立於 1997 年，發行人為黃溪南。黃溪南曾擔任中國統一聯盟副主席，也曾

---

[26] 吳三連基金會網站，http://www.twcenter.org.tw/about。

[27] 陳銘城，〈吳三連長子吳逸民 曾坐政治黑牢 13 年〉，《民報》，2014 年 10 月 8 日。

[28] 同注 26。

任夏潮聯合會副會長，[29]或可由其政治取向來大致了解出版方向。

1999 年，出版黃師樵的《臺灣共產黨秘史》，闡述臺共當年的發展情形；同年還有楊克煌的《臺灣人民民族解放運動小史》，楊克煌與謝雪紅關係密切，在其論述方面，二二八事件也較偏向由中共主導；2001 年出版王曉波的《臺灣意識的歷史考察》；2002 年重新出版王曉波所編的《二二八真相》；2003 年出版王仲孚的《臺灣中學歷史教育的大變動：歷史教育論集二編》，說明政黨輪替以來中學歷史教育的各種重要改變。

2004 年出版李友邦的文集《李友邦文粹：日本在臺灣之殖民政策．臺灣革命運動》及王曉波的《陳儀與二二八事件》、《臺盟與二二八事件》；2005 年依然是王曉波的系列作《國民黨與二二八事件》，整理早期對二二八事件的論述。

2007 年出版褚靜濤的《二二八事件實錄》與戚嘉林的《臺灣二二八大揭秘》、李祖基所編的《二二八事件報刊資料彙編》。2009 年出版王呈祥的《美國駐臺北副領事葛超智與「二二八事件」》，論述葛超智對二二八事件的影響。

4. 自立晚報出版社

《自立晚報》創刊於 1947 年 10 月 10 日，向來以「無黨無派、獨立經營」為理念，最初創辦人是顧培根、吳三連。《自立晚報》曾經多次改變經營者，甚至因政治因素被停刊三次。但面對反對《出版法》修正、彭明敏〈臺灣自救運動宣言〉事件、中壢事件、美麗島事件、桃園機場事件等重大政治爭議時都敢於詳實報導。

《自立晚報》的出版品多站在批判政府的一方，解嚴以後，媒體競爭激烈，《自立晚報》面臨虧損，尤其吳三連過世後面臨財團介入。經過輾轉更替，在 1994 年 6 月，臺南幫將《自立晚報》股權賣給國民黨籍的臺北市議員陳政忠與立委陳宏昌，之後就沒有再出版過與二二八相關的著作。

---

[29] 汪莨，〈島內統派陷困境〉，http://www.ptmg.cn/NewsView.asp?ID=236。

自立報系經營權轉移後，員工呼籲社會大眾「搶救自立」，希望「新的經營者能尊重自立報系的編採風格，不破壞媒體自主性，讓自立報系員工對臺灣的民主化發展作出更積極的貢獻」。同年 8 月 13 日，《自立晚報》頭版頭條〈自立報系即將被賣掉！〉指出，在自立報系賣給陳政忠之後，多位主筆將不再為自立報系撰寫社論，且記者發起聯署簽名，展開一連串抗爭活動；是臺灣新聞史上第一個媒體經營權轉移遭員工抗拒的案例，隨後催生了臺灣新聞記者協會。

2000 年 10 月，改由民進黨籍臺北市議員王世堅接手經營，但隔年就發生抗爭，傳出王世堅總共積欠員工六個月薪資以及勞健保費，最後由臺北市勞工局、中央勞委會協助先以墊償基金給付，目前王世堅將股權 68% 轉讓給員工代表，創下全世界絕無僅有的員工自行辦報的先例。[30]

1982 年，張煦本的《記者生涯四十年》中略提到相關事件；1986 年解嚴之前，出版當時仍有爭議的李筱峰《臺灣戰後初期的民意代表》，隔年又出版李筱峰的《臺灣民主運動四十年》。解嚴之後，1989 年出版了林雙不編選的《二二八臺灣小說選》；1990 年出版黃順興《走不完的路：黃順興自述》。

1991 年出版李筱峰《二二八消失的臺灣菁英》及吳豐山撰寫的《吳三連回憶錄》；1992 年出版林德龍輯註，陳芳明導讀的《二二八官方機密史料》與沈秀華、張文義採訪記錄的《噶瑪蘭二二八：宜蘭二二八口述歷史》，並與二二八民間研究小組，共同出版陳琰玉、胡慧玲編輯的《二二八學術研討會論文集》。1993 年出版李筱峰的《島嶼新胎記：從終戰到二二八》與張炎憲、胡慧玲、高淑媛等採訪記錄的《悲情車站二二八》。

1994 年繼續出版張炎憲等採訪記錄的《基隆雨港二二八》與《嘉義北回二二八》，但接下來就因為經營權的移轉，沒有再發行相關的系列，這套訪錄後來也轉由吳三連基金會重新發行。

---

30 〈現況〉，《自立晚報》網站，http://www.idn-news.com/aboutme.php。2015 年瀏覽。

5. 玉山社

玉山社成立於 1995 年，創立之始，就確立以「創造臺灣文化尊嚴」為主要目標，希望藉著臺灣人文、歷史、自然書籍的出版，發揮影響，建立臺灣人的自信與尊嚴。[31]發行人魏淑貞過去曾擔任自立晚報出版社的總編輯，她曾表示玉山社名稱雖與呂秀蓮的「玉山周報」名稱類似，但無關係。

1995 年創立之初，便出版江文瑜《阿媽的故事》及胡慧玲《島嶼愛戀》；1996 年出版李筱峰的《林茂生‧陳炘和他們的時代》，林茂生和陳炘的一生，橫跨日治與國府兩個時代，是臺灣知識份子在時代背景之下悲劇的縮影；1997 年出版了沈秀華《查某人的二二八》與李敏勇編著的《傷口的花：二二八詩集》。1998 年出版了李筱峰的《解讀二二八》，一本了解二二八事件的入門書，附錄部分收錄李筱峰探討二二八事件的相關文章。

2002 年有王景弘編譯的《第三隻眼看二二八：美國外交檔案揭秘》，由較為客觀的外國檔案，重建當時整個二二八事件的始末；隔年是許俊雅的《無語的春天：二二八小說選》與李筱峰的《快讀臺灣史》。到 2012 年，才又有杜福安繪著的《烈火中的二二八》；2013 年陳君愷的《解碼二二八——解開二二八事件處理大綱的歷史謎團》，對處委會在 3 月 7 日提出的三十二條要求，做出大膽的假設，認為是國民黨在事後造假，製造軍事鎮壓的藉口；2015 年重新出版李筱峰增補內容的早期作品《二二八消失的臺灣菁英》。

6. 時報文化

1975 年 1 月，余紀忠創立時報文化出版事業有限公司，簡稱「時報出版」，是時報文化的前身，其理念是：「社會變動的快速及層面的多元，如果沒有一個以出版為專職的事業，實不足以將文化資訊廣布至社會各角落；而且，書籍的形式將可使資訊更易於保存及查閱，不像報紙每天汰舊換新」，

---

[31] 玉山社網站，http://www.tipi.com.tw/index.php?showitem=aboutus。

同時也是臺灣第一家股票上櫃的出版社。[32]

時報文化原隸屬於中國時報集團，但該集團在2008年由旺旺集團接手整併為旺旺中時媒體集團。但時報文化仍由余紀忠長子余建新握有最大股份，且交由專業經理人經營，並未受到集團股權轉讓的影響。[33]

1991年，出版了藍博洲的《沉屍・流亡・二二八》與《幌馬車之歌》，前者認為二二八事件碎裂了臺灣人民對「白色祖國」的期望，許多秀異分子於是潛入地下抗爭，或自願奔赴「紅色祖國」；後者描述日治時代，心向祖國的臺灣青年奔赴對岸，參與中日戰爭的故事。

1993年出版蘇新《憤怒的臺灣》與《未歸的臺共鬥魂：蘇新自傳與文集》，以及賴澤涵、馬若孟、魏萼合著的《悲劇性的開端：臺灣二二八事變》，此書是早期二二八研究的經典之作；1994年出版了行政院二二八事件研究小組的《二二八事件研究報告》及蘇新《永遠的望鄉：蘇新文集補遺》；1995出版了陳翠蓮的《派系鬥爭與權謀政治：二二八悲劇的另一面相》以及周夢江、王思翔撰寫，葉芸芸編輯的《臺灣舊事》。

接下來頗長一段時間沒有相關出版品，一直到2014年，才又出版了白先勇、廖彥博的《療傷止痛——白崇禧將軍與二二八》。就該出版社所發行的相關作品來看，偏左翼的作品占的比例較高。

7. 人間出版社

人間出版社的網站提到他們的使命是：[34]

1.理性認識臺灣社會性質的社會科學叢書。

2.整理被湮滅的臺灣史料，還原臺灣史真實面貌。

---

[32] 時報文化悅讀網，http://www.readingtimes.com.tw/ReadingTimes/site/453/default.aspx。

[33] 李至和，〈余建新 申讓時報文化持股〉，《經濟日報》，2009年4月14日。

[34] 人間出版社網站，https://www.facebook.com/%E4%BA%BA%E9%96%93%E5%87%BA%E7%89%88%E7%A4%BE-322160468182/info/?tab=page_info。

3.正直進步的臺灣先賢傳略集。

4.揭破國家機器偽善面具的報告文學與創作。

最後一點似乎與二二八事件有些關聯，畢竟我國政府已經認定行政院《二二八事件研究報告》與《二二八事件責任歸屬研究報告》為官方報告，無論法規或者相關事務處理都以該報告為政府立場，這或許也是上述第二條，想還原臺灣史真實面貌的主因吧？

人間出版社創辦於 1986 年，創辦人陳映真出生於苗栗縣。1968 年 7 月，被以「組織聚讀馬列共黨主義、魯迅等左翼書冊及為共產黨宣傳等罪名」逮捕並判處十年有期徒刑，移送泰源監獄與綠島山莊。出獄後，在臺灣鄉土文學論戰中與余光中針鋒相對。1979 年 10 月 3 日，陳又被警備總部以涉嫌叛亂的理由帶往調查局拘留，但在施明德、白先勇、鄭愁予等人的聯署抗議下獲釋。[35]

陳映真在政治立場上堅持中國統一，1988 年與胡秋原等人成立「中國統一聯盟」並擔任首屆主席；2010 年加入中國作家協會，是第一個加入的臺灣人。[36]

1990 年，出版了古瑞雲的回憶錄《臺中的風雷：跟謝雪紅在一起的日子裡》，古與謝雪紅關係密切，在二二八事件後一起逃往中國大陸並加入地下黨，其回憶錄對二二八研究有一定價值；1992 出版陳興唐等人所編的《臺灣二二八事件檔案史料》，該書整理南京第二檔案館的相關資料；隔年出版葉芸芸編寫的《證言 228》，採訪了不少參與二二八事件，後來輾轉前往中國大陸的臺灣人；同年還有李純青《一個臺灣籍共產黨人的鄉愁與歷史知性 II》。

2002 出版了《吳克泰回憶錄》，揭露了二二八事件前後中共地下黨的許

[35] 維基百科，陳映真，https://zh.wikipedia.org/wiki/%E9%99%B3%E6%98%A0%E7%9C%9F。

[36] 同前注。

多活動，對臺灣左翼當時的各種佈置及計畫，亦有相當程度的描述。同年還有橫地剛的《南天之虹：把二二八事件刻在版畫上的人》。2006 年出版人間出版社編委會所編的《2・28：文學和歷史》；2007 則有呂正惠發行的《228六十週年特輯》與曾健民編著的《臺灣一九四六・動盪的曙光：二二八前的臺灣》。

8. 海洋臺灣文教基金會

海洋臺灣文教基金會的成立於 1995 年，宗旨是：[37]

> 本會以喚醒臺灣人沉潛的心靈，認識海洋、發展臺灣為宗旨，依相關法令規定辦理下列業務：
> (一) 海洋教育推廣。
> (二) 海洋環境資源維護。
> (三) 海事安全管理。
> (四) 與海洋有關之研究。

該會是以海洋生態研究為主的基金會，組織成員也多是海洋大學教授及相關人員。這種性質的基金會，為何會出版為數不少的二二八研究書籍呢？可能與創會的廖中山教授有關。廖中山是外省人，1965 年與二二八事件受難者林界遺孤林黎彩結婚，其後接觸流亡海外的臺灣人，開始「反省黨國教育的正當性，認識到國民黨的歷史罪惡」，但對中國大陸仍然抱有希望。在大陸六四事件慘劇發生後，廖中山又轉變了對大陸的看法。[38]

廖接觸鄭南榕的《自由時代週刊》雜誌後，轉為臺灣意識的支持者。1992 年 2 月，林黎彩到臺北地方法院按鈴控告彭孟緝殺人棄屍。8 月 23 日，發起成立「外省人臺灣獨立促進會」，廖中山被推選為第一任會長，提

---

[37] 海洋文教基金會網站，http://www.ocean.org.tw/ocean/。

[38] 文化部《臺灣大百科全書》，廖中山，http://nrch.culture.tw/twpedia.aspx?id=6025。

出「在臺灣獨立建國的行列上，外省人不該缺席」等論點，並發表「認同臺灣，別無祖國」的宣言，從此投入臺灣獨立運動。[39]

1995 年，出版李喬的小說《埋冤一九四七埋冤》，是一部以「呈現二二八的全景，並釋放其意義」為宗旨，字數多達七十多萬的歷史小說，也有人認為屬於報導文學，甚至有研究生藉由這部小說來了解了二二八事件的始末和緣由；1997 年出版張昭仁、謝立信編的《噤聲五十年：臺灣人民口述歷史》。

2002 年後接連出版林小雲編輯的《凝視臺灣：啟動臺灣美術中的二二八元素：第六屆二二八紀念美展》，隔年又有《記憶的伸張與跨越：反思歷史，建構關懷臺灣之心：第七屆二二八紀念創作展》；2004 年出版林黎彩編輯的《繪我價值，寫我尊嚴：齊心審視二二八，合力掌舵好未來》；2005 年出版簡唐的《2005 年第九屆二二八國際紀念創作展》與林黎彩策劃的《鄉思，鄉愁，家在何方：二二八的一甲子宿命循環》。

9. 二二八和平日促進會

二二八和平日促進會成立於 1987 年 2 月 4 日，在陳永興與鄭南榕提倡下，由臺灣人權促進會、臺灣政治受難者聯誼會、臺灣基督教長老教會北區聯合祈禱會、黨外屏東聯誼會、黨外嘉義聯誼會、民進黨雲林籌備處及民進黨主要幹部服務處等 13 個團體共同發起，最後由 30 個團體聯合組成，陳永興擔任會長。發表宣言主張將每年 2 月 28 日訂為紀念日，並舉行二二八事件 40 週年紀念活動。[40]

1987 年，該會出版了《走出二二八的陰影：二二八事件四十週年紀念專輯》；1989 年出版陳永興、楊啓壽主編的《紀念二二八：公義與和平》；1991 年出版《走出二二八的陰影：二二八和平日促進運動實錄（1987～

---

39 同前注。

40 《臺灣歷史辭典》，臺北：遠流出版社，2004。該訴求已於 1996 年 2 月，行政院宣布 2 月 28 日為和平紀念日後實現。

1990)》與陳芳明主編的《臺灣戰後史資料選：二二八事件專輯》；1996 年出版張秋梧、林美瑢的《近半世紀的哀怨》。

10. 稻鄉出版社

該出版社於 1988 年開始籌備，1989 年由彭永強、賴春財、黃貴鳳等人勸募資金，正式成立稻鄉出版社，並推舉臺大歷史學學士彭永強為發行人，由吳密察、翁佳音、薛化元、王嵩山、李明仁等專家組成出書的顧問群。稻鄉出版社集合教育界、公務員、民間人士出錢出力，除保留臺灣本土文化外，更希望提供臺灣本土人文藝術學界的人士一個出書的管道，並且在未來資金累積下，出版臺灣古典史料。[41]

1989 年，該社出版張炎憲、李筱峰編輯的《二二八事件回憶集》；隔年出版陳俐甫的《禁忌、原罪、悲劇：新生代看二二八事件》；1991 年出版鄧孔昭編著的《二二八事件資料集》與李敖所編的《二二八研究：三集》；1992 年出版夏榮和、林偉盛、陳俐甫翻譯的《臺灣・中國・二二八》與江慕雲的《為臺灣說話》。1996 年又出版劉士永《光復初期臺灣經濟政策的檢討》。

11. 印刻出版社

該出版社成立於 2002 年，發行人為張書銘，現任總編輯則是為「聯合文學」前總編初安民，張書銘以一億元的資金準備，以及企業周邊的印製發行系統資源，充分供應印刻出版公司，要打造一家「以文學為出版核心價值的綜合出版社」。創業作是重出林懷民三十年前驚豔文壇的舊作《蟬》及國內中壯生代優秀創作者蘇偉貞、張國立、楊照以及大陸地區知名文壇作家王安憶、張煒、張承志等文學創作，該社以建構華文文學史的角度，出版優良的文學作品。[42]

---

41 〈關於稻鄉〉，稻鄉出版社網頁，http://dawshiang.myweb.hinet.net/。

42 〈印刻文學生活雜誌出版有限公司〉，http://yp.518.com.tw/ypweb-index-805455.html。

該社 2002 年發行藍博洲的《藤纏樹》；2005 年出版藍博洲《消失的臺灣醫界良心》與曾健民編著的《一九四五・光復新聲：臺灣光復詩文集》；2010 年出版陳兆熙等人的《陳儀的本來面貌》。

12. 李敖出版社

該出版社 1989 年出版了李敖編輯的《二二八研究》及《二二八研究：續集》；1991 出版了李敖審定，《安全局機密文件：歷年辦理匪案彙編》（分上、下冊），谷正文表示這份檔案是他害怕被李登輝清算，而將李曾加入共產黨的相關檔案寄放在李敖處，作為最後手段，卻被李給出版了。[43]

李敖對二二八的看法比較接近「官逼民反」：[44]

> 從歷史公道看來，二二八不是叛亂，不是起義，不是革命，只不過是一次民變，一次清朝天理教式的「變起一時，禍往有日」的民變。它以臺灣暴民濫殺開始，以國民黨部隊濫殺結束，中間奉陪了善良外省人和善良臺灣人一家一路的哀呼與血淚。任何事後對它的醜化、美化、黨化、地方化，都是對歷史真相的一種褻瀆。

13. 臺灣教授協會

臺灣教授協會成立於 1990 年，其創會宗旨是「結合學術界致力實踐臺灣獨立建國之專業人士，以促進政治民主、學術自由、社會正義、經濟公平、文化提升、環境保護、世界和平為宗旨。」[45]網站上提到：[46]

> 數十年來，國民黨政權透過教育機器與大眾媒體的壟斷，對臺灣

---

[43] 谷正文，《白色恐怖秘密檔案》，臺北：獨家出版社，1995。

[44] 李敖編，《二二八研究》，臺北：李敖出版社，1989，序言。

[45] 臺灣教授協會網站，http://taup.net/index.php/abouttaup/getting-started。2016 年瀏覽。

[46] 臺灣教授協會網站，http://taup.net/index.php/abouttaup。

> 住民進行其大一統中國意識形態的洗腦工作，已經造成臺灣住民對國家認同的混淆，不敢承認自己是一個主權獨立的國家，從而亦影響到文化、經濟各方面的畸形發展。……我們堅決反對中華人民共和國侵佔臺灣的企圖，也反對國內既得利益者、投機份子「出賣臺灣」的賣國心態。然而我們亦深知，關愛臺灣不能只是喊口號，必須結合各種專長的人才，透過長期的努力，深入各個領域去建立臺灣的主體性與自主性，並且在必要的時候挺身而出，凝聚其他的社會力量，共同為臺灣的政治民主、學術自由、社會正義、經濟公平、文化提昇、環境保護，奮鬥不懈！

1996 年出版了張炎憲主持的《二二八反思座談會》，2014 年出版 Kerr, George H. 著，詹麗茹、柯翠園翻譯的《被出賣的臺灣——重譯校註》，除校正之前陳榮成版本翻譯的錯誤之處，也讓讀者更能了解本書精髓，該會表示：[47]

> 當年在美國翻譯《被出賣的臺灣》的年輕人，受限於漢文資料的缺乏，翻譯的工作難免有缺失。臺灣教授協會重新譯註出版《被出賣的臺灣》，將有助於內容的正確性，讓更多臺灣人能夠不被原有的譯名或時間上的瑕疵，減低了對本書內容的信賴。這是每個臺灣人都應該閱讀的、關係臺灣命運重要的著作，它能幫助咱為臺灣民族獨立運動正本清源，有助於排除中國黨意圖串竄改歷史和誤導二二八民族屠殺真相的陰謀。

(三) 以時序分析

基本上，1947 年在臺灣發行的幾本專書，應該都屬於國民政府發行的

[47] 〈被出賣的臺灣——重譯校註〉，臺灣教授協會，《極光電子報》，393 期，2014 年 3 月。

官方說帖，希望能將事件的影響減到最小。在之後的戒嚴時期中，臺灣並不允許發行與二二八事件有關的出版品，但中共及海外的臺獨勢力則將二二八事件作為攻擊國民政府的一個主要武器，

解嚴前夕，學院派如戴國煇、葉芸芸在海外陸續出版了二二八相關書籍，島內也在 1985 年李筱峰的作品踩線成功之後，數量逐漸增加。解嚴後，自立晚報社、前衛出版社等開始發行一連串的相關書籍。

根據聯合報的三次民調，知道二二八事件的人口比例，從事件 41 週年（1988）的 15%，到事件 45 週年（1992）時已有 80% 知曉，到了 50 週年（1997）時有 86% 人知道此事件。由此可知，大多數民眾對二二八事件的認識來自這段時期的主流媒體及相關書籍。到行政院二二八研究報告公開的 1992 年前後，相關書籍出版的數量達到相對的一個高點，也是二二八事件最受到矚目的時期之一。

1995 年李登輝為該事件道歉並承諾補償之後，吳三連基金會在張炎憲的主持之下，陸續出版整套二二八受難者口述訪問紀錄。隔年二二八基金會成立，事件補償也隨之啟動，接下來的兩三年內，各出版社發行的相關專書數量不少，玉山社在 1995 年成立後也立刻投入相關書籍的出版。

1999 年，或許有感於二二八事件的論述愈趨「本土」，且省籍問題有升溫的傾向，海峽學術出版社也投入相關書籍的出版，前後有 14 本專書的發行量，在本次統計中位列第三，但一方面其論述與主流二二八詮釋有其落差，一方面其作品多在強調臺共與中共在二二八事件中的角色，並不很受臺灣學界的青睞，引用相關書籍的學術著作較少。

2004 年專書的發行量又相對增加，面對大選，陳水扁競選總部發動了「二二八手護臺灣」活動，動員規劃部製作《228 百萬人民手護臺灣總體規劃書》，利用二二八事件向綠營支持者催票；現任屏東縣長，當年正競選議員的潘孟安也製作了《手護臺灣工作全紀錄》，強打二二八牌。中共學者

才家瑞認為，此活動是為了選舉而故意製造省籍衝突。[48]前衛出版社與海峽學術在這一年都出版了不少相關作品，可能與總統大選有關。

2005 與 2007 年是本次統計的相對高峰，一方面適逢二二八事件的 60 週年，有眾多的紀念活動與國際研討會，另一方面責任歸屬報告的強大爭議性，也使二二八事件的正反面意見眾多，引發不少衝突。

馬英九當選總統之後，國民黨以息事寧人的態度應付二二八事件，加上長時間沒有新的相關史料出現，二二八的專書發行量下降許多，這段期間以前衛、玉山社與吳三連基金會所發行的相關書籍較多，佔總發行量的一半以上，隨著政黨再次輪替，也許二二八的研究風氣又能再次興盛。

[48] 才家瑞，〈臺灣的「二二八」研究述評〉，《臺灣研究集刊》第 86 期，2004 年 12 月。
李登輝在 2004 年選戰中，為助陳水扁勝選，在二二八手牽手護臺灣的造勢活動中，也不得不喊出什麼要「族群團結」的口號。但只要稍加觀察，2004 年二二八手牽手護臺灣的活動，首先在基隆港東岸的碼頭上，以陳水扁的講話作為開始。台獨立場的《自由時報》在這天寫道，陳水扁所以選擇在基隆港東岸碼頭，作為全天造勢活動的開始，是為了表示「在當年鎮壓部隊登陸地宣誓，拒絕中國再次登陸。」因此，只要台獨勢力在臺灣橫行一天，台獨分子製造省籍衝突、族群衝突的惡行就一日不會停止，不過會改變手法，今後要在「族群團結」的外衣下，繼續在選戰中行分化族群，製造新的省籍衝突之實罷了。

第三章
相關研究之時序分析

一、事件後的研究 (1947-1977)

對中華民國而言，二二八事件的發生無疑是意外之災。剛結束長達八年的對日抗戰，緊接著展開與共產黨的國共內戰，焦頭爛額之餘，接收不久的臺灣又爆發大規模的衝突。

姑且不論事件的經過，最終以軍隊鎮壓群眾來收拾殘局的結果，讓國民黨面上無光，不願多談論此事；戒嚴之後，社會環境肅殺，情治單位嚴格監控之下，自然也不允許這樣的議題公開討論。陳翠蓮表示，「戒嚴時期，統治者試圖抹滅民眾的歷史記憶，與二二八有關的記述無法在公開場合出現，因此想了解二二八事件只能由回憶錄、傳記或者小品中濾出線索。」[1]

在這樣的情況下，事件的詮釋權落入對岸的中共手中。二二八事件中確有部分的臺共及中共地下黨參與，他們當中不少人後來離開臺灣，前往中國大陸，撰寫相關經歷及對事件的描述。這些文獻成為臺灣解除戒嚴之前，研究二二八事件的最重要史料。

二二八事件之後，不少臺灣人對國民黨感到失望甚至絕望，於是臺灣獨立運動興起，在美國若有似無的援助下展開，[2]他們在海外發行刊物，宣傳

---

[1] 陳翠蓮，〈二二八事件史料評述〉，《臺灣史料研究》第 22 期，2004 年 2 月，頁 193。

[2] 參見美國國務院臺灣秘檔（*Confidential U.S. State Department central files. Formosa, 1945-1949*）*[microform]: internal affairs*，本書中簡稱為《臺檔》，採用黃文範先生的翻譯。

臺獨理念，二二八事件自然也是刊物中常出現的議題。此外，事件時擔任美國駐臺北領事館副領事的葛超智，著有 *Formosa Betrayed*（中文譯名為《被出賣的臺灣》），也詳細的描繪了事件期間臺灣發生的各種情景。

本節分別就官方報告、對岸相關論述、獨派看法及國外對事件的看法（以葛超智為例），觀察這段時期二二八的各種研究成果。

(一) 官方報告

二二八事件相關的官方報告當中，本段挑選最具代表性的楊亮功報告，與身為在地主管單位的行政長官公署及警備總司令部的報告，總計三份，略作介紹。

1. 楊亮功報告

二二八事件爆發後，閩臺監察使楊亮功奉監察院長于右任之命，到臺灣擔任二二八事件調查委員。3 月 8 日，他與憲兵第四團一同抵達基隆港，當晚便在八堵遇襲；3 月 9 日對記者發表談話，希望迅速恢復秩序；3 月 10 日致電于右任，報告與陳儀商議後，對事變「將採鎮壓與安撫兼施辦法」；4 月 11 日返抵南京；4 月 16 日與何漢文向監察院提交「二二八事變調查報告」。

這份報告主要分為四個部分，摘要如下：[3]

第一部分是事變之經過：敘述由 2 月 28 日至 3 月 8 日之間，臺灣所發生的變故，而事變的最大理由，該報告歸咎於 3 月 7 日處委會提出的「四十二條處理大綱」；並分 16 小項，分別報告各縣市受到的破壞及傷亡狀況。

第二是事變原因之分析：共提出 10 項原因：其一為臺灣人民對於祖國觀念之錯誤；其二為日人之遺毒；第三為物價高漲與失業增加之影響；第四是政府統制政策之失當；第五是一部份公務員貪汙失職及能力薄弱之反響；第六是輿論不當之影響；第七是政治野心家之鼓吹；第八是共黨之乘機煽

[3] 監察使楊亮功、委員何漢文「二二八事變調查報告」，魏永竹等編，《二二八事件文獻續錄》，南投：臺灣省文獻委員會，1992，頁 113-137。

動；第九是治安防衛武力之薄弱；第十是廣播無線電臺為暴民控制之影響。

第三部分是參加事變份子之分析：分為九類，分別是流氓、海外歸僑（主要是各地為日軍作戰的臺籍青年）、政治野心家、共黨、青年學生、三民主義青年團、高山族、皇民奉公會會員、留臺日人。

第四部份是結論：共分七點：[4]其一，行政長官公署特殊制度主要用來因應接收，令臺人觀感不佳，應與大陸統一使用省政府制度；其二，選舉太過倉促，民國 35 年才接收完畢，並完成公民登記，年底就選民意代表，結果選出的都是皇民奉公會員或流氓頭目；第三是雖然臺人擔任公務員的比例，較日治時代高了不少，但高級職務多非臺人，應該一視同仁；第四，應改變日人壓榨式的經濟政策，改善農民生活；第五，專賣及統制經濟制度應該改變；第六，加強推行文化教育，改變日人教育帶來的問題；第七，臺灣應該是個軍事重鎮，如何以國防武力保障臺灣需要探討。

該報告中提及的傷亡人數：公務員死亡 33 人，受傷者 866 人，失蹤者 7 人，損失約國幣 96 億元以上；人民死傷 52 人，但其後補述：「實際上因參加暴動，或誤毆殺而死傷者當遠在統計數字之上。」[5]

尹章義認為，楊亮功擔任福建臺灣監察區監察使前，曾任北京、河南、上海各地的大學教授，也曾任安徽大學校長和皖贛監察使，夙有「剛毅廉明、持正不阿」的風評。「二二八事件發生不滿十天，楊先生就到達臺灣調查並處理此一事件，他的調查報告也於次月完成，『楊報告』的信度與效度都值得信任。」[6]

尹並就「楊亮功報告」提出幾點看法：[7]

1.「楊報告」是一份「巨視的歷史文件」，「事變原因之分析」、「參加

---

4 有兩個第二點，原文如此，此處將其修正。

5 監察使楊亮功、委員何漢文「二二八事變調查報告」，頁 119。

6 尹章義，〈我對於二二八事件的看法〉，《抽濃煙喝烈酒大聲抗議——臺灣歷史與臺灣前途》，臺北：臺灣史研究會，1988，頁 239。

7 尹章義，〈二二八事件的真相在哪裡〉，《聯合報》，1988 年 3 月 19 日。

事變份子之分析」以及「結論」部份最足以顯示這層意義，這三部份佔了「楊報告」一半以上的篇幅，是報告的主體。「楊報告」的分析相當翔實、深刻，比我讀到的所有的官、民報導、分析和研究成果都更為周全、有力。各地區和個案的描述，可能在各項附件中有比較詳盡的記錄。要求「楊報告」有全部的個案和完整的區域報告，和真確的傷亡人數、損害報告等等，那不是「楊報告」所當擔負的任務。

2. 「楊報告」是監察院的報告，監察院行使的是體制內的監察權。就此一觀點立論，「楊報告」對於體制的批判，可以說已經到達了極限。「二二八」事件的背景極其複雜，而楊亮功先生必須在短期間內覆命，時間和資料都受到極大限制，再加上監察院調查報告性格的限制，「楊報告」自然不是「二二八」真相的全部，而是我們追求「二二八」歷史真相的基點。「楊報告」公布之後，筆者撰文呼籲組織中立的「二二八事件調查委員會」，三、五年後刊布調查報告，再就實際情況，依情、理、法處理。
3. 建議成立「國家檔案局」，以「二二八」事件的調查與研究為起始，徵集、典藏各機構的檔案資料；也呼籲朝野雙方記取「二二八」事件的教訓，避免流血衝突，不要再長期背負沈重的歷史包袱。我認為「楊報告」對於事件發生的原因和參預者成份的分析，已經相當周全，進一步的調查研究固然仍可以著力於此，但是，更重要的是要落實在事件責任、小區域情況和受害者以及受損情況的調查上，彌補巨視的「楊報告」之不足，幫助我們了解「二二八」的真相，進一步解決「二二八」的問題。

張炎憲則認為，楊亮功報告雖然對行政長官陳儀的施政有所批評，但將此事件視為「暴動」、「暴亂」，參與人視為暴民、亂民。並且將事件爆發原因歸之於臺灣人受到日本統治的遺毒，因此對中國產生排斥，而有分離的企圖；臺灣人又受到野心份子和共黨的煽動，而有叛國之行為。這份報告站在國民黨和中國的立場，忽視臺灣人要求改革的願望，以致誤判事件爆發的原因，以及對二二八事件的定位與解釋。[8]

2. 警備總司令部記事

臺灣省警備總司令部對二二八事件進行的報告為《臺灣省二二八事變記事》，該記事分為七個章節：第一章為事變原因，該報告將其分為遠因五項：1. 潛伏奸黨之死灰復燃；[9] 2. 御用紳士及歸臺浪人之煽動；3. 日本奴化教育之遺毒；4. 戰後經濟問題刺激；5. 宣傳與教育工作之失敗；近因四項：1. 經濟風潮之刺激波動；2. 特殊階級之陰懷怨恨；[10] 3.不法份子之勾結蠢動；[11] 4. 駐軍之內調。

第二章為事變前本省之軍事概況，分為兵力部屬、倉庫警衛情形及駐臺官兵人馬統計。第三章為事變經過，分三部分，第一部分為事變枝發端及蔓延；第二部分為非法組織之產生及其發展；[12]第三部分為叛亂之陰謀。第四章是暴亂罪行，共分八點，分別是佔據機關僭奪政權、搶奪軍械及軍警倉庫、毆殺及姦淫外省同胞、號召退伍軍人學生、抽調壯丁，成立部隊、煽動臺籍警察及高山同胞響應叛亂、圍攻國防要地、強行派款抽捐、妄倡國際託管。

第五章為綏靖經過，分為 3 月 8 日前的「待命等候合理政治方法解決」，及 3 月 9 日至 20 日「配合援軍恢復秩序」及 20 日至 30 日的「綏靖工作」。第六章為善後處理，分為勛獎及懲恤事宜、軍憲人員戡亂死傷統計、擊斃俘

---

[8] 張炎憲，〈二二八事件及其平反運動〉，韓國「濟州 4・3」60 週年紀念研討會，http://s22.ntue.edu.tw/%E6%96%87%E5%8C%96%E5%8F%B0%E7%81%A3%E5%8D%93%E8%B6%8A%E8%AC%9B%E5%BA%A7/images/re/%E9%9F%93%E5%9C%8B%E4%BA%8C%E4%BA%8C%E5%85%AB%E6%BC%94%E8%AC%9B%EF%BC%88NEW%EF%BC%89.htm。

[9] 指臺灣共產黨。

[10] 指日治時期之既得利益階層抗爭，如日產房屋問題。

[11] 指之前特赦的數千名流氓及失業的臺籍日軍。

[12] 該報告將非法團體約分為四，臺灣共產黨、民眾黨、民主同盟及臺灣政治建設協會。

獲以及自新之暴徒統計、[13]各督導組織成立、武器被服糧秣收回統計。第七章則為附錄。

3. 行政長官公署事件紀要

行政長官公署在事件後也完成《臺灣省二二八暴動事件紀要》，提報中央，省文獻會出版的《二二八事件文獻續錄》當中有其摘要。該報告主要分為七個部份：第一部分為蔣介石 3 月 10 日的相關報告詞；第二部分是白崇禧的七篇相關廣播詞及講演；第三部分是楊亮功的對全省廣播詞；第四部份是陳儀的七次廣播及公開文告；第五部分是臺灣人民代表團體電文；第六部份是各縣市情形簡表，敘述各地發生的事件及受到的損害；第七部份是事件日誌，以時間順序描述事件。

報告中提到，光計算臺北市公教人員就有 33 人死亡、失蹤 7 人、受傷者 866 人；民眾方面死亡 7 人，受傷 44 人，失蹤 1 人，並補充說明「由於統計數字尚未收齊，僅依據現有資料報告」。

4. 小結

楊亮功隸屬於監察體系，他的報告內容主要集中於事件經過、原因以及參加者的成分，後面做了一些建議，後續的處理方面與他無涉。警備總司令部的記事，除上述與楊亮功報告類似的部份外，還報告當時全省的兵力狀況，由於只有五千左右的正規軍，且多分散擔任倉庫及要地的警備，沒甚麼實際戰力，以致無法應付變亂。另外，後續的綏靖維持的時間也不長，畢竟很快行政長官公署就改編為臺灣省政府，陳儀也被調離臺灣，所以長官公署的報告中並沒有後續處理的任何規劃，而省政府成立後，魏道明也未再追究涉及二二八事件的群眾。

由這幾篇官方報告可以看出，對當時的國民政府而言，「暴亂」平定，事件也就告一段落，後續的綏靖由警備總司令部處理，也僅對公務員進行了

---

[13] 總計擊斃 43 人，俘獲 585 人，自新 3022 人。

部份的補償，以《中央日報》的報導來看，多數公務員領到的補償都有限，甚至有人抱怨補償金連付醫藥費都不足。

當時國民黨全力應付中共的擴張，二二八事件前不久，雙方在山東激戰，國民黨大敗，十萬軍隊被擊潰，損失慘重。甫結束的對日抗戰，中國軍民死傷以千萬計，加上緊接而來的國共內戰規模亦巨，使二二八這樣的「地方動亂」，難以得到中央的重視，以時空環境而言並不奇怪。

事件過後，陸續有幾篇類似官方媒體說明事件過程的文章，如沈雲龍化名為雅三撰寫的〈「二二八」事變透視〉，強調本省人打殺外省人，卻未描寫長官公署開槍擊殺數位抗議群眾的部分。[14]

勁雨的《臺灣事變真相與內幕》中，將二二八事件時在臺的共黨勢力劃分為三個部分：臺中的謝雪紅、嘉義臺南的湯德章與臺北的林日高、蘇新、王萬得、張道福等人，[15]明顯將責任歸於共黨。

陳芳明認為，湯德章並不能劃歸臺共，謝雪紅當時的行動與臺北的共黨也沒有聯繫，甚至蔡孝乾吸收的黨員至多不會超過一百人，很難有所作為。[16]勁雨將鍾逸人、張深切、楊逵、葉陶等人劃進謝雪紅的系統，足見國民黨對當時臺灣人的了解是有限的，而將謝雪紅視為臺中反抗運動僅有的領袖，並進行各種醜化，反而成就了謝雪紅在民間的英雄形象。[17]陳翠蓮也提出中共當時黨員數量少，力量微不足道、蘇新等人是在二二八事件後才入黨，認為中共與二二八事件的關係不深。[18]

---

[14] 雅三，〈「二二八」事變透視〉，《臺灣月刊》第 6 期，1947 年 4 月。

[15] 勁雨，《臺灣事變真相與內幕》，上海：建設書局，1947。陳芳明表示勁雨是軍統的化名，陳芳明，《謝雪紅評傳——落土不凋的雨夜花》，頁 310。

[16] 陳芳明，《謝雪紅評傳——落土不凋的雨夜花》，頁 310-311。

[17] 陳芳明，《謝雪紅評傳——落土不凋的雨夜花》，頁 342-348。

[18] 陳翠蓮，〈二二八事件史料評述〉，《二二八事件新史料學術研討會會議論文》，臺北：財團法人二二八紀念基金會，2003，頁 188。

(二)對岸相關研究

1. 事件之初

對於二二八事件的論述，國民政府在事後陸續發表幾篇解釋及推卸責任的文章後，緘口不談，反而使事件的詮釋權落在其他人手中；中共在政治考量之下，大量製造相關論述，成為現今史料的主要來源之一。陳芳明曾表示，第一次接觸二二八事件的敘述，是閱讀同學收藏的禁書《臺灣暴動事件紀實》，其後對事件的認識，也主要來自《被出賣的臺灣》、《憤怒的臺灣》、《臺灣二月革命》等書。[19]其中除了美國副領事葛超智的著作外，都屬於中共的宣傳品，足見其影響之大。

尹章義認為，緝菸事件引爆了民眾久蓄的不滿，形成蔓延全島的抗爭，這段時期全臺灣陷入無政府狀態，島內一部份人有獨立的傾向，一部份人士亟望回歸日本統治，少部分臺共份子附和，加上退伍的臺灣青年，造成動亂。軍隊鎮壓之後，暴動消失，但臺灣社會的許多菁英份子在鎮壓中受到摧殘，在臺人心中留下難以平復的傷痕，政府則刻意淡化事件，視為禁忌，並將錯誤的責任推給中共，中共也樂於認定就是他們策動臺灣人民「起義」。[20]

當時能找到的相關資料，包含當事人的證言，幾乎集中在中國大陸。畢竟二二八事件之後，臺灣很快戒嚴，眾人緘口不談此事。而不少當事人逃奔對岸，後來多加入「臺灣民主自治同盟」，反而暢所欲言。葉芸芸編輯的《証言 2・28》最早訪問這些當事人，藍博洲也曾前往中國大陸訪問了好幾位，將相關資料編輯成《沈屍、流亡、二二八》；曾健民整理當時文獻，也編了《新二二八史像：最新出土事件小說、詩、報導、評論》。

二二八期間，《中央日報》為國民黨的機關報，報導最晚，所用的語氣也最謹慎，著眼在事件的「平息」與「紛擾」的結束。相對於《中央日

---

[19] 陳芳明，〈尋找謝雪紅的蹤跡〉，陳義芝主編，《陳芳明精選集》，臺北：九歌出版社，2003，頁146-147。

[20] 尹章義，〈我對於二二八事件的看法〉，頁234-236。

報》，左派背景的《文匯報》，內部負責人士多是地下黨員，對國府的各種行動多加以責難，在事件被鎮壓之後，更是質疑不斷。[21]

中國社科院汪朝光將事件發生時，中國大陸媒體的態度下了幾點總結：[22]

第一、對該事件的報導量不多，顯見各大報都只將此事視為地方新聞；

第二、有前重後輕的感覺，對於事件的前半段發展較為關注，報導也較詳細，但軍隊開始鎮壓之後，就存在許多未知空白處；

第三、對事件起因及分析都算詳實客觀，至少代表當時的新聞管制並不嚴格，但鎮壓開始後多數媒體不再談論此事，證明政府對媒體仍有一定的掌控能力；

第四，當時主要的四家媒體：《中央日報》基本上站在維護國民黨的角度，是官方代表；《大公報》言論持平，最為中立；《申報》屬於中間偏右；《文匯報》則是完全的左派立場。

在汪眼中，《文匯報》不懼政府壓力，報導最逼近事實，堅守了社會責任。

二二八事件發生時，吳克泰在在臺灣擔任記者，對各媒體內的地下黨人士知之甚詳，他的回憶錄中提到二二八事件後，不少潛伏的共黨及其支持者都逃回中國大陸，如《大明報》的編輯陳季子、文野、薛慕等人都逃亡到臺灣旅滬同鄉會，撰寫二二八經歷，交由中共宣傳部的田漢等人發表，作為攻擊國民黨之用。[23]而逃到香港的楊克煌、蘇新等人，也借用臺共前輩莊嘉農、林木順之名，分別撰寫《憤怒的臺灣》與《臺灣二月革命》，一方面攻擊國民政府，另一方面悄悄奪取了二二八事件詮釋的主導權。

才家瑞表示，左翼開始進行二二八論述的時間很早。臺共黨員楊克煌以林木順為筆名，1948 年 2 月 28 日就在香港出版《臺灣二月革命》；蘇新也化

---

[21] 汪朝光，〈1945-1949 國共政爭與中國命運〉，香港：香港中和出版，2011，頁 280-289。

[22] 汪朝光，〈1945-1949 國共政爭與中國命運〉，頁 297-298。

[23] 吳克泰，《吳克泰回憶錄》，頁 175-176；225-226。

名莊嘉農寫成《憤怒的臺灣》，1949 年 3 月在香港智源書局出版；王思翔的《臺灣二月革命記》1951 年在上海泥土社出版。這幾本書的作者都親身參與二二八事件，以其親身經歷向世人揭露陳儀政權的腐敗，描述國民黨軍隊如何屠殺參加事件的臺灣社會菁英、青年學生和一般民眾。[24]

但他明白表示：「由於站在揭露國民黨血腥鎮壓的立場，有的書中對事變最初幾天，各地發生的毆打大陸赴臺的外省人的事實欠缺敘述，對二二八當中，臺灣難民死難數字「兩萬人」也嫌誇大，把事件的性質和『打倒蔣介石建立新中國』的革命聯繫起來，也欠準確。」[25]畢竟當時這幾部書目的在醜化國民政府，內容的可信度不算太高。

杜繼東表示，二二八事件發生時，正處於國共內戰戰火紛飛之際，中共對一切反抗國民黨統治的行為都加以支持。他並引用中共中央發給臺灣工委會的檔案，說明最初中共將二二八定位為「反抗國民黨的民主自治運動」：[26]

> 二二八事件之性質是臺灣人民反抗國民黨統治的民主自治運動，不是臺灣人民的獨立運動。臺灣在日本統治時期沒有發生大規模的民變，二二八首先在國民黨統治最嚴的臺北市爆發，充分證明國民黨統治的腐敗無能，使人民覺悟到推翻蔣政權不是不可能的。在事變中，國民黨對人民大屠殺，使人民更加仇恨，這對今後臺灣人民反蔣鬥爭是有幫助的。

陳芳明表示，在五零年代初期，謝雪紅派的臺盟，支配了中共方面對二二八事件的歷史解釋權，《人民日報》曾刊載：[27]

---

[24] 才家瑞，〈臺灣的「二二八」研究述評〉，《臺灣研究集刊》第 86 期，2004 年 12 月，頁 83。

[25] 才家瑞，〈臺灣的「二二八」研究述評〉頁 83。

[26] 杜繼東，〈一九四九年以來中國大陸二二八事件研究評介〉，頁 19。

[27] 〈紀念臺灣人民二二八起義四週年〉，《人民日報》，1951 年 3 月 25 日，轉引陳芳明，《謝雪紅評傳——落土不凋的雨夜花》，頁 554-555。

> 二二八起義，很生動地證明了臺灣人民的團結力量與英勇戰鬥的精神。當時在臺灣的敵人，力量是相當強大的。臺灣人民赤手空拳，奪取武器武裝自己，反覆進攻，在不斷勝利中壯大起來，迅速地接管了敵人的政權機關、倉庫、企業、鐵道、電信、電臺、報館等等，迫使敵人投降繳械；在一些敵人據點則與敵人做攻防戰；並且發動廣大人民。組織了保衛地方的各種機關和武裝部隊。

這些文字中，完全沒有提到臺北處委會的談判，明顯忽視了省工委蔡孝乾系統。蔡系與謝系的衝突也反映在旅滬同鄉會會長的改選上，旅滬同鄉會是臺灣省工委會與華東局的聯絡據點，李偉光在那邊經營已久，拯救過不少中共地下黨員，雙方鬥爭的結果，1952 年，謝雪紅開始被架空，臺盟由蔡系掌控，1957 年的反右運動中，謝系不但被瓦解，還株連不少支持者。[28]

2. 對二二八詮釋的不同階段

杜繼東將中共對二二八事件的詮釋及研究分為三個階段：

第一階段是 1949～1965 年，這段時期首先是兩岸的分離、國共的對峙，中共採取反蔣反美、解放臺灣為主軸的政策。每年由臺灣民主自治同盟，集會紀念二二八「起義」，重點放在宣傳「爭取和平解放臺灣」和「堅決支持臺胞反美鬥爭」，二二八事件被納入新民主主義的框架，學者多以「革命」、「起義」、「武裝起義」來詮釋二二八事件。[29]

這段期間重要的相關作品，包括曾在臺中《和平日報》任職的王思翔撰寫之《臺灣二月革命記》、楊克煌的《回憶二二八起義》與《臺灣人民民族解放鬥爭小史》、李稚甫的《臺灣人民革命鬥爭簡史》與王芸生的《臺灣史話》。李新、彭明的《中國新民主主義革命時期通史》中將二二八事件視為

---

[28] 陳芳明，《謝雪紅評傳——落土不凋的雨夜花》，頁 556-571。

[29] 杜繼東，〈一九四九年以來中國大陸二二八事件研究評介〉，頁 19。

中國人民民主革命的一部分。[30]

第二階段在 1966 至 1978 年，這段期間大陸政治動盪，學術研究也大受影響，這段期間關於二二八的研究只有一篇史津的〈臺灣人民二二八武裝起義〉；由於在文化大革命當中，臺盟自身都成為紅衛兵的鬥爭對象，根本沒有餘裕紀念二二八事件，1973 年後，改由全國政協在人民大會堂臺灣廳舉行。1974 年廖承志重申，二二八武裝起義「是中國共產黨領導下的反帝、反封建、反官僚資本主義的人民民主革命的一部分」。[31]

第三階段為 1979 年之後，中共與美國建交後，調整了對臺政策，1979 年 1 月 1 日由全國人大常委會發表《告臺灣同胞書》，提出「和平統一」。1980 至 1986 年中共沒有舉行二二八紀念，主要為了緩和與美國及臺灣的關係。由於改革開放，學術氣氛也越來越寬鬆，有利於學者的研究。[32]

1981 年鄧孔昭的《二二八起義資料集》在兩岸交流還比較困難的情況下，打下一定基礎；何漢文當年曾與閩臺監察使楊亮功共同撰寫監察院報告，同年他的回憶文章〈臺灣二二八起義見聞記略〉常被當作史料引用。基本上這段時期的二二八相關研究依然將二二八視為起義，但已不強調是由中共領導。

1987 年中共盛大紀念二二八 40 週年，蔡子民[33]指出：「有人說二二八起義是反對外省人的運動，甚至說它是臺獨運動的開端，這純粹是一種誤解或有意歪曲，是不符合事實的」。1990 年代之後，臺灣對二二八事件的研究也逐漸熱絡，這些都多少影響到對岸。1997 年中共政協舉辦的「紀念二二八起義 50 週年座談會」中，全國臺灣研究會會長程思遠已經將二二八定位為「一次臺灣人民自發的、群眾性的人民民主自治運動，也是臺灣光復後第一

---

[30] 杜繼東，〈一九四九年以來中國大陸二二八事件研究評介〉，頁 19-20。

[31] 杜繼東，〈一九四九年以來中國大陸二二八事件研究評介〉，頁 21。

[32] 同前注。

[33] 王添灯《自由報》的總編，臺灣旅滬同鄉會會長李偉光的女婿。

次大規模的民主鬥爭運動。」有不小的變化。[34]

而對於死亡人數方面的估算，臺灣尚且爭論不休，對岸自然也沒能有甚麼結論，蔣順興、鄭留芳等人引用的都是二二八事件期間，旅滬六團體在記者會宣稱的死亡一萬人，受傷三萬人的數據。[35]近年來褚靜濤則推測事件中臺胞傷亡應在四千人左右，加上一千名外省人，約共五千。[36]陳孔立則認為現有的資料不足以估算，「故意誇大和縮小傷亡數字都是不可取的」。[37]

褚靜濤是現今大陸研究二二八的權威，他認為從 1999 年開始，李登輝宣稱二二八事件是「外來政權」對臺籍菁英精心策畫的大屠殺。並透過每年的紀念儀式不斷重溫悲情，讓創傷持續淌血，使民眾強化二二八的記憶，牢記二二八的仇恨，抵制兩岸關係的緩和。[38]

針對二二八研究所使用的史料，褚表示：國民黨官方史料有編造的成份，而口述歷史錯繆處也不少，對這些史料必須批判使用，不能照搬照抄。既不必以官方史料貶低口述歷史的價值，也不必迷信口述歷史，而將官方檔案棄置一旁。[39]

杜繼東對二二八研究的結論是，由於該事件事件牽涉甚廣，其背景、過程以及事後的處理都極複雜，又與後來各黨各派的立場、海峽兩岸的關係、臺獨意識、受害者的冤屈與悲情等諸多因素糾合在一起，超出了歷史本身的範疇，表現出泛政治化與泛道德化的傾向，所以近年來部分大陸學者在事件的性質、影響、傷亡人數、陳儀的功過等問題上，表現出越來越謹慎的態

---

[34] 杜繼東，〈一九四九年以來中國大陸二二八事件研究評介〉，頁 22-23。

[35] 蔣順興，〈臺灣二二八起義〉，《江海學刊》第 2 期，1984。鄭留芳，《美國對臺灣的侵略》，北京：世界知識出版社，1954。

[36] 褚靜濤，〈二二八事件傷亡人數推測〉，中國社科院，《中國社會科學院近代史研究所青年學術論壇》2003 年卷。

[37] 陳孔立，〈二二八事件中的本省人與外省人〉，《臺灣研究集刊》2006，頁 55-56。

[38] 褚靜濤，《二二八事件實錄》上，臺北：海峽學術出版社，2007，頁 2-3。

[39] 褚靜濤，《二二八事件實錄》上，頁 19。

度。有些不清楚的問題，寧肯擱置不講，留待繼續深入研究。[40]

3. 陳水扁時期的二二八論述

以前兩章的統計結果來看，陳水扁時期無疑是臺灣二二八研究的高峰，各類型論著在此時期數量方面均達鼎盛。由於政黨輪替，官方對事件的詮釋轉向海外獨派最初的說法：臺灣的苦難來自與中國的關係，臺灣民眾受到中國官員欺壓產生悲劇。國史館長張炎憲在 2006 年更提出二二八事件是執政者對本省民眾有計畫、有步驟的屠殺。[41]

中共方面自然不能坐視這樣的論述發酵，在民進黨執政的八年當中，對岸研究二二八較重要的幾位學者，包括白純、陳孔立、才家瑞、杜繼東、褚靜濤等在這段期間都發表數篇相關的論文，雖多未正面駁斥臺灣官方對該事件的論述，但提出的看法及立場確實大相逕庭。

以下列舉幾部相關的重要論著：如 2000 年白純的〈臺灣光復後的民眾心態與二二八事件〉及〈論光復後臺灣民眾心態與二二八事件的爆發〉，[42] 程曉鵬的〈「二二八」事變與省籍情結〉研究臺灣的省籍問題。[43]

2002 年有白純的〈簡論光復初期臺灣的專賣制度〉，[44] 2003 年有周建華、倪金華合著的〈二二八事件的是與非——部分日本學者之臺灣文學研究熱點剖析〉[45]與陳孔立的〈1945 年以來的集體記憶與臺灣民眾的複雜心態〉。[46]

---

[40] 杜繼東，〈一九四九年以來中國大陸二二八事件研究評介〉，頁 35。

[41] 羅添斌，〈張炎憲：空有補償 還沒真正反省〉，《自由時報》，2006 年 2 月 20 日。

[42] 白純，〈臺灣光復後的民眾心態與二二八事件〉，《民國檔案》2000 年第 3 期；白純，〈論光復後臺灣民眾心態與二二八事件的爆發〉，《貴州社會科學》2000 年第 5 期。

[43] 程曉鵬，〈「二二八」事變與省籍情結〉，《黃崗師範學院學報》第 5 期，2000 年。

[44] 白純，〈簡論光復初期臺灣的專賣制度〉，《南京政治學院學報》2002 年第 2 期。

[45] 周建華、倪金華，〈二二八事件的是與非——部分日本學者之臺灣文學研究熱點剖析〉，《甘肅行政學院學報》2003 年第 1 期。

[46] 陳孔立，〈1945 年以來的集體記憶與臺灣民眾的複雜心態〉，《臺灣研究集刊》第 4 期，2003 年。

2004 年適逢總統大選，綠營以二二八為主軸，打造了百萬人「手護臺灣」活動，獲得民眾熱烈迴響。同年，對岸學者的相關論著也較前兩年增加，包括杜繼東的〈臺灣二二八事件研究綜述〉、[47]傅玉能〈二二八事件中國民政府派兵問題再探討〉、[48]李榮〈從挫折及其反應的角度分析二二八事件的起因〉、[49]才家瑞〈臺灣的「二二八」研究述評〉[50]及陳孔立〈兩岸隔絕的歷史記憶與臺灣民眾的複雜心態〉等。[51]

接下來的幾年，對岸的二二八研究亦持續進行。2005 年有白純的〈光復初期臺灣的貿易管制政策（1945～1948）〉；[52] 2006 年有汪朝光〈風潮中的民聲與官聲──「二二八事件」發生後大陸新聞媒體之所見所論〉、[53]褚靜濤〈臺灣光復初期的貪污問題〉、[54]陳孔立〈二二八事件中的本省人與外省人〉、[55]鄧孔昭〈從電文往來看二二八事件中的陳儀與蔣介石〉。[56]

2007 年有王玉國〈淺析陳儀對二二八事件的危機處理〉、[57]陳芳富〈求同存異，以和為貴。二二八事件 60 周年反思〉[58]與褚靜濤〈國民黨臺灣省黨部與二二八事件〉；[59] 2008 年有汪毅夫〈臺灣光復初期閩臺關係的若干史

---

[47] 杜繼東，〈臺灣二二八事件研究綜述〉，《近代史研究》第 140 期，2004 年 3 月。

[48] 傅玉能，〈二二八事件中國民政府派兵問題再探討〉，《史學集刊》2004 年第 1 期。

[49] 李榮，〈從挫折及其反應的角度分析二二八事件的起因〉，《伊犁教育學院學報》2004 年第 2 期。

[50] 才家瑞，〈臺灣的「二二八」研究述評〉，《臺灣研究集刊》第 86 期，2004 年 12 月。

[51] 陳孔立，〈兩岸隔絕的歷史記憶與臺灣民眾的複雜心態〉，《臺灣研究集刊》第 1 期，2004。

[52] 白純，〈光復初期臺灣的貿易管制政策（1945-1948）〉，《南京社會科學》2005 年第 12 期。

[53] 汪朝光，〈風潮中的民聲與官聲──「二二八事件」發生後大陸新聞媒體之所見所論〉，《社會科學研究》2006 年第 2 期。

[54] 褚靜濤，〈臺灣光復初期的貪污問題〉，《南京社會科學》2006 年第 2 期。

[55] 陳孔立，〈二二八事件中的本省人與外省人〉，《臺灣研究集刊》2006 年第 3 期。

[56] 鄧孔昭，〈從電文往來看二二八事件中的陳儀與蔣介石〉，《臺灣研究集刊》2006 年第 4 期。

[57] 王玉國，〈淺析陳儀對二二八事件的危機處理〉，《臺灣研究集刊》2007 年第 2 期。

[58] 陳芳富，〈求同存異，以和為貴。二二八事件 60 周年反思〉，《中南財經政法大學研究生學報》2007 年第 2 期。

[59] 褚靜濤，〈國民黨臺灣省黨部與二二八事件〉，《南京社會科學》2007 年第 2 期。

實〉[60]與褚靜濤的〈全國媒體對臺灣二二八事件的反應〉與〈臺灣光復初期的文化衝突〉。[61] 2009 年尚有褚靜濤的〈延安《解放日報》與二二八事件〉。[62]

(三)海外獨派看法

二二八事件之前，美國鷹派勢力曾在臺灣培植黃紀男的「臺灣青年同盟」，並倡議「臺灣地位未定論」及「託管論」，尋找控制臺灣的機會。二二八事件之後，葛超智等人被調離臺灣，「託管論」被認為無法被臺人接受，因此轉而推行「臺灣獨立」，最早被選擇執行的是廖文毅兄弟的「臺灣再解放聯盟」。[63]此組織最早定期為二二八事件舉辦紀念活動。

王曉波表示：最老牌的臺獨當屬「臺獨聯盟」，還有日本的辜寬敏、王育德，「臺獨左派」屬後起之秀，還有份神秘兮兮的刊物叫《臺灣年代》，流亡在美國的許信良則辦了《美麗島周報》，與老牌「臺獨左派」史明相唱和。幾乎所有的刊物都談發生於一九四七年的「二二八事件」。並且，在臺灣留學生中流傳著兩本書，一是美國人柯喬治（G. Kerr）的《被出賣的臺灣》，一是王育德的《臺灣——苦悶的歷史》。[64]

早期的獨派多將二二八事件視為「叛亂」、「起義」、「革命」，他們認為臺灣的苦難來自與中國的關係。例如，王育德在《臺灣——苦悶的歷史》當中，就將二二八事件定位為「叛亂」、「起義」，他提到臺灣人接收了政府機關及公營企業，並殺傷來不及跑的中國人，希望能脫離中國：[65]

---

[60] 汪毅夫，〈臺灣光復初期閩臺關係的若干史實〉，《中共福建省委黨校學報》2008 年第 10 期。

[61] 褚靜濤，〈全國媒體對臺灣二二八事件的反應〉，《南京社會科學》2008 年第 2 期；褚靜濤，〈臺灣光復初期的文化衝突〉，《現代臺灣研究》2008 年第 2 期。

[62] 褚靜濤，〈延安《解放日報》與二二八事件〉，《現代臺灣研究》，2009 年第 4 期。

[63] 臺檔 528 號，附錄七。莊若權、佛朗克林撰，〈臺灣獨立運動與美國〉。

[64] 王曉波，〈二二八事件研究的自我告白〉，《海峽論壇》104 期，2012 年 2 月。

[65] 王育德，《臺灣——苦悶的歷史》，臺北：前衛出版社，1999。

> 臺北市民群情激憤一舉爆發，放火焚毀市內中國人的商店，看到中國人就加以毆打。佔領臺北市廣播電臺的一支隊伍，透過廣播報導臺北市發生的事件，呼籲全島居民起來呼應把「豬仔」趕出臺灣。成為臺灣歷史有決定性的轉捩點，有名的二二八大叛亂就此爆發。
>
> 叛亂在當天晚上波及臺北縣各地和基隆。三月一日向新竹、彰化、臺中蔓延。三月二日擴大到嘉義、臺南、高雄、屏東。三月四日把臺灣東部捲入漩渦。起義的臺灣人把政府機關、公營企業一律加以接收，殺傷來不及逃跑的中國人。

王強調，二二八事件是臺灣人為了獨立發動的「叛亂」，「他們固然沒有喊出尋求獨立的明確口號，但『三十二條要求』等於要求實質上的獨立，任何人都承認。」[66]史明的《臺灣人四百年史》當中，也有類似的論述。

海外臺獨刊物中，也多將二二八事件視為臺灣人反抗中國的「革命」。如評論員的〈從自治到獨立：紀念二二八大革命的真義〉、[67]〈二二八大革命的真相〉；[68]臺獨月刊資料組所編的〈美日各地臺灣人紀念二二八大革命卅週年〉、[69]臺獨季刊資料室所編的〈二二八大革命的真相〉等。[70]

1961 年 3 月，東京的《臺灣青年》第 6 號推出《二二八特集號》，回憶二二八事件，並以此鼓吹臺灣獨立。林啟旭在 1983 年，也在東京完成《臺灣二二八綜合研究》，提出二二八事件是「全面性的抵抗運動」、「臺人治臺的運動」、「爭取自由民主的運動」。[71]

---

[66] 王育德，《苦悶的臺灣》，臺北：前衛出版社，2002，頁 162-164。

[67] 評論員，〈從自治到獨立：紀念二二八大革命的真義〉，《臺獨》第 36 期，1975 年。

[68] 評論員，〈二二八大革命的真相〉，《臺獨》，第 96 期，1980 年。

[69] 臺獨月刊資料組編，〈美日各地臺灣人紀念二二八大革命卅週年〉，《臺獨》第 61 期，1977。

[70] 臺獨季刊資料室編，〈二二八大革命的真相〉，《臺獨季刊》第 1 期，1982 年 1 月。

[71] 林啟旭，《臺灣二二八綜合研究》，紐約：臺灣公論報社，1984。

一直到解嚴前夕，王建生、陳婉真、陳湧泉合著的《一九四七臺灣二二八革命》，從書名或內容都可看出，依然將二二八事件視為「革命」，要推翻貪腐無能的政府，認為「臺灣人雖未明確揭櫫獨立建國，但在強調臺灣的政治由臺灣人自理」這個原則極為明確。[72]

荊子馨認為，過去在日中認同的爭鬥中，臺灣人曾同情處於弱勢的中國一方，畢竟日本人同時壓迫著臺、中兩方；二二八事件後，卻醞釀出臺灣人對中國人的深層憤恨，繼而讓臺灣人重新建構，並重新想像了其與日本之間的殖民關係。[73]

陳翠蓮表示，海外臺獨人士將二二八事件作為獨立運動的起點，也造成「外省人原罪論」的出現，甚至變成族群分裂的主因。但陳補充說明，認為這種情況是因為國民黨政府將他們犯下的錯誤，轉嫁到整個外省族群的身上，並隱身其後躲避責任所造成。[74]

(四) 美國因素——以葛超智為中心

關於二二八事件當中的美國因素，其實不少著作中都曾探討，從早期蘇新等人的著作，到葛超智《被出賣的臺灣》，其後陳翠蓮最早大量引用美國國務院臺灣檔案，尹章義、朱浤源、[75]黃富三、蘇瑤崇、王呈祥等都有專文或專書探討，畢凌晨也曾以此撰寫學位論文。

外國勢力，尤其是美國與二二八事件的關係，陳翠蓮算是較早觸及的。在其作品《派系鬥爭與權謀政治——二二八悲劇的另一面向》的第六章「外國勢力與二二八事件」中幾乎用整節的篇幅來描述相關的情況，對美國國務

[72] 王建生、陳婉真、陳湧泉著，《一九四七臺灣二二八革命》，洛杉機：臺灣文化，1984。

[73] 荊子馨著、鄭力軒譯，《成為「日本人」：殖民地臺灣與認同政治》，臺北：麥田出版社，2006，頁62。

[74] 陳翠蓮，〈歷史正義在臺灣：兼論國民黨的二二八論述〉，楊振隆總編輯，《二二八事件 60 週年國際學術研討會：人權與轉型正義學術論文集》，臺北：二二八基金會，2007，頁 358-363。

[75] 本節內容部分直接引用朱浤源教授與作者合著之論文，亦大量使用過去擔任朱老師助理期間進行研究計畫所收集之資料，再次感謝朱老師的幫忙與栽培。

院臺灣檔案也最早大篇幅引用。尹章義在〈美國的擴張主義與臺灣的命運〉一文中，也提到美國一直以來對臺灣的領土野心，及葛超智的部分行動。

謝英德在 2003 年的學位論文〈美國對二二八事件的認知和對策之研究〉中，也透過美國國務院檔案，說明二二八事件發生時，美國高層極力避免介入，採行「無政策之政策」，既不主張介入臺灣托管，也不贊同臺灣獨立。

George H. Kerr（1911～1993），中文名字是「葛超智」。1937 年來到臺灣，擔任多間學校的英語教師，二戰後以駐臺北美國領事館的副領事身分重返。他的作品《被出賣的臺灣》直接敘述陳儀政府在臺灣的種種貪腐暴政，以及二二八事件中民眾遭軍隊屠殺的情況，並責備美國政府出賣了嚮往受其統治的臺灣民眾。這本書戒嚴時期被禁，但在 1970 年代影響許多臺灣海外留學生，紛紛投入臺灣民主運動。陳水扁時期，監察院甚至以官方身分公開肯定這部著作，當作是「美國官方」為二二八歷史所做的「證詞」，而且表示「其可靠性無庸置疑」。[76]

臺北二二八紀念館館長葉博文，在 1998 年以約 20 萬美元的價格買進包含葛超智個人信件、筆記、照片在內的二十箱檔案。[77]這些資料經過蘇瑤崇的細心整理之後，出版為《葛超智先生文集》、《葛超智先生相關書信集》（分上下冊）及《聯合國善後救濟總署在臺活動資料集》。

對葛超智的相關研究，著作較多的應屬蘇瑤崇及朱浤源。蘇瑤崇著有〈沖繩縣公文書館藏葛超智（George H. Kerr）臺灣相關資料與其生平〉、〈葛超智、託管論與二二八事件之關係〉、〈葛超智先生託管臺灣論之思想與影響〉、〈葛超智先生文集與書信集評論〉、〈託管論與二二八事件——兼論葛

---

[76] 監察院編印，《二二八事件受難者家屬陳訴案調查報告》，2004，頁 67-68。「一九四七年間美國駐臺副領事 George Kerr 在其所著『*Formosa Betrayed*』一書，……當為美國官方為二二八歷史做證詞，其可靠性無庸置疑。」

[77] 簡余晏部落格，〈《被出賣的臺灣》作者葛超智的二十箱故事〉，http://www.yuyen.tw/2007/08/blog-post_7126.html，2009 年 5 月 15 日瀏覽。

超智先生與二二八事件〉、〈葛超智文物資料介紹——提供從世界史史觀研究臺灣史的一批資料〉等。

朱浤源將二二八紀念館這批資料與《被出賣的臺灣》進行比對，並參照美國國務院臺灣密檔，撰寫了〈美國政府背叛臺灣：校讀 *George Kerr* 編撰 *Formosa Betrayed* 時的內心世界〉、〈葛超智所著 *Formosa Betrayed* 內容分析〉、〈葛超智在二二八事件中的角色〉、〈戰後美國情報人員在臺活動初探——以 George H. Kerr 為中心〉等。兩位學者對葛超智的研究雖立場不同，但都達到相當高的水準。

1. 戰後的美國與臺灣

太平洋戰爭爆發後，美國為對付日本，讓戰略情報處 OSS（Office of Strategic Services）與戴笠主持的軍統局聯手。兩個單位在 1943 年 7 月 1 日正式合作，成立「中美特種技術合作所」（Sino-American Cooper-ative Organization, SACO，簡稱「中美合作所」），但因 OSS 出現內部爭權問題，加上中美雙方在權責及行動方面都有衝突，這個機構在 1946 年 7 月 1 日因合作破局而終止。[78]

珍珠港事變之後，美國政府通過其國防部遠東戰略小組「以 X 島為暗號的臺灣島戰略調查」專案，決定攻佔臺灣，並在戰後以「國際託管」之名，實際上由美國管控。1942 年，美國情報機構完成臺灣島戰略測量圖，並印行《臺灣財富摘要》等相關資料。[79]

美國為了占領臺灣之後，能維持治安並順利統治，讓預定屯駐的四個連隊海軍，以及隨同登陸的行政、經濟、公共衛生、交通、郵政通信、商業各方面管理的行政軍官、翻譯等，總共高達二千人，陸續到設在哥倫比亞大學的臺灣調查班做完整、有效的訓練。[80]他們甚至提議在登陸臺灣之前，要與

---

[78] 吳淑鳳，〈軍統局對美國戰略局的認識與合作開展〉，《國史館館刊》，33 期，2012 年 9 月。

[79] 尹章義，〈美國的擴張主義與臺灣的命運〉，《歷史月刊》第 219 期，2006 年 4 月，頁 51。

[80] 民主黨的裴爾（Claiborne Pell）就是當時經過行政訓練，原本準備到臺灣的其中一員。他自 1960 年 1 月擔任聯邦參議員，連任至 1997 年 1 月退休，共歷六屆 36 年，並任參議院外交委員會主席

蔣中正達成協議，由美國單獨軍政管理臺灣。[81]

但海軍這項計畫，與陸軍麥克阿瑟的跳島戰術不合，最後在總統羅斯福的裁決下，採用陸軍的主張，攻佔較近日本本土的沖繩。原本準備接管臺灣的訓練計劃只能取消，這讓已經投入大量時間、人力與物資的海軍極為不滿。

陳翠蓮提到，1945 年初，美軍曾在福建招攬劉啟光，組織臺灣工作團赴美，準備利用將來登陸臺灣之用，但該簽呈被蔣的侍從室否決，美方只好與劉解約，後來又有租借臺灣之議。[82]

戰後，依照開羅宣言的承諾，美國海軍協運國府人員及部隊接收臺灣，並派出目的為「尋找美國失蹤飛行員並協助遣返日僑」的「美軍聯絡組」。但 OSS 的「金絲雀任務小組」早已搶先抵達，他們要求總督安藤利吉設置專門組織，為美國收集臺灣特定情報檔案。[83]安藤答應了該小組的要求，讓日本官吏化裝平民收集所需的資料，金絲雀小組對收集到的情報品質相當滿意：[84]

日本陸軍現在正派出官員隨同我們的偵測小組前往各地偵察，但這些日本人偽裝成替我們工作的平民雇員。用這種方法取得的情報，品質極佳。

1945 年 10 月 1 日，金絲雀小組擔心戴笠的人馬搶奪他們掌握的情報，決定盡快帶著資料離開臺灣：[85]

---

8 年（1987-1994）。1983 年 11 月 14 日，他在 FAPA 舉辦的餐會上演講，二次大戰末期，他被選和其他約 200 名（原文如此，但據資料顯示應為 2000 人）文官到哥倫比亞大學受訓，準備美軍佔領臺灣後接管，成立軍事政府（Military government）。陳榮儒，〈悼念裴爾參議員〉，http://www.fapa.org/MISC2009/SenatorPellObituary.htm。2009 年 3 月 31 日瀏覽。

[81] 陳翠蓮，《派系鬥爭與權謀政治——二二八悲劇的另一面向》，臺北：時報文化，1995，頁 395。

[82] 陳翠蓮，《派系鬥爭與權謀政治——二二八悲劇的另一面向》，頁 395。

[83] Nancy Hsu Fleming 著、蔡丁貴譯，《狗去豬來：二二八前夕美國情報檔案》，臺北：前衛出版社，2009，頁 64。

[84] Nancy Hsu Fleming 著、蔡丁貴譯，《狗去豬來——二二八前夕美國情報檔案》，頁 80。

[85] Nancy Hsu Fleming 著、蔡丁貴譯，《狗去豬來——二二八前夕美國情報檔案》，頁 72。

> 金絲雀任務小組一致同意……最好的計畫就是在任何不利的情況發生之前，帶著所有的情報資料離開福爾摩沙。在中國人入侵進而最終佔領福爾摩沙之前，聰明的作法就是將這些戰略服務處收集的資料送到相關的美國國務院、陸軍及海軍權責機關手中，作為入侵前及終戰後的運用……

臺灣當時已由美國政府決定歸還中國，日本也投降一個多月，但美國的軍方情報機構依然打算利用這些臺灣情報來作「入侵前」及「終戰後」的運用。陳儀政府後來發現美、日情報人員合作的狀況，下令解散日本政府在臺的情報組織。但在戰略情報處主任克拉克的主導下，這些情報人員轉為地下化，繼續為該單位服務，安藤上將也「完全配合」：[86]

> 中方已經下令廢除所有的日本情報組織。日本人說中方可能懷疑這些組織為克拉克工作。克拉克已告訴日方遵守中方的命令，但使他們轉為地下化，繼續為他工作。安藤將軍完全配合。

或因美國掌握著這些地下化的情報組織，所以一直能擁有高質量的臺灣情報。此外，他們在臺灣針對各階層人士進行訪問，詢問關於對「臺灣將來」、「對國民政府及中共的印象」等，包括蘇新、楊克煌等人的回憶錄當中，都有被訪問的紀錄，他們多認為美國這些訪問反映對臺的野心。[87]

---

[86] Nancy Hsu Fleming 著、蔡丁貴譯，《狗去豬來——二二八前夕美國情報檔案》，頁 98。上述此段轉引自朱浤源、黃種祥，〈戰後美國情報人員在臺活動初探——以 George H. Kerr 為中心〉，朱浤源編，《二二八研究的校勘學視角：黃彰健院士追思論文集》，臺北：文史哲出版社，2010，頁 237-240。

[87]「臺灣收復後不久，一九四六年一月至四月，美陸軍情報部在臺灣曾作過一次所謂『臺灣民意測驗』。由副領事卡兒（Kerr）計畫，由情報組長摩根上校（Col. Morgan）伴同日人通譯員，公開訪問各階層、各政治思想、各政治派別的臺灣人談話，由『出生』問起，問學歷經歷，問到『對中國政府及中共的看法』和『臺灣的將來』等問題。這樣，費了三個月的日子，訪問過三百多名臺灣人。不久之後，卡兒和摩根兩人就相繼離開臺灣，到南京或東京去。美帝對臺灣的政治陰謀，

陳翠蓮提到，當時戰略情報處針對臺灣的菁英人士，包括林獻堂、許丙、林茂生、廖文毅、陳炘等十餘人進行訪問，但他們都表示臺灣人樂於復歸中國，但希望由臺人治臺，而非由中國大陸進行殖民統治；不希望由美英等國統治，因為不同文不同種，且風俗習慣差異太大，且限於地理條件，不宜成為獨立國家，否則在國際上難有發言權。[88]

美國國務院檔案中，1946 年葛超智訪問曾任貴族院議員的許丙，葛直接詢問許丙，臺灣是否可能獨立？或者能否接受如同菲律賓一樣，由美國託管保護的地位，許丙表示：「以臺灣如此侷限的經濟而言，獨立是不可能的事。」「雖則（被美國保護後）島民的生活水準與一般經濟條件也許會提高，但民眾要與華南建立血緣關係的願望更堅強，不容許這種平靜持續的保護關係。」[89]否定了葛超智的問題。

負責情報的福爾摩沙站站長摩根，認為臺灣在他們心目中的重要性很高，可以成為美國的軍事基地：[90]

> 有一段時間，我們一直以電報密集傳回華盛頓詢問，如果中國落入共產黨手中，國務院似乎可以擺脫「開羅協議」，讓美國可以使用福爾摩沙做為基地。大陸上的情勢發展並不樂觀。馬歇爾將軍

可能是根據這次『民意測驗』的結果。」莊嘉農，《憤怒的臺灣》，臺北：前衛出版社，1990，頁173-174。美國國務院檔案中確實有數份訪問記錄。

「（三十四年）十二月間，有一天晚上，兩個美國人來到人民協會找謝雪紅和我，出示的名片上印著盟軍的甚麼情報部，通過翻譯說他們要和我們談話，請我們次日到一家旅社去……問我臺灣人對國民黨的看法怎樣，我答：『它來到臺灣才幾個月，就幹了許多壞事，臺灣人都反對它。』又問：『這樣下去，是否有可能發生暴動？』……後來才知道那兩個美國人到過全省各地去找各階層的代表人物，向他們了解政治思想情況，以便獲得臺灣各階層人民政治傾向的第一手資料，從這可證明美帝在當時對臺灣就懷著極大的野心。」楊克煌，《我的回憶》，頁 236。

[88] 陳翠蓮，《派系鬥爭與權謀政治——二二八悲劇的另一面向》，頁 396。

[89] 臺檔 1 號，1946 年 1 月 28 日，檔號 894A.00/1-2846 CS/L。葛超智親自進行調查臺灣輿論的報告。

[90] Nancy Hsu Fleming 著、蔡丁貴譯，《狗去豬來——二二八前夕美國情報檔案》，頁 146。

> 已經對雙方失去了耐心，而毛澤東的軍隊正在南下。我們在福爾摩沙上留得越久，它在我們心中就變的越大越重要，大到像是非洲那樣大。

足見美國的部份軍方人員，一直沒有放棄奪取臺灣的想法。但摩根也提到美國中央政府並不接受他們的要求：「最後，國務院對我們許多的懇求，禮貌的建議回覆說，我們只要做好份內的情報工作即可，將外交政策留給他們。」[91]

陳翠蓮提到，對美國政府而言，臺灣問題只是「一大堆緊急問題中的一個小問題」，但過於強調美國利益會被指為「帝國主義」，因此採取了「大陸觀點」，認為臺灣是中國利益的最東端。[92]

2. 二二八事件前的葛超智

George H. Kerr（1911～1993），中文名字是葛超智。1937 年來到臺灣，擔任多所高中的英文教師。[93]在臺期間，廣交臺灣鄉紳賢仕，與友人及學生共赴各地旅遊拍照，並大量收集臺灣地圖。日美關係逐漸緊張時，也收集諸如大東亞戰局圖、太平洋時局地圖、南洋諸國明細地圖等資料。[94]

關於葛超智的身分，一度關係與他十分密切的黃紀男認為他是間諜：[95]

> 喬治・柯爾在日據時代可能是美國中央情報局（CIA）派來臺灣臥底的一名間諜，於一九三七年至一九四〇年日本尚佔據臺灣期間，他便來臺灣擔任當時的臺北一中與臺北高等學校英文老師。

---

[91] 同前注。

[92] 陳翠蓮，《派系鬥爭與權謀政治——二二八悲劇的另一面向》，頁 394。

[93] 朱浤源、黃種祥，〈戰後美國情報人員在臺活動初探——以 George H. Kerr 為中心〉，頁 222。

[94] 林春吟，〈George H. Kerr 收藏的臺灣地圖〉，《和平鴿》，臺北：財團法人二二八紀念基金會，2001 年 8 月，版 2。

[95] 黃紀男口述、黃玲珠執筆，《黃紀男泣血夢迴錄》，臺北：獨家出版社，1991，頁 137-138。

> 諳日語，對臺灣史地經濟頗有研究，後來並為文著成「被出賣的臺灣」（*Formosa Betrayed*）一書。日本戰敗後，他立即以臺灣政治分析專家之身分，奉派來臺出任美國領事館副領事一職。

陳翠蓮也認為葛超智是中情局的情報員。《派系鬥爭與權謀政治》中，她舉 Kerr 提供備忘錄給他在情報局的老長官斐提格上校（Colonel Moses Pettigrew），作為他曾服務於情治單位的證據：[96]

> 柯爾是美國中央情報局的情報人員嗎？在此有一些例證或可提供判斷。一九四九年元月，柯爾提供了一份備忘錄給在 CIA 工作的前軍事情報局之老長官斐提格上校（Colonel Moses Pettigrew）。這份備忘錄是一份堪稱設想周全的美國接管臺灣計劃，柯爾稱之為「美國計劃」（American Program），該計畫的目的在於：（一）不使臺灣淪入對手的共產黨手裡，美國打算干預；（二）干預行動務必要盡量降低外界對美「帝國主義」的批評，或影響美國的聲望與國際領導權；（三）從國內經濟的利益來看，此行動必須將成本降至最低，並使臺灣經濟能夠自給自足維持政府之運作，並對遠東的經濟安定作出貢獻。

王呈祥則轉引葛超智在夏威夷大學的同事鄭良偉教授所說，指出葛超智在學生時期就已有情報員身分：[97]

> George Kerr 曾對我說，他的公寓所看到的珍珠港，時常會讓他聯想起他一生的公職及研究生活。他會想起研究生時代，滿腹的公

---

[96] 陳翠蓮，《派系鬥爭與權謀政治——二二八悲劇的另一面向》，頁 421。

[97] 王呈祥，《美國駐臺北副領事葛超智與「二二八事件」》，頁 12。

> 義心及愛國心，讓他無視任何危險，前往敵國國境的臺灣，一方面教英文，一方面進行秘密的田野工作，收集情報。……他秘密的身分是美國海軍的情報員。每有假期他就與學生到臺灣各地遊覽，調查臺灣的自然地勢、民間機構、人口民情、工農業情形、軍事設備及動態等。

太平洋戰爭正式開打後，葛超智被要求離開臺灣，並在前述的「X 島計畫」中，被聘為專門的民間顧問。1943 年被任命為海軍少尉，配屬於設置在哥倫比亞大學內的海軍軍政大學（Naval School for Military Government），並擔任其中臺灣調查班 （Formosan Unit）的負責人。

葛超智在人際關係的處理上似乎不很擅長。34 年 10 月 24 日，他與陳儀同時抵臺。一星期後（11 月 1 日），便致函上司 Reese，表示美軍聯絡組工作失當，並未發揮真正的代表性。11 月 5 日，又致函 Melville 表示有人在聯絡組中刻意建立權威，並提出建議解決此情況。[98]這與他後來擔任臺北領事館副領事時，跟領事 Blake 相處不來情況相類，導致 Blake 參了一本，讓他被調離臺灣，後來更遭剝奪公務員資格。

他對臺灣的歸屬權十分在意，1945 年 11 月，葛超智的報告中，針對臺灣的行政長官公署提出四點批評，其中最重要的一點是：「中國臨時政府已經漏掉臨時二字，自認擁有此島嶼的主權」。這與戰略情報處駐臺人員的想法一致。他們不斷向美國政府提供類似的情報，像是「日本人對傳言福爾摩沙將成為美國託管的領土非常高興」、[99]「福爾摩沙人反對陳儀政府，並想完全排除它」[100]等，希望美國政府重新考慮臺灣的歸屬。

葛超智後來在臺北領事館擔任副領事，扶植黃紀男成立了「臺灣青年同

---

[98] George H . Kerr 著，蘇瑤崇主編，《葛超智先生相關書信集（下）》，臺北：臺北市 228 紀念館，2000，頁 899。

[99] Nancy Hsu Fleming 著、蔡丁貴譯，《狗去豬來——二二八前夕美國情報檔案》，頁 126。

[100] Nancy Hsu Fleming 著、蔡丁貴譯，《狗去豬來——二二八前夕美國情報檔案》，頁 132。

盟」，致力於協助 Kerr 等人進行臺灣託管運動。〈黃紀男自白書〉中提到：[101]

> 民國 36 年 1 月，我認識臺灣美國新聞部長卡脫（Catto）、美國副領事卡爾（Kerr），並得其等支持，與莊要傳、鄭瓜飈等組織「臺灣青年同盟」。開始從事地方自治之政治活動，同年九月，離臺赴京滬，晉見司徒雷登美國大使，報告二二八事件後臺灣社會政治經濟等情形及經司徒大使轉致中國政府在臺政治改革於十月當即返臺。

黃紀男、莊要傳等人都是日治時期的臺籍菁英份子，[102]他們在日本不公平的統治下，仍能取得相當的成就，因此對空降的臺灣新統治階層有許多不滿。莊要傳曾表示，葛超智及其他美國人與他們密切合作：[103]

> 在這段期間內，我們的獨立運動萌芽，由黃紀男領導的「臺灣青年同盟」，構成了這個運動的核心，美國駐臺北領事館的副領事柯喬治，以及一些其他的美國人，與這個運動的領導，進入密切的合作。

莊向美國國務院請求協助時，將葛超智視為與美國政府聯繫的中間人，可見葛是自稱美國代表的身分與他們往來。而葛超智被調離臺灣後，美國新

---

[101] 〈黃紀男自白書〉，警務處刑事警察總隊檔案，民 39 年 5 月 18 日簽報。國家檔案局檔號 0041/340.2/5502.3/11/012。

[102] 黃天橫，〈日據時期臺灣籍人考中日本高等考試行政科名錄〉，《臺灣文獻》第 44 卷，2-3 期，1993，頁 137。轉引自劉恆妏，〈日治與國治政權交替前後臺籍法律人之研究——以取得終戰前之日本法曹資格者為中心〉，《戰鬥的法律人——林山田教授退休祝賀論文集》，臺北：元照出版社，2004。

[103] 臺檔 528 號，附錄七。莊若權、佛朗克林撰，〈臺灣獨立運動與美國〉。

聞處處長卡托（Catto）接手了他的任務：[104]

> 因此，不僅黃紀男，而且還有莊要傳，他們的行動，成為臺灣愛國志士與代表美國當局的卡托先生間的中間人；至於柯喬治與佩因兩位先生，則已回美國。

黃紀男在自傳中提到，他與鄭瓜𤋮、莊要傳、陳瑞謙等人成立「臺灣青年同盟」，初期僅是周末相聚暢談時政，表達對陳儀政府的不滿；[105]莊要傳表示，早期他們活動目的並不是讓臺灣獨立，而是由聯合國託管臺灣。畢竟聯合國甫成立「託管委員會」，相關制度讓某些人充滿期待。甚至有傳言美國企圖藉此方式，託管整個太平洋上所有主權不明確的島嶼及國家，以形成對蘇聯的完整防線，而不僅止於臺灣。但此種主張受到蘇聯、英國等國家反對，連韓國也不接受，大多數臺灣人也一樣，使葛超智等人的託管論乏人問津。[106]

黃富三對此有不同看法，他更深入指出葛超智主張的託管，並未排除中國：Kerr 在一九四三年秋給美國國防部的備忘錄，呼籲由聯合國委託相關成員國共同管理，而中國「充分參與」。[107]蘇瑤崇亦表示：「在國際共管下，葛超智並沒有否定中國應有的參與。」[108]

---

[104] 臺檔 528 號，附錄七。莊若權、佛朗克林撰，〈臺灣獨立運動與美國〉。其中卡托為美新處處長，佩因則任職於聯合國救濟總署。

[105] 黃紀男口述、黃玲珠執筆，《黃紀男泣血夢迴錄》，頁 136-137。

[106] 莊要傳提到：「不過，這個運動的目的並不在獲得獨立，而在奠定由聯合國託管（臺灣），所以這個運動無法打動知識分子的內心。」臺檔 528 號，附錄七。莊若權、佛朗克林撰，〈臺灣獨立運動與美國〉。

[107] 黃富三，〈葛超智與臺灣主體意識的發展〉，胡健國編，《20 世紀臺灣歷史與人物——第六屆中華民國史專題論文集》，臺北：國史館，2003，頁 1113-1114。

[108] 蘇瑤崇，〈葛超智、託管論與二二八事件之關係〉，《國史館學術集刊》第 4 期，2004，頁 144。葛氏 1942 年之備忘錄，見《葛超智先生文集》，編號 004，“Draft: To Occupation and Subsequent Administration of Formosa”，p. 19 & p. 33。1943 年之備忘錄，見《葛超智先生文集》，編號 009，“Political-Economic Problem in Formosa”，p. 53。

（高雄訊）高雄市政府培植本市特種水產人才，查「底曳網」漁術爲水產捕魚技術最進步之一種，其生產力量之大爲他種漁術冠，過去本省此業均操日人手中，本省無一得其傳者，市府謀使省人水產技術深造發展漁業時獎勵省人學習是項技術，利用日籍技術人員徵用期間，遴選本省市富有水產學生富經驗之優秀青年八名爲第一期練習生，於本月十二日分派隨該種（底曳網）漁船出海從事實習，將來學成成績優良者則以正式船員充任待遇頗優云。

卡賓視事

（中央社本市訊）美國新聞處台灣辦事處主任卡賓，已於昨日到處視事，卡氏前服務於美國戰時情報局，最近來華，曾旅居夏威夷多年，此次自滬來此，携有大批新刊書籍雜誌，又卡賓夫人亦同輪抵台。

繆逆斌被槍決

（中央社南京廿二日電）蘇州訊：繆逆斌死刑經最高法院判定後，蘇高院於廿一日在蘇執行槍定，下午五時正，法警將繆逆自獅子口第三監獄內提至刑場，高院並派檢察官李曙東、書記官王亞雄、蒞場監刑，當即諭知執行命令，並詢以有無遺囑，繆逆當即出遺書兩封，係分致其父母及妻子者，五時十五分正，檢察官命繆逆跪於刑場正中，法警發槍彈自後腦射入，於口中穿出頓時畢命。

圖 3-1　《民報》35 年 5 月 23 日報導卡托來臺

卡托在民國 35 年 5 月抵臺，擔任美國新聞處處長，同樣出身 OSS。《民報》當時曾報導：[109]

> 美國新聞處臺灣辦事處主任卡賓（Catto），已於昨日到處視事，卡氏前服務於美國戰時情報局，最近來華，曾旅居夏威夷多年。此次自滬來此，攜有大批新刊書籍雜誌，又卡賓夫人亦同輪抵臺。

佩因（Edward Paine），1919 年 12 月 14 日出生於美國加州，1939 至 1942 年初從事大眾傳播事業，一度在好萊塢的 CBS 工作。1942 年 3 月入伍美國空軍，接受預備軍官及情報訓練，結訓後派駐中國戰區；初為情報員，後來晉升至少校。大戰末期由海外調回美國，1946 年退役後轉而服務於聯

---

[109] 《民報》，35 年 5 月 23 日，二版。

合國救濟總署，同年 4 月抵臺，為總署分析經濟情況及撰寫報告。[110]

佩因因工作所需，對臺灣歷史、資源、及二次大戰後的社會、經濟有深刻了解。楊宗昌提到：「在二二八事變之前，他便致力於將國民黨政府的腐敗無能，以及中國官員視臺灣為戰利品，待臺灣人如屬下臣民的情況，轉告美國有關單位。」二二八事件發生時，總署的法籍主管正在上海出差，由 27 歲的佩因代理主管任務。[111]

除了黃紀男等人，葛超智也看中擁有《自由報》、《人民導報》等多家媒體，又是茶業公會領導人的省參議員王添灯。蘇新提到，卡托曾透過翻譯陳振興，請王添灯赴美新處的茶會。王與潘欽信、蘇新商量過後，決定參加。王抵達時，在場已經有七八位臺灣紳士，他們一邊跟王寒喧，一方面試探他：「臺灣不能這樣下去了，最好是自治或者獨立，不知道王先生有甚麼高見？」王添灯當場表示：「今天這個茶會真有意思，原來你們都是卡爾先生（Kerr）的好朋友，但真對不起，我是中國臺灣省參議會的議員，你們對我談這樣的問題，未免太失禮！」，並要陳振興轉達：「請轉告卡爾先生，說他找錯了對象！」[112]

莊要傳發給美國國務院的報告中，提到二二八事件前夕，葛超智、卡托及 Paine（佩因）三個美國官員否定「開羅宣言」的法律地位，且鼓勵臺人趕走中國人。並承諾倘能發動相關運動，美國會給予「強大援助」：[113]

> ……有一個人要提到，那便是一九四七年元月，馬歇爾將軍承認調處中國國民黨與共產黨失敗。也就在這同一時間，在臺北的美

---

[110] 楊宗昌，〈佩恩先生——一位目擊二二八事件的美國友人〉，http://www.wufi.org.tw/taiwan/painec.htm，2009 年 12 月 12 日瀏覽。

[111] 楊宗昌，〈佩恩先生——一位目擊二二八事件的美國友人〉。

[112] 蘇新，《未歸的臺共鬥魂》，頁 112-113。

[113] 臺檔 528 號，附錄七。莊若權、佛朗克林撰，〈臺灣獨立運動與美國〉，1949 年 2 月 9 日，東京美國駐日政治顧問室致國務院遠東司函，密等為最機密。

> 國當局人士，諸如臺北領事館副領事柯喬治、美國新聞處處長卡托、以及聯合國救濟總署的佩因上校，告訴黃紀男和他的同志：「開羅宣言」由於不是一項國際條約，不能決定臺灣的法律地位，臺灣可請求聯合國進行託管，將中國人趕出去。倘若臺灣人能組成一項有效的運動，以達成這項目標，美國就會願意對臺灣人予以強大援助。

那麼，二二八事件的發生與葛超智的煽動是否有關？由於目前證據不足，無法做出準確的判斷。

3. 二二八事件與葛超智

(1) 提供武器之說

二二八處委會成立後，王添灯一直是其中的重要人物。他的下屬蔡子民與蘇新、吳克泰等都提過，在事件期間，葛超智曾派人向王提出可以支援武器的提議。蔡子民說：[114]

> 我有位陳姓朋友經常出入美國新聞處，經常拿些資料給我看，當時美國新聞處也提供中文新聞稿給我們。二二八的第三天左右，陳姓友人來告訴我說：「Kerr 說如果臺灣人要武器，他可以從馬尼拉送過來！」他要我去告訴王添灯，因為我經常在天馬茶行出入。但我覺得不妥當，告訴了王添灯，王先生說我們臺灣人的事情不要美國人插手，不要理他！因此，這事情就不了了之。但柯喬治的確有向我們提議供給武器。

吳克泰提到：[115]

---

[114] 劉國基整理，〈二二八在北京發言——「二二八事件座談會」紀錄〉，收錄於王曉波，《臺盟與二二八》，2004，頁 346。

[115] 同前注。

我也有證據。當時我周圍有個學生跑來告訴我，說美國人願意提供武器，從馬尼拉用快艇運來，只要六個小時就可抵達淡水。……學生問我美國人提供武器要不要？我回答，美國人提供武器不見得與臺灣人民站在一邊，而必然有條件的，我們不接受。

葛超智僅是臺北領事館副領事，地位不能算高，雖有上尉軍銜及情報員資歷，能否動用美軍武器支援臺人值得懷疑，恐怕只是口惠而實不至，除非他背後有更強大的靠山。但對別有用心的人來說，美國軍方願意提供武器支援，肯定是極大誘惑。此項傳言流傳甚廣，蔣經國後來在臺灣短暫停留的調查期間也曾聽聞，因此他向蔣中正發出的密電中指出，有人向美方要求武器及金錢，結果「美允 money」，並未同意提供武器。[116]

蔡子民還提到葛超智等人在二二八期間十分活躍，鼓勵民眾反抗政府：[117]

另外一個事實如下，當時美國領事館的人坐了吉普車外出巡查，碰到臺灣人民暴動現場，則一直豎起大拇指稱讚叫好。美國人為什麼鼓勵我們臺灣人暴動呢？這是我親眼目睹的。由此可知，美國人當時確有此意，但臺灣同胞沒被煽起來而已。

上海《大公報》的記者李純青也提到，有美國領事館官員在群眾當中鼓掌並送香菸、糖果，還有青年上臺提議讓聯合國主持公道：[118]

美國人利用民變大事宣傳，說臺灣人反對中國，希望美國託管，

---

116 〈蔣經國致蔣中正密電〉，林德龍，《二二八官方機密史料》，臺北：自立晚報，1999，頁 176。

117 劉國基整理，〈二二八在北京發言——「二二八事件座談會」紀錄〉，頁 346。

118 李純青，〈石獅嘴裡的石球——臺灣〉，王曉波，《臺盟與二二八事件》，臺北：海峽學術，民 93，頁 104-105。

其次希望恢復日本統治。這真是胡說八道。請問參加二二八革命的人物，哪一個是親美的？哪一個贊成託管？……美國帝國主義的特務－臺北總領事館的官員，曾插進群眾中煽動暴動，送香煙糖果，對臺灣人鼓掌叫好。請問，臺灣人對美國的反響如何？沒有。有一個喊口號或貼標語歡迎美國嗎？沒有。只有一次，有個被美國收買的青年，在臺北公會堂提議：請聯合國對臺灣問題主持公道。可憐這位無知的青年話未說完，就被聽眾噓下來了。

(2) 公文往返

葛超智在 36 年 3 月 3 日，第一次向南京大使館報告了二二八事件的情況。主要內容摘要如下：[119]

「臺灣民眾在無組織，也無武器的情況下，與陳儀的政府軍衝突。公署的部隊不分青紅皂白，射擊無武裝且有秩序的示威群眾，甚至使用達姆彈，死亡四人，導致群眾整個下午痛打內地人，有些被打死，政府專賣局被搶掠，貨物被焚燒，但這些本省人完全沒有拾取貨物，連黃金跟鈔票都直接焚燒。而北門事件中，二十五人被打死，一百三十多人受傷，甚至有巡邏車使用達姆彈，目前還沒有例子證明本省人在臺北使用槍械。

這使本省人不得不開始武裝，但他們仍想與政府和平相處，本省籍警察及軍隊都準備將武器交給本省人，政府則毫無信義的調動五千兵力北上，卻在新竹被民眾搬走鐵軌，無法前進。美國人深得民望，社區安全無事，領事館館員在街頭開車，都受到群眾拍手歡呼。臺灣民間正籲請美國及聯合國干預，至少作一次公正調查，領事館已接受一份上面有八百十七人簽名的請願書。」

上述的臺灣人請願書，由《葛超智書信集》及黃紀男的回憶錄比對，出自黃的手筆，而且經過葛超智加工；可惜美國駐南京大使館並未對這份請願

119 《臺檔》32 號，1947 年 3 月 3 日，臺北領事館呈南京大使館。

書做出後續處理。

葛超智僅為駐臺北領事館的副領事，發給南京大使館的報告，須經過領事布雷克簽字劃行才能呈報，因此他的行動某種程度受到限制。二二八事件發生時，局勢混亂，布雷克對葛超智報告書的內容並不全然同意，所以在提呈報告同時，特別加了一段附註，表示在「維持關係」的壓力之下，不能對報告做大幅度修改，但報告內容「應該由更客觀的方式來呈現」，並向大使館表示，至少臺北群眾參與對主要百貨公司的搶劫行為，是他已經確認的事實，與葛超智所言有落差：[120]

> 作為這個單位的主管，對於上述所附的通訊（despatch），我有這份榮譽來報告。因為它所述尚無錯誤，除了以下可能的例外，那就是臺北主要百貨公司的劫掠案，其中臺灣暴民之參與業經證實。然而，依本人所見，縱使撰寫報告的誠意，經不起絲毫的質疑，國務院與大使館的要求，也許應該由更客觀的方式來呈現達成才好。
>
> 因此謹建議，本報告及爾後可能郵寄同一主題的報告，評估這項觀察時，請銘記在心，在其他緊急職責，以及維持工作館員關係的壓力下，使職無法辦到在擬稿時，不發生事實上的粗忽而作大規模的修改。

---

120 《臺檔》31 號，1947 年 3 月 14 日，南京大使館呈國務院。此為朱浤源教授翻譯。原文為：I have the honor to report that, as the principal officer at this post, I have signed the accompanying dispatch referred to above since it contains no misstatement of fact, with the possible exception that, in the case of the sacking of the principal department store at Taipei, there appears to have been an established instance of looting for personal gain by members of Formosan mobs. In my opinion, however, the purposes of the Embassy and the Department might perhaps better be served by a more objective style of presentation of the facts being reported and the conclusions drawn therefrom, even though the sincerity behind the presentation cannot possibly be subject to the slightest question. It is accordingly recommended that this observation be borne in mind in the evaluation of this and possibly future mail reports on the same subject, which pressure of other urgent duties and maintenance for me to prepare or, where no factual inaccuracy occurs, to revise in large scale.轉引自朱浤源、黃種祥，〈戰後美國情報人員在臺活動初探——以 George H. Kerr 為中心〉。

3 月 7 日、10 日兩天，葛超智接連發出三份報告，布雷克可能因為忙碌，或不願意再次為其報告背書，都直接讓葛超智以代領事之名，透過副武官直接送抵大使館。3 月 7 日的報告中，葛超智將臺灣當時的勢力分為四類。其一是陳儀政府的官方力量，第二是二二八處委會，第三是個「無法清晰界定、隱藏的組織，對任何來自大陸的力量，表示要做充分的抵抗。」最後則是準備在事件中混水摸魚的流氓幫派。

他在這份報告中強調：政府並未遵守與人民的約定，不值得信任；二二八處委會則匯集了所有臺灣的專業領袖，可充分代表民意；臺灣民眾認為臺灣的統治責任在盟軍，尤其美國應該在支配的地位，如果陳儀政府繼續執政，經濟必然崩潰，共產黨可能會隨之而來。[121]

葛超智利用民眾的期望為藉口，誘使美國政府介入事件，至於他所提的「無法清晰界定、隱藏的組織」，比較合理的推測是，他想把自己一力扶持的黃紀男等人，塑造成一個在美國政府眼中對臺灣有足夠影響力，可以在臺灣「託管」時成為傀儡政府的團體。[122]

葛超智在 3 月 10 日發出的第一份報告，也就是 3 月 7 日處委會向陳儀提出的「三十二條要求」。這些要求當中，最嚴重的兩條是所有武裝部隊繳械，及長官公署所有政治軍事施政，必須先向處委會「洽商」。[123]這兩點造成陳儀大怒，當場將要求「隨手擲地三尺以外」，導致代表們「眾皆相顧失色」，[124]隨後斷絕與處委會的協商，並致電蔣介石，表示決心清除奸匪叛徒，不容其遷延坐大。

關於三十二條的討論不少，蘇新、吳克泰等中共地下黨員，都認為關鍵

---

[121] 《臺檔》33 號，1947 年 3 月 7 日，臺北領事館呈南京大使館。

[122] 朱浤源、黃種祥，〈戰後美國情報人員在臺活動初探——以 George H. Kerr 為中心〉，頁 258-262。

[123] 〈陳儀呈蔣主席三月庚電〉，中央研究院近代史研究所編，《二二八事件資料選輯》(二)，頁 110。陳儀在報告中對蔣提到不與討論，嚴詞訓斥這幾條要求。

[124] 李翼中，《帽簷述事》，《二二八事件資料選輯（二）》，頁 384。「聞吳國信言，陳儀於公署四樓接見黃朝琴等，批閱綱要序文未畢，忽赫然震怒，隨手擲地三尺之外，遂離座，遙聞厲聲，毫無禮貌而去，眾皆相顧失色。」

的幾條是在群眾喧嘩混亂之際，國民黨趁亂加入的；黃彰健指出三十二條提出後，王添灯在發佈時私下修改；朱浤源、黃文範認為葛超智在王添灯版本上又再次「上下其手」；近來陳君愷則提出大膽的假設，認為三十二條最有爭議的十條，都是國民黨在事後添加，嫁禍處委會，作為鎮壓的口實。

美國領事布雷克事後撰寫報告，表示這三十二條要求過於嚴苛，不會被任何擁有主權的國家接受。[125]美國明尼蘇達州的《波利論壇報》在 1947 年 3 月 31 日大幅報導「中國軍隊鎮壓民眾的暴行」，但該份報導也提到，這三十二條的要求已經「近乎獨立」，[126]超出政治改革的範圍。

《悲劇性的開端——臺灣二二八事件》當中，提到魏德邁將軍也不認同葛超智的報告，而將二二八事件視為「叛變」：[127]

> 一九四七年八月十七日，魏德邁將軍給美國國務院的報告上，毫無錯誤地指出此一事件為「叛變」。從民眾摧毀的巨大財務損失（價值十億臺幣，如以一九四七年的匯率計算，折合兩億美金），和眾多死傷的外省人（超過一千人），以及要求政府軍隊解除武裝，和任由暴動集團重建臺灣政府行政組織等角度來看，此次事件很明顯地具有叛變的特性。

葛超智在 3 月 10 日，又發出第二份報告，表示陳儀若繼續執政，「臺灣人民必將繼續暴亂直到被共產黨控制」，接著試圖說服國務院至少撤換陳儀，臺灣才可以成為美國經濟、交通的據點：[128]

> 美國惟有在支持蔣主席作第二種抉擇才能有利，那也就是撤換陳

---

[125] 臺檔 41 號，1947.04.06，檔號 894A.00/4-647。

[126] 臺檔 40 號，1947.04.11，檔號 894A.00/4-447，附檔。

[127] 賴澤涵、馬若孟、魏萼合著，羅珞珈譯，《悲劇性的開端——臺灣二二八事變》，頁 292-293。

[128] 臺檔 35 號，1947 年 3 月 10 日，臺北領事館呈南京大使館。

儀將軍。美國也惟有鼓勵以一位自由派的省長，在他治下，臺灣能發展為一項經濟資產，達成了自北海道延伸到菲律賓島連鎖中的一環方始有利。

葛向國務院表示，美國應該否認蔣中正對臺灣的統治地位，將臺灣島收為美國的「一項資產」：[129]

假使承認蔣主席在大陸的地位，會有更進而分崩離析的可能，美國更應該保持這個戰略性的海島，作為一項資產，而不是軍事負擔。在中國大陸上，沒有一個省能提供這麼多可以匹敵的資產：五十多個機場，兩處現代的海港，一個高度開發的交通體系，鄉野農業富裕，而人口相當稀少，受教程度高，政治上統合一致。

代理大使白德華（Butter Worth）在將葛超智的報告轉呈國務院時，不但附上了布雷克的批註，也加上一段附註，表示對報告內容的不信任：[130]

這些報告（按：臺檔第 32-35 號等四份報告）在閱讀時，應當徵諸事實，即臺北領事館在臺灣當前的不安下，受有非比尋常的工作壓力；時間因素，使得擬稿官員在這幾份報告之中，需大致接受資料，未能評估，而主辦官員未能如正常在提呈資料時，加以充分檢查。

美國駐南京大使館對葛超智的舉動感到不安，命他於 3 月 17 日到南京解釋，後經大使館調查，Kerr 的報告確實有不合事實之處。同年 4 月 10 日，他又奉命對白崇禧赴臺宣慰任務提出備忘錄，但其內容全盤否定國府的所有

[129] 同前注。

[130] 臺檔 31 號，1947 年 3 月 14 日，南京大使館呈國務院。

撫慰及調查。白德華在 4 月 15 日轉呈其備忘錄時，再次加上附註：「或許他的論調較高，但評論與措辭過於武斷與刺耳」，還提到葛超智對於「目前陳儀政府繼續在臺灣執政，似乎也就越來越難有冷靜、公正的評論。」[131]等於對他的能力作了不適任評價，導致葛超智在 5 月中被送回美國，最終剝奪了公職身分。這代表他在二二八事件期間的行動，與美國官方的立場是牴觸的。

陳翠蓮表示，綜觀美國政府在二二八事件當中的態度，基本上謹守不介入的原則，儘管曾私下表示關切並提出備忘錄建議蔣中正，但副國務卿答覆議員鮑爾的函件中，確實表達了美方遵守開羅宣言，無意提出抗議或者介入的立場。蔣對美國的建議及政治改革的要求，則以明快的任命魏道明為省主席來呼應。[132]這種情況顯示當時中美之間的互動還算良好，並未受到葛超智事件的影響。

接任布雷克的新領事克倫茲（Kenneth Krentz），在上任後調閱葛超智的報告，並於翌年 1 月 26 日回報大使館。他認為葛的文筆很好，但太過感性，拿臺灣的二二八來對比美國獨立革命，根本胡說八道：[133]

> 本人讀海軍上尉柯喬治（Lt. Kerr）對本地人民許多報導，極為欣賞他的報導才能，但認為情感上大加渲染，對這些人民不可能提供適當的判斷。柯喬治反反覆覆說，臺灣政治情況有許許多多的因素，可以與美國革命前的政治情況相比擬，本人認為這是純粹的胡說八道（This I believe is pure nonsense.）。

---

[131] 臺檔 44 號，1947 年 4 月 15 日發文，由南京大使館發往國務院，檔號 894A.00/4-1547。

[132] 陳翠蓮，《派系鬥爭與權謀政治——二二八悲劇的另一面向》，頁 407-408。

[133] 臺檔 313 號，1948 年 1 月 26 日發文，該文由臺北總領事館發給南京大使館，國務院編號 894A.00/1-2648。陳翠蓮的翻譯則是「思考太過情緒化，失去當地民眾公正判斷的可能」；且把臺灣的政治情形比作美國獨立革命，則「簡直是無知」。陳翠蓮，《派系鬥爭與權謀政治——二二八悲劇的另一面相》，頁 418。

(3) 達姆彈事件

臺北二二八紀念館中，有本被達姆彈擊中的厚重醫學書籍放在展覽區，作為我國軍警使用國際公約禁止的武器，來傷害民眾的證據。這顆子彈的由來，正是前述任職聯合國救濟總署的佩因中校，在二二八事件時，他目睹「中國一輛軍車在臺北通過所發射」，並交給美國領事館。[134]接著馬上由葛超智在 3 月 3 日作為報告內容，發文給南京大使館，表示臺灣軍警使用國際禁止的子彈屠殺民眾；3 月 7 日的報告中，再次強調軍警對民眾使用此種彈藥。《被出賣的臺灣》中，聲稱這顆子彈是由臺籍醫生的診所，受到「路過的巡警」「任意」開火所得，與當年他寫給國務院的報告內容不符：[135]

> 三月二日……一位臺籍醫生跟幾個朋友帶來一顆軟鼻子彈，這顆子彈是前天中午一個路過的巡警在任意開火時，射入他的醫院，剛好打穿在診所架上的一部厚厚的醫學書。他要求領事館向有關當局提出抗議，理由是國際協定上明文禁止使用軟鼻子彈。

楊宗昌提到，佩因（Paine）最令他難忘的是，為臺灣民眾保存「這本夾有平頭子彈的醫學書」，來證實當年蔣介石統領下的國軍以非法子彈，殘害臺灣百姓。[136]此顆子彈並未傷人，好巧不巧地打在一本厚重的書籍上，子彈也完好的保存，實在是完美至極，鐵證如山。

姑且不論 3 月 3 日國軍尚未抵臺，警察配置達姆彈根本不可能，綜觀整個二二八事件，除美國領事館的這項「鐵證」之外，似乎未有其他使用達姆

---

[134] 臺檔 33 號，1947 年 3 月 7 日由 Daw 中校直送南京大使館，未經 Blake 簽字。

[135] 《被出賣的臺灣》，頁 263。*Formosa Betrayed* 之原文為 A Formosan doctor, with several friends, bringing us a dum-dum bullet. On the previous afternoon this random shot, fired by a passing patrol, had entered the doctor's office and lodged in a heavy medical volume on the clinic shelf. Would the Consulate please lodge a protest with the proper authorities? The use dum-dum bullets was outlawed by international agreements.（p.264）

[136] 楊宗昌，〈佩恩先生——一位目擊二二八事件的美國友人〉。

彈的案例，警總的資料中也沒有國軍使用類似子彈的紀錄；黃彰健院士曾表示，當時中國的兵工廠並無製作達姆彈的能力。[137]那麼這粒來源不明的彈頭，是否可以懷疑，是葛超智與佩因用來誘使美國政府介入二二八事件的藉口呢？

(4) 利用合眾社報導企圖擴大事端

二二八事件的報導，在 3 月 1 日開始登上中國大陸媒體的版面，《大公報》及《申報》都採用了中央社的新聞稿，《申報》的標題是「臺北戒嚴 因查私菸傷及人命」，《大公報》則是「臺北緝私引起武劇 專賣局人員竟毆傷人命 激怒群眾到處大打一番 長官公署決定處置辦法」，內容大致與臺北的報導相去不遠。[138]

但，3 月 3 日的上海《大公報》突然出現了合眾社在前一天所發的新聞稿，表示臺北的紛爭已有三、四千人殞命，當地憲警被迫向憤怒群眾開槍，百姓多人擬入美國領事館避難。[139]《文匯報》較大公報多引合眾社一條報導，表示這是空前的「大流血慘劇」。[140]

---

[137] 黃彰健，《二二八事件真相考證稿》，頁 514-515。

[138] 汪朝光，《1945-1949 國共政爭與中國命運》，頁 280。

[139] 《大公報》，上海，1947 年 3 月 3 日。

[140] 《文匯報》，上海，1947 年 3 月 3 日。

台北市面尚未恢復
據報有三四千殞命

【中央社台北二日電】台北市內，表面雖較平靜，但住
戶商店尚未開門。昨夜市郊新店被服廠，遭台胞二百餘搗毀
，新竹縣府一度被圍。陳儀長官，應參議會之要求決定：
㈠釋放因擾亂治安被捕之台人，並允不予追究。㈡死亡人民
，包括外省及台籍優予撫卹。公署已派嚴一鸞、包可永、趙
連芳等五人參加「二二八」事件處理委員會。
【合衆社南京二日電】據悉：台灣台北發生騷擾後，已
有三四千人殞命，此次騷亂原因乃由當地人民不滿該地行政
機關所致。迫於二十八日下午，遂以小端而釀成巨禍。據稱
：該地警察係被迫向忿怒羣衆開槍。現有百姓多人擬入美領
事館避難。此次騷擾是否已蔓延台灣全境，尚未確定。迄至
一日晚，尚未獲得詳細情形云。

圖 3-2　1947 年 3 月 3 日《大公報》報導

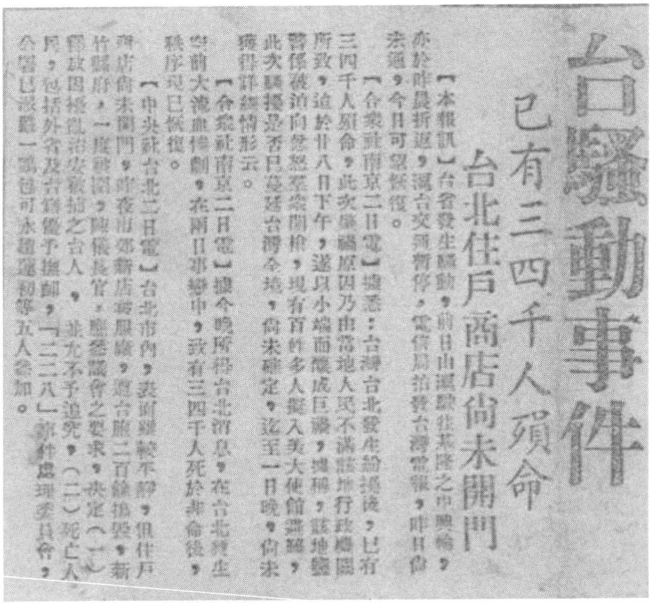

台騷動事件
已有三四千人殞命
台北住戶商店尚未開門

【本報訊】台省發生騷動，前日由滬駛往基隆之中興輪，
亦於昨晨折返，滬台交通暫停，電信局拍發台灣電報，昨日尚
未通，今日可望恢復。
【合衆社南京二日電】據悉：台灣台北發生騷擾後，已有
三四千人殞命，此次騷亂原因乃由當地人民不滿該地行政機關
所致，迫於廿八日下午，遂以小端而釀成巨禍，據稱，該地警
察係被迫向忿怒羣衆開槍，現有百姓多人擬入美大使館避難，
此次騷擾是否已蔓延台灣全境，尚未確定，迄至一日晚，尚未
獲得詳細情形云。
【合衆社南京二日電】據今晚所得台北消息，在台北發生
空前大流血慘劇，在兩日事變中，致有三四千人死於非命後，
秩序現已恢復。
【中央社台北二日電】台北市內，表面雖較平靜，但住戶
商店尚未開門，昨夜市郊新店被服廠，遭台胞二百餘搗毀，新
竹縣府，一度被圍，陳儀長官，應參議會之要求，決定（一）
釋放因擾亂治安被捕之台人，並允不予追究，（二）死亡人
民，包括外省及台籍優予撫卹，「二二八」事件處理委員會，
公署已派嚴一鸞包可永趙連和等五人參加。

圖 3-3　1947 年 3 月 3 日《文匯報》報導

這報導內容明顯與事實不符，國軍甚至還沒有接到調動的命令，臺北怎可能已有數千人喪命？且逃往美國領事館求救的，是被二二八事件本省參與者追打的外省民眾，與憲警開槍並無關連。3 月 4 日，與共黨關係密切的《文匯報》以此大作文章，並馬上報導臺灣旅滬同鄉會要上書蔣主席的新聞，要求徹查慘案。[141]

3 月 5 日《大公報》刊登了中央社新聞稿，澄清臺北至 3 月 4 日為止，臺胞傷亡約 40 人，反倒是外省公務員及眷屬被毆傷亡者已逾四百人，且巡邏的憲警只有開槍反擊，逃往美國領事館避難的，都是被追打的外省群眾。[142]《文匯報》當然未刊登中央社的這份聲明，其他報紙雖然刊載，但這份聲明與報導隔了兩天，為時已晚，軍警屠殺的形象已深入人心，甚至 3 月 5 日旅滬同鄉會的公開聲明及譴責，都還沿用合眾社在 3 月 2 日的那則報導。

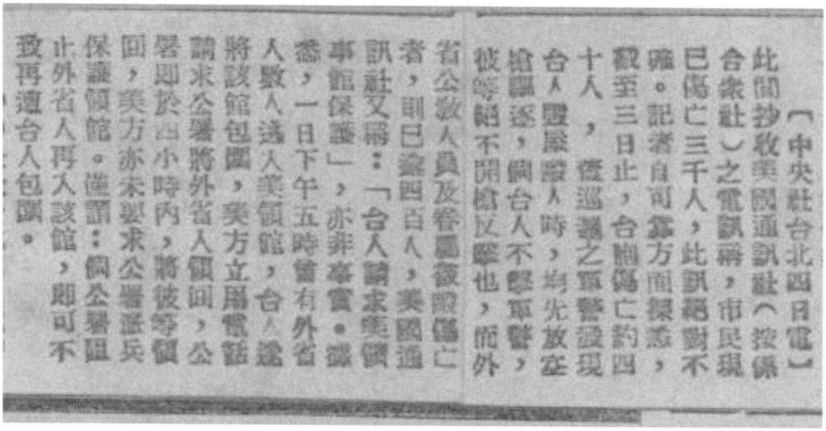
〔中央社台北四日電〕此間抄收美國通訊社（按係合衆社）之電訊稱，市民現已傷亡三千人，此訊絕對不確。記者自可靠方面探悉，截至三日止，台胞傷亡約四十人，查巡邏之憲警發現台人毆打人時，均先放空槍驅逐，倘台人不聽軍警，彼等絕不開槍反擊也，而外省公務人員及眷屬被毆傷亡者，則已逾四百人，美國通訊社又稱：「台人請求美領事館保護」，亦非事實。據悉，一日下午五時曾有外省人數人逃入美領館，台人遂將該館包圍，美方立用電話請求公署將外省人領回，公署即於四小時內，將彼等領回，美方亦未要求公署派兵保護領館。惟聞：倘公署阻止外省人再入該館，即可不致再遭台人包圍。

圖 3-4　1947 年 3 月 5 日《大公報》報導

美國合眾社的這則報導從何而來？或可合理懷疑，是派駐在臺北的美國新聞處處長卡托，為了配合葛超智的行動，企圖擴大宣傳二二八事件，來增

141 〈臺南臺北續有紛擾 當局組二二八案處理委會 民眾要求改變現行政策〉、〈臺旅滬同鄉會 上書蔣主席 要求徹查慘案真相〉《文匯報》，上海，1947 年 3 月 4 日。但 3 月 4 日軍隊尚未派出。

142 《大公報》，上海，1947 年 3 月 5 日。

加新聞的能見度，作為誘使美國政府干涉臺灣問題的一個手段。

4. 二二八之後的葛超智等人

(1) 葛超智

葛超智在二二八事件之後，被要求前往南京大使館，對其行為進行解釋，他提到使館對他的態度並不友善：[143]

> 我在南京所受到的接待可就失色多了，一位大使館的高級秘書在機旁接我，把我匆匆遣到大使館的招待所，到第二天上午十點多，我已知悉一切，很明顯地，一部分使館人員很不歡迎我。

畢竟他的行為不但招致國民政府的不滿，也違背了美國政府的立場，因此他不僅被調離臺灣，回到美國後也很快去職，關於這種情況，他自己是這樣說明的：[144]

> 他目睹國民黨當年的血腥鎮壓，極為厭惡，對美國國務院的官僚無能，十分失望，所以離開臺灣之後就辭職不做外交官，改行做學術研究工作。

蘇瑤崇則表示葛超智離職之後，被召回國內述職：[145]

> 是以其去職應非一般所謂被驅逐出境，而是長期以來與陳儀政府，以及與領事不合所致，其工作已無法遂行，以致被召回國述職。

---

[143] 葛超智著、陳榮成譯，《被出賣的臺灣》，頁 313。

[144] 司馬文武，〈壇島一老人，臺灣見證者〉，《新新聞週刊》210 期，1991 年 3 月，頁 75。

[145] 蘇瑤崇，〈葛超智先生（George H. Kerr）託管臺灣論之思想與影響〉，《歷史、地理與變遷學術會論文集》，嘉義大學，2003。

王呈祥指出上述說法都不合事實，只是為葛遮羞，事實上因為他在二二八期間的諸多不當作為，導致遭受解除公務員職務的處分：[146]

> 葛超智遭到「撤換」與「驅逐出境」之說法，雖未於官方紀錄中獲得證實。然蘇瑤崇稱「被召回國述職」之說，亦與事後發展不合，如葛氏係「被召回國述職」，為何回國之後，「述職」反成「去職」，甚至離開外交部門，而非改派其他外交、軍事單位，因此「回國述職」之說，並非事實。實則葛超智因其在臺諸多不當作為，遭國務院「免職」懲處。至於葛超智對外宣稱「主動辭職」與受「行政迫害」說法，則明顯為遮掩遭「免職」之羞。

1948 年，葛超智找了參議員鮑爾、洛克斐勒三世等人，尋求支持未果。接著致函國務院遠東司，提到在臺的線民們向他報告，臺灣即將發生比二二八事件規模更大的武裝反抗，若美國還不介入，臺灣人只好選擇共產黨，而美國將永遠失去臺灣這個戰略上極重要的基地。[147]

1949 年 1 月 7 日，葛超智致函遠東司，表示臺人從 1938 年起，就羨慕菲律賓能成為美國的屬地，1945 年後經常有人談到臺灣需要美國干預。葛建議以公投方式，在臺灣成立一個可以執行「美國方案」的自治政府，進行「現實政治」，另外設立「軍政府」，控制本島重要機場及基地；儘可能安排大量華裔美國公民擔任顧問，只要事先約定一個時間，承諾將來會舉行公投及進行美國人的撤退，便能將國內及中國的批評，減至最小程度。[148]

同年 1 月 23 日，葛超智再致函遠東司。建議將臺灣設為特別行政區，除軍事控制外，給予民眾最大程度自由，便可將「臺灣加上菲律賓」，「列入

---

146 王呈祥，《美國駐臺北副領事葛超智與「二二八事件」》，頁 290-291。

147 臺檔 321 號，1948.03.29，檔號 894A.00/3-2948。

148 臺檔 81 號，1949.01.07，894A.00/1-79CSBM。

我們從屬的民族目錄」：[149]

> 宣佈它（臺灣）是一處特別經濟及政治實驗區，「條約未訂」期中，做一段時期的開發，我們自己保留軍事的控制，但予臺灣人以最大的自由，選出自己的政府……一項為臺灣發展，以及在我國保護下成立自治政府的五年或十年計畫，會對殖民地的荷蘭或法國，提供甚麼重要的壓力嗎？如果我們能把臺灣加上菲律賓，列入我們從屬的民族目錄，進入一個民族自決的新時代，一旦民主世界與極權世界要做最後的攤牌時，我們這一方就增多一片地區了。

12 月 18 日，葛超智致函無任所大使約瑟普，表示美國對臺政策要不是全面放手就是全面干預。他提出明定特定年數，在託管之下建立一個臺灣地方自治政府，甚至可以把臺灣與東南亞其他反共國家，再加上已經由美國占領的菲律賓、沖繩、日本組合成一個經濟聯邦，「尋求一種支配整個亞洲的不同方式」。[150]

葛超智身為美國人，擁有極強烈的愛國心，他認為臺灣的取得對美國在亞太地區的戰略十分重要，因此努力製造干涉臺灣的機會，可惜政府並不領情。他在政治方面壯志未酬，於是撰寫《被出賣的臺灣》，主軸放在臺灣人渴望被美國統治，但美國政府卻背叛了臺灣人的期望，讓臺灣人受到國民政府各種殘酷的待遇。

卜睿哲（Richard Bush）在 2007 年表示：*Formosa Betrayed* 並非一本嚴謹的學術著作，尤其 Kerr 在二二八事件當中，扮演的是「當事人」而非「觀

---

[149] 臺檔 80 號，1949.01.23，894A.00/1-239CSBM。

[150] 臺檔 135 號，1949.12.24，894A.00/12-2449。

察者」的角色，立場並不客觀。[151]許雪姬也認為：「George Kerr 一生都在推銷其『臺灣託管論』，並非他獨愛於臺人，實以美國利益為出發點。」[152]

陳翠蓮亦表示，葛超智的一切行動都是為了美國利益：[153]

> 離職之後的柯爾，並沒有忘記他在軍事情報單位所受的訓練，仍不遺餘力的推銷他的「臺灣託管」理念，極力影響國務院決策官員，甚至為美國中央情報局捉刀綢繆，處心積慮要把臺灣納入美國勢力範圍。仔細分析柯爾所提出的備忘錄、計劃書，處處以美國戰略、經濟等利益為優先考量，又要防備輿論的攻擊，又想爭取臺人的支持，因此必須戴上「公民自決」的大帽子，最能面面俱到，也可使美國在必要時可名正言順的抽腿而去。所謂「臺人治臺」，不過是傀儡政府的代名詞；「公民自決」、「臺灣託管」都只是必要的手段；這等的深刻用心，與其說他是同情臺灣人，不如說是關心美國利益才更符合事實；稱他為「臺灣之友」的人們，實在應先認真剖析其主張背後的真正動機，才不致淪為虛矯的溢美。

尹章義認為，中國的分裂與列強的利益有密切關係，美國為了維持在西太平洋的勢力，韓戰爆發前就已提出「臺灣地位未定論」，並扶持中華民國政府，使臺灣成為它的保護國，造成中國的分裂。美國在迫使中華民國臺灣化的同時，也扶持在美國與臺灣的臺獨力量，並在戶口調查時在民族選項上增加「臺灣」，使之與中國區分。在符合美國利益時，美國在各方面扮演大磁鐵的角色，與臺灣相吸，利益衝突時，就排斥臺灣，例如強迫臺幣升值及

---

151 傅建中，〈二二八事件不影響美對臺政策〉，《中國時報》，民 96.2.24。轉引自朱浤源、黃種祥，〈戰後美國情報人員在臺活動初探——以 George H. Kerr 為中心〉，頁 215。

152 許雪姬，《林正亨的生與死》，南投：省文獻會，民 90，頁 44。

153 陳翠蓮，《派系鬥爭與權謀政治——二二八悲劇的另一面向》，頁 422-423

降低對美貿易順差。[154]

(2)卡托及佩因

二二八事件後，雖然政府自認寬大處理，但事實上不但多數臺人對政府的統治失望，更給了反政府勢力發展的機會。接下來的幾年內，不但中共地下黨在臺灣的勢力有數倍的成長，託管及臺獨運動也在臺灣及美國取得長足發展。

當時中共及臺獨勢力同樣將國民政府視為敵人，因此領導「臺灣再解放聯盟」的廖文毅，與在香港的中共地下黨一度合作。遭通緝躲在香港避難的謝雪紅、楊克煌、蘇新等已加入地下黨，與廖文毅互取所需，合辦過反國民黨的雜誌，廖甚至拿錢出來辦訓練班培訓反政府的人材，但最終因為雙方理想差距太大，還是不歡而散。

雖然最終拆夥，但畢竟曾經合作，蘇新等地下黨員對廖文毅的組織背景知之甚詳。且雙方斷絕合作後，地下黨仍有數名幹部潛伏其中，成為「臺灣再解放聯盟」最大隱患。[155]莊嘉農《憤怒的臺灣》便提到，廖文毅的臺灣託管運動，其實是美國情治人員利用聯合國救濟總署的外殼所推動的。蘇新表示：「美國新聞處長卡度（Catto）是這個運動的牽線人，利用『聯總』或美國的船，派遣情報員黃其南（黃紀男）經常來往臺、滬、京、港、日之間從事活動。」[156]

1947 年 10 月 15 日，香港《華商報》報導，臺北的美國新聞處長向臺灣某參政員提出「臺灣地位未定論」：[157]

> 開羅會議公報和波茲坦宣言雖然規定將臺灣歸還中國，但對日和

---

[154] 尹章義，〈中國統一與臺灣獨立問題試析〉，頁 54-58。

[155] 〈臺灣再解放聯盟案〉，檔案局檔號 0038/340.2/5502.3/12/005，該聯盟宣傳部負責人為蔣時欽與宋非我。根據《吳克泰回憶錄》，蔣時欽早在民國 35 年就與他一起在上海加入中共地下黨；劉青石亦則提到宋非我當時替廖文毅進行走私工作，同時也是地下黨員。

[156] 莊嘉農，《憤怒的臺灣》，頁 180。

[157] 莊嘉農，《憤怒的臺灣》，頁 178-179。

約未締結以前，臺灣的歸屬實尚未確定。美國有意將大西洋憲章適用於臺灣，那個時候，臺灣人可以由自己的意志來決定臺灣的歸屬。

莊要傳對美國國務院的報告則提到，卡托要他們煽動臺灣民眾再進行武裝暴動，並表示「這一次」美國定會派部隊來救援。：[158]

卡托先生親自建議，臺灣人應該試圖再來一次暴動，在這一次，美國定會派出部隊來救他們。

由於日本投降至本電文發文之間，臺人發動過的「暴動」只有二二八事件，由此可看出葛超智、卡托當時恐怕以美軍的援助為誘餌，慫恿過臺人發動暴亂。而葛為何要擴大事端？應該是為了替美國介入臺灣統治，製造更好的機會及藉口。莊要傳提到，隔年情況發生了極大轉變：[159]

為了我們這一極為重要的政策，我們一部份深受卡托先生的恩惠。雖則他建議我們試圖在一九四七年夏季來一次暴動，卻在一九四八年元月及二月，反覆勸說莊若權，民間暴動並不會給任何人帶來快樂和好處，惟有經過國際管道……

卡托原本還要求煽動臺人武裝暴亂，給美軍製造機會，但不知是形勢出了變化，亦或是他知道自己被人盯上，在行事上更加謹慎，要莊要傳等人停止暴動的準備。12 月 23 日，卡托將黃紀男以聯合國救濟總署的漁船偷渡到

---

[158] 臺檔 528 號，附錄七。莊要傳、佛朗克林撰，〈臺灣獨立運動與美國〉，1949 年 2 月 9 日，東京美國駐日政治顧問室致國務院遠東司函，密等為最機密。

[159] 同前注。

上海，[160]可能已經察覺到他們的活動出了問題。事實上卡托早已引起國府注意，1948 年 3 月 1 日，立法院長孫科在臺北召開記者招待會，公開譴責駐臺美新處及美國領事館的各種不當行為。同月，卡托被調走，副領事及臺籍通譯員也都被撤職。[161]

卡托調職後，美方改變了思考方向。繼任者康理嘉（Richard P. Conniun）抵臺後三天便召開全臺情報員會議，檢討「託管運動」的失敗，並決定新方針：[162]

> 今後不可再提「託管」，因為臺人排外性強，不能接受。臺人大多數反蔣，但又不願受外國人統治，所以利用臺人的反蔣情緒，搧動「獨立」。主要的目的是使臺灣在蔣垮臺後，不致於淪入中共手中，為此，必須培養親美勢力，以控制將來臺灣之政權。以臺灣「獨立」為號召、組織群眾，進行反蔣運動，同時製造反蘇、反共、親美的情緒。

此後，包括臺灣再解放聯盟在內，依附美國的臺灣團體，運作的方針就由「託管」轉變成「獨立」。陳翠蓮表示，廖文毅、黃紀男與美國駐香港領事館、東京盟軍總部之間密切往來，定期會面報告，使美國與臺灣分離運動的關係更受外界懷疑。[163]

佩因則在二二八事件後，很快離開臺灣返回美國，之後兩年多的時間，他不斷向報刊與民意代表投書，並到各地發表演說，闡述臺灣的情況；指出中國政府佔有臺灣，於法無據。他呼籲美國政府停止對國民黨的援助，並極力支持二二八事變中「臺灣人」所提的要求：將臺灣納入聯合國託管或暫

---

[160] 陳翠蓮，《派系鬥爭與權謀政治——二二八悲劇的另一面向》，頁 411。

[161] 莊嘉農，《憤怒的臺灣》，頁 180。

[162] 同前注。

[163] 陳翠蓮，《派系鬥爭與權謀政治——二二八悲劇的另一面向》，頁 412-413

由美國託管。一直到 1949 年 2 月後，才結束這些活動。[164]

葛超智利用二二八事件為美國謀取最大利益的行為與想法，符合帝國主義思維，且充滿浪漫的愛國情懷，可惜未得到該國政府的支持。他在鬱鬱寡歡之際，撰寫多部作品抒發情緒，其中最受人矚目的自然是《被出賣的臺灣》一書。該書內容多有偽造及詆毀的問題，[165]但由於其內容符合特定政治立場的需求，2016 年，臺北市政府仍舉辦特展為其進行宣傳。

二、解嚴前夕的研究 (1978-1987)

經過三十多年的戒嚴，民眾的忍耐到達極限；經濟的改善使臺灣人民有更多管道接觸先進民主國家的政治、思想及制度。在這樣的情況下，臺灣爆發了前所未有的民主運動風潮，從早期的自由中國事件、美麗島事件，到二二八事件的平反運動，最終掀翻國民黨長期以來維持的戒嚴體制。

解嚴前夕，立法委員質詢行政院長俞國華，不該將二二八事件視為禁忌。他回答：「政府並沒有把這問題視為敏感問題，從來沒有阻止任何人談這個問題，也從未阻止任何人做學術研究。」[166]但此說法似與事實有所悖離。

張炎憲表示，當時臺灣人長期戒嚴，忍耐已經達到極限，在二二八事件上面做文章，其實只是尋求一個較能獲得大眾共鳴的突破口。[167]王曉波則認為，二二八事件是在美麗島之後才重新受到重視，且重新被炒作的主要原因是政治上的需要。[168]

---

[164] 楊宗昌，〈佩恩先生——一位目擊二二八事件的美國友人〉。

[165] 可參見本書第四章「史料問題」的部分，或朱浤源教授的相關論文。

[166] 〈走出歷史陳跡的陰影，解開政治禁忌的情節〉，《中國時報》，1987 年 3 月 10 日。

[167] 張炎憲，〈二二八新史料學術研討會〉致詞，2003。

[168] 王曉波，《陳儀與二二八事件》，臺北：海峽學術出版社，2004，頁 112。

> 1979 年 12 月「美麗島事件」發生後，島內省籍矛盾激化。80 年 1 月，我應哈佛大學之邀赴美訪問學者一年，眼見海外臺獨運動趁島內省籍矛盾激化而士氣高漲。「二二八事件」被重新炒作，各地臺灣同鄉會在大力推銷柯喬治著《被出賣的臺灣》及王育德《臺灣：苦悶的歷史》。

當年民進黨的創設，夾雜著民眾對威權政治的不滿以及對民主的渴求，二二八平反運動所挾帶的省籍隔閡與本土悲情，確實讓他們得到了不少認同。

尹章義則認為：臺灣認同植基於鄉土認同，由於對於國府不滿和歷史經驗的反芻，易於和臺獨運動合流，1983 年選舉期間「民主、自決、救臺灣」的口號，使臺獨運動在臺灣雖然沒有合法化，但是已公開化。1986 年民進黨進一步割捨「中華」的瓜葛，自決、獨立的聲浪更高，要求國會全面改選，排除大陸代表成為實踐的步驟。[169]

1980 年代後，隨民主意識高漲，以及人民對於歷史的好奇，二二八事件成為政治反對團體政爭的主要訴求，但政府面對「查明二二八事件」的訴求，仍然採取規避的態度，不願坦然面對這段不幸的歷史。於是每年二月，二二八事件總會被人提起，被作為政治運動的標幟，作為向執政當局抗爭的口實。但是很少人能用冷靜、實際的調查研究，以了解事件的真相。[170]

本節以學院派的突破、黨外雜誌及「二二八和平日促進會」與臺灣基督長老教會三個部分，來探討解嚴前夕的二二八研究。

(一) 學院派的突破

在紐約發行，由葉芸芸主編的《臺灣與世界》，從 1983 年開始連載梅村

---

[169] 尹章義，〈中國統一與臺灣獨立問題試析〉，頁 45-46。

[170] 尹章義，〈我對於二二八事件的看法〉頁 234。

仁的《二二八史料舉隅》，「梅村仁」是戴國煇的筆名，他獨自在東京蒐集大量的「二二八」史料。戴教授首開七十年代研究霧社事件、二二八事件風氣之先，也最早提出「臺灣主體性」一詞。他曾任日本文部大臣外籍諮詢委員、中華民國國家安全會議諮詢委員。去世後，遺孀林彩美整理其藏書、手稿，發表為《戴國煇全集》共二十七冊。戴國煇與葉芸芸合著的《愛憎 228 神話與史實：解開歷史之謎》，是早期二二八研究的經典。

後來，戴國煇質疑李登輝的兩國論，過度依附日本及美國的政治路線，認為日本與美國最終將以自己的國家利益，來考慮臺灣海峽兩岸關係，認為臺灣應保持「自立（非獨立，非分離）、與大陸共生」的建設性立場而離開李陣營，此後常受到李登輝與獨派批評。如陳儀深曾經評論戴國煇對二二八的看法：[171]

> 他認為臺獨立場的人研究二二八總是製造仇恨，加深省籍矛盾以求擴充政治資本，趁機建構「臺灣民族論」，但將自己的「中華民族論」視為天經地義。

1984 年，王曉波發表了一連串呼籲解決「二二八事件」歷史問題的文章，包括〈走出「二二八事件」的歷史陰影〉、〈文學不是「拍馬屁」──為吳濁流《天花果》辨誤〉、〈陳儀與「二二八事件」〉──評《人民日報》訪陳文瑛〉、〈略論「二二八事件」〉、〈「二二八事件」在臺灣現代史的透視〉、〈歷史問題必須歷史解決──「二二八事件」四十週年論其與共產黨之關係〉、走出「二二八」的陰影──與日本記者談「二二八事件」〉。[172]

1985 年，黨外立委江鵬堅擔任《夏潮》法律顧問，找王曉波起草有關

---

[171] 陳儀深，〈元凶的責任評量──歷史觀點 豈止是「維持治安而已 論蔣介石與臺省軍政首長對二二八事件的處置」〉，《二二八事件新史料學術研討會會議論文》，臺北：財團法人二二八紀念基金會，2003，頁 144-145。

[172] 王曉波，〈二二八事件研究的自我告白〉，《海峽論壇》，104 期，2012 年 2 月。

「二二八」質詢稿，與俞國華答辯。王曉波將蒐集的「二二八」史料整理編輯，定名為《二二八真相》，書名是由「美麗島事件」剛出獄的王拓所定。《夏潮論壇》明知該書定被查禁，一切從簡，用最便宜的紙張，也未註明任何出版資料。[173]

同年，李筱峰完成他的碩士論文〈臺灣戰後初期的民意代表〉，這部作品以光復初期臺灣的民意代表為研究對象，探討其產生、成分及其行為影響。文中雖未將二二八事件作為主軸，但已視為重要的時間分期，也論及事件的片段。這在戒嚴時期完全是踩著警戒線的危險舉動。幸虧作者並未因此受到迫害，該書後來也由自立晚報出版；這本學位論文被認為是「臺灣第一本專章討論二二八事件的學術著作」，[174]其後類似的專書陸續推出。

由於當時尚處戒嚴時期，該書對二二八的相關論述不得不保守，李筱峰強調國民政府接收的是一個問題眾多的臺灣，日本在臺的軍隊眾多，裝備完整且各種掣肘；臺人對日人懷有極大仇恨，屢屢對臺籍日警及所有日人發動暴行：[175]

> 各地屢次發動暴動，先襲擊臺灣籍的日本警察，再來襲擊全部日本人，這勿論是民族情感所驅使，自然含有復仇觀念，這種報復日人情事，日本作家池田敏雄日記可供佐證。

由於國府接收臺灣後人力嚴重不足，留用大量日警及日人，民眾不服從日警，日警也不敢管臺人，臺灣秩序大亂：[176]

> 正式接收前，日本警察仍然執行任務，但民眾不信任警察，竊

[173] 同前注。

[174] 李筱峰、陳孟絹，《二二八消失的臺灣菁英 二○一五年》，再版序。

[175] 李筱峰，《臺灣戰後初期的民意代表》，臺北：自立晚報社，1986，頁 156。

[176] 李筱峰，《臺灣戰後初期的民意代表》，頁 156-157。

盜、殺人、強盜橫行，民眾庇護犯人，警察威信掃地。各地流氓濫伐官有林木、海岸防風林、拆毀公共營造物、橋梁、製糖工廠的鐵軌及國校教室窗戶。

其後李又有不少與二二八相關的作品，如《二二八消失的臺灣菁英》、《臺灣，我的選擇》、《林茂生、陳炘和他們的時代》、《解讀二二八》等，他表示：[177]

從文化的意義看，二二八事件是一場文化衝突。但是若從統治的觀點看，則是一場「官逼民反」、「民反官壓」的輪迴。這個事件雖然落幕了，但這場悲劇，卻為臺灣的住民烙下一個深刻的胎記。臺灣人的性格中，顯現出比過去更加卑屈的奴性，而在另一方面，卻又產生對政治的恐懼感。

褚靜濤表示，蔣經國執政後期，有意化解省籍隔閡，下令國安局成立「拂塵專案」，蒐集警備總部、軍情局、調查局等調查資料及報告、筆錄、回憶錄等，分為二十九卷，1986 年彙整為《拂去歷史明鏡中的塵埃》一書，在美國出版，試圖釐清二二八真相。[178]

1989 年，解嚴之前，戴國煇又出版了《臺灣總體相》，而李敖的《二二八研究》系列也陸續出版，這些學者專家對二二八事件的研究，也讓後來的二二八平反運動，有了更深厚的理論基礎。

(二) 黨外雜誌

要追溯最早的黨外雜誌，應屬 1949 年創刊的《自由中國》半月刊，該

[177] 李筱峰，《解讀二二八》，臺北：玉山社，1998，頁 204。

[178] 褚靜濤，《二二八事件實錄》上冊，臺北：海峽學術出版社，2007，頁 12。

刊物主張民主、反共、救國的立場，但 1959 年該刊試圖連結更多反對派，最終使雷震被以叛亂罪名被捕入獄而停刊。

1957 年蕭孟能創辦的《文星》雜誌，在當時扮演思想啟蒙的角色。尤其 1961 年李敖加入後，大力鼓吹民主，並打擊國民黨。1968 年鄧維楨的《大學雜誌》創刊，原本是文藝雜誌，但受釣魚臺事件影響，轉為評論現實政治。後來其成員分道揚鑣，分裂為學院派的《中國論壇》，以及實際參政的張俊宏、許信良等人 1975 年創辦的《臺灣政論》。

《臺灣政論》是第一本由本土菁英創辦的黨外雜誌，整合了本土反對勢力，以政論雜誌方式配合選舉宣傳，具文宣及動員群眾的效果。戰後臺灣民主運動進入本土新階段，是後來發展「臺灣主體意識」的基礎。

1979 年創刊的《八十年代》與《美麗島》雜誌，可說代表黨外運動的兩條路線：康寧祥的《八十年代》標榜傳承《自由中國》的精神，同時也是《臺灣政論》的延續，由學者與新聞界記者從事批判性的政論。黃信介的《美麗島》，則從小規模演講發展到大規模群眾運動，因為結合《夏潮》的社會主義意識，陸續導致中泰賓館衝突及美麗島事件。此外，周清玉的《關懷》、許榮淑的《生根》雜誌、蘇秋鎮《代議士》、黃天福《蓬萊島》雜誌、林正杰的《前進》雜誌等都曾受人矚目。[179]

1979 年中共與美國建交，臺灣宣佈中止一切競選活動，並查禁所有的黨外雜誌。競選活動雖遭中止，但是黨外活動並未中止，《八十年代》、《美麗島雜誌》、《鼓聲》、《春風》相繼出刊。逮捕余登發的案件引發黨外人士南北串連，聲勢日益壯大，1979 年 12 月「美麗島事件」爆發，國民黨為鎮壓這波民主運動，逮捕不少黨外人士。

黨外雜誌自然不會錯過二二八這個對臺灣影響深遠的事件，多次刊載相關報導或介紹，但往往導致被查禁的結果。例如 1984 年《前進時代》周刊第 7 期以二二八事件為封面主題，四篇文章介紹事件的背景、經過、證言及

---

[179] 張俐璇，〈黨外雜誌〉，臺灣大百科全書，http://nrch.culture.tw/twpedia.aspx?id=2301。

楊逵的回憶，結果馬上被查禁，黨外人士並未屈服，仍繼續刊登相關內容。隔年《前進時代》再次報導鍾理和日記中的二二八片段，而《八十年代》也製作了二二八事件 39 週年紀念特輯。[180]甚至鄭南榕後來進行二二八遊行活動，也是以《自由時代》周刊社的名義來邀請其他團體參加。

包澹寧認為，從 1947 年的二二八事件，到 1986 年民進黨成立，臺灣的三次政治反對運動（雷震事件、美麗島事件、二二八平反運動）都圍繞著政論雜誌展開。黨外雜誌與政治運動的關係性密切，三次運動都在政論雜誌的培養下壯大，但又都未引起政府的充分注意。[181]

他提到為何國民黨政府會對雜誌特別寬容，第一是政府官員認為雜誌的能量最小，讀者最少，威脅性也最小；其次是雜誌可以最平和地釋放反政府的意見，也可以讓政府官員知道為何而反；最後是為政府作宣傳，如每次有外國人士問臺灣有沒有言論自由，政府都會舉《自由中國》當作例子。[182]

陳君愷表示一九七〇年代的臺灣左派，思想來源多元且混雜。由於當時共同的敵人國民黨過於強大，黨外運動是不分左右統獨的，但隨著一九八〇年代民主運動的興盛，「認同問題」成為運動主軸之一。這個主軸隨「黨外」一直延續到「民進黨」，1991 年臺獨黨綱的確立。使不少信奉社會主義思想的民主運動者，在此時與獨派分道揚鑣。[183]

陳並舉例，「左統」的夏潮系統，因其「統」而使「左」的推廣大受侷限；遇到中國問題論點就左支右絀，難以服人。民進黨的「左獨」則因社會主義基礎薄弱，難以成為主流，這也使他們從無黨籍人士、黨外到民進黨的民主運動，都表現出明顯的「資產階級代議民主」特色。[184]

---

[180] 何建銘，〈自由時代系列雜誌與 1980 年代後期臺灣民主運動〉，政大歷史所碩士論文，2015，頁 33-34。

[181] 包澹寧著、李連江譯，《筆桿裡出民主——論新聞媒介對臺灣民主化的貢獻》，頁 287。

[182] 包澹寧著、李連江譯，《筆桿裡出民主——論新聞媒介對臺灣民主化的貢獻》，頁 288-289。

[183] 陳君愷，《臺灣「民主文化」發展史研究》，臺北：記憶工程出版社，2004，頁 42-43。

[184] 同前注。

但這些在 1980 年代，共同反抗國民黨威權體制，爭取民主及自由的知識份子，到了 1990 年代，卻多隨着統獨、省籍意識的激化，逐漸出現意見分歧而分裂。有名的知識團體「澄社」，及《臺灣社會研究季刊》、《島嶼邊緣》等刊物，都因為這個爭議而出現分化的情形。

尹章義認為，1980 年前「黨外」匯集島內反國民黨的力量，只要批判國民黨，提出制衡的口號就足以獲取民心，贏得選票；美麗島政團形成過程中，意識形態逐漸被凸顯，少數人開始高舉臺獨大旗，希望達到意識形態掛帥的地步，1983 年的「民主、自決、救臺灣」口號就是成果。問題是，這些支持黨外，希望黨外產生制衡作用的中堅，多屬於中產階級和知識分子，他們不願意見到一個社會秩序混亂的臺灣，同時期望有更開濶的領域讓他們施展才能。民進黨成立後吸收黨員過程中，支持黨外的中、智階級很少投身於民進黨，就反映前述心態。[185]

1987 年民進黨黨員大會中，激進份子迫切想將「有主張臺灣獨立的自由」列入黨綱，被黨內穩健份子阻止而發生流血事件，大陸探親的開放讓民進黨頗為躊躇，如何訂定一個不傷害民進黨的民意基礎，又能應付新局勢且兼顧意識形態的大陸政策，是其難題。1988 年民進黨第二次黨員大會，激進派再次要求將「有主張臺灣獨立的自由」列入黨綱，但最終以「臺灣地位未定論」替代而擱置問題。[186]簡而言之，在解嚴初期，獨派所受到的壓力遠大於政府以及統派。

(三)「二二八和平日促進會」與臺灣基督長老教會

二二八事件發生後，受難者及其家屬在戒嚴及白色恐怖的威壓之下，大多僅能將委屈深埋心底，不敢公開談論二二八事件。1980 年代興起的社會運動團體，開始挑戰當權者，試圖打破不合理的體制，雖然他們當中的多數

---

[185] 尹章義，〈中國統一與臺灣獨立問題試析〉，頁 48。

[186] 同前注。

人都未經歷二二八事件，但平反運動就在這些社運團體率先挺身之下展開。

中共從 1949 年建國開始，幾乎每年由臺盟舉辦二二八事件的紀念活動；1950 年代，臺獨勢力在海外也偶爾舉行，臺灣本島卻到了 1987 年，才由「二二八和平日促進會」與臺灣基督長老教會開啟平反運動。

臺灣的基督教派當中，擁有最多信徒的長老教會，一直以來對臺灣政治及社會議題、本土運動和人權運動的推展都很關心。1970 年代，長老教會發表〈對國是的聲明與建議〉、〈我們的呼籲〉和〈人權宣言〉等，其立場與主張對臺灣民主化過程具前瞻性。[187]

1986 年 3 月，臺灣人權促進會假臺北市議會地下室，以「省籍與人權」為題，舉行座談會，紀念二二八事件。同年 9 月民進黨成立，在其行動綱領第五十一條規定：「公佈二二八事件真相，並定該日為『和平日』，以期化除省籍歧見。」臺權會和民進黨的作為，為日後的二二八平反運動埋下伏筆。[188]

「二二八和平日促進會」成立於 1987 年 2 月 4 日，在陳永興與鄭南榕提倡下，由臺灣人權促進會、臺灣政治受難者聯誼會、臺灣基督教長老教會北區聯合祈禱會、黨外屏東聯誼會、黨外嘉義聯誼會、民進黨雲林籌備處及民進黨主要幹部的服務處等 13 個團體共同發起，最後由 30 個團體聯合組成，陳永興擔任會長。主張將每年 2 月 28 日訂為紀念日，並舉行二二八事件 40 週年紀念活動。[189]

張炎憲表示，二二八和平日促進會有三個關鍵人物，第一個是陳永興醫師，第二個是鄭南榕先生，第三個是李勝雄人權律師。鄭南榕 1986 年因為違反選罷法而入獄，出獄後就開始推動二二八相關活動。他是外省第二代，覺得外省人有原罪，認為自己有責任還給臺灣人一個公道。陳永興當時是

---

187 〈二二八平反運動紀要〉，二二八基金會網站，http://www.228.org.tw/pages.aspx?v=E8A16697235ABE57。

188 〈二二八平反運動紀要〉。

189 《臺灣歷史辭典》，臺北：遠流出版社，2004。該訴求已於 1996 年 2 月，行政院宣布 2 月 28 日為和平紀念日後實現。

「臺灣人權促進會」的會長，李勝雄是副會長，1987 年鄭南榕的「自由時代週刊」和陳永興的「臺灣人權促進會」結合起來，組成臺灣的二二八和平日促進會，由陳永興當會長，李勝雄當副會長，鄭楠榕當秘書長。從 2 月 14 號向外公佈之後，2 月 15 號開始就在全臺各地舉行研討會、座談會。[190]

當時民進黨對參加二二八和平日促進會的活動態度躊躇，因為他們怕剛成立的新政黨被解散或重要黨員被抓，所以參加的都是各地服務處的人。長老教會早已是最具本土色彩的教會，深耕基層，他們在各地支援促進會的活動。並提出呼籲：[191]

1. 史料公開。因為二二八事件發生之後，國民黨對當時的史料一直掌控住，不願意公開史料。
2. 設立紀念碑、紀念館。有紀念碑可以來追思儀式，另外紀念館可以典藏二二八相關史料。
3. 將二二八事件發生的那天變成和平日，成為臺灣的和平祈禱日。
4. 國民黨應該賠償、道歉，因為他們曾經屠殺過臺灣人民。
5. 成立一個基金會來處理這個問題。

1987 年 2 月 26 日下午三時，二百餘人在黨外嘉義聯誼會前整隊，在領隊鄭南榕領導之下出發，不到二百公尺就遇上一千五百名憲警的圍堵，揭開嘉義市二二八和平日遊行祭拜的序幕。隔日，包括民進黨主席江鵬堅、和平日促進會副會長李勝雄及二二八受難家屬在內，約有七百人左右，下午三時在艋舺長老教會，為二二八死難者及林義雄死去的家人，舉行了一場莊嚴隆重的追思禮拜。[192]陳永興本人曾說：「二二八活動可說是最成功的反對運動」[193]

---

[190] 張炎憲，〈二二八事件責任歸屬〉，演講稿，https://sites.google.com/site/yanxian1947/yan-jiang-gao/ererbashijiandezerenguishu。

[191] 張炎憲，〈二二八事件責任歸屬〉，演講稿。

[192] 〈二二八平反運動紀要〉。

[193] 尹章義，〈推動 228 特別立法 撫平最後的傷痕〉，《聯合報》，1992 年 2 月 26 日。

1989 年，臺灣長老教會發佈公開信函，表示應該用公義和平的方式來追求二二八的真相。1990 年，長老教會又向臺灣民眾發布公開道歉信函，表示 1947 年發生二二八事件時，他們應該秉持耶穌基督的博愛精神，對受難者還有家屬伸出援手，但是當時他們的信徒和牧師都沒有這麼做。內容如下：[194]

> 一九四七年二月二十八日發生臺灣歷史上最殘酷的政治屠殺事件，數以萬計的同胞及社會菁英慘遭殺害或被捕入獄。懾於執政者長期恐怖的戒嚴統治，除極少數傳教師及信徒個別對受難者及家屬付予關懷外，整體教會並未給予受難者家屬應有的聲援及溫暖。
>
> 聖經教導我們：「愛裡沒有懼怕，愛既完全，就把懼怕除去。」（約翰壹書四章 18 節），主耶穌並且說過：「人為朋友捨命，人的愛心沒有比這個大的。」（約翰福音十五章 13 節）。
>
> 我們的愛心誠然不足，無以勝過懼怕，為此，我們要向二二八事件全體受難者及家屬表示歉疚，並懇求上帝憐憫寬恕。
>
> 今後，我們將積極關懷二二八事件受難者及家屬，以完成十字架復和的使命，並嚴重抗議國民黨政府四十多年來對二二八事件所表現漠然卸責的態度，強烈要求國民黨政府應向受難者及家屬誠心道歉，同時作必要之賠償，以期撫平受難者及家屬受創之心靈，使公義與和平早日實現於臺灣。
>
> 臺灣基督長老教會總會
>
> 議　長　孫武夫

---

194 〈臺灣基督長老教會對二二八事件受難者及家屬的道歉〉，長老教會網站，http://www.laijohn.com/PCT/Statements/1990-228.htm。

總幹事　楊啟壽

主後一九九〇年二月九日

1989 年底，鄭楠榕因主張臺獨、涉嫌叛亂的罪名受傳喚，發生《自由時代》雜誌社的對峙事件，最終導致鄭不幸身亡。雖然對於鄭是否自焚而亡，各方仍有不同看法，但臺灣的言論自由有所進步，與他的死多少有關，至少此後國民黨不太敢隨意抓人。鄭楠榕 5 月 19 號出殯那天，又發生詹益樺的自焚事件，使街頭運動在當時極受矚目。

後來，行政院組織二二八事件研究小組時，促進會也宣布成立民間調查小組，由陳芳明主編了《臺灣戰後史資料選》，將其多年來由各方收集的二二八資料彙集成冊出版。[195]陳芳明曾表示，他對國民黨體制的批判，是針對一個「龐大的權力結構，在絕對性的壟斷下所累積的龐大罪惡。而這個體制的罪惡之一，便是對於二二八事件既不承擔政治責任，又不接受它所應負起的歷史責任。」[196]

陳認為，對二二八事件的受害者或關心者而言，在事件發生後，對既存的政治體制不是採取拒絕承認的態度，就是採取不合作的態度。對他們來說，一九四七年製造事件的統治者，與後來的繼承者是一脈相承的；當時應該負起政治責任的政府結構，與其後的政府也是同條共貫的。他們對每一位統治者都抱持懷疑與敵視的態度，但並不絕望，反而期待一個全新時代的到來，這些期待最後都融入了臺灣草根性的政治運動之中。[197]

對岸學者才家瑞表示，陳永興等人的二二八平反運動，帶著巨大的悲情，「幾乎無人敢對此運動發表哪怕只有一點點的不同意見。」[198]他又提

---

[195] 以目前大多官方史料都已公開的情況回頭看，該書的資料除了少數官方檔案之外，幾乎多是中共出版的文獻，但陳在沒有官方力量支持之下，能收集到這些資料已屬不易。

[196] 陳芳明，〈撰寫碑文的心情〉，陳義芝主編，《陳芳明精選集》，臺北：九歌出版社，2003，頁 168。

[197] 陳芳明，〈撰寫碑文的心情〉，頁 167-168。

[198] 才家瑞，〈臺灣的「二二八」研究述評〉，《臺灣研究集刊》第 86 期，2004 年 12 月，頁 85。

到，只有李敖在〈二二八的立碑問題〉說出不同看法：[199]

陳永興的講話口口聲聲局限在臺灣人上面，但二二八的死難者不全是臺灣人，也有無辜的外省人，在官方朝臺灣人開槍的同時，也是民間朝外省人動刀的犧牲者。……試問今天主張還給臺灣人一個公道的仁人君子們，是不是也該主張一下還點公道給非官方的外省人呢？試問今天主張「促成公佈真相，平反冤屈」的公正人士們，是不是也該調查一下臺灣人怎樣冤屈外省人呢」從正義立場上，我贊成為不幸冤死者立碑，不過主持它的人，必須反省他所做的，是不是那麼純，那麼公道，是不是純粹沒有政治作用隱含其中？如果答案是猶豫的，該警覺警覺：立碑以後，最大的受益人到底是誰？

尹章義希望暴力不要成為解決爭議的工具，群眾運動需要自制，鎮暴也該拿捏尺寸，不要再讓悲劇重演：[200]

再者，歷史也是一個民族的集體記憶，我們今天應進一步從禁忌隱晦中走出，讓歷史形成教訓，不要再讓暴力成為解決爭議的工具，而應正確地理解災難與悲劇的形成背景與來由，而這對當前乃至未來政治與社會的發展必有長遠的影響。檢討當前政治及社會運動動輒出現暴力鏡頭，這和長期以來的潛在緊張關係不是沒有關連，特別是群眾運動中，缺乏自制的暴戾，鎮暴行動的拿捏分寸，這些都可從二二八不幸悲劇中獲取教訓；然而，過激行動的持續升高又意含著我們的確欠缺歷史教訓。歷史已經很明白的

---

[199] 李敖，〈二二八的立碑問題〉，《二二八研究續集》。轉引自才家瑞，〈臺灣的「二二八」研究述評〉，頁85。

[200] 尹章義、張玉法，〈記取歷史教訓——理解二二八 消弭人間戾氣〉。

> 烙印在人民深處的記憶裡，報復只有引發更多的報復，暴力也只會增加暴力的對抗。

尹因此最早倡議推動二二八特別立法，希望撫慰二二八受難家屬的傷痛，並還給犧牲者該有的歷史定位。[201]《自立早報》及《自由時報》都刊載：[202]

> 率先提倡以特別立法解決二二八事件善後的輔大歷史系教授尹章義指出，在處理上應還給歷史真相，並給予受害者合理歷史定位。

這項主張獲得輿論界和立法院廣泛的回應。

三、李登輝時期的研究

李登輝擔任總統期間，對臺灣民主有不少貢獻，以二二八事件的研究而言，更是重要的關鍵時期。他開啟了官方對二二八的口述歷史及文獻整理，也下令行政院成立「二二八事件研究小組」，對事件的真相展開重新調查，並向各機關徵調檔案，最終完成《二二八事件研究報告》，這部令多數人給予肯定，至今仍是相關研究的權威之作。

之後，他代表政府向二二八家屬道歉，從 1989 到 2002 年間，在全國完成了 20 座二二八紀念碑，並成立二二八基金會，開始辦理受難者的補償事

---

201 謝邦振，〈行政院《二二八事件研究報告》出爐，尹章義認為應該透過特別立法作為處理善後依據〉，《中國時報》，1992 年 2 月 12 日。

202 〈「二二八賠償條例草案」公聽會 彭孟緝並未出席 家屬：只有立法才能解決問題〉，《自立早報》，1992 年 3 月 19 日；〈立院召開公聽會 討論二二八賠償事宜 各方咸認應賠償難屬〉，《自由時報》，1992 年 3 月 19 日。

宜，使二二八平反運動得到良好的互動，無辜死難者得以獲得名譽的平反及物質的補償，對撫慰受難家屬的傷痛有其正面意義。

並非所有人都滿意這樣的情況。陳翠蓮就表示，李登輝在加害者不明的情況下，以總統身分向受難者家屬及全民道歉，並且發放金錢作為「補償」，不足以彰顯歷史正義。但畢竟他自己身為國民黨領導人，若否定並清算自己的政黨及前任，等於也否定了自己權力的正當性。[203]認為李做的還不夠好。

對岸學者褚靜濤站在不同立場，認為從 1999 年起，李登輝宣稱二二八事件是「外來政權」對臺籍菁英一場精心策畫的大屠殺。並通過每年的紀念儀式不斷重溫二二八的悲情，讓創傷持續淌血，使民眾強化二二八的記憶，牢記二二八的仇恨，來抵制兩岸關係緩和的衝擊。[204]

《悲劇性的開端》是行政院《二二八事件研究報告》完成前，最重要的研究作品之一，書中的七個主要問題意識是：[205]

1. 事件的發生，與歷史背景帶來的影響有多大關係？日人的五十年統治，是否真帶來與中國文化完全背道而馳的觀念？「正當大陸人為了臺灣人對日人的崇拜感到噁心時，臺灣人卻覺得和日本人比較起來，大陸人簡直一無是處。」
2. 陳儀失敗的統治雖然造成島內緊張局勢，且絕非唯一的原因，為何臺人會有受到迫害的感覺？通貨膨脹、臺籍日本兵失業及臺灣駐軍不足的影響？
3. 哪些人參與了二二八事件？大多數臺灣人並未參加事件，共黨並未真正煽動此一事件，參加者當中也只有少數共黨。

---

[203] 陳翠蓮，〈歷史正義在臺灣：兼論國民黨的二二八論述〉，楊振隆總編輯，《二二八事件 60 週年國際學術研討會：人權與轉型正義學術論文集》，臺北：財團法人二二八紀念基金會，2007，頁 368-369。

[204] 褚靜濤，《二二八事件實錄》上，臺北：海峽學術出版社，2007，頁 2-3。

[205] 賴澤涵、馬若孟、魏萼合著，羅珞珈譯，《悲劇性的開端：臺灣二二八事變》，頁 24-31。

4. 參加這一事件的積極分子主要的動機和目的？以處委會的要求來看，城市居民當中有不少人想接管在臺灣的政府。
5. 事件興起的起過與鎮壓的真相？第一階段反政府份子採取暴烈的攻擊性行動，佔據城市並向有關當局提出各種要求，政府試圖滿足他們，但反政府份子拒絕協商；第二階段政府由妥協轉趨強硬，決定不計代價鎮壓；第三階段國民黨軍隊抵臺，配合原有軍隊輕而易舉鎮壓暴亂，逮捕數千動亂份子。
6. 二二八事件的性質？中共認為是國共戰爭中的一環，臺獨勢力認為是推翻殖民政府的民族運動，或者是中國經常發生，伴隨政權轉移的大規模城市暴力事件？該書認為，中國常發生這樣因官員失政或反對政策的「城市暴力行為」(民變)，一個新成立的統治階層出現後的利益重新分配也常造成人心惶惶，加上威脅到既得利益者的權益，二二八事件當中這三者皆有相類之處。
7. 二二八事件及其後的恐怖鎮壓，該由甚麼人負責？這是一個道德性的評估，至今一些強烈的政治情緒仍沉浸在 1947 年的那件悲劇中，將道德問題與事實真相清楚劃分，可能是在公正的歷史判斷追尋過程中，所能跨出的最大一步。

以二二八研究的角度來看，李登輝任內推動的本土政策，以及《認識臺灣》教科書等教育方面的改革，對臺灣民眾的意識形態有極大衝擊。經過李登輝時期的各種研究及本土化政策的推動以後，「綠調二二八」受到官方支持，逐漸與「藍調二二八」分庭抗禮。

(一) 省文獻會與近代史研究所的口述訪錄

1. 省文獻會

1988 年 4 月 20 日，臺灣省議會在審查文獻會下年度預算時，議員提出關於二二八事件，省文獻會竟然完全沒有相關史料；乃由民政委員會議決，請文獻會立即開始收集相關史料，並向議會提出報告。在三年多的時間當中，省文獻會訪問了三百多人，且參閱了各機關檔案六百八十多件，自1991 年起，接連出版了《二二八事件文獻輯錄》、《二二八事件文獻續錄》及《二二八事件文獻補錄》，可說是最早期的二二八耆老訪談及資料彙整。

該書的〈序〉中，提到這項訪談由於觸及政治敏感，許多當事人及家屬都不願接受訪問，訪問者只能用誠意及耐性來化解仇恨及疑慮，甚至陪著家屬去弔祭，才順利得到了這些訪談紀錄。同時本書中也提到，因為年代久遠加上各種因素，受訪者有極主觀與誇張的描述，各篇訪問紀錄中矛盾的地方也多，但該書仍基於採訪的原則，忠實記錄，作為研究參考之用。[206]

省文獻會當時採取胡佛的說法，將二二八的詮釋分為四種：[207]

1. 中共的詮釋：他們認為臺灣民眾是愛國、反帝的，二二八事件是中共橫掃中國的大革命中的一部份。
2. 臺獨運動者的詮釋：認為該次暴動是對國民黨壓迫的憤怒反應，彭明敏等人斷言當時國民黨屠殺兩萬以上本土菁英，並非要恢復秩序，而是要消滅國民黨的反對者。
3. 國民黨的詮釋：五十年的日本教育誤導臺灣民眾，加上中共幹部及野心份子的煽動，導致這場暴動。
4. 美國國務院的詮釋：經濟惡化與國民黨官員的吏治敗壞，造成這場起事，軍隊以極高的人命代價敉平暴動。

《二二八事件文獻輯錄》當中，將大量的口述訪問，整理為六個部分。第一部分，由政治、經濟、社會、文化及軍事等方面，來探討事件發生的背景；第二部分由導火線、事件擴大、旅居外地臺胞的反應、事件中的中共活動、當時政府的處理等方面來看事件的經過；第三部分則昭顯示全臺各地事件中的感人事蹟；第四部份為遇難者剪影；第五部分為省思與建言；第六部分是附錄。

---

[206] 魏永竹等編，《二二八事件文獻輯錄》，南投：臺灣省文獻委員會，1991，頁 3。

[207] 魏永竹等編，《二二八事件文獻輯錄》，頁 5-6。

《二二八事件文獻續錄》中收錄了大溪檔案、監察院閩臺監察使檔案、國防部史政局相關檔案、臺灣高等法院相關檔案、長官公署農林處檔案、臺灣省專賣局檔案、臺灣省貿易局檔案、國民黨黨史會相關檔案等。以及臺灣省警備總部對二二八事件的「記事」、行政長官公署的「事件紀要」、蔣渭川、蔡培火、黃純青、謝東閔、柯遠芬、彭孟緝、汪彝定、簡文發、楊鵬、周一鶚、葛敬恩、賴澤涵及洪敏麟的相關口述訪錄或作品。

《二二八事件文獻續錄》則增補之前未錄的資料，分為四個部分。其一是口述資料；其二是檔案資料；第三部分是受難者死亡或失蹤時間地點資料；第四是相關文獻資料。

2. 中央研究院近代史研究所

臺灣最早開始進行口述歷史的訪錄，應屬中研院近史所，據說 1959 年就已發展口述歷史計畫，[208]1982 年出版相關臺灣鐵路史的《淩鴻勛先生訪問紀錄》，1983 年出版講述抗戰初期推動民營廠礦遷移後方經過的《林繼庸先生訪問紀錄》，與工業史、科技史有頗有關聯；同年還有徐啟明、白崇禧等訪問紀錄。該所在 1989 年發行《口述歷史》期刊，該刊物的發刊詞中提到錄音機的使用，大幅降低了口傳資料的誤差：[209]

> 愛迪生發明錄音機之後，口傳資料的登錄進入另外一個時代。言者、聽者與紀錄者之間的距離，在了解的程度上有了重大突破；說話的原音被保存，紀錄者藉著重複播放，可以完整無誤的將原意登錄下來。以前因主觀判斷或認知上的差異，所生誤導、誤傳、誤解的遺憾，至此減到最低。說話者的情緒、甚至特殊的語氣，都能藉文字的技巧保留下來，更增加動態的層次。

---

[208] 中央研究院近代史研究所，《口述歷史》第 2 期，頁 5。

[209] 〈發刊詞〉，《口述歷史》第 1 期，1989 年 10 月，頁 3。

中研院的二二八事件相關出版品，早期當以近史所最多。當時擔任所長的張玉法表示臺灣的省籍問題與二二八事件有關：[210]

> 二二八不幸事件，放在近代史和臺灣史的架構中來觀察，不能不說當前政治抗爭中的省籍因素，和二二八事件有相當程度的關連，而在事件發生的當時，政府並未能及時的療傷止痛。立法院能不分省籍為當年死難者默哀，進一步更在要能走出陰影，化解省籍因素長久積累下來的集體陰影。

張認為，二二八事件「政府固不必辭其罪咎，但對立意識造成的集體陰影卻是咎在雙方。」但「若以省籍劃分政治立場，並依此形成對二二八事件中是非與善惡的判斷，無寧更是一大悲劇」，近史所進行二二八的口述史工作，正希望能把歷史還給歷史：[211]

> 因此，要理解二二八事件，今天已不能孤立的來看，而應整體的觀察，尋求省籍因素的化解，而非排擠或報復，是和平相處的，而非清算舊帳。設若這是本省籍人士合法性報復的開始，那只會陷於歷史悲劇的循環。總之，我們應在二二八歷史教訓中，走出集體偏見的陰影，不再發生省籍糾紛。讓歷史的還給歷史，中研院近代史研究所目前正進行二二八史料蒐集及口述史工作，深意也在這裡。

近史所對二二八的口述訪問，較省文獻會略晚。該所表示，為了避免與省文獻會重複訪問相同對象，曾要求提供訪問名單，但合作並不順利，以致

---

210 尹章義、張玉法，〈記取歷史教訓——理解二二八 消弭人間戾氣〉，《聯合報》，1990 年 2 月 24 日。

211 同前注。

延誤進度：[212]

> 口述史方面，原計訪問一百二十名，由於工作小組成員未掌握訪談名單，因此特別洽請自民國七十七年起已編列預算進行口述訪問的臺灣省文獻委員會提供其已訪談之名單和紀錄，以免重複。無奈省文獻會固守本位主義，於取得近史所典藏的大量資料後，僅送來一份不完整的名單（沒有電話號碼），且部分名單有錯誤，至於口述歷史資料則諱莫如深，直到十月底小組成員才有機會見到這本「二二八事件文獻輯錄」稿。工作小組乃獨立展開訪問工作，在短短幾個月內完成了三百餘人次的訪談。接受訪談的有受難者本人、受難者家屬及見證人，整理出來的口述歷史有一百二十餘萬字。

這種情況，似乎凸顯出政府部門之間存在搶功的心態，或可能是不希望自己花費大量時間精力執行的進度，輕易交給他人作嫁衣。

1991 年開始，陸續出版的《口述歷史》，當中多有二二八的相關敘述，第二期收錄了林衡道〈二二八事件的回憶〉，第三、四期是二二八事件專號，第三期收錄了臺灣南部 32 位相關人物的訪談記錄，[213]第四期則收錄全臺灣共 43 位相關人物的訪談記錄，[214]第五期以日治時期前往中國大陸的臺

---

[212] 近史所檔案館網站，http://archives.sinica.edu.tw/main/228.html，瀏覽日期 2007 年 1 月。

[213] 訪談人物包括（一）嘉義地區：李曉芳、鍾逸人、林山生、唐智、陳玉樹、高總成、武義德、武青世、汪成源、潘信行。（二）臺南地區：葉石濤、楊熾昌、蔡丁贊、王振華、沈義人、沈乃霖。（三）高雄地區：謝有用、郭萬枝、李佛續、陳錦春、陳桐、張萬作、柯旗化、林流夏、陳蔡嬌、林祺瑞、周耀門、王嬋如、高李麗珍、林黎彩。（四）屏東地區：葉郭一琴、李堯階。（五）澎湖地區：許整景。

[214] 包括（一）北部地區：王雲青、林忠、簡文發、廖德雄、黃紀男、鄧進益、陳知青、嚴秀峰、劉昌智、王水柳、黃瑞霖、黃瑞峰、林信一、林信二、林勳彥、王陳仙槎、盧屬、陳林麗珊、林陳阿幼、周陳碧、曹賜固。（二）中部地區：楊子榮、張深鑐、尤世景、林才壽、葉世傳、林朝業。（三）東部地區：周金波、許炎廷、李文卿、周秋金、張楊純、林金春、蔡陽昆、梁阿標、林川維。（四）南部地區：陳重光、蔡鵬飛、莊政華、蘇金全、王作金、郭榮一、周李翠金、陳泙錄、許昭玉、許明男。

灣人為主題，但提到二二八事件的也不少。因《口述歷史》在近史所的定位是不定期刊，所以這些口述訪錄移往期刊論文的部分作統計。

《口述歷史》期刊第三期提到：近史所早期單獨訪談的白崇禧、於達、魏火曜等人其實都有提到二二八事件，1988 年起由朱浤源策畫的二二八口述史訪問工作，就已展開。1991 年行政院二二八小組成立後，許雪姬為其中成員，近史所的朱浤源、江淑玲、方惠芳等人也配合許展開行動，在三個多月的時間內，訪問了一百五十餘人，六十多萬字訪錄，並於嘉義、高雄兩地召開座談會。[215]1995 年又出版了《高雄二二八事件相關人物訪問紀錄》（分上、中、下三冊），雖然部分內容與《口述歷史》期刊有所重複，但據說增補不少。

此外，單獨出版的《林衡道先生訪問紀錄》、《藍敏先生訪問紀錄》提到不少與二二八有關的訊息。1995 年又出版了《高雄二二八事件相關人物訪問紀錄》（分上、中、下三冊），雖然部分內容與《口述歷史》期刊有所重複，但有部分增補。[216]

(二)《二二八事件研究報告》

由於解嚴以來，民間討論二二八事件者眾多，平反呼聲漸高，政府終於決定解決此一問題。1989 年 4 月 22 日，在立法院二二八事件專案報告會議上，由內政部、國防部引用檔案及中共文件，提出了書面報告，後由新聞局出版為《二二八事件專案報告》。但此份報告仍以共黨煽動、野心人士利用為主軸，受到多位立委質疑，認為完全站在統治者立場，不但未能安撫創傷，反而會挑起對立。

民國 80 年初，先後成立「研究二二八事件小組」及「二二八事件專案小組」。前者是為了研究事件真相，由相關的學者專家及民間領袖組成，後

---

[215] 中研院近史所，《口述歷史》，第 3 期，臺北：編者，1992，頁 6。

[216] 許雪姬提到，出版該書之後，由於增補及修改部分內容，甚至還挨了告。許雪姬，〈解嚴後臺灣口述歷史的發展及其檢討〉，《口述歷史史學會會刊》第 5 期，2014 年 8 月，頁 33。

者則由政府有關單位組成，以商討建碑等相關事宜，兩個小組皆由當時行政院副院長施啟揚負責召集。[217]

「研究二二八事件小組」的委員有陳重光、葉明勳、李雲漢、遲景德、張玉法、何景賢、陳三井及賴澤涵八位，召集人是陳重光與葉明勳，總主筆為賴澤涵；另聘臺大的黃富三、師大的吳文星、中興的黃秀政及中研院近史所的許雪姬等教授執筆；後來又增聘陳美妃、簡榮聰、方惠芳為兼任研究員。該研究報告雖以一年為期，但徵集官方檔案延誤，只有九個月時間撰稿。[218]

該報告的內容分為五章。第一章談事件的背景，認為事件發生的原因包括：省政當局忽視臺人心之所嚮、阻撓大陸臺人回鄉、處理日產與臺人財產不當、臺人在政治上遭受差別待遇、部分官員之官僚作風與貪污行為、政風與風紀太差、通貨膨脹嚴重、統制經濟與民爭利、臺胞與祖國之隔閡。簡言之，大致著眼於省籍問題、經濟問題及文化方面。

第二章為事件之爆發與衝突之擴大，將事件的經過分為北、中、南、東四區進行描述。圓環緝菸事件引發群眾遊行，並衝入專賣局，造成職員兩死四傷，之後包圍公署請願，其後衛兵開槍引發全面衝突，外省民眾多有受難，社會秩序完全失控。二二八處委會原是官民合組的事件協商委員會，但先是官員拒絕出席，後有委員會改組並擴大到全省，事件越演越烈，全臺各地政府機構及倉庫、要地多被處委會及群眾組織控制。「處委會或主動或被誘引，不斷地升高其政治目標，終於踏到國民政府的政治地雷，引來強力鎮壓」。[219]

第三章為政府之肆應與事件之平復。處委會的「高度自治」要求，被政府認為已昇高為叛亂，最終導致軍隊的鎮壓。由於各地處委會及民軍多為烏

---

[217] 行政院研究二二八事件小組編，《二二八事件研究報告》，臺北：時報文化，1994，頁 4。

[218] 行政院研究二二八事件小組編，《二二八事件研究報告》，頁 5。

[219] 行政院研究二二八事件小組編，《二二八事件研究報告》，頁 72。

合之眾，事件在極短時間內被平定。包括彭孟緝從高雄要塞出兵、嘉義水上機場軍隊的反擊與軍隊的清鄉，都造成為數不少的受難者。

第四章為傷亡及受害情況。書中認為受害者大致分為四類，包括叛亂主犯罪名遇害者、報復行為與風紀問題遇害者、參加抗爭或暴動者及一般司法罪犯。[220]但該報告本文，未對二二八的傷亡數字做出精確統計：[221]

> 經由多方的調查研究，二二八事件的真相已可描繪出大致的輪廓。遺憾的是，當年的傷亡情況，雖經費力蒐集資料，進行訪談及統計分析，始終未能獲得一精確數字。

後來媒體引用的數字，來自陳寬政在附錄當中〈二二八事件死亡人數的人口學推估〉一文的估算，認為死亡人數介於 18000 至 28000 人之間。

第五章為當時之救卹。二二八事件造成的財政損傷極大，長官公署的撫卹僅及於公務員，受損的公務員又以外省籍居多，但由於僅是救濟而非賠償，最高只有六萬，對損失慘重者頂多是杯水車薪；而死亡及損失更大的民眾，完全沒有撫卹。[222]報告中提到三點：1. 救恤僅限公務員未及民眾極不合理；2. 有損失甚鉅但僅獲小部分補償，也有損失不大卻虛報溢領者，可見處置不當；3. 公務員因救濟金額不足，假公濟私向民眾需索訛詐，予人惡劣印象。[223]

總主筆賴澤涵表示，報告的口述訪錄的進行十分不易，因為當時社會仍普遍存著恐懼，對所謂的「官方研究」更是不抱信任，他本人親自前往延平北路及查緝私菸那一帶訪問耆老，但多得到「不記得」或「不知道」之類的回應。而部分關鍵人物如當年的中央社駐臺主任葉明勳等，更始終不願意接

---

[220] 行政院研究二二八事件小組編，《二二八事件研究報告》，頁 267。

[221] 行政院研究二二八事件小組編，《二二八事件研究報告》，頁 412。

[222] 行政院研究二二八事件小組編，《二二八事件研究報告》，頁 367。

[223] 行政院研究二二八事件小組編，《二二八事件研究報告》，頁 409-410。

受正式訪問。[224]

身為委員之一的葉明勳，認為報告內容過於偏重本土，忽視外省人：[225]

> 二二八研究小組編撰的報告，雖投下大量財力與人力，但有人批評偏重本土化，漏敘外省籍男女受難的實況。其實，發難之初，不問好歹，無辜受殃，不少都是外省籍，或因除客死於此之外，多數談虎色變，已返原籍，迄今尚乏人來索取補償。

該書發表前幾天，葉曾發文於《中國時報》，認為二二八事件的發生，是因為陳儀的失政，認為他過於理想，又未記取治閩的前車之鑑，重視民意卻遠離群眾，加上過度言論自由所致。[226]而序文中提到，該報告「雖在某些枝節上有見仁見智的看法，但大抵上能為社會大眾所接受」。[227]

陳翠蓮認為，該書作為官方總結二二八事件歷史及評價的報告，雖然恪守學術研究的標準，但不免負有相當的政治性使命，報告中極大篇幅述說事件蔓延全省經過，以及民眾傷亡損失的統計。但與其他賴澤涵的著作問題相同，都未討論事件中各政治勢力的介入及統治當局的謀略。[228]

侯坤宏認為行政院版《二二八事件研究報告》在責任歸屬方面，受官方立場限制，避談當事人的歷史責任，反而引起民間學者的不滿與關注。[229]吳乃德則表示，《二二八事件研究報告》對二二八事件有「詳盡而不偏頗的敘述」，可惜自限於「旨在說明事實之真相，並無判別責任所在之企圖」。[230]

---

[224] 賴澤涵，〈二二八事件研究的回顧與展望——兼談過去研究的秘辛〉，頁 13-14。

[225] 葉明勳，《二二八事件的追記》，臺北：大同文化基金會，2000，頁 58。

[226] 葉明勳，〈誰知明月照溝渠——二二八事件四十五周年感言〉，《中國時報》，民 81 年 2 月 18 日。

[227] 行政院研究二二八事件小組編，《二二八事件研究報告》，頁 7。

[228] 陳翠蓮，《派系鬥爭與權謀政治——二二八悲劇的另一面向》頁 17-18。

[229] 侯坤宏，《研究二二八》，頁 57。

[230] 吳乃德，〈珍惜民主資產，告別威權年代：轉型正義和歷史記憶〉，《臺灣人權與政治事件學術研討會》，臺北：財團法人戒嚴時期不當叛亂暨匪諜審判案件補償基金會，2006，頁 14。

劉新圓表示，《二二八事件研究報告》是結合政府、民間與學界的力量，動員了多位歷史學者，並大量收集資料所完成，儘管結果無法完全避免批評，但沒人能否認該書的權威性與學術價值。[231]

中研院院士黃彰健、研究員朱浤源、學者戚嘉林、程玉鳳、楊晨光、民間研究者武之璋等人組成「二二八事件研究增補小組」，認為該份報告仍有未盡之處，可繼續深入研究以增補其內容。

王曉波表示，該報告已解決了二二八事件在政治方面的問題，接下來希望相關研究能走向學術：[232]

> 「二二八紀念碑」即將落成，「二二八」的歷史事實，已發現的部分也都列入了行政院由賴澤涵教授任總主筆的《二二八事件報告書》中，剩下只有一些事務性議題了，「二二八」的政治問題，應該是基本上得到解決了。「二二八」已應該由「政治化」走向「學術化」了。從學術的角度來看「二二八」，可以是微觀的，也可以是宏觀的，如果只有微觀而沒有宏觀，對「二二八」的理解只能是培根所言的「洞穴幻象」，見樹不見林的「井蛙之見」，也是蒙蔽人民「知的權利」。

美國的紐約時報曾對此進行報導，認為這份由政府主導的研究報告，揭露了過去掩蓋已久的歷史夢魘，對臺灣的民主發展有十分正面的意義。該報導專訪主筆賴澤涵教授，傳達其理念，並給予這部研究報告相當良好的評價。[233]

---

231 劉新圓，〈蔣介石是二二八事件「元凶」嗎？——論《二二八事件責任歸屬研究報告》的爭議〉，財團法人國家政策研究基金會網站，http://old.npf.org.tw/PUBLICATION/EC/095/ EC-R-095-002.htm。

232 王曉波，〈把「二二八」從政治還給學術：與臺獨批判〉，《海峽評論》第 52 期，1995 年 4 月。

233 "The Nightmare of 2-28: Taiwan Rips Past Open", The New York Times, April 3,1992.

雖然各種讚美及批評的意見都有，但不管是學界或者民間，大多都能接受這份報告的內容；可以想見，夾在藍綠兩大陣營之間，作者為了達到某種程度平衡所耗費的心力必然可觀。時至今日，這部《二二八事件研究報告》的全面性及權威性，依然無人可及，也仍是相關研究中最受重視的作品。

A4

THE NEW YORK TIMES INTERNATIONAL FRIDAY, APRIL 3, 1992

Taipei Journal

The Nightmare of 2-28: Taiwan Rips Past Open

By NICHOLAS D. KRISTOF

Only now dare people talk publicly of a 1947 massacre.

As democracy continues to bend Taiwan inexorably toward a more open society, a dark chapter in its history has been opened. A massacre in which thousands were killed in 1947 is being brought to light, and a Government-led report has been credited with casting aside many of the shadows. Lai Tse-han, a history professor, directed drafting of the report from his archive-filled office.

TANKER THAT TOOK OIL TO HAITI SEIZED

U.S. Moves in Puerto Rico on Ship That Ran Embargo — Diesel From New York

By BARBARA CROSSETTE

圖 3-5　1992 年 4 月 3 日《紐約時報》對賴澤涵及《二二八事件研究報告》之報導

(三) 二二八基金會的成立與補償

隨著二二八相關資料及文獻逐漸重見天日，事件的經過也被更多人了解，如何處理善後並對受難者家屬進行賠償，成為重要的議題。1990 年，尹章義在聯合報上發文呼籲通過立法來解決二二八問題：[234]

[234] 尹章義，〈政治利益不能纏上歷史悲劇〉，《聯合報》，1990 年 12 月 10 日。

> 政府應該在一定的歷史條件和研究基礎上，經由朝野協商取得共識，並通過行政或法律的程序，採取具體行動，來表現化解歷史仇恨的誠意。對於事件的受難者，不論是本省籍或外省籍，政府人士或民間人士，政府均應權衡事實，採取精神慰問或物質撫卹等方式，來徹底解決歷史問題。

1991 年更首先提倡應以特別立法的方式，彌補「國家賠償法」的不足：[235]

> 只要確實有冤死、錯殺而責在政府者，今天的政府是當年政府的延續，今天的執政者就應當坦然地承擔起政治和道義的責任，向受難者道歉。個別的平反、撫卹和全面的道歉，必能消除若干怨氣，有助於平復歷史的傷痕。前述工作不必等待研究小組的工作全部完成，即可依實際狀況分頭進行。「國家賠償法」若有不適，不妨另訂辦法或特別立法以補其不足。

尹提出應重視人性尊嚴，不要以政治意識形態湮滅真相，[236]並視個案情況給予受害者「罪名平反」及「賠償」，希望撫慰二二八受難家屬的傷痛，並還給犧牲者該有的歷史定位，其主張獲得輿論界和立法院廣泛的回應：[237]

> 政府最好能根據二二八事件的每案個別狀況，包括事實、家屬提供證據、旁證、佐證，設計一套辦法來處理「罪名平反」及「賠

---

[235] 尹章義，〈解讀二二八——撥開迷霧，回到歷史的原點〉，《中時晚報》，1991 年 2 月 27-28 日。

[236] 〈立院召開公聽會 討論二二八賠償事宜 各方咸認應賠償難屬〉，《自由時報》，1992 年 3 月 19 日。

[237] 謝邦振，〈行政院《二二八事件研究報告》出爐，尹章義認為應該透過特別立法作為處理善後依據〉，《中國時報》，1992 年 2 月 12 日。〈基於族群平和觀點 政府不妨賠償 可以透過特別立法 作為處理善後依據以免該案一翻再翻〉，《聯合報》，1992 年 2 月 12 日。

償」問題，由於現行法律可能不足解決此一高度政治化事件善後，因此宜由立院立法，作為處理標準，針對問題解決問題。

賴澤涵亦表示，政府應立即調查二二八死亡及失蹤名單，籌設基金幫助陷於困苦的受難家屬，並設立專責機構，對受害者進行心理輔導及精神諮商，協助撫平傷痕、走出陰影。[238]

民國 71 年首先公開提出「二二八受刑人案」，迫使政府釋放二十多位白色恐怖受難者的國民黨立委洪昭男，也代表二十位立委提出「二二八事件補償條例草案」，要求政府在行政院底下設立臨時委員會，調查死亡失蹤人數，還給歷史真相並作為賠償依據。

《二二八事件處理及補償條例》於 1995 年 4 月 7 日公布。同年 5 月，內政部擬訂組織章程，7 月指定內政部為主管機關，由社會司展開籌設事宜。基金會成立的依據、目的及任務如下：[239]

一、依據

二二八事件處理及補償條例（以下簡稱二二八條例）

財團法人二二八事件紀念基金會捐助暨組織章程

二、目的

以處理二二八事件補償事宜，並使國人瞭解事件真相，撫平歷史傷痛，促進族群融和為目的。

三、辦理事項

(1) 二二八受難者之認定及給付補償金。

(2) 舉辦二二八事件紀念活動。

(3) 舉辦協助國人瞭解二二八真相之文宣活動。

---

[238] 賴澤涵，〈二二八事件研究的回顧與展望——兼談過去研究的秘辛〉，頁 13-14。

[239] 〈二二八事件紀念基金會籌設經過〉，二二八基金會網站，http://www.228.org.tw/pages.aspx?v=9DA1AE63B82AB878。

(4) 二二八事件教材或著作之補助。

(5) 二二八事件有關調查、考證活動之補助。

(6) 其他有助平反受難者名譽，促進臺灣社會和平之用途。

依二二八條例及組織章程規定，該基金會董事由行政院選聘，其中**政府代表**四人係由內政、教育及法務部部長以及行政院政務委員兼任之，另外**受難者及其家屬代表**四人、**學家專家**三人及**社會公正人士**四位，共計十五人；監事三人則分別由財政部部長、主計處主計長及監察院審計長兼任。

「228 事件處理及補償條例」公布後，同年 12 月行政院成立「財團法人 228 事件紀念基金會」。二二八基金會成立的目的主要有四項，第一是受理二二八事件補償申請並核發補償金；其次是教育推廣及真相研究此外，透過舉辦各種紀念活動，撫慰受難者及家屬之心靈創痛，祈使歸還臺灣社會公平與正義，帶來真正寬恕與永久和諧。[240]

二二八基金會對於事件的處理，大致可分為物質賠償與精神撫慰兩個層面，自 1995 年以來，會務運作的概況如下：[241]

一、核發受難者賠償金：228 事件受難者賠償金的審理及核發，是基金會成立初期的重點工作，董事會會根據法律授權，訂定賠償金的審理程序及核發標準，按照受難的程度對受難者或其家屬發放賠償金，最高限額為新臺幣 600 萬元，申請期限至 2017 年 5 月 23 日。至 1995 至 2015 年 8 月為止，審理通過的 228 事件受難案總計 2288 件，其中「死亡」類案件 684 件、「失蹤」類案件 178 件、「其他」類（包括監禁、受傷或名譽受損等）1426 件。受領賠償金的人數（包括受難者本人或受難者死亡後的家屬）總計 9959 人；賠償金由政府編列預算支應，總金額約 72 億 750 萬元。

二、教育推廣及真相研究：教育推廣方面包括：架設網站、發行會訊、

---

[240] 〈本會簡介〉，二二八基金會網站，http://www.228.org.tw/pages.aspx?v=82D4F7824F7815C6。

[241] 同前注。

編印教材、製作影片（《傷痕 228》、《臺灣百合》）、補助教材著作及相關文宣活動；真相研究方面包括：出版《228 事件檔案史料彙編》（2002）、《228 事件責任歸屬研究報告》（2006）、編纂《228 事件辭典》（2008）、舉辦學術研討會（1997~2009）、進行口述歷史訪談以及辦理受難者分區座談會等。

三、撫平歷史傷痛及回復名譽：為撫平歷史傷痛，每年於 2 月 28 日辦理中樞紀念儀式，恭請總統發表談話；舉辦佛教及基督教儀式以撫慰受難者及家屬受創心靈；探訪年邁受難者、遺孀及中低收入家屬並致贈撫慰金、設置遺族獎助學金、安置受難者遺骸。此外，為了回復受難者名譽，於重大慶典由總統親頒「回復名譽證書」給受難者或其遺族，並將受難經過製作「處理報告書」，刊載於政府公報。

四、促進族群和諧：為了促使社會各界共同參與二二八活動以達族群和諧及臺灣和平的目的，不定期舉辦紀念音樂會、史料或美展、發行紀念套幣及郵票以及辦理各類藝文活動。

賴澤涵表示，政府對二二八事件受難者的補償，經過許多攻防。當時在野黨堅持金額是一千萬，執政黨只同意四百萬，最後雙方以失蹤及死亡者補償六百萬達成妥協，其他則以情節嚴重程度依基數賠償，最多不得超過六百萬。當時申請補償的受難者，往往分不清二二八事件與白色恐怖的區別，畢竟雙方的參與者有很高的重複性，這造成承辦人員的許多困擾，隨著案件漸多，後來以學校事務繁忙，一度請辭基金會的董事職位。[242]

二二八基金會在 2756 件申請當中，通過成立的有 2266 件，不成立的有 462 件，審查過程大致如廖繼斌被質詢時所提：[243]

廖執行長繼斌：事實上，這有一點接近法庭的程序，我們有三個程序，第一個是蒐集資料後，盡我們的能力去調卷，尤其在

---

[242] 賴澤涵，〈二二八事件研究的回顧與展望——兼談過去研究的秘辛〉，頁 14-15。

[243] 《立法院公報》第 102 卷第 18 期，頁 144。2012 年後重啟賠償申請，又通過了 22 件。

1995、1996 年，大部分的資料還沒有到檔管局去，都是在警備總部或其後來的延續機關，我們去那裡調卷之後，如果還是找不到，我們會請當事人提供有可能在哪些地方可以調到資料；再沒有的話，可以請他提供證人，這個證人可能是他的親屬或是同時受難的人，我們同仁還去做筆錄；這個程序完了之後，再提預審小組，如果我沒有記錯的話，預審小組大概是由三方面組成，第一個是請受難家屬派代表、董事派代表……

尤委員美女：你能不能簡短一點？

廖執行長繼斌：好。第二個是專家學者，第三個是法務部代表。

由上所述，應是由受難者自己先提出證據或者證人，若都沒有，也可由申請人講述受看經過，再由基金會判斷哪裡可能有檔案並尋找，最後交由基金會代表、專家學者及法務部代表組成的預審小組審查。

2004 年 2 月底，朱浤源在中華日報發表〈新數據，披露 228 受難人數灌水〉，提到二二八基金會賠償之人數僅有八百餘人，與政府認定的官方數字有極大差距。[244]基金會隔天便發表〈「二二八事件真相還原」一文之澄清〉解釋，表示通過審查的人數與受難人數不同，受難人數的估算是引用中研院陳寬政教授之統計。至於陳寬政推估的數字，與二二八基金會所補償的人數相比差距極大。二二八基金會的解釋是：[245]

賠償案件數不等同於實際受難數字，原因有七項，簡略概述如下：

一、事件後政府以連坐法牽連關係人，緊接著實施戒嚴進入白色恐怖時期，有辦法的受難者及家屬早早避走海外。

二、受難者沒有子女，五十年後父母又已死（此類有時在戶籍資

---

[244] 朱浤源，〈新數據，披露 228 受難人數灌水〉，《中華日報》，2004 年 2 月 29 日，第七版。

[245] 〈補償人數不等於受難人數〉，《二二八會訊創刊號》，臺北：財團法人二二八紀念基金會，2005 年 2 月。

料裡登載「失蹤」或「行方不明」)。

三、死於街頭的人，兄弟姊妹三等親來申請補償，但找不到證據也無人證，難以確認該事件受難者（不列入二二八基金會受難人數統計）。

四、被制度性正式處決者，因檔案被公家人員銷毀或私藏，申請者找不到證據，無法確定為受難者（不列入二二八基金會受難人數統計）。

五、許多家屬因私人因素不願申請（不列入二二八基金會受難人數統計）。

六、案件的檔案明確、證據充足，卻沒有合法的補償權利人，或申請者不是合法的補償權利人（不列入二二八基金會受難人數統計）。

七、因二二八事件，在戒嚴時期才被冠以叛亂或匪諜名目判刑或槍決者，家屬通常會選擇另一個基金會（財團法人戒嚴時期不當叛亂暨匪諜審判案件補償基金會）申請賠償（不列入二二八基金會受難人數統計）

第一，有錢有辦法的受難者，都已離開臺灣到海外；第二，受難者沒有家人可申請；第三點與第四點基本上都是沒有證人及證據；第五點，有個人因素不想申請；第六點，沒有受益者可領；第七點則是已納入白色恐怖那一邊的賠償案。

這些理由多數人都能夠接受，但即使如此，兩、三萬與八百多人的落差還是太大。以人性來看，六百萬元的賠償金並不算少，若死亡人數真有兩、三萬人，申請賠償者絕不應該僅止於此。常有人認為這是因為二二八事件補償申請的審查十分嚴格所致，但以結果論來看，這八百多人當中已經包含了一些「不是很應該」領這份賠償的人在內了。

以《二二八辭典》別冊所列的名單進行簡單統計，並以相關資料進行比對，要領取二二八事件之補償並不嚴格。在死亡及失蹤的八百多人中，至少有超過 5 人，在未受難的情況下，家屬領取了補償金；而在民國 38 年以後，才因各種罪名遭到槍決的 63 人，也都計入二二八死亡的受難人數之中，38 年之後才被判刑者也約有 80 名左右。二二八事件的補償依法針對受到公務員或者公權力侵害者，若依附錄 2 的申請理由來看，有不少受難者恐怕未必符合資格，各種有爭議的領取也不在少數。

舉例來說，古瑞雲的弟弟古瑞明，在二二八事件期間加入二七部隊，逃亡對岸之後加入中共地下黨，被派遣回臺灣擴大組織，在省工委林英傑手下從事秘密活動，最後投案遭槍決：[246]

> 古匪瑞明與古匪文奇於三十七年七月以經商為由潛赴香港，經其兄古瑞雲之介紹加入臺灣民主自治同盟，受訓三月後九月啣命返臺，與該盟臺灣領導人已決叛徒林英傑（化名林邦富、黃自如）連絡，商議擴大組織，教育群眾。四十年十月古匪文奇鑒於政府肅奸嚴密及寬大處置，憬然覺悟，經憲兵司令部策動向臺中調查組投案自首。古匪瑞明則先後吸收陳光雲、黃金島、黃欽隘、王潮漳、賴錦聰等參加其叛亂組織，並計劃在八仙山地區建立武裝組織，備為共匪攻臺之內應未果。其餘張錦春、劉明桂、陳忠耀、林西陸等均明知古瑞明匪諜身分，不向治安機關告密檢舉。張省三、丁保安、廖慶祥、張苕燄、王博卿與古瑞明談話間，均知古匪曾赴香港參加謝匪雪紅之叛亂組織受訓，亦均未告密檢舉，案經憲兵司令部與保密局偵破，解送保安司令部法辦。

同樣的紀載，也在其兄古瑞雲的回憶錄《臺中的風雷》中出現，蘇新也提過

[246] 黃金島，《「烏牛湳之役」前後的經歷》、《二二八事件文獻輯錄》。《安全局機密文件》（上），頁 116。

他的事，[247]足見政府檔案並非都不可信。那麼，一位在民國 40 年之後，從事間諜工作而被捕槍決的人，被歸為二二八受難者，並領取六百萬補償金，是否符合公平正義？

又如蕭來福，雖不確定加入中共地下黨的時間，但從日治就是臺共重要成員；王添灯辦《自由報》時擔任經理，所有稿件須經蕭的審核。古瑞雲及蘇新的回憶錄中都提到，他並未在二二八事件中失蹤，[248]而是逃亡香港，奉蔡孝乾指示與廖文毅合作，利用廖的財力成立地下人員訓練班，後因廖文毅思想趨獨，蕭未聽上司指示離開廖，被地下黨組織切斷關係，廖文毅逃往日本後，蕭在天津被中共逮捕，後來還是謝雪紅叫古瑞雲寫報告救他出獄。而他當時就讀基隆高中的弟弟弟蕭炳煌，「事變紛亂中與蕭來福、潘添成等人同時失蹤」，[249]兄弟二人都由家屬申請支領了六百萬補償金。

潘欽信也是日治時期的老臺共，張士德來臺成立三青團時提供協助，[250]二二八時與蘇新、蕭來福同為王添灯參謀，二二八後與蕭同船逃亡香港，奉蔡孝乾指示與廖文毅合作，與蕭來福一樣被組織切斷關係，但潘由於先向香港的聯絡員林樑材報告情況，事後未被中共責難且獲得津貼。[251]古瑞雲、楊克煌的回憶錄中都提過他後來在大陸發展的情況，但家屬仍以「失蹤」申領了補償金。他的親戚潘添成原任職基隆市社寮區會所，「於事變紛亂中與蕭來福、蕭炳煌兄弟共同避難於富榮號漁船後失蹤」，[252]船上的船員周永全也名列失蹤補償的名單，一起前往中國大陸，全部取得「失蹤」的補償金。

林樑材，也寫成林良才，老臺共，二二八時曾南下臺中向謝雪紅要求武

---

[247] 古瑞雲，《臺中的風雷》，頁 211。蘇新，《未歸的臺共鬥魂》，頁 249。

[248] 楊克煌，《我的回憶》，頁 217-229。吳克泰，《吳克泰回憶錄》，頁 171。古瑞雲，《臺中的風雷》，頁 188-189、195-196。

[249] 張炎憲主編，《二二八事件辭典》別冊，頁 560。

[250] 楊克煌，《我的回憶》，頁 217-229。

[251] 古瑞雲，《臺中的風雷》，頁 188-189。

[252] 張炎憲主編，《二二八辭典》別冊，頁 504。

器，僅得到一皮箱手榴彈。事件中，蔡汝鑫由基隆要塞偷運出來的一卡車武器，即送到他家。[253]事件後逃亡大陸，到香港擔任地下黨聯絡員。[254]古瑞雲、楊克煌的回憶錄中都曾提及此事，其他受難家屬也多知道他並未受難而申請失蹤補償。[255]

李碩楷事件時任教高雄第一中學，據〈許成章先生訪問紀錄〉，他事後逃到中國大陸去了，[256]其妹李素姜也表示事件後其兄逃走無蹤，但申請補償的理由卻是「任職高雄第一中學，無故遭國軍逮捕後失蹤」，順利通過審查並領取補償金。

又如宜蘭的郭永西，其兄長為他申請賠償，遭二二八基金會以「完全無證據」駁回，家屬繼續向行政院訴願，行政院表示「不能以無證據就否定該事件」。學者張文義也替其背書，表示雖無證據，但該事件應該存在，只是唯一的見證者已過世。二二八基金會執行長廖繼斌表示，行政院既然如此裁示，基金會只好主動土法煉鋼找線索，最後仍予賠償。[257]

獲賠的受難者親屬當中，有百餘位提到當事人從警察局「取走」槍枝，或參與攻打紅毛埤彈藥庫、水上機場等，而遭軍警「無故」槍殺或逮捕。由於在現今二二八事件的定位中，政府代表反派立場，攻打機場的民軍理所當然都應該獲得補償。但有幾位在水上機場任職的臺人，在這場攻擊事件中喪生，恐怕是被民軍擊斃，結果對戰的雙方都獲得了受難補償。

有位公路局客運司機，因為駕駛的大客車被民軍「徵用」，開到雲林縣古坑鄉陳篡地的民軍基地附近，他在前往尋找車輛時失蹤。類似的無故失蹤

---

253 古瑞雲，《臺中的風雷》，頁 50-51。

254 楊克煌，《我的回憶》，頁 248-249、307；劉青石，2006；古瑞雲《臺中的風雷》，頁 198-199。但其家屬卻向二二八基金會申請失蹤，賠償六百萬。

255 二二八基金會的補償檔案中有多位家屬提及此事。

256 〈許成章先生訪問紀錄〉，許雪姬、方惠芳，《高雄市二二八相關人物訪問紀錄》，臺北：中研院近史所，頁 387。

257 〈黑石坪疑案 找尋佐證史料〉，《自由電子報》，2002 年 7 月 17 日 http://www.libertytimes.com.tw/2002/new/jul/17/today-p10.htm

事件並不少，是否都是國軍所為，還是當時在各地活動的民軍也有份？在二二八事件期間，治安呈現無政府狀態，美國領事布雷克曾親眼見到臺北民眾趁亂搶劫百貨公司，各地民眾紛紛組織治安團自保，這些無故失蹤者，是否都受到公權力侵害？

申請賠償者，有直接承認參與攻擊政府機關及國軍者，也有擔心政府秋後算帳，言詞閃爍，對經過諱莫如深者，如以「二二八期間精神異常誤闖嘉義機場，遭國軍槍擊後失蹤」作為理由。這種情況反映出過去威權時期戒嚴，給民眾帶來的恐懼在當時仍未減緩。

對淡水中學來說，二二八事件毫無疑問是個悲劇，不但校長陳能通被補後身亡，幾位教師及學生也都成為受難者。對於這個事件，二二八基金會在調查之後，認為相關人等都是「無故」被捕，並且遭到「羅織」罪名而受難。[258]

二二八的犧牲者是否都遭遇到政府任意捕殺？相信確有許多無辜受難者，但由各種檔案及資料來看，相當程度被逮捕判刑者還是有其原因。關於這點，淡水中學校長陳能通的兒子曾就其父的遇害，做具體的推測，卻也印證其父被捕，並非完全沒有原因。他表示：[259]

> 為什麼父親會遭此無妄之災呢？事後我們曾多方推測：
>
> 一、軍訓槍枝的問題：二二八那陣子，有些學生好奇，曾拿槍出來擦放在走廊。學生年紀輕，可能是好玩，就像高爾夫球場方向試射，當時高爾夫球場那邊有軍隊駐紮，或許因此被官方誤會吧！
>
> 二、是不是有人想經營淡江中學而結下樑子？
>
> 三、幾年後又有人傳言說，送給父親衣服的內幕，被兵仔搜到一

---

[258] 張炎憲主編，《二二八事件辭典》，別冊，臺北：國史館，2008。基本上所有審定補償的受難者通通都是「無故」被捕，遭「羅織」入罪。

[259] 〈陳能通〉，張炎憲等訪錄，《淡水河域二二八》，臺北：吳三連臺灣史料基金會，1994，頁 199。

張攻打北新莊的計劃表。（淡江中學的一些學生曾計畫攻打北新莊，父親去阻止，把計畫書拿走，放在口袋裡。）

由陳先生的敘述中，可以看出一些端倪。第一點，淡江中學學生的確用軍訓槍對駐軍開火；第二，可能有人覬覦淡中的經營權；第三，部分淡中學生集結準備攻打北新莊，而且有作戰計畫書，偏偏這份計畫書被校長沒收，最終成為陳能通的罪證。在當時的時空背景下，這樣的行為很難說完全沒有責任。

當年就讀淡江中學的紀朝欽也表示：[260]

「二二八」時，陳能通校長帶領我們去接管淡水警察局，我們用他們的槍來武裝自己。後來鎮壓部隊來了，陳能通校長就要我們撤回學校，有的同學就給部隊打死了。三月九日，他們就來學校抓我們校長還有一位黃姓的體育老師，以後就再也沒有回來了，實際上是被槍斃了，因為他們帶領了學生武裝起義。

紀朝欽後來透過臺中表哥的介紹，到香港投奔謝雪紅，而走上紅色道路，以立場來看，所言或未必全然可信。但眾多檔案當中，確可看到當時不少民間組織向警局「商借武器」、代替政府「維持治安」的情景。

2013 年，中共在北京西山國家森林公園設置無名英雄廣場，紀念 1950 年代犧牲的地下黨成員，廣場上立有無名英雄紀念碑、雕塑及人員名單。名單上有八百多人，曾領取二二八死亡補償的名單中，至少有方義仲、王忠賢、王炳輝、王添、古瑞明、江朝澤、吳金城、巫添福、李友邦、李來基、李凱南、汪清山、林水木、林錦文、邱樹南、高一生、康海閣、郭清池、陳文堅、陳水炎、陳坤良、曾金厚、曾添、湯守仁、黃玉枝、楊清淇、劉萬

---

[260] 徐宗懋，〈李登輝密晤中共同志，透露施政構想：我當總統不搞臺獨〉，《亞洲週刊》17：10。

山、蔡能嘉、盧鏡澄、羅金成等人名列其中。

這些人都參與過二二八事件，而在 1949 年後因其他案件陸續被捕，並以叛亂罪槍決，現在被大陸奉為地下黨烈士，可說求仁得仁。這也證明，二二八事件參與者當中，確實不乏為數可觀的共產黨成員。另外，二二八期間從基隆要塞偷運武器支援民軍的蔡汝鑫、臺糖案的沈鎮南、白色恐怖受難者李媽兜、因刻畫二二八受難像木雕聞名的黃榮燦、在臺灣推行各種革命話劇的簡國賢等人也都名列其中。

以上述的幾個例子來看，政府對二二八事件的受難者身分認定，其實相當寬大，對補償的申請也沒有設置太高的門檻，這對撫慰受難者的哀慟，以及平息社會的不滿情緒，事實上有所幫助。

四、陳水扁時期的研究 (2000-2008)

以前兩章的統計結果來看，陳水扁總統執政期間，無疑是二二八事件相關研究的高峰期。

以學位論文來看，以下幾個時段數量特別多。2000 年總統大選時，雙方陣營對族群及省籍問題爭論激烈，陳水扁最終勝出，與相關議題獲得支持有一定關聯；其次是 2003 年左右，可能受到檔案局的成立與相關檔案的開放的影響；最後是 2005-2006 年，是否受到前一年百萬人「二二八手護臺灣運動」的影響，有待研究。

以學術期刊及研討會論文集論文來看，2004 年之後數量逐漸提升，到 2007 年適逢事件 60 週年，由於有多場研討會的舉行，數量相當驚人；2008 年除本年的研討會論文外，前一年的也多在此年出版，共計 29 篇研討會論文加上 17 篇學術期刊論文發表，達到相關研究數量的最高峰。

以雜誌期刊而言，2004 與 2008 年的數量較其他年份多出許多。2004 年由於推動「二二八手護臺灣運動」，有數本期刊在選前連續數期以二二八為主題出刊，使專文數量提升許多。2007 年因事件 60 週年，紀念與回憶的專文相當多，隔年大選之前，亦有不少專文探討二二八事件，也是相關研究數量的高峰期。

官方出版品方面，1999 到 2000 年間，二二八基金會及紀念館大量出版相關刊物，接下來到 2002 年為止，每年的官方出版品都維持 7-8 本的數量。2006-08 年，是二二八官方出版品的最高峰期，從二二八基金會發行《二二八事件責任歸屬報告》起，包括檔案局、國立編譯館、國史館及文建會等都有相關作品，各縣市政府也多有建樹。國史館的《戰後臺灣政治案件彙編》系列，雖以白色恐怖受難者為主，但與二二八事件受難者重複度高，也多論及二二八事件。

以其他專書來看，陳水扁執政的八年，都算是相關作品數量較多的時段。馬英九執政之後，二二八的專書發行量銳減，或可看出雙方對二二八事件重視的程度，以及應用的頻率差距頗大。

(一) 歷史教學的質變

1.「認識臺灣」教科書

1997 年 9 月 1 日開始，政府開始使用《認識臺灣》這套分為《社會篇》、《歷史篇》、《地理篇》的國民中學教科書實施教學。這是李登輝在就任首屆民選總統後，在教育方面進行本土化改革的第一步，但在推出之前就已引起藍綠之間的激烈論戰。

1997 年 6 月 5 日，建國黨提出，《認識臺灣》教科書中，社會篇具正義性並符合課程原則，但歷史篇「作者具有健康的歷史知識，卻無全盤托出歷史真相的膽識，學生將無法正確理解臺灣歷史傳承的脈絡」；主張應重新撰寫，完全以臺灣主體之立場，「將歷史真實一一公正呈現，使臺灣新的一代有能力在心靈上做臺灣的主人」。[261]

---

261 〈建國黨：未堅持臺灣主體性立場 應重編〉，《中國時報》，1997 年 6 月 6 日。

1997 年 7 月 7 日，「全國各界反對違憲竄改教科書聯盟」在《海峽評論》發表公開信，指責《認識臺灣》歷史篇及社會篇的內容親日媚日、分化族群、明顯臺獨並且違憲；尤其歷史篇的族群分類，都是盲目附和臺獨人士的政治化用語。[262]

1997 年 7 月 20 日，TVBS 與《新新聞》在臺大法學院合辦「認識臺灣教科書大辯論」，由陳其南主持，支持和反對的兩派人士進行對辯：正方代表是民進黨文宣部主任陳文茜、民進黨立委王拓與臺北市議員段宜康，反方代表是新黨立法委員李慶華、臺大中文系教授陳昭瑛與輔仁大學教授尹章義。

當時正方認為中華民國在臺灣，所以以臺灣觀點來闡述歷史理所當然；反方則堅持以中華民國為主體，反對教科書凸顯族群問題及過度媚日。如尹章義認為日治時代的篇幅過大：[263]

> 《認識臺灣》教科書對於清朝二百一十二年時間只用了二十五頁的篇幅介紹，日治時代五十一年卻用了二十七頁，光復至今五十一年只用了二十九頁。

臺大教授許介鱗後來提到，對日本的殖民統治，《認識臺灣》給了正面多於負面的評價，甚至導致日本興起修改教科書的風潮，要將原本教科書中日本侵略中國及其他亞洲國家以及慰安婦等歷史事實抹殺。[264]

政大教授蔣永敬亦批評，《認識臺灣》顯然是李登輝修憲的配套作業，教下一代脫離中國人的意識，「營造新臺灣」，「充滿媚日、仇華意識」，還宣

---

262 全國各界反對違憲竄改教科書聯盟，〈反對媚日教材，拒絕臺獨教育！──反對違憲竄改教科書的聲明〉，《海峽評論》第 80 期，1997 年 8 月。

263 謝志偉整理，〈《認識臺灣》教科書大辯論〉，《海峽評論》第 81 期，1997 年 9 月。

264 許介鱗，〈「臺灣化」何去何從〉，《臺灣史記》第四卷第三章。

稱三百多年來的臺灣統治者都是「外來政權」。[265]當然，在李登輝的推動之下，這份教科書最後還是通過使用，直到九年一貫教材啟用才更換。

2. 教科書上的二二八

1990 年，二二八事件第一次出現在高中教科書上。內容僅有短短兩行：[266]

> 惟陳儀擔任行政長官期間，因取締私煙引發衝突，致釀成 36 年的「二二八」事件。政府迅即撤換陳儀，改組省政，並宣撫民眾。

1991 年，內容稍有增加，表明了事件中死傷頗多，且將責任歸於陳儀：[267]

> 惟陳儀擔任行政長官期間，軍政措施失當，適因取締私煙引發衝突，致引發 36 年的「二二八」事件，頗多傷亡。國民政府主席蔣中正嚴令陳儀負責制止報復；否則以抗命論罪。旋即撤換陳儀，改組省政，並宣撫民眾。

1992 年又添加了相關敘述，先敘述了事件發生的原因，後面加上專案小組的設置與紀念碑的建立：[268]

> 惟因戰時的嚴重破壞，戰後的動亂與經濟恐慌，人民失業眾多，生活困難，復以陳儀擔任行政長官期間，軍政措施失當，適因取締私煙引發衝突，致引發 36 年的「二二八」事件，頗多傷亡。國

[265] 蔣永敬，〈中日代理戰爭的危機已在臺灣燃起〉，《海峽學術》第 80 期，1997 年 8 月。

[266] 民國 79 年國編版歷史課本，頁 165。

[267] 民國 80 年國編版歷史課本，頁 165。

[268] 民國 81 年國編版歷史課本，頁 165。

民政府主席蔣中正嚴令陳儀負責制止報復；否則以抗命論罪。旋即撤換陳儀，改組省政，並宣撫民眾。為了平撫事件帶來的創傷，行政院特於 79 年成立「二二八專案小組」，研究事件的真相，對歷史作一交代；並建立「二二八」紀念碑，以慰不幸死難者在天之靈。

1993 年的教科書，僅追加了一句「無辜人民遭受波及」，顯示了除事件參與群眾外，無辜受難民眾亦多。[269]

惟因戰時的嚴重破壞，戰後的動亂與經濟恐慌，人民失業眾多，生活困難，復以陳儀擔任行政長官期間，軍政措施失當，適因取締私煙引發衝突，致引發 36 年的「二二八」事件，無辜人民遭受波及，頗多傷亡。國民政府主席蔣中正嚴令陳儀負責制止報復；否則以抗命論罪。旋即撤換陳儀，改組省政，並宣撫民眾。為了平撫事件帶來的創傷，行政院特於 79 年成立「二二八專案小組」，研究事件的真相，對歷史作一交代；並建立「二二八」紀念碑，以慰不幸死難者在天之靈。

1994 年的教科書，對事件的敘述越來越完整，明顯將責任歸於陳儀：[270]

臺灣光復之初，因戰時的嚴重破壞，戰後的動亂與經濟恐慌，人民失業眾多，生活困難，社會問題相當嚴重。陳儀擔任臺灣省行政長官期間，當時臺灣省行政體制特殊，行政長官兼警備總司令，集軍政大權於一身，連中央政府在臺灣的派出單位亦均受行

[269] 民國 82 年國編版歷史課本，頁 165。

[270] 民國 83 年國編版歷史課本，頁 165-166。

政長官節制，其權力與日據時期的臺灣總督無異，使得朝暮等待光復、回歸祖國的臺灣同胞大感失望。加以行政長官公署軍政措施失當，實行經濟統制，部分官員貪瀆及軍紀不良，更造成人民的不平。適因取締私煙引發衝突，引發 36 年的「二二八」事件，無辜人民遭受波及，頗多傷亡。國民政府主席 蔣中正先生聞變，嚴令陳儀負責制止報復，否則以抗命論罪。旋即撤換陳儀，改組行政長官公署為省政府，革新省政，並宣撫民眾。為了平撫事件帶來的創痛，行政院特於 79 年 11 月成立「二二八專案小組」，研究事件真相，俾對歷史作一交代；並建立「二二八」紀念碑，以慰不幸死難者。

1995 年的教科書，僅修改了最後一句：「並由李登輝總統向死難者家屬道歉，政府發給補償金並建立『二二八』紀念碑，以慰不幸死難者」[271] 88 課綱之後，改行一綱多本，進入教科書的戰國時期，當時的六家教科書商，包括三民、正中、南一、建宏、康熹、龍騰等，對二二八事件的描述，少則兩頁，多則四頁，以字數與重要性來看，都勝過國編版時期很多。但當時的敘述較為溫和，多以緝菸事件誤擊路人、公署開槍之後發生衝突描述；許雪姬的三民版敘述最完整，頁數也最多，特別提到了高雄地區的鎮壓。[272]

95 暫綱當中，臺灣史首次獨立成冊，對二二八事件的描述有些較生動的形容，如龍騰版當中，有林江邁苦苦哀求，卻遭緝私員以槍枝擊中頭部，造成頭顱出血，附近民眾群情激憤之類的描述。

101 課綱中，歷史科「日本統治」改為「日本殖民統治」、「接收」臺灣改為「光復」臺灣等修改，引發爭議；由於每家的教科書內容多有差異，這裡很難一一敘述，但整體而言對二二八事件的敘述，與 95 暫綱相差不多。

---

[271] 民國 84 年國編版歷史課本，頁 166。

[272] 〈歷史課本的歷史 50 年來高中生怎麼學 228〉，中央社，2015 年 8 月 7 日，http://www.cna.com.tw/news/firstnews/201508065014-1.aspx。

3. 政黨輪替

杜正勝在《一個新史觀的誕生》中，提出了所謂的「同心圓史觀」：「以臺灣為中心，一圈圈往外認識世界，認識歷史」，「由內到外，從鄉土史、臺灣史、中國史、亞洲史到世界史，循序漸進」。並表示，「新史觀」要「擺脫大中國意識的籠罩，努力建立臺灣的主體意識」，「不論『臺灣國』或『在臺灣的中華民國』，都是獨立的政治實體」。[273]

戚嘉林認為，教科書中對於二二八事件的描述，不提外省人被打殺，本省人的作為也都未提，將事件說成要求政治改革，是扭曲歷史：[274]

> 當局憑藉執政優勢與政治資源，披著客觀中立的學術外衣，相繼推出《二二八事件研究報告》《二二八事件責任歸屬研究報告》等學術著作，曲解二二八史實。尤其是不承認二二八事件前八天，本省暴徒大規模毆打並殘忍屠殺外省人的血腥史實，並將陳儀政府講得百無一是，從而妖魔化國府與外省人，甚而再由政治人物加持，經由媒體廣為宣導。
>
> 與此同時，更可怕的是默默地，運用行政權，藉官方教育部審定高中歷史教科書的方式，佔領歷史教科書中有關「二二八事件」的歷史詮釋權。……不但不誠實地隱瞞真實的歷史資訊，不承認是「民變」，反而是顛倒是非地將二二八事件曲解成臺人的訴求祇是要求政治改革與自治，就遭政府鎮壓。如此歪曲史實的對比反差，好似國府是多麼的無人性、無理性。官方教育部審定的歷史教科書的如此記載歷史，透過公權力的全面教育網路，灌輸下一代錯誤的歷史真相，究竟目的何在？

---

[273] 張方遠，〈臺獨教科書是怎樣煉成的〉，《海峽評論》279期，2014年3月。

[274] 戚嘉林，〈臺灣二二八解析〉，《海峽評論》第194期，2007年2月。

相反的意見當然更多，例如許雪姬的年度回顧文中提到，戴寶村認為新版教科書改革幅度仍太小，對形塑集體記憶與彰顯轉型正義仍嫌不足；許毓峰認為改版後臺灣史知識不增反減等等：[275]

> 有關教科書的研究，戴寶村指出新版教科書有助於臺灣民主化歷史知識的增長，但其改革幅度仍太小，對形塑臺灣人集體記憶、彰顯轉型正義等方面仍不足。許毓峰分析依 1975、1993 年課程標準所製的各版國小社會科教科書，竟然發現有關臺灣歷史知識的比例不增反減。王郁德探討臺灣中小學教科書中所表現的國族主義變動，質疑民主化後雖然多元開放，但政治權力仍意圖隻手遮天。李道緝探討僑委會如何形塑華僑對「新祖國」——臺灣的四海歸心，並為維持這種虛構的政治認同所付出的代價。

可說立場不同，意見也截然兩樣。

馬英九執政之初，教育部長鄭瑞城沿用扁政府時期修訂的《98 課綱》，引發藍營的不滿與批評。後來教育部暫緩實施國文與歷史兩科課綱，暫時沿用《95 暫綱》；其他科使用《98 課綱》，但往後延一年才正式上路。為研擬國文與歷史新課綱，教育部組成課綱小組，但藍營仍反映小組成員多數仍為民進黨執政時的委員。2010 年教育部長吳清基改組課綱小組，到 2011 年上半年才完成修訂並公告，預計 2012 學年度施行，稱為《101 課綱》，仍維持「臺灣史→中國史→世界史」的敘事順序。

陳君愷表示過去民進黨執政時，教科書審定相當重視專業，委員會的組成也未受干涉；馬英九用哲學專業的王曉波擔任總召，且以中研院學者取代經驗豐富的高中教師擔任委員，並不妥當。且其大中國及黨國史觀，將對民

[275] 許雪姬，〈2007 年臺灣史研究的回顧與展望〉，《臺灣史研究》第 16 卷 2 期，2009 年 6 月。

主且本土的高中教材造成危害。[276]

陳認為馬英九在 2014 年大舉修改一〇一課綱的動作，明顯是想進行意識形態的全面反撲。他認為要達到民主化及本土化，高中教科書至少要進行三個方面的位移，包括由虛假→真實、中國→臺灣、威權→民主，在同心圓的架構之下，以臺灣為出發點，培養學生「以臺灣為主體」的意識。[277]

陳並提出，有人主張高中教科書不應有意識型態，這是欺騙的修辭，過去國民黨就以「三民主義」的意識形態編寫教科書，現在民主時代，高中教材不需要去除意識形態，而應以事實為本，來進行「本土認同」。而有人質疑民主時代應該接納不同族群的歷史記憶，他回應：[278]

> 對於各族群人民的歷史記憶，當然應該予以尊重。毋庸置疑，但這樣的尊重，並不包括那些來自威權的灌輸，特別是不應包括虛假的內容。質言之，長久以來，在國民黨史觀的宣揚下，許多人的歷史記憶裡面，充斥各種虛假、荒誕、偏頗的歷史內容；而這些內容原本就不屬於歷史知識，自然不應該被吾人所尊重。

陳君愷認為所謂的「客觀中立」並非對兩種意見不偏不倚：[279]

> 就學術研究而言，真正的「中立」，是意味著正反兩方的訊息，都享有同等的「發言權」；認識者不應只採一方的證詞，而完全不考慮另一方。但這並不代表兩方的證詞，必定有同等的價值；也不

[276] 陳君愷，〈民主時代所需要的歷史教育——以臺灣高級中學歷史教科書為中心的探討施正鋒主編〉，《歷史記憶與國家認同——各國歷史教育》，臺灣國際研究學會，2014 年 7 月，頁 47-50。

[277] 陳君愷，〈民主時代所需要的歷史教育——以臺灣高級中學歷史教科書為中心的探討施正鋒主編〉，頁 45-46。

[278] 陳君愷，〈民主時代所需要的歷史教育——以臺灣高級中學歷史教科書為中心的探討施正鋒主編〉，頁 59-60。

[279] 陳君愷，〈自序〉，陳君愷，《臺灣「民主文化」發展史研究》，頁 viii。

意味著在證詞的「兩面俱陳」之後，「折衷其意」就可以達到「中立」，真正的「中立」，是在保障兩方證詞有同等「發言權」的前提下，用同一標準，將兩方證詞作細密的檢證。

他並舉例說明：[280]

這就好比兩個小孩打架時，「客觀中立」不是各打五十大板，而是弄清楚事實真相後，再給予適當的懲處。如果確認是一方蓄意挑釁，另一方乃不得已而自衛動手，則一百大板全打在挑釁者身上，才可謂既客觀又中立。

王曉波則表示，島內政治形勢的變化，「二二八」終於成為一個可以公開討論的議題，甚至於得到平反和補償。於是一時間臺灣社會出現了許多「二二八專家」，在這些「專家」的鼓譟下，從國民黨的「一言堂」到民進黨的「一言堂」，而不允許有任何知識學術的「二二八」研究，連行政院指派的二二八事件研究的學者，都受到不少困擾。[281]

4. 民族認同

1986-87 年，張茂桂、蕭新煌問卷抽樣一千兩百多位大學生，認為自己是臺灣人的佔 8%，是臺灣人也是中國人的佔 14.9%，是中國人也是臺灣人的佔 14.5%，認為是中國人的佔 35.5%，認為中國人與臺灣人沒有差別的佔 20.3%，其他佔 5.9%。[282]當時的另一項調查顯示，支持臺灣獨立的人僅有 7%，反對者高達 51%，26% 未表示意見。[283]

---

[280] 陳君愷，《臺灣「民主文化」發展史研究》，頁 viii。

[281] 王曉波，〈二二八事件研究的自我告白〉，《海峽論壇》104 期，2012 年 2 月。

[282] 張茂桂、蕭新煌、章英華，1987，〈大學生的「中國結」與「臺灣結」：自我認定與通婚觀念的分析〉，《中國論壇》第 25 卷 1 期，頁 34-53。

[283] 《中國時報》，1987 年 7 月 8 日。

1988 年民意調查基金會以電話抽樣調查 1145 位成年人，是否「贊成臺灣獨立」，其中非常贊成佔 2%，贊成佔 7.4%，看情形者佔 2.9%，不贊成佔 40.9%，非常不贊成佔 23.9%，無意見佔 4.8%，不知道佔 17.3%。[284]

尹章義當時提出，獨派主要是老移民的不滿份子及被迫害者，第二代的新移民也有數人，恐共症強化了獨派的力量，但這些人絕大多數投入民進黨，因此臺獨的支持者多少與民進黨的支持度難以區分。真正的統派在臺灣比獨派更少，95% 以上的臺灣人屬於「規避型」與「現實型」，根本不涉及統獨的意識形態。[285]

雖然不能說相關數據完全受到教育的影響，但必然是重要因素。據政大選研中心 2015 年的研究，認同自己是臺灣人的比率達 59%，較去年底的 60.6% 稍微下降，認同自己是臺灣人也是中國人的比率則從 32.5% 微增至 33.7%，但認同自己是中國人的比率，從 3.5% 降至 3.3%，創歷史新低。而以統獨立場而言，傾向臺獨、儘快臺獨比率之加總共達 21.1%，但偏向統一、儘快統一僅 9.1%，亦再創歷史新低。[286]

(二) 國家檔案局的成立

臺灣的「檔案法」於民國 88（1999）年 12 月 15 日公布，並自 91 年 1 月 1 日施行。89 年 3 月 1 日，行政院研考會成立「國家檔案局籌備處」，90 年 10 月 24 日，「檔案管理局組織條例」公布施行，11 月 23 日檔案管理局正式成立，隸屬行政院研考會。102 年 8 月 21 日，總統公布「國家發展委員會檔案管理局組織法」，改隸國發會，更名為「國家發展委員會檔案管理局」，於 103 年 1 月 22 日施行。[287]

228 事件檔案徵集工作自 89 年 6 月展開，經過種種前置作業，移轉作

[284] 尹章義，〈中國統一與臺灣獨立問題試析〉，頁 51-52。

[285] 尹章義，〈中國統一與臺灣獨立問題試析〉，頁 54。

[286] 〈政大選研民調：認同自己是中國人僅剩 3.3 趴〉，《自由時報》，2015 年 7 月 26 日。

[287] 國發會檔案管理局網站，http://www.archives.gov.tw/Publish.aspx?cnid=1390。

業自 89 年 12 月 5 日起，至 90 年 12 月完成第 1 階段目標，徵集移轉檔案 57195 件。其後，檔案局仍續辦蒐整工作，至 94 年 12 月，移轉相關檔案已達 64241 件。[288]

公開二二八檔案，本就是國家檔案局設置的重要目的，因此在 2001 年，還是籌備處的國家檔案局就先出版了《二二八事件檔案導引》與《二二八事件檔案管理作業彙編》，同年又出版《開誠佈公・鑑往知來──二二八事件檔案蒐集整理及開放應用成果紀實》，說明二二八檔案的整理情況及開放提供應用的成果。國家檔案局所蒐藏的二二八檔案，大致可以以來源分為五類：[289]

(一) 中央機關：包括總統府、國史館、國家安全局、立法院、監察院、行政院秘書處、內政部警政署、國防部（含軍務局、軍法局、軍事情報局、軍管區司令部、陸軍總司令部、海軍總司令部、空軍總司令部、聯合勤務總司令部、史編局）及外交部等 17 個機關之檔案。

(二) 教育機關與學校：包括國立臺灣大學、國立中興大學、國立成功大學、臺中技術學院、國立臺灣師範大學、國立嘉義大學、高雄市立高雄中學、嘉義市立嘉義高級中學、臺北市立成功高級中學等 9 個學校單位之檔案。

(三) 司法機關：包括臺灣高等法院、臺北地方法院、新竹地方法院、臺中地方法院、嘉義地方法院、臺南地方法院、高雄地方法院等 7 個機關之檔案。

(四) 公營事業：包括臺灣省菸酒公賣局、中國石油股份有限公司、臺灣糖業股份有限公司、臺灣鐵路管理局、臺灣電力股份有限公司等 5 個機構之檔案。

---

288 國家檔案局編，《228 事件國家檔案典藏及應用》，臺北：編者，2009，頁 2-3。

289 國家檔案局編，《228 事件國家檔案典藏及應用》頁 3-4。

(五) 地方與其他機關：包括臺灣省政府、臺灣省諮議會、臺灣省文獻會、臺北市政府、臺北縣政府、臺中縣政府、彰化縣政府、臺東縣政府、臺北市警察局等 9 個機關之檔案。

檔案局所典藏的二二八檔案內容大致有兩類：（一）228 事件相關人士之自白、筆錄、判決書、受刑人服刑情形、各機關對於 228 事件之陳述及報告等相關檔案。（二）228 事件軍事審判案件、戰後海外臺胞遣送及駐外單位對於 228 事件紀念報導。[290]

二二八檔案的收集與應用，在國家檔案局一直屬於重要業務，相關檔案也是國家檔案局成立以來，首次以專案蒐整方式徵集整理的國家檔案，其工作時程雖短，卻是政府在相關工作上重要的里程碑。國家檔案局表示，將陸續選定對臺灣社會發展深具意義之主題，包括美麗島事件、國民大會制修憲、重大政治事件檔案、以及公營事業機構移轉民營等，推動各該主題國家檔案之徵集工作。[291]

(三)《二二八事件責任歸屬研究報告》

2006 年 2 月 28 日前夕，二二八基金會發表了《二二八事件責任歸屬研究報告》一書，這份研究報告，首度分層次釐清二二八事件的法律與政治責任。該報告由 2003 年 9 月開始執行，召集人為張炎憲，小組成員為黃秀政、薛化元、陳儀深三位學者董事，受難者及家屬代表鍾逸人、李榮昌及李旺臺等共七人。並邀請李筱峰、陳翠蓮、何義麟、陳志龍、黃茂榮等歷史及法律學者共同執筆。[292]

該研究報告的結論是：蔣介石是事件元凶，應負最大責任；陳儀、柯遠芬、彭孟緝等軍政人員應負次要責任；其他軍政人員如張慕陶、范誦堯、劉

---

[290] 國家檔案局編，《228 事件國家檔案典藏及應用》頁 4-5。

[291] 國家檔案局編，《228 事件國家檔案典藏及應用》頁 13。

[292] 張炎憲等，《二二八事件責任歸屬研究報告》，臺北：財團法人二二八紀念基金會，2006，頁 3-4。

雨卿、史宏熹等亦有責任；情治人員吸納「鱸鰻」加入，表面維持治安，實則擴大事端且傳遞危言聳聽的情報，也有責任。

半山如省參議會議長黃朝琴、副議長李萬居、秘書長連震東、參政員林忠等多站在陳儀立場，幫助平息抗爭，而不是站在臺灣民眾的立場，軍統局臺灣站長林頂立、曾任新竹縣長的劉啟光、事件後接任警務處長的王民寧等半山更直接捕捉群眾，且臺灣民間對事件後的「清鄉」工作，多流傳是因半山的協助，軍警才能羅列名單，逮捕臺灣菁英，因此也要負責；社會團體與媒體工作者，如國民黨臺灣省黨部主委李翼中打壓異己、臺灣省政治建設協會蔣渭川出面安撫民眾、「中央通訊社」葉明勳站在陳儀政府和軍方立場，忽視臺灣民眾意見和社會動亂真相，甚至建議南京政府派兵鎮壓；此外線民、告密者、構陷者都有責任。[293]

張炎憲並表示，有人提出二二八事件是「臺灣人先打外省人，外省人才報復」，或認為「改朝換代時總有屠殺鎮壓的事情發生，二二八並不算特別的大事」，這些說法只是在替統治者脫罪，而不是站在民主、人權理念上的思考。臺灣人民在當時是被統治者，是弱勢者。居於主導地位的國民黨政府，理應照顧人民的生活，聽取人民的聲音。面對改革要求時，應該謙虛接納，但國民黨卻反其道而行，濫用公權力，派兵鎮壓，事後並合理化國家暴力行為，並歸罪於被統治的臺灣人民。違反人權、民主、自由的普世原則，充滿權力的暴戾與自大。[294]

參加發表座談會的總統陳水扁，當即表示該份報告讓歷史真相大白，從刑法及民法觀點重新檢視二二八的法律責任，將是今後研究的新方向。[295]張炎憲在會後接受訪問，將過去軍隊無故屠殺的說法修改為有計畫、有步驟的屠殺：[296]

---

[293] 張炎憲等，《二二八事件責任歸屬研究報告》，頁 473-489。

[294] 張炎憲等，《二二八事件責任歸屬研究報告》，頁 489。

[295] 黃忠榮，〈扁：研議追究 228 法律責任〉，《自由時報》，2006 年 2 月 20 日。

[296] 羅添斌，〈張炎憲：空有補償 還沒真正反省〉，《自由時報》，2006 年 2 月 20 日。

執政者透過國家公權力，有計畫、有步驟的進行集體屠殺民眾，事後要追究其真相和元凶是相當困難的事。尤其二二八事件經過國民黨隱藏湮沒史料、刻意扭曲解釋、壓制恐嚇之下，要找回真相更是難上加難。

參與撰述的中研院近史所副研究員、臺灣北社副社長陳儀深指出，檢視「大溪檔案」相關的九十九件電報、公文、手令就可發現，蔣介石在 3 月 5 日派兵，手令也有簽「中正」二字；陳儀深強調，從責任歸屬來看，蔣介石無疑就是主角，人雖然不是蔣直接殺的，但兵是蔣派的，許多人因此喪命。北社計畫向國民黨提出民事訴訟求償五十億元，作為二二八紀念館經費。行政院發言人鄭文燦則表示，這是一份重要的研究報告，有參考價值，但「政府不可能只根據一份研究報告做事情！」[297]

撰述人之一的陳志龍指出，二二八事件這類「政府犯罪」不同於個人犯罪，追償責任不應有時效消滅問題，他主張元首應負起「最終責任」，而我國刑法也應該取消殺人罪犯的追訴時效，以達成法律社會的象徵性意義；[298]此外他也表示，二二八事件的元凶責任無人追究，反而將補償二二八受難家屬當成重點，這樣的情況是捨本逐末。[299]

蔣孝嚴對此感到憤怒，表示將提出告訴，而連震東及中央社的葉明勳在這份研究報告中，被點名是該負責的「半山」，引發連戰強烈不滿與抨擊，也被外界質疑具有濃厚政治色彩。現年九十三歲，從事媒體、教育工作近七十年的葉明勳對此深表遺憾。

該章節執筆人李筱峰表示，「半山」理應擔任國府與臺灣之間橋樑，卻大

---

[297] 林庭瑤、林淑玲，〈228 元兇 直指蔣介石〉，《中國時報》，2006 年 2 月 20 日。

[298] 陳志龍，〈元凶的責任評量——法律觀點 二二八元凶追究之迫切性與必要性 從法律觀點探究如何使司法面對此問題〉，《二二八事件新史料學術研討會會議論文》，臺北：財團法人二二八紀念基金會，2003，頁 171-172。

[299] 林庭瑤、林淑玲，〈228 元兇 直指蔣介石〉，《中國時報》，2006 年 2 月 20 日。

多扮演國府的附庸角色，當然也有人站在臺灣主體立場批判時政而罹難。他認為半山具有特殊的中國經驗，非臺灣在地人所能相比，因此國府接收臺灣之後，借用這批人治理臺灣。這份研究報告點名連震東站在陳儀的立場，而不是站在臺灣民眾的立場，引發連震東之子連戰強烈不滿與抨擊。李筱峰回應，連戰若看過整份報告，會了解作者只是引述半山資料，其餘尚待研究討論，並沒有一竿子打翻所有「半山」。[300]

尹章義 1993 年就曾探討此問題，認為警備總部副參謀長范誦堯的口述訪錄，大致可信，但有為自己撇清責任之嫌，對於當年社會背景的分析也與事實有些差距；但內容證實傳聞中若干「半山」參與迫害臺灣菁英的事實：[301]

> 蔣介石與陳儀對於二二八事件在行政上自應負其責；柯遠芬時任警總參謀長，對於當年的逮捕行動更有不可推卸的責任。但柯遠芬顯得比較坦蕩，在其所撰的「事變十日記」中清楚表達了自己奉命維持社會治安的信念。相對地，范誦堯當時身為副參謀長，即使不主其事，但未加阻止，也難辭其咎，他的談話顯然是避重就輕。就歷史求真的角度而言，不免令人遺憾。至於「半山」在當時扮演的角色，迄今仍然曖昧不明。其實，當年大陸來臺的統治者根本不了解臺灣的真實情況，如果沒有人指引，恐怕連逮捕的黑名單都擬不出來。因此，「半山」對於當時的逮捕行動應有某種程度的涉入。

但尹也提到，針對二二八事件所作的價值判斷，應以事實為基礎。該事件的發生，是諸多因素交雜的結果，政府固然要負相當的政治與道義責任，

[300] 林庭瑤，〈橋樑失職 李筱峰：「半山」有責〉，《中國時報》，2006 年 2 月 20 日。

[301] 尹章義，〈《學者看范誦堯口述歷史》范有撇清責任之嫌〉，《聯合報》，1993 年 2 月 28 日。

但是否應將責任全部歸諸政府？如果研究者先設定了反對的立場來做研究，自然可以不負責任的把一切責任推給政府，但若透過中立學術機構來做專門研究，或許政府所擔的責任比例或範圍就可以作明確界定。[302]

二二八基金會董事長陳錦煌則表示，將協調教育部將該份責任歸屬報告列入教科書，讓真相得以進一步釐清。對於北社要求國民黨賠償五十億元，陳錦煌受訪時表示尊重，但他表示基金會本身不會援引該報告提出訴訟。[303]中研院近史所研究員張力認為，外界對這份報告還有不同意見，要放進教科書太快了，應將此沉澱為學術議題，而非政治議題，暫時不宜放進教科書，希望能再深入討論。[304]

賴澤涵認為，行政院的《二二八事件研究報告》中，因暫未發現直接證據，所以並沒有直接點名蔣介石就是元凶，僅運用史家隱喻的筆法，以蔣介石長期掌控軍統局、中統局的背景說明，指陳蔣介石確實需要負責。但所謂「元凶」，應該是有計畫性的屠殺臺灣人民才算；二二八事件的起因複雜，涉及本省及外省族群的文化衝突、民變反抗，致使政府採取強勢鎮壓的手段，使用「元凶」兩個字指控，太過於情緒化。[305]隔年賴澤涵在研討會上再次提到：[306]

> 我個人認為我們社會有的人是否太偏執，一定要確實了解傷亡人數，一定要定某些人的罪，才認為這是二二八事件的真相。但歷

---

[302] 尹章義，〈我對於二二八事件的看法〉，《抽濃煙喝烈酒大聲抗議——臺灣歷史與臺灣前途》，1988，頁237。

[303] 林庭瑤、林淑玲，〈228 責任歸屬報告出爐：政府犯罪 求償五十億〉，《中國時報》，2006 年 2 月 22 日。

[304] 林淑玲、曾薏蘋、陳希林，〈張力：暫不宜列入教科書 黃富三：勿用情緒化字眼〉，《中國時報》，2006 年 2 月 20 日。

[305] 林庭瑤，〈蔣介石是 228 元凶？賴澤涵：推論太大膽 陳儀深：回文本討論〉，《中國時報》，2006 年 2 月 21 日。

[306] 賴澤涵，〈二二八事件研究的回顧與展望——兼談過去研究的秘辛〉，頁 15。此處特別以註釋標註《二二八事件責任歸屬研究報告》。

史告訴我們，很多歷史事件根本是永沉大海，永遠無法解答的，對待的辦法是讓時間來解決，期待多少年後出現資料，由後人來解決或解答才對，我們這一代恐怕無法解答全部的問題吧？

曾任二二八研究小組的成員黃富三認為，追究政治責任是歷史研究的重要一環，但應該要明確呈現歷史事實而非判斷，不宜用「元凶」等情緒化字眼。二二八是歷史大環境造成，歷史既無情也無辜。若他來寫這段歷史，會交代「日本統治五十年對臺灣的影響」、「這段期間中國大陸發展的狀況」及「陳儀的政策」，從多方面去看這段歷史，會比較客觀。黃也表示，這次報告引用的資料比以前有進步及突破，但還有部分使用二手資料，是美中不足的地方。[307]

黃富三還表示，日本統治下的臺灣，比當時的中國大陸更進步，彼此的思想差距很大，二二八是歷史悲劇，蔣介石當時用陳儀也沒什麼不對，雖然陳儀對臺灣的了解只有「半桶水」，但已算是蔣的部屬中最了解臺灣的人，只是「半桶水」終究無法理解日本式的資本主義，才會造成這樣的後果。因此也要讓外省人知道，自己也是受害者。臺史所研究員許雪姬則認為，「蔣中正是（二二八事件）元凶」這樣的結論，「不用研究也知道」。她並強調，是誰造成受難者這麼多痛苦，要講清楚。[308]

前國民黨黨史會主委陳鵬仁認為，該報告所謂「最大元凶」，應指策劃和發動二二八事件的指導者而言。身為中華民國元首的蔣介石，有什麼理由和什麼必要來策劃和發動這樣的事件？如果不是由他親自策劃、發動和指導這個事件，該項報告就不能也不可以「直指蔣介石是二二八事件背後最大元凶」。這是汙衊蔣介石。陳強調，「二二八是偶然發生的衝突演變成事件，沒有什麼二二八的元凶。對於二二八事件的結果，你可以說在政治上蔣介石有

[307] 林淑玲、曾薏蘋、陳希林，〈張力：暫不宜列入教科書 黃富三：勿用情緒化字眼〉，《中國時報》，2006年2月20日。

[308] 同前注。

責任，但不能說他是最大元凶，這是不公平的。」[309]

劉新圓表示，《二二八事件研究報告》是結合政府、民間與學界的力量，動員了多位歷史學者，並大量收集資料所完成，儘管結果無法完全避免批評，但沒人能否認該書的權威性與學術價值。《責任歸屬研究報告》雖由六位歷史學者及兩位法律學者合著，但一方面既無新史料，一方面立場偏頗又選擇性敘述，背後恐有政治性的動機：[310]

> 張炎憲還在新書發表會上說，執政者透過國家公權力，有計畫、有步驟的進行集體屠殺民眾。這樣的說法，未免過份悖離事實。二二八事件對當時的執政者而言，根本就是個「可怕的意外」，而派兵的主要動機是維持治安。沒有任何一項事實可以證明執政者蓄謀屠殺，連陳志龍在本書中，都這麼寫著：「在二二八事件的屠殺執行者是軍隊、警察、憲兵、特務。大體而言，這些人並未有『屠殺的計畫』。」張如此不假思索地將納粹屠殺猶太人的事件張冠李戴到二二八事件，很難不令人懷疑其背後是否有政治性的動機。

劉並表示，藍營指責本書完全出於政治性的動機，綠營則堅持必須追討責任，才能彰顯民主法治。雖然大家都口口聲聲說要弭平族群裂痕，但是無可否認的是，此一事件引起的爭端，確實又讓二二八的歷史傷口再度撕裂、作痛。[311]

王曉波在 1994 年曾提出蔣中正元凶說，他表示：[312]

---

[309] 陳鵬仁，〈228 蔣介石有責任 非元凶〉，《聯合報》，2006 年 2 月 20 日。

[310] 劉新圓，〈蔣介石是二二八事件「元凶」嗎？──論《二二八事件責任歸屬研究報告》的爭議〉，財團法人國家政策研究基金會網站，http://old.npf.org.tw/PUBLICATION/EC/095/EC-R-095-002.htm。

[311] 同前注。

[312] 王曉波，〈檢討蔣介石的歷史問題：講於「二二八事件」處理問題公聽會〉，《海峽評論》第 41 期，1994 年 5 月。

> 有人主張要懲凶，「萬方有罪，罪在朕躬」，最大的元兇當然是蔣介石，怎麼去懲啊！懲不了活人懲死人，意義何在？或曰：有彭孟緝、柯遠芬，但其法律追訴期已過，並且，今天也是垂暮老人了，落水狗一條，難道打落水狗就是臺灣人的英雄氣概嗎？何況，彭、柯可以說，「我是奉命行事的」，服從是軍人的天職。

王也在該文中表示，由政府賠償等於是拿人民的稅金賠，應該用國民黨黨產來進行賠償。但他對民進黨否定馬英九「官逼民反」的說法頗有意見，表示陳儀來臺，貪污腐敗，軍紀不良，累積民怨是「官逼」；各地打殺外省公務員，非法接收官署、警署，甚至衝擊軍事要塞，難道不是「民反」？「官逼民反」之說，是他在 1985 年協助江鵬堅推動二二八事件平反運動時採用的說法，當時得到黨外的支持，馬英九現在襲用，卻被否定並攻擊。[313]

蔣介石身為近代重要歷史人物，長時間影響整個中國的發展，不能否認他的各種決斷有功有過，甚至過大於功。但根據國史館出版的《蔣中正總統檔案事略稿本》，二二八事件發生時，蔣收到的報告指出臺灣事件已變質為叛國奪權，外省人傷亡超過八百人，因而批准陳儀請兵，但他也嚴令軍政人員不准抱持報復的心態，否則以違令論罪。平心而論，身為一個最高領袖他所下的命令並無大過，但最終造成大量傷亡難辭其咎，只不過以此認定蔣是二二八事件的元凶，似乎較為牽強。

《悲劇性的開端》一書很早就探討過這個問題，他們認為：[314]

> 事件初期陳儀的反應是妥協和解，若他本意是大規模肅清異己，決不會將百分之九十以上的軍隊調離臺灣。除非有人相信國民黨在故意布置一個對自己危險重重的陷阱，等別人掉進去，否則。

---

313 王曉波，〈「二二八」不是「官逼民反」嗎？ 也談「二二八」事件的責任歸屬問題〉，《海峽評論》第 196 期，2007 年 4 月。

314 賴澤涵、馬若孟、魏萼合著，羅珞珈譯，《悲劇性的開端：臺灣二二八事變》，頁 171。

> 要說此次事件是由國民黨一手包辦發動的，似乎沒甚麼根據。除此之外，死亡的人數（約八千人）較本地菁英份子（按總人口百分之一計算亦有六萬五千人）少了很多，這還是假設八千名被殺的人完全是社會菁英份子而言。

無論如何，這份研究報告得到執政黨及多數綠營學者的支持，對後續二二八事件的研究及相關政策，都有極大影響。

陳翠蓮認為，自 2000 年民進黨上臺後，既受困於舊結構，又缺乏執政目標之下，執政成績一蹋糊塗；為了討好舊集團及其支持者，怯於對轉型正義的堅持。於是，我們整個國家社會都深受其害，在舊結構與新政權拉鋸下，原地打轉，舉步維艱。[315]關於這段時間的二二八研究，陳表示雖然新政府上任，歷史正義依然遙遠：[316]

> 民主時代的臺灣，加害者仍然咄咄逼人，不肯認錯。舊集團還是只有道歉，沒有認罪；操作著新舊論述，逃避責任；甚至為了遮掩族群問題而假造歷史事實。我們的歷史正義仍然遙遠。

五、馬英九時期的研究

(一) 二二八國家紀念館的成立

2008 年大選由馬英九取得勝利，擔任中華民國第 12 任總統，完成第二次政黨輪替。在臺北市長任內，馬英九對於二二八家屬展現十足誠意，年年出席紀念活動默哀致歉，多次與受難家屬座談，並公開推崇李登輝、陳水扁

---

[315] 陳翠蓮，〈歷史正義在臺灣：兼論國民黨的二二八論述〉，頁 379。

[316] 陳翠蓮，〈歷史正義在臺灣：兼論國民黨的二二八論述〉，頁 381。

對事件的平反及貢獻，且公開表明國民黨對事件認錯的時間太晚，得到小部分受難家屬的認同。但並不能改變二二八事件對國民黨形象極度扣分的事實，也無法減輕當年政府對二二八事件所應負的責任。

2007 年 6 月 20 日，陳水扁政府通過〈二二八國家紀念館組織要點〉，決定設立二二八國家紀念館，並委託財團法人二二八紀念基金會經營管理。同年，將二二八基金會改組為政府的常設性機構，朝向紀念、教育、文化等方向轉型，其工作重點如下：[317]

一、2009 年前皆條例修正。明定中央政府為保存二二八事件相關文物、史料、文獻及整理等相關業務，設 228 國家紀念館，得委託紀念基金會經營管理，使基金會的常設及經營紀念館得以法制化。

二、二二八國家紀念館全面營運：政府於 2006 年決定將座落於台北市南海路的原台灣教育會館籌設為二二八國家紀念館，並委託本會經營管理，以彰顯二二八事件的紀念價值。2011 年 2 月 28 日館全面營運，成為台灣第一個兼具紀念、教育、文化等功能的國家級人權紀念館。

三、文物的收集與典藏：基金會對於二二八事件及台灣戒嚴時期的相關文物、照片、書籍、影片以及相關文藝創作持續擴大收集、典藏或展示，以供學術研究、教育推廣及國際交流等用途。

四、歷史文化教育的推廣：本館除提供常設展、特展、主題展外，並有人權影片的播放，以及各類活動的推展，內容多元而豐富，開館以來吸引社會各界的參觀，尤其是深受政府機關及教育團體的重視，相繼辦理數十場大型參訪導覽及座談會，充分發揮教育推廣的功能。

---

[317] 網站原文有兩個第二點，本文不做修改。〈本會簡介〉，財團法人二二八基金會網站，http://www.228.org.tw/pages.aspx?v=82D4F7824F7815C6。

五、推動國際交流業務：本館營運以來以有日、韓、東南亞、歐美等地區外籍人士來訪，足見本館已逐漸具有國際能見度，未來將與各國人權組織及團體進行會務交流、交換歷史經驗，使得台灣的轉型正義具有國際視野。

2011 年 2 月 28 日，二二八國家紀念館正式開館營運，負責規劃舉辦二二八受難者追思紀念儀式暨紀念展覽、二二八及人權相關主題之展覽與活動及文物典藏、教育推廣、出版品發行、國際交流等社會教育或歷史傳承功能。館內共設四組，包括：[318]

(一) 教育組：二二八事件真相調查、學術研究與出版、教育活動之規劃執行及國內外館際交流等事項。

(二) 展覽組：展演主題規劃設計、導覽及辦理志工培訓等事項。

(三) 文物組：二二八相關文物與圖書之蒐集、典藏及開放應用等事項。

(四) 行政組：本館營運管理計畫之研擬、評估、公共關係、研考、法制、印信、文書、總務、出納，及其他不屬於前三款所定各組之事項。

(二) 研討會及研究論文

1. 學位論文

二次政黨輪替後，相關學位論文的性質有不小變化，文學與藝術類研究所的論文數量凌駕歷史、臺史所。從第一章的統計結果可看出，2008 年起，每年都有文學、藝術類的學術論文發表，這或許反映出二二八事件的社

---

[318] 〈二二八國家紀念館組織要點〉，財團法人二二八基金會網站，http://www.228.org.tw/regulation info.aspx?v=35C6D56CF2BC1F47。

會認知，在第一次政黨輪替後，就大致塵埃落定，對事件本身進行研究的學位論文越來越少，且新史料幾乎闕如，研究生們只能轉而研究二二八的各項周邊。

2006 年《二二八事件責任歸屬報告》的公布，對政治、法律相關研究所的研究方向影響很大，有多篇轉型正義與相關法律責任的追究的文章，蔚為風潮。但也有不那麼贊同該報告的研究，認為證據沒有充足到能將蔣中正冠上「元兇」罪名。另有一篇提及「二二八事件處理及賠償條例第六條之一」條文修正草案的第 2 項，對將「公開否認二二八事件的言論」入罪化有所疑慮，認為制定「否認二二八事件罪」有違憲嫌疑。

二次政黨輪替後，馬英九對二二八的論述並未有太大改變，但政府的相關活動比較民進黨執政期間，確實是低調許多了，連二二八基金會及紀念館也多是靜態的藝術展覽及音樂會，這或許是藝術類系所學位論文佔多數的因素之一。文學類系所的學位論文多支持本土論述，並已將二二八小說視為臺灣文學的重要成份。

2. 研討會及學術期刊論文

2009 年，財團法人二二八事件紀念基金會出版《二二八事件 61 週年國際學術研討會：大國霸權 or 小國人權 學術論文集》，但該研討會事實上舉辦於 2008 年二月，在二次政黨輪替前。該書收錄林元輝等學者的 12 篇相關論文。

2009 年，財團法人二二八事件紀念基金會與高雄市政府合辦了「二二八事件 62 週年學術研討會：歷史教育與傳承」，並出版《二二八事件 62 週年學術研討會：歷史教育與傳承學術論文集》。該書收錄沈育美等人的論文共 10 篇。

2010 年，由於曾撰寫《二二八事件真相考證稿》的黃彰健院士過世，朱浤源教授編撰《二二八研究的校勘學視角：黃彰健院士追思論文集》。該部論文集中有數篇當事人口述訪錄及回憶錄，亦收錄曾建元等人撰述的相關論文共四篇。

2013 年，中央研究院臺灣史研究所舉辦「新史料與二二八研究學術研討會」，共發表論文 14 篇。隔年多刊載於《臺灣史研究》。包括陳翠蓮〈「祖國」的政治試煉：陳逸松、劉明與軍統局〉、林正慧〈二二八事件中的保密局〉、蔡秀美〈二二八事件期間消防隊員的角色〉、蘇瑤崇〈謊言建構下二二八事件鎮壓之正當性：從「大溪中學女教員案」論起〉、侯坤宏〈重探「二二八事件處理委員會」的角色〉、許雪姬〈「保密局臺灣站二二八史料」的解讀與研究〉、劉恆妏〈二二八事件中的自新：以臺中、嘉義、臺南、高雄為中心〉、歐素瑛〈二二八事件期間縣市首長的角色與肆應〉等八篇。

2007 年是事件的 60 週年，除數場研討會外，相關論文也大量出現，數量方面達到歷年來的最高點。二次政黨輪替之後，相關研究的數量逐漸減少，可能與政府的立場以及長久未出現新史料有關。這種情況一直維持到 2013 年中央研究院臺灣史研究所以新購得的安全局史料進行研究，才有所改善。2014 年該所期刊連續刊載多篇相關論文，但以內容來看，似乎未有突破性進展。

3. 一般期刊與雜誌

以第一章的統計結果來看，2007 年不但有期刊以二二八事件為主題發行專刊，其他期刊多也有紀念專文，使數量提升許多；2008 年總統大選前，亦是相關期刊專文相對較多的時期，無論是臺南市文化局《王城氣度》，或是立場偏統的《海峽評論》，都刊載不少相關文章。但二次政黨輪替之後，相關論文急速減少，各家期刊偃旗息鼓，就連《海峽評論》都很少再發表與二二八相關的文章，似有見好就收的感覺。

(三) 專書

2006 到 2008 年，是二二八相關官方出版品的最高峰期，從財團法人二二八紀念基金會發行《二二八事件責任歸屬報告》起，包括檔案局、國立編譯館、國史館及文建會等中央單位及各縣市政府都也不少出版品。國史館的《戰後臺灣政治案件彙編》系列，雖以白色恐怖受難者為主，但與二二八事件受難者的重複程度頗高，也多論及二二八事件。2008 年官方出版品的數量達到歷年的最高峰，可能也與選舉有些關係。

二次政黨輪替之後，相關的官方出版品數量驟減，且性質多為研討會論文集及檔案彙編、口述歷史，這恐怕與執政的國民黨，不願意在二二八事件這個議題上著墨太多有關。這段期間，僅有 2012 年，因為二二八基金會、紀念館出版二二八與青年學生、司法人員等相關的書籍，使數量略有提升。

簡而言之，二次政黨輪替之後，藍營對二二八事件採取息事寧人的態度，加上沒有甚麼新的史料出現，二二八在專書發行量下降許多，這段期間包括前衛、玉山社與吳三連基金會所發行的相關書籍稍多，佔所有相關書籍發行量的一半以上，立場不同的海峽學術出版社，在馬英九執政的八年當中，卻僅有一本相關出版品。

第四章
質性分析

二二八事件相關的研究數量眾多，研究主題也涵蓋各種專業領域，本書僅就較有爭議及個人有興趣的幾個部分，整理各家意見並表達看法。

作者對國史館侯坤宏在《二二八研究》書中提出的「三大研究爭議」相當認同，因此本章的第一部分，針對其論點進行資料的比對及探討；第二部分則對幾份信度可議的二二八史料，提出一些個人見解；第三部分介紹二二八研究當中，學術與政治的糾葛及現實；第四部份針對二二八事件前後，臺灣的左翼力量及其對事件的影響略做說明。

一、三大爭議

國史館侯坤宏曾整理臺灣歷來二二八研究成果，大致將其分為「藍調二二八」及「綠調二二八」，認為前者承襲統派的論述，如戴國煇、陳映真、王曉波、曾健民等人；後者則承襲獨派論述，如張炎憲、鄭欽仁、李筱峰、謝里法等。[1]他認為眾多相關的研究著作裡面，有三個最主要的爭議：其一是二二八事件的性質，其次是相關責任歸屬的問題，最後則是事件的傷亡人數。[2]責任歸屬的部分已在上一章有過說明，此處將另外兩個爭議問題略作探討。

---

[1] 侯坤宏，《研究二二八》，臺北：博揚文化，2011，頁 195-200。

[2] 侯坤宏，《研究二二八》，頁 46-61。

(一) 事件性質

試圖定義二二八事件性質的研究者頗多，但反映出來的其實是臺灣目前國家認同混亂及政治對立嚴重的現實。早在解嚴之初，尹章義就提出：二二八事件在臺灣歷史上的意義及重要性，遠不如今日作為政治訴求，鋪陳的那麼大；會成為一個政治議題，大部份是由於朝野對立與政府避諱造成，使這個問題逐漸與海外的臺獨運動與自決運動合流。[3]

事件發生之初，官方多以「事變」來定位；舉凡省文獻會出版的《二二八事變撫慰紀念碑拓本》、警備總司令部的《臺灣省二二八事變紀事》、掃蕩周報黃存厚的《二二八事變始末記》、唐賢龍的《臺灣事變內幕記》皆是如此。

對行政長官公署而言，二二八被視為「暴動事件」，[4]高雄要塞司令彭孟緝更曾將高雄的民軍視為「叛亂組織」。[5]但若由參與事件群眾的立場來看，自然會有不同的見解，很多人認為他們只是為了保護鄉里而組織起來，在混亂的無政府狀態中維護地方治安，政府貪腐無能，外省官員享盡特權，因此要求政治改革，卻遭到軍隊屠殺。受難家屬的描述多異口同聲認為親人無辜受難，政府羅織罪名及政治迫害，導致家中長期以來各種困難。

第三章提過，早期獨派也多將二二八事件視為「叛亂」、「革命」，認為臺灣的苦難來自與中國的關係。王育德強調，二二八事件是臺灣人為了獨立發動的「叛亂」，「他們固然沒有喊出尋求獨立的明確口號，但『三十二條要求』等於要求實質上的獨立，任何人都承認。」[6]史明的《臺灣人四百年史》當中，也有類似論述。

---

[3] 尹章義，〈我對於二二八事件的看法〉，頁 238。

[4] 臺灣省行政長官公署編，《臺灣省二二八暴動事件紀要》，南投：編者，1947。

[5] 彭孟緝，〈臺灣省二二八事件回憶錄〉，臺北：中央研究院近代史研究所，《二二八事件資料選輯》（一），頁 31。

[6] 王育德，《苦悶的臺灣》，臺北：前衛出版社，2002，頁 162-164。

到解嚴前，王建生等人合著的《一九四七臺灣二二八革命》仍將二二八事件視為「革命」，認為「臺灣人雖未明確揭櫫獨立建國，但在強調臺灣的政治由臺灣人自理」這個原則上極為明確。[7]海外臺獨刊物中，亦多將二二八事件視為臺灣人反抗中國的「革命」，[8]時至今日，這樣的看法在長老教會中依然有不少支持者。[9]

事件發生時，美國駐臺北領事布雷克撰寫報告給南京大使館，表示「處委會提出的三十二條要求，不會被任何擁有主權的國家接受」。[10]美國明尼蘇達州的《波利論壇報》雖在 1947 年 3 月 31 日大幅報導「中國軍隊鎮壓民眾的暴行」，但同時提到，處委會三十二條的要求已經「近乎獨立」，[11]超出政治改革的範圍。

《悲劇性的開端——臺灣二二八事件》書中提到，魏德邁將軍送交美國國務院的報告中，將二二八事件視為「叛變」，因為反抗政府的群眾大肆破壞，造成巨大財物損失，也造成外省人的眾多死傷，還要求國軍繳械並企圖組織政府：[12]

> 一九四七年八月十七日，魏德邁將軍給美國國務院的報告上，毫無錯誤地指出此一事件為「叛變」。從民眾摧毀的巨大財務損失（價值十億臺幣，如以一九四七年的匯率計算，折合兩億美金），和眾多死傷的外省人（超過一千人），以及要求政府軍隊解除武裝，和任由暴動集團重建臺灣政府行政組織等角度來看，此次事

---

[7] 王建生、陳婉真、陳湧泉著，《一九四七臺灣二二八革命》，洛杉機：臺灣文化，1984。

[8] 如臺獨月刊資料組編，〈美日各地臺灣人紀念二二八大革命卅週年〉，《臺獨》第 61 期，1977。臺獨季刊資料室編，〈二二八大革命的真相〉，《臺獨季刊》第 1 期，1982 年 1 月。

[9] 臺南市文化基金會月刊編輯部，〈「二二八事件」應更名為「二二八起義」——專訪臺南神學院歷史神學榮譽教授鄭兒玉牧師〉，《王城氣度》第 25 期，2008 年 3 月。

[10] 臺檔 41 號，1947.04.06，檔號 894A.00/4-647。

[11] 臺檔 40 號，1947.04.11，檔號 894A.00/4-447，附檔。

[12] 賴澤涵、馬若孟、魏萼合著，羅珞珈譯，《悲劇性的開端：臺灣二二八事變》，頁 292-293。

件很明顯地具有叛變的特性。

該書同時認為，處委會在 3 月 7 日提出的三十二條要求中，包括政府的武裝部隊繳械、授予處委會大權、制定省自治法等，形同要求讓臺人控制政府。雖然隔天處委會立刻公開承認這些條件的不當，但已無法責怪政府認為這些參與者要結束國府在臺灣的政權，最終採取鎮壓：[13]

> 我們也有確鑿的證據相信在事變的前幾日，陳儀曾試圖提出改革的方法來結束暴亂，但是和解的努力遭到拒絕；在三月的第一個星期內，民眾的要求越來越趨激進；從三月五日開始，由於和解的努力成為泡影，政府採取了用軍事鎮壓的手段。

中共方面，早期多將二二八視為「革命」或「起義」，有意將事件定位為人民反對國民黨的起事，並視為國共內戰的一部份。舉凡 1949 年化名林木順著作的《臺灣二月革命》、1951 年王思翔的《臺灣二月革命記》、1955 年李稚甫的《臺灣人民革命鬥爭簡史》，臺灣民主自治同盟的《歷史的見證：紀念臺灣人民二二八起義四十週年》皆是如此，到 1981 年廈門大學依然出版《二二八起義資料集》。

臺灣解除戒嚴之後，二二八成為社會運動的主要議題，各種不同的看法也隨之出現。賴澤涵認為二二八事件參加者背景複雜，性質也難界定：[14]

> 二二八事件因反政府力量不能集中，且沒有紀律訓練，又無統一的指揮領導人才。因之要對抗政府的正規軍不易，此所以反政府的行動，不到幾個月即被平定。當然死傷人員甚多，但卻一直無法

---

[13] 賴澤涵、馬若孟、魏萼合著，羅珞珈譯，《悲劇性的開端：臺灣二二八事變》，頁 293。

[14] 賴澤涵，〈總論〉，許雪姬，《林正亨的生與死》，南投：省文獻會，民 90，頁 14-15。

估計，由於此一事件背景的錯綜複雜，更增添了其神秘性，參與反政府的人員除單純的高中生、大學生外，失意的政客、被日人徵召到海南島各地回臺的失業青壯年，以及無知的盲從者，甚至一些流氓等，可說份子複雜。

陳芳明則認為，即使如謝雪紅這樣採取武裝鬥爭，但她追求的只是臺灣的「高度自治」，並非革命。[15]陳玉璽也認為，二二八事件從民眾的立場來看，是一場訴諸暴力的群眾抗議；而就知識分子及民間領袖來看，是一場民主改革運動。他認為以處委會的「三十二條要求」來看，並未超出地方自治的範圍之內。[16]

陳翠蓮的〈二二八事件研究〉，跳脫「統治者鎮壓叛亂」與「群眾被壓迫屠殺」兩種對立的主流觀點，認為是國民政府派系內部的鬥爭與運作，造成亂局愈演愈烈。[17]她提到，國民政府將「共黨策動」、「日人遺毒」、「美國陰謀」等三者認係二二八事件發生的主要原因，衡諸事實，顯然是卸責的說法。「這種說法即使是國民黨國防最高委員會的諸位大員都認為是諉過之詞，缺乏說服力可言。」[18]

林書揚認為，二二八事件的發生，是臺胞對特權官僚資產階層的不滿，本質上屬於階級矛盾的事變，但由於帶著本省人與外省人對抗的表象，使大眾的感性認知上發生了混淆。但對於急於掩蓋事件的統治者，與不願意凸顯本身階級的反體制者來說，這種解釋更為有利，於是有了國民黨的「臺人偏見論」、「臺民地方意識論」與反國民黨運動人士的「異民族論」、「臺灣民族自救論」，雙方一起愚弄了臺灣的勞動大眾。[19]

---

[15] 陳芳明，《謝雪紅評傳——落土不凋的雨夜花》，臺北：前衛，1991，頁 44。

[16] 陳玉璽，〈歷史傷痕四十年——二二八事件對臺灣社會政治發展的影響〉，葉芸芸，《證言二二八》，頁 223。

[17] 陳翠蓮，〈二二八事件研究〉，臺灣大學政治學研究所博士論文，1994。

[18] 陳翠蓮，《派系鬥爭與權謀政治——二二八悲劇的另一面向》，頁 448。

[19] 林書揚，《從二二八到五〇年代白色恐怖》，臺北：時報文化，1992，頁 110。

葉明勳認為，二二八事件是民眾對現實不滿的一次逾越的反抗行動。對現實為什麼不滿？包括政治、經濟、觀念、心理等潛在的因素；另一方面，有熱中於政治卻未能逞其私慾的具有反抗性人物作祟，利用群眾對政府的失望加以煽動、蠱惑，使之成為一次缺乏理智的暴亂，「包括中共的羽翼與甘為日人鷹犬之流也夾雜其中」。[20]

王曉波認為，二二八是統治者與被統治者衝突的「國家暴力事件」，與對岸的國共內戰關係密切：[21]

> 「省籍矛盾說」和「文化矛盾說」都不是歷史的真實，而是臺獨運動為政治鬥爭的目的所捏造的「偽歷史」，或當年國民黨官僚的推諉之詞。真正的二二八的歷史，也不是皇民階級臺獨復辟的二二八，而必須要回到歷史的本身，二二八事件真正的原因，除了當時國民黨政權的腐敗外，和戰後世界範圍內的亞洲經濟蕭條密切相關，也和勝利後再度爆發的國共內戰密切相關。二二八事件乃是在這些客觀因素下，而產生的統治與被統治衝突的國家暴力事件。

張炎憲認為，二二八事件雖是偶然引爆，但是歷史發展的必然；這是臺灣人要求改革、治理臺灣的追求，遭到統治者的鎮壓。[22]他並提到二二八新的解釋觀點：1. 事件的起因是統治者與被統治者的不平等，民眾反抗橫暴統治，而官僚以此為藉口鎮壓；2. 統治者當時無意解決臺灣與中國差異性的問題；3. 人權的迫害不能由死傷人數的多寡來計算，有人冤罪都應譴責；4. 二二八不應是統治者與知識菁英的專利，應由民眾立場來看；5. 二二八事件

---

[20] 葉明勳，《二二八事件的追記》，臺北：大同文化基金會，2000，頁 23。

[21] 王曉波，〈請把二二八還給二二八：「二二八事件」五十週年感言〉，《海峽評論》第 75 期，1997 年 3 月。

[22] 張炎憲，〈二二八事件研究詮釋的總檢討〉，《國史館館刊》，復刊第 35 期，2003 年 12 月，頁 5-7。

後，臺灣人性格被扭曲，社會被控制，不得不在海外發展臺獨運動以反抗國民黨，這些應以多元角度看待。

戴國煇、葉芸芸在《愛憎 228——神話與史實：解開歷史之謎》中，將構成全臺動亂的主力分為九類，分別是流氓、海外歸僑、政治野心家、共黨、青年學生、三民主義青年團、高山族、皇民奉公會員、留臺日人等。[23]原因則是政府的劫收、官僚的無能及糧荒導致的民怨。[24]

曾健民認為，關於二二八的論述多出於八〇年代之後，特別集中在九〇年代李登輝政權轉向之後，因此普遍帶著濃厚的分離主義政治意識形態，更成為臺灣政治鬥爭的工具，歷史的脈絡被去除，也未討論當時世界及中國的局勢，僅井蛙式地不斷虛構複製外來與本土的族群對立。[25]曾認為二二八事件的本質，是民主起義，是臺灣最早的民主運動，而非目前論及的「族群矛盾」。[26]

包澹寧（Daniel K. Berman）[27]對陳儀政府的處理方式抱持負面評價，但認為二二八事件明顯是「起義」：[28]

> 這次起義有點像是內戰中的內戰。當時共產黨正在大陸向國民黨對全中國的統治發起挑戰。起義人員佔領了電臺，用無線電廣播號召老百姓參加起義。在臺灣人民奪取了國民黨控制的一些地區之後，執行軍管的陳儀接受了一項正式的改革提案。……在此後的暴亂中，上千人慘遭殺害，首當其衝的是臺灣的知識份子和本

---

[23] 戴國煇、葉芸芸，《愛憎 228——神話與史實：解開歷史之謎》，臺北：遠流出版社，1992，頁110。

[24] 戴國煇、葉芸芸，《愛憎 228——神話與史實：解開歷史之謎》，頁 167。

[25] 曾健民，〈打破魔咒化的「二二八論述」〉，人間出版社編委會，《2．28：文學和歷史》，臺北：人間出版社，2006，頁 7-9。

[26] 曾健民，〈打破魔咒化的「二二八論述」〉，頁 12。

[27] 美國人，紐約時報駐臺特派記者，擁有加州大學柏克萊分部的博士學位。

[28] 包澹寧著、李連江譯，《筆桿裡出民主——論新聞媒介對臺灣民主化的貢獻》，頁 222。

地的政治菁英，他們在這次事件中差不多被趕盡殺絕了。

朱浤源表示，戰後臺灣的統治權交替，帶來權力組織與政府結構轉化時段中的短暫真空，代表著整體利益的重新分配。二二八事件的發生，可稱為「五色擦撞的火花」：象徵著中華民國及執政的中國國民黨的藍色、中國共產黨的紅色、有外力支持的基督教長老教會是綠色、流氓與黑道勢力的黑色及臺籍日本兵與仕紳的土色，在查緝私菸這個導火線引發的意外之後，基於不同利益關係產生各種擦撞，二二八事件正是因此在極短暫的日子之內發出的火花。[29]

由於各種說法差異性極大，侯坤宏將二二八的各家觀點分類為十種，分別是：文化衝突（差異）說、共黨煽動論、奸黨叛亂論、經濟結構矛盾論、革命起義論、外國干預論、新種族主義論、共犯結構論、臺灣（人民）史觀、臺灣統派二二八史觀等不同觀點。[30]

他補充說明，文化衝突（差異）說、共黨煽動論、奸黨叛亂論等三項代表早期的官方立場，革命起義論則是中共對二二八的詮釋觀點，新種族主義論是當年行政院長俞國華失言說出的統治者觀點，臺灣（人民）史觀及臺灣統派二二八史觀則分別代表臺灣的獨派及統派觀點。[31]隨著個人立場及背景的不同，見解明顯也很難一致。

陳翠蓮則將二二八事件的觀點分為三類：[32]

第一為官方說法，將「共黨策動」、「日人遺毒」作為主要理由，將參與事件的民眾是為「奸偽」、「暴徒」，將派兵平亂的決定合理化，避談政府的責任，她認為這種觀點近年來受到諸多批評，逐漸禁不起事實驗證；

---

[29] 朱浤源教授提供之臺灣民主基金會研究計畫〈光復初期臺灣民主實況及其現代詮釋〉。

[30] 侯坤宏，《研究二二八》，頁 30-44。

[31] 侯坤宏，《研究二二八》，頁 43。

[32] 陳翠蓮，《派系鬥爭與權謀政治——二二八悲劇的另一面向》，頁 16-17。

其次是民間說法，包括《臺灣二月革命》、《憤怒的臺灣》及海外臺獨團體與個人的著作，這些多強調陳儀的施政錯誤、軍人橫暴、官逼民反、軍隊鎮壓屠殺，與官方說法完全對立，陳以為此種觀點「流於強烈的情緒愛惡，對於臺人在事件中的角色與主被動情境缺乏充分的檢討，一味以被害者的姿態喊冤，對釐清事件真相幫助有限。」

最後是中共說法，她認為中共對二二八事件的詮釋經過多次轉變，早期視為「反對蔣介石法西斯統治的自治運動」，1950 年界定為「反美帝、反封建的新民主主義革命」，文化大革命時期稱為「偉大的毛主席號召影響下，可歌可泣的愛國反帝革命鬥爭」。

省文獻會 1991 年的出版品《二二八事件文獻輯錄》，採取胡佛的說法，將二二八的詮釋分為四類，摘要如下：[33]

1. 中共的詮釋：他們認為臺灣民眾是愛國、反帝的，二二八事件是中共橫掃中國的大革命當中的一部份。
2. 臺獨運動者的詮釋：認為該次暴動是對國民黨壓迫的憤怒反應，彭明敏等人斷言當時國民黨屠殺兩萬以上本土菁英，並非要恢復秩序，而是要消滅國民黨的反對者。
3. 國民黨的詮釋：五十年的日本教育誤導臺灣民眾，加上中共幹部及野心份子的煽動，導致這場暴動。
4. 美國國務院的詮釋：經濟惡化與國民黨官員的吏治敗壞，造成這場起事，軍隊以極高的人命代價敉平暴動。

賴澤涵等人合著的《悲劇性的開端：臺灣二二八事變》當中，將二二八事件的本質分為十點：[34]

第一、世界觀的衝突。臺人有受日本統治的經歷，世界觀與外省人不同。

---

[33] 魏永竹等編，《二二八事件文獻輯錄》，頁 5-6。

[34] 賴澤涵、馬若孟、魏萼合著，羅珞珈譯，《悲劇性的開端：臺灣二二八事變》，頁 283-298。

第二、失敗的政策。陳儀失敗的政策與國民黨政府的貪腐特權造成事件。

第三、領導無方。陳儀雖然支持言論自由及民主，但與民眾遠離。

第四、緊張與不滿的其他根源：內戰、大規模失業的臺籍日軍、經濟恐慌等。

第五、軍隊的角色。國民黨駐軍僅有日治時不到一成，憲警只有6%，不足處理。

第六、和大陸情勢比較。新統治階層擁有太多特權，而臺人不受重用。

第七、社會團體應對事變負責。絕大部分臺人並未參與事件，參與者的社會成分和異議份子的目的及動機大有關係，但對國民黨憤怒則合理而正當。

第八、異議份子的要求與官方的反應。事件本身具備大型叛變的特質，且三十二條要求等同要求控制政府，陳儀曾誠心談判但要求不斷升高導致鎮壓。

第九、事變中人命的損失。武力鎮壓必定帶來恐怖時期，這絕非蔣介石或政府原意，一部分是許多人作了不負責任的決定，一部分是軍隊不守紀律。

第十、事變道德性方面的問題。只有把引人爭議的道德論點分開討論，學者才能冷靜而全面的討論事實。

夏春祥將媒體上對二二八的記憶類型分為十三種，分別是合理改革型、暴動亂國型、共黨叛國型、族群衝突型、不幸傷口型、偶發型、遺忘型、派系鬥爭型、謀求統一型、階級鬥爭型、獨立建國型、半山類型及國家暴力型，另有四種變化，共十七種類型。[35]

---

[35] 夏春祥，〈媒介記憶與新聞儀式：二二八事件新聞的文本分析（1947～2000）〉，政治大學新聞學系博士論文，2000。

杜繼東將中國大陸的二二八研究中，對性質的定義大致分為三種。其一認為是革命、起義，這是對岸官方及學術界長期以來的主流看法，認為處委會已成為除長官公署之外的群眾新政權，在各方面與長官公署的官僚舊政權對抗；其二是自治運動，如《憤怒的臺灣》與《臺灣二月革命》當中都認為臺灣人的反抗主要是要求民主自治，但更多大陸學者將這個事件，併入國共內戰或者中國新民主運動的一環；第三是其他說法，包括周青認為該事件是「階級鬥爭」，周建華等人認為純粹是大規模暴動。[36]

但最終影響政府對二二八事件性質定位的，還是政治因素。1995 年李登輝對受難者道歉後，開始籌備二二八基金會的成立與補償事宜。既然總統已經道歉，政府已經認錯，那麼受難者的行為自然是正當的，不管是「叛亂」、「起義」甚至「事變」都不再合適，總不能由中華民國政府來撫卹「起義革命」失敗者，取而代之，事件就只能成為「群眾遭壓迫屠殺」。二二八紀念碑上面記載：

> 一九四七年二月廿七日，專賣局人員於臺北市延平北路查緝私煙，打傷女販，誤殺路人，激起民憤。次日，臺北群眾遊行示威，前往長官公署請求懲兇，不意竟遭槍擊，死傷數人，由是點燃全面抗爭怒火。為解決爭端與消除積怨，各地士紳組成事件處理委員會，居中協調，並提出政治改革要求。
>
> 不料陳儀顢頇剛愎，一面協商，一面以士紳為奸匪叛徒，逕向南京請兵。國民政府主席蔣中正聞報即派兵來臺。三月八日，二十一師在師長劉雨卿指揮下登陸基隆，十日，全臺戒嚴。警備總司令部參謀長柯遠芬、基隆要塞司令史宏熹、高雄要塞司令彭孟緝及憲兵團長張慕陶等人，在鎮壓清鄉時，株連無辜，數月之間，死傷、失蹤者數以萬計，其中以基隆、臺北、嘉義、高雄最為慘

[36] 杜繼東，〈一九四九年以來中國大陸二二八事件研究評介〉，頁 28-30。

> 重，事稱二二八事件。

這段描述中，參與群眾前八天對政府及外省人採取的攻擊行為皆未提及，二二八事件的性質就此由政府定調，成為「群眾要求政治改革，卻無故遭到政府屠殺」。

猶記得當年省文獻會訪問時，受難家屬阮美姝女士堅定的表示：[37]

> 最令我們不能諒解的是，政府在言及二二八事件時，總是將之侷限於二月二十八日起至三月七日國民政府增援部隊上陸前的時期，而幾乎絕口不提三月七日增援部隊上陸後的暴行。於是在政府當局刻意的隱瞞、誤導之下，現在的年輕一輩，無法理解我們這些受難者的遺族。

短短數年形勢逆轉，碑文只提軍隊屠殺，對事件過程卻輕輕放過。《二二八辭典》中公布通過二二八基金會補償申請的所有受難者，其遭遇清一色都是「無故」被捕殺，然後遭到「羅織」罪名。[38]當然我們能理解，事過境遷，要追究受難者當中是否也有加害者，抑或是當年的破壞與殺傷行動有哪些人實際參與，都不太可能，但這樣對那些盡忠職守死傷的守備人員，與無故被毆殺搶劫的外省群眾是否公平？是否正義？

戚嘉林表示，避談二二八前八天的經過，是綠營的政治考量：[39]

> 深入思考，如果承認「二二八事件」前八天，本省暴徒大肆毆打殺戮迫害外省人的史實，那就顛覆了事件祇是「外省人殺害本省

[37] 魏永竹等編，《二二八事件文獻輯錄》，頁 492。

[38] 參見國史館出版之《二二八事件辭典》別冊。

[39] 戚嘉林，〈臺灣二二八解析〉，《海峽評論》，第 194 期，2007 年 2 月。

人」及其所衍生本省受害者是「先烈」的神話，從而也顛覆挑撥本省激進者敵視外省人與中國大陸的正當性。因為，本省人也曾殺害外省人，而且是殺害在先，且如果本省受害者是「先烈」，那外省受害者呢？相信這也就是為何臺獨論述中，那麼多的綠色博士或教授，面對那麼多的原始檔案與相關史料，卻昧著良心睜著眼，選擇性地引用史料，就是不願承認事件「前期」，本省暴徒曾大規模地毆打殺戮殘忍迫害外省人的史實。難道學術公義在臺灣，就是這樣地被扭曲嗎？。

1999 年，馬英九在二二八紀念日當天，表示二二八事件「與其說是族群對立所造成的衝突，不如說是導因於國家公權力的濫用」。王曉波認為這一本質性的界定，不但超越歷來政府首長的說詞，也超越一些學者專家的認識；在學術上，這一界定比較合乎歷史的事實；在政治上，也有利於「新臺灣人」的融合。[40]

2006 年，張炎憲等人完成了《二二八事件責任歸屬研究報告》，結論是蔣介石是事件元凶，應負最大責任；陳儀、柯遠芬、彭孟緝等軍政人員次之；其他軍政人員如張慕陶、范誦堯、劉雨卿、史宏熹等亦有責任；情治人員、半山、配合政府的社會團體與媒體工作者、線民、告密者、構陷者都要負責。會後接受訪問時，張炎憲更表示二二八事件是國民黨有計畫、有步驟的屠殺臺籍菁英。[41]這種說法很快得到總統陳水扁的贊同，認為找到真相。

楊愉珍的碩論〈臺北二二八紀念館常設展應用口述歷史之研究〉，主旨在比較二二八紀念館中的新舊常設展內容。她認為舊展中強調受難者無故被

---

[40] 王曉波，〈「新臺灣人」的歷史觀：論馬英九「二二八紀念會」之致詞〉，《海峽評論》，第 100 期，1999 年 4 月。

[41] 羅添斌，〈張炎憲：空有補償 還沒真正反省〉，《自由時報》，2006 年 2 月 20 日。本文附錄二列出所有已知八百多名死亡及失蹤受難者的姓名及職業，由其中可看出這些受難者的職業以農、工、商居多，真正能列入「菁英」之列的恐怕難稱多數，將事件性質設定為「有計畫屠殺本省菁英」，很難令人信服。

政府屠殺，而 2007 年開始規畫的新展，主要的論調則調整為受難者被政府計畫性殺害。[42]二二八的官方定位，似有配合責任歸屬報告轉換之感。

國民黨在 2006 年 2 月 22 日舉行中常會，黨主席馬英九將國民黨對二二八事件定調為「官逼民反」，否認族群衝突的說法。嚴格來說，官逼民反依然是民變，民進黨很快否定這種論調。2015 年二二八前夕，本身也是二二八受難者家屬的二二八基金會董事長陳士魁就當面向馬英九表示，他的伯父陳成岳在事件中被槍決，但根本沒有「反」就被殺害，將事件說成官逼民反，他無法接受。[43]

身為二二八事件參與者，後來加入中共地下黨的陳英泰表示，在接受口述訪問的時候，那些二二八與白色恐怖的參與者們，一方面想要說明當年自己激於義憤，挺身對抗腐敗政府，與國軍對抗的英勇事蹟；另一方面為了得到平反與補償，又得強調自己無辜受難，身分及立場就難免既矛盾又困惑了：[44]

> 政治受難者們一面強調，當時是為推翻蔣政權才參加地下組織的。但在另一種場合說是受到冤枉才坐牢。一下子如此說，一下子又那樣子說，而兩者實是一大矛盾，有一百八十度的差異，成為面臨政治受難者的一個難題。大家對於如何解決這個矛盾卻沒有一貫的概念。

二二八事件的詮釋，從過去到現在，不同的政治環境下，改變極大。歷史事件本來就不應該只有一個面相，以二二八來說，反抗政府的民間組織不止一個領導中心，當其訴求不同的時候，事件自然該有不同的定位。現階段

---

[42] 楊愉珍，〈臺北二二八紀念館常設展應用口述歷史之研究〉，臺北藝術大學博物館研究所碩士論文，2012。

[43] 〈228 定調官逼民反 陳士魁：無法接受〉，《自由時報》，2015 年 2 月 26 日。

[44] 陳英泰部落格，http://blog.xuite.net/yingtaichen/twblog/150857177。

官方最「主流」的說法是：「民眾要求政治改革，遭到國軍屠殺，政府趁機消滅臺籍菁英」。

對並未參與事件而無辜被捲入甚至受難的民眾來說，政府的行為毫無疑問是無故逮捕、羅織罪名、恣意屠殺；對莫名其妙被毆打，甚至資產被毀損強奪的外省人而言，將參與毆虐的本省人稱為暴民、暴徒也不難理解；對陳儀政府而言，除了臺北市之外，大多縣市機關被佔據而失去控制，倉庫、彈藥庫被劫，軍隊被圍攻，將事件認知為叛亂或民變，也很難說完全錯誤。

反抗勢力當中，臺北處委會可能想利用談判達到政治改革的目的，但中南部的武裝民軍，明顯不在王添灯的控制之下；張志忠、陳篡地等人領導的民主自治聯軍，其目的是否政治改革？恐怕並不是。連長老教會的牧師都認為事件性質是「起義」，[45]當時與軍警衝突的參與群眾，又有多少將政治改革視為目的？

翻開獲得補償的死亡失蹤受難者名單，共有八百餘人，將醫生、律師及知名人士都算在內，能被大眾認知為社會菁英者應不超過五十人，以臺灣各界的一流人物的總量來說，受難的比例並不高。當年政府若有意消滅臺籍菁英，恐怕不僅於此，頂多是敲山鎮虎、殺雞儆猴的程度。

想要明確界定二二八事件的性質，或許跟追求歷史真相一樣困難。個人認為要讓二二八事件出現一個多數人都能接受的定位，恐怕得等到藍綠雙方和解，抑或是完全分出勝負之後，才有可能排除政治因素出現。《悲劇性的開端──臺灣二二八事件》當中提到：[46]

> 我們相信讀者在認真思考導致此一事變錯綜複雜的因素時，不會將它視為一場好人對抗惡棍的殊死戰，而應視為一樁悲劇性的事故。

---

[45] 臺南市文化基金會月刊編輯部，〈「二二八事件」應更名為「二二八起義」──專訪臺南神學院歷史神學榮譽教授鄭兒玉牧師〉。

[46] 賴澤涵、馬若孟、魏萼合著，羅珞珈譯，《悲劇性的開端：臺灣二二八事變》，頁31。

當一個歷史事件被過度泛道德化，或者當其中一方被醜化為邪惡象徵時，或許已經很難再有理性的探討。

(二) 死亡人數問題

二二八事件的死亡人數，一直以來都是相關研究的最大爭議之一。從最初楊亮功報告的死傷兩千人，到長老教會出版品中所提的死亡十餘萬人，[47] 官方與民間的統計數據差異實在太大，但除了幾份官方報告之外，餘者多為聽說或推測，可信度有限。侯坤宏認為，「官方低報數字，可能是未計算未經審判或非正常途徑死亡的人數；民間高估，則可能是刻意渲染或道聽塗說。」[48]

2004 年 2 月底，中研院研究員朱浤源在中華日報發表〈新數據　披露 228 受難人數灌水〉，文中提到二二八基金會賠償之人數僅有八百餘人，與政府認定的官方數字有極大差距，且澎湖地區在二二八事件發生時，並無人死亡或失蹤，數字上卻顯示 5 人死亡，3 人失蹤，認為顯然有灌水嫌疑。[49]

二二八基金會隔天立即回應，由於當年戶籍資料不完整，各界對傷亡人數的推估有很大差距，較常被引用的數據是 1992 年中研院社會所研究員陳寬政，以人口學統計的 18,000 至 28,000 人，朱在基金會看到的數字僅是審查通過的補償人數；澎湖地區在二二八時期雖無人傷亡，但計算方式以戶籍

---

[47] 臺灣基督長老教會總會編，《臺灣基督長老教會百年史》，臺北：編者，1984。

[48] 侯坤宏，《研究二二八》，頁 60。此外，網路上有篇參訪臺北二二八紀念館的心得，明顯給人這種感覺：

詢問當年受難者人數，健談導覽婦人說的急，前一句疊著後一句，語調反倒模糊，「有專家說是兩萬八啦，但是我讀過的資料說不只啦，一定有好幾倍，他們是拿機關槍殺我們臺灣人耶！死的人一定更多啦！有人全家都被殺就沒有算進去也有」「當時局勢亂，好像也有外省人被殺…」我又問，「那時候是有臺灣人很氣，拿亂棒打外省人啦！人數應該不多啦！亂棒也不容易打死人阿，應該是受傷而已」……

〈一個臺灣女生的「外省」經驗〉，http://city.udn.com/51040/1497484#ixzz3th6T2DRB。

[49] 朱浤源，〈新數據 披露 228 受難人數灌水〉，《中華日報》，臺北，民國 93 年 2 月 29 日，第七版。後來本文經過增補，表示二二八時期，被起事群眾造成傷亡的軍警、公務員及一般民眾有兩千六百多人，且這些群眾搶走大量武器，國軍完全處於被動。刊載於朱浤源，〈二二八事件真相還原〉，《海峽評論》，第 184 期，2006 年 4 月。

為主，澎湖人在臺灣受難也計入澎湖縣；最後提到，二二八事件是臺灣史上最重要的政治受難案件，應重視的是主政者公權力的濫用及對人權的踐踏，重點不在屠殺人數的多寡。[50]

2009 年，《亞洲周刊》訪問了幾位著名學者對二二八死亡人數的看法。中研院院士胡佛本身是《二二八事件研究報告》的審議委員之一，報告出爐後完成一份審議報告，但與受難家屬的觀點有極大出入，為了不刺激民眾情緒，他要求行政院不要刊登他的審議報告。胡指出，從臺灣整體人口來換算二二八死亡人數未盡周詳，因為人口是流動的，「有的到大陸去，也有大陸部隊在這裏招兵，也有老兵去大陸參加剿共的，也有臺灣兵留在大陸的，還有很多外省人不敢留在臺灣，回大陸去了」。他質疑：「人口流動能夠算出二二八死多少人嗎？這種推估的結果相當可疑」。[51]

胡佛認為當年官方對二二八的傷亡統計，較這種人口學推估要準確許多。白崇禧的宣慰報告當中，包含軍警與臺籍人士，二二八死傷總計一千八百六十人。楊亮功與何漢文聯名提交的報告中，提到的死傷人數也在兩三千人之譜，甚至公務員及軍警死傷比臺灣民眾嚴重，他認為二二八受難人數「絕對沒那麼多，這是完全誇大！」[52]

《二二八事件研究報告》的總主筆賴澤涵指出，不同政治立場的人，對二二八死傷人數，一邊壓低一邊吹高，兩邊都不確實。他認為國民黨部隊 3 月 8 日登陸，光子彈掃射十四萬發，所造成的死傷就難以估計。但反過來若說死亡人數「數以萬計」也太不合理，「一輛載十人的卡車，要載多少屍體、要多少部卡車？從二二八到清鄉不到兩週時間，臺灣有沒有那麼多卡車載去埋葬、焚化？」他認為關於死亡人數，現在沒有人可以提出精確數字，用「數以千計」比較合理。[53]

---

[50] 二二八基金會網站，http://www.228.org.tw/pages.aspx?v=15EA1948FFC4FA7A。

[51] 童清峰，〈二二八死亡人數謎團之爭〉，《亞洲週刊》，香港，2009 年 3 月 22 日。

[52] 同前注。

[53] 同前注。

中華天地

官方數字是一萬八至二萬八之間

二二八死亡人數謎團之爭

一九四七年的二二八事件，死亡人數仍是謎團，從幾百人到十萬人都有。政治學者胡佛質疑九二年當局的報告以人口學推估死亡人數，忽略當時兩岸頻繁的人口流動，比實際高估，而爭議本身也陷於政治化。 ・童清峰

圖 4-1　童清峰，〈二二八死亡人數謎團之爭〉

2012 年，郝柏村在《聯合報》上質疑，教科書上採取估算的數字並不妥當，且死亡人數中應該也包含被起事群眾殺傷的外省人士：[54]

> 一九九○年，我任行政院長，特請施啟揚副院長，主持「二二八事件專案小組」，期能公正定位此一歷史悲劇。此外，我並請內政部長吳伯雄先生，確查當時非正常死亡及失蹤人數，為五百餘人，一律視同二二八受難者，予以撫慰補償；後來又從寬認定，且一再放寬期限，接受撫慰，每名新臺幣六百萬元，仍為一千人左右。
>
> 課本卻表示，「據估算，死亡的臺灣民眾超過萬人」。直到今天，我在臺北新公園，看到二二八的紀念碑文，也仍宣稱「死傷逾

---

[54] 郝柏村，〈正視中學史地課本〉，《聯合報》，2012 年 2 月 21 日。

萬」，這是歷史真相嗎？二十一世紀是資訊發達的時代，還可以人云亦云，用「據估算」的說法，充為歷史課本的教材嗎？死亡人數中強調「臺灣民眾」，其實外省人士亦所在多有，也應提及，才算公允。

民進黨當天立即由發言人林俊憲表示，郝柏村的言論是「扭曲史實，挑起爭端，極為不當。」「反民主甚至擁護威權復辟」「二二八事件相關史實，已經歷史專業研究得到結論。」「將逐漸癒合的傷口再次撕裂。」更質疑這是馬英九企圖扭曲二二八史實所做的試水溫動作。[55]

《自由時報》隨即在隔日批評郝柏村「冷血」，曾任國史館長的張炎憲表示郝不懂學術，吳文星、薛化元認為二二八事件的死亡人數，是經過陳寬政以人口學統計得到的數據，並非空穴來風；薛更表示，「歷史不是替政治服務，須依據史實撰寫，若有疑義者，應拿出史實反駁才對」。二二八基金會執行長廖繼斌也認為，「二二八事件死亡至少逾萬人，已是社會可接受的共識，並非誇大或捏造，政府怎麼可以強迫人民失憶？」受難家屬更直接抨擊郝柏村「很可惡，沒有良心！」「不了解歷史，就不要亂講話」。[56]

二二八紀念日當天，國史館館長呂芳上強調，行政院已提出《二二八事件研究報告》，並據此確定受難者人數逾萬，在新史證出現前，報告數據代表官方立場。[57]張炎憲也表示，二二八的死亡人數雖然沒有確切的統計數字，但學術界早已公認約為一、二萬人；他認為現在沒有傷亡的準確數字，當年的政府應該負責，因為當時的統計及賠償，死亡名單中只有 57 位外省

---

[55]〈國民黨拋謬論試水溫？林俊憲：莫在歷史傷口蓄意挑起爭端〉，民主進步黨網站，http://www.dpp.org.tw/news_content.php?sn=6040#.T0MmliayUZo.facebook，2012 年 2 月 21 日。

[56]曾韋禎、林曉雲、陳慧萍、李欣芳、陳璟民，〈郝柏村質疑 228 死逾萬 受難家屬批冷血〉，《自由時報》，2012 年 2 月 22 日。

[57]仇佩芬，〈二二八受難者 官方認定逾萬人〉，《中國時報》，2012 年 2 月 28 日。

人，沒有本省人；[58]直到五十年後，政府才開始受理賠償申請，但當年受害的本省人有些未審先判直接槍斃，根本沒有留下資料，還有些人沒有後代、父母已故，無人可代為申請，因此以補償人數推算受害人數更不可靠。[59]

隔日，臺大教授石之瑜提出，受難者獲得平反與尊嚴，本來就不是人數問題，炒作人數只是造成受難者的尊嚴依附在人數上。這些炒作者的論述中，加害者就是國民黨與中國人，「一言以蔽之，就是臺獨主張者為了自己的政治目的，在利用二二八受難者家屬的受難情緒。」而縱容無限上綱，不斷誇大受難人數或加害者的罪孽，反而是對真正受難者的蔑視。[60]

石還表示，二二八早有官方報告，包括楊亮功的報告與白崇禧的報告都有死亡人數的詳細統計。他認為這些統計不能公布的原因，[61]是「因為擔心會因此傷害到受難家屬的情感，以及引發臺獨的攻訐，讓國民黨近幾年來全力討好臺獨選民的努力功虧一簣。」[62]

臺史所研究員吳乃德提到，雖然臺北二二八紀念館已將一萬八千人這數字刻印在牆上，但事實上行政院版《二二八事件研究報告》中並無死亡的確切人數，「官方的說法、官方的調查報告、媒體的報導、民間的認知、申請補償的人數，這些數字彼此衝突，甚至官方的說法與報告都不一致。目前我們仍無法對任何數字的可信度，提出正確的評價。」[63]

戚嘉林表示，官方公布的死亡人數若以戶數換算，每 57 戶就會有一人死亡，這比例與事實相差甚遠：[64]

---

[58] 楊亮功報告中有提及傷亡人數：「公務員死亡 33 人，受傷者 866 人，失蹤者 7 人，損失約國幣 96 億元以上，人民死傷僅 52 人；後面補述，實際上因參加暴動，或誤毆殺而死傷者當遠在統計數字之上。」

[59] 陳文信，〈死亡人數成謎 張炎憲：當時政府最該負責〉，《中國時報》，2012 年 2 月 28 日。

[60] 石之瑜，〈誇大二二八死亡人數的意義〉，《中國評論新聞》，香港，2012 年 3 月 1 日。

[61] 據吳三連基金會網站的二二八年表，1988 年政府便已公開楊亮功報告。

[62] 石之瑜，〈誇大二二八死亡人數的意義〉。

[63] 吳乃德，〈歷史記憶中的模糊與未知：二二八死難人數的爭論〉，《思想》第 21 期，2012 年 5 月。

[64] 戚嘉林，〈郝柏村與二二八〉，《海峽評論》256 期，2012 年 4 月。

> 本人曾查閱日據時期日本殖民政府留下的人口統計，1943 年底臺灣本省人口 613 萬、戶數 103 萬戶，推估假設 1947 年時增至 114 萬戶。如果當時死亡人數超過十萬或五萬人，那表示本省人中平均每 10 戶或 27 戶家中就有一家其家屬有人死於二二八事件；至於死亡一萬八到兩萬八，以保守的死亡兩萬人而言，那也意味著平均每 57 戶家庭就有一家其家屬有人死於二二八事件，亦即平均每條熱鬧大街可能都有一戶其家屬有人死於二二八事件。我們憑良心捫心自問，上述數據與我們日常生活接觸周邊親友與鄰里社區所可能遇到二二八受難家屬之比例的感受是否相符，是否有相當的落差？

另外，戚認為呂芳上的說法有問題，若官方數據可代表政府立場，那當年的〈楊亮功調查報告〉和〈白崇禧報告〉的數據，年代最接近，應該比現代的研究更具參考價值。[65]

回頭看行政院版《二二八事件研究報告》，一般我們所認知的死亡人數，來自陳寬政用人口學推估的 18,000 到 28,000 人，而這個數字僅在報告當中以附錄列於其後，未受審查；[66]到時報文化正式出版《二二八事件研究報告》時，該附錄則根本未列入該書內容。報告正文當中也特別提到，「以人口學推估死亡人數固是一法，但也有其限制，這段期間適值戰後復員及戶籍制度更替，資料非常紊亂，推估出來的數值無法確定純為二二八事件造成的死亡。」[67]結論之處則強調，該報告並未能對二二八的傷亡數字做出精確統計：[68]

---

[65] 同前注。

[66] 李敖表示，當年審查委員之一的陳三井說過，他們簽名通過的只有報告本文的部分，附錄根本是夾帶過去的。李敖，《李登輝的真面目》，臺北：李敖出版社，2000，頁 255、345。

[67] 行政院二二八事件研究小組，《二二八事件研究報告》，臺北：時報文化，1994，頁 263。

[68] 行政院二二八事件研究小組，《二二八事件研究報告》，頁 412。

> 經由多方的調查研究，二二八事件的真相已可描繪出大致的輪廓。遺憾的是，當年的傷亡情況，雖經費力蒐集資料，進行訪談及統計分析，始終未能獲得一精確數字。

綜觀以上的各家說法，可以得知陳寬政的研究成果，正是二二八事件死亡人數爭議的主要來源，但細觀其文，陳表示政府從日本人手中接收過來的戶籍資料，從 1940 年起就因戰爭而缺乏整理，並不完備；民國 35 年的戶籍以少報多，36 年又以多報少，在資料有限，品質又不良的情況下，他的推估方式是在「沒有外來人口流動」的前提下計算的。[69]

1940 年起臺灣的戶籍就開始紊亂，1944 年日治最後一次人口普查未計算被日本徵兵的人數，中華民國在臺灣的第一次人口普查遲至 1956 年才進行，中間的空窗期何其大？且這段期間，先有被徵兵者陸續返臺，1945 年起外省公務員及平民進入臺灣，1946 年長官公署遣返三十多萬日人，二二八之後數萬外省人逃離，1949 年百萬軍民隨政府遷臺，在這些大規模的人口遷移之下，以「沒有外來人口流動的前提」下估算的受難人數，真有可能準確嗎？

陳寬政自己也表示，「然而這樣的推估有其缺點，二次大戰時有大量的臺籍日本兵赴海外參戰，可能會在戰場上陣亡，所以這些數字也不見得準確。」「我們並不認為這些數字會比其他各種估計更準確可靠……如果必須對這些推估下個結論，我們的結論就是『沒有結論』。」[70]我們能理解陳教授在資料嚴重不足的情況下，已盡力做出最好的估算結果；但這樣的數據，竟被官方公認，造成相關研究的最大爭議。身為研究者不得不感嘆，對歷史事件的詮釋，學術性始終無法超越政治正確的需要。

上一章提過，在通過二二八基金會審查的補償申請中，死亡及失蹤共八

---

[69] 陳寬政，〈二二八事件死亡人數的人口學推估〉，《二二八事件研究報告》，臺北：行政院，1992，附錄五。有趣的是這篇重要的文章竟然在對外出版的版本中並未收錄，取得較不容易。

[70] 陳寬政，〈二二八事件死亡人數的人口學推估〉。

百多人，其中至少有 5 人在未受難的情況下，家屬領取了補償金；而在民國 38 年以後，才因各種罪名遭到槍決的也有 63 人，也都被計入二二八死亡的受難人數之中；另外，各種有爭議的領取不在少數。即使這些都不算數，兩、三萬人受難，只有近千人提出死亡、失蹤之申請，八百多人最終領取補償，以人性的角度來看也不合理。

2017 年二二八紀念研討會上，兩位臺大社會所研究生林邑軒與吳駿盛，以新的人口統計方式，計算出二二八死亡人數在 1304 至 1512 人之間，不出預料當場被受難家屬猛烈抨擊，李筱峰等學者也立刻表示不認同這項研究成果。

為何二二八死亡人數這樣的「不解之謎」，讓藍綠雙方爭論多年？大概是擔心受難者人數直接影響事件受重視的程度吧。畢竟檢索《警察沿革誌》日本官方檔案中的紀錄，日治時期，光是警察在臺灣處死的人數就超過十六萬，單一事件超過千人受難比比皆是。遺憾的是，政府卻沒有對這些事件進行追思或紀念。

無論如何，正如石之瑜所說，二二八受難者獲得平反與尊嚴，本來就不是人數問題，只要人民受到不公正的對待，政府就應該負起責任。[71]

二、史料問題

在二二八事件的相關研究當中，使用的史料除了眾多的檔案、文獻，還有大量的口述訪錄。侯坤宏認為，二二八的史料可以歸納出五種特性，分別是：[72]

1. 口述史料大量出現，有助於釐清部分史實；

---

[71] 石之瑜，〈誇大二二八死亡人數的意義〉，《中國評論新聞》，香港，2012 年 3 月 1 日。

[72] 侯坤宏，《研究二二八》，頁 16-30。

2. 同樣史料，常被蒐羅在不同的出版中；

3. 同樣史料，由於立場之異，而有不同的解釋與評價；

4. 政治與歷史瓜葛不清；

5. 史料仍歉不足，諸多疑點猶待澄清。

其實這些特性，正反映出時代變遷所造成的價值觀因時推移，主觀意見混雜在客觀史實之內的時代特色。二二八相關研究甚多，所使用的資料亦十分龐雜，其中某些史料的可信度明顯有問題，這是處理本題目最困難的部份，此處先將口述歷史及一些立場特別鮮明的史料，略提出做參考。

(一) 口述歷史

1. 口述歷史與二二八

口述歷史是歷史研究一種較新的方法，透過訪問經歷現場的見證人，以文字筆錄、錄音、錄影等方式記錄，再由這些紀錄中抽取有關的線索，與其他歷史資料比對，以達到全面補充，使我們能更接近具體的歷史事實。

臺灣最早開始進行口述歷史訪錄，應屬中央研究院近代史研究所，據說 1959 年就已有發展口述歷史的計畫，[73]並在 1989 年發行《口述歷史》期刊，該刊物的發刊詞中提到錄音機的使用，大幅降低了口傳資料的誤差：[74]

> 愛迪生發明錄音機之後，口傳資料的登錄進入另外一個時代。言者、聽者與紀錄者之間的距離，在了解的程度上有了重大突破；說話的原音被保存，紀錄者藉著重複播放，可以完整無誤的將原意登錄下來。以前因主觀判斷或認知上的差異，所生誤導、誤傳、誤解的遺憾，至此減到最低。說話者的情緒、甚至特殊的語氣，都能藉文字的技巧保留下來，更增加動態的層次。

---

[73] 中研院近史所，《口述歷史》第 2 期，頁 5。

[74] 〈發刊詞〉,《口述歷史》第 1 期，1989 年 10 月，頁 3。

該文同時也提到，口述歷史對訪問者及紀錄者的要求都不低，需要具有一定程度的相關知識，事後整理也必須得當：[75]

> 史料除了需要動態之外，還需有深度。深度的具備，不賴科技，而賴學養。言者、聽者以及紀錄者所具備相關知識的多寡，亦對史料的深度有直接影響。為得到有深度、高質量的史料，在展開訪錄之前，說與錄的雙方都應妥善準備：擬定主題、閱讀相關資料，俾能在談錄之間，勾起具體、深入而且真實的回憶。記錄者事後從事整理，更需以時間為主軸，擷取談話內容中，人、事、地、物的重要關聯。在這個階段，當事人必須密切合作，以決定架構與章節，印證相關的人、事、時、地、物。

許雪姬以口述歷史主訪者的立場，認為有些問題難以克服：

第一是口述歷史的內容不夠精確：這部分包括主訪者對話題的刻意引導、訪問者的專業問題、及後續編輯者是否有下功夫整理等。

第二是史德的問題，訪問者不該挖掘受訪者過去的瘡疤，或硬要對方答覆不想回答的問題，而受訪者也不應利用訪錄來攻擊自己的敵人。[76]

第三是受訪者的角色應恰如其份扮演：有的受訪者是主動邀請或選擇訪問者，主訪者往往成為受訪者的傳聲筒，甚至完成的作品會被受訪者嫌棄未能彰顯其重要性，也有些明星受難者，不斷受到認為「別人做的口述歷史都不好」的主訪者訪問。

第四是口述紀錄與出版品的落差應減少：口述訪問往往零碎且混亂，甚至有些內容可能傷害某人、某職業甚至某族群，不經過整理難以呈現全貌，但整理完畢之後受訪者又可能不願意付梓出版。

---

[75] 〈發刊詞〉，《口述歷史》第 1 期，頁 3。

[76] 許雪姬，〈解嚴後臺灣口述歷史的發展及其檢討〉，《口述歷史史學會會刊》第 5 期，2014 年 8 月，頁 31。

第五是未能出版的記錄如何儲存的問題：這可能包括內容不值得刊載、受訪者反對或訪談失敗，而有公開年限的訪錄也需要資料庫來整理；最後是慎防因口訪紀錄的出版而引起官司。[77]

張炎憲表示，以二二八事件而言，口述歷史能補官方資料的不足：[78]

> 官方資料站在官方立場，偏重政策面的思考，缺乏人性的描述。二二八口述歷史可以補官方資料之不足，也可修正或推翻官方觀點，站在人的觀點上，重新思考社會、國家和人民的關係。

他認為臺灣人在當時屬於弱勢，被統治的族群，臺灣人的意見很難進入決策核心，統治者也很少考慮臺灣人的感受。因此訪談二二八受難者及其家屬，口述其經驗是重建臺灣人歷史記憶與歷史感情的最佳方式。[79]

侯坤宏則表示，口述歷史無疑可以彌補歷史研究資料的不足，但口述史料限於個人經驗與遭遇，不一定能洞察事件全貌，以受難者而言，事件對其本人及家屬影響至為深鉅，敘述上難免過於激動或批評他人。且根據心理學理論，人的記憶是有選擇性的，對於自己不利之處，總是會盡量避免觸及。[80]

許雪姬也提到，口述歷史的重要功能是為弱勢者發聲，能顛覆傳統的史學。但因為臺灣認同的混淆及政治的對立，在某些政治案上的訪談，會以引君入甕的方式來取得受訪者的「證言」，作為寫論文的重要依據。[81]

一般而言，史料以檔案為第一手，最具價值，也代表當時官方的立場。其他回憶性資料（含口述歷史）當然亦有其價值，但主觀性更高，也更容易

---

[77] 許雪姬，〈解嚴後臺灣口述歷史的發展及其檢討〉，頁 32-33。

[78] 張炎憲，〈從體制內抗爭到獨立自主——二二八的文化遺產〉，張炎憲等採訪紀錄，《淡水河域二二八》，臺北：吳三連臺灣史料基金會，1996，頁 6。

[79] 張炎憲館長專題演講，〈二二八事件研究詮釋的總檢討〉，頁 14。

[80] 侯坤宏，《研究二二八》，頁 23。

[81] 許雪姬，〈解嚴後臺灣口述歷史的發展及其檢討〉，頁 31。

受個人因素影響。針對二二八研究所使用的史料，褚靜濤表示：國民黨官方史料有編造的成份，而口述歷史錯繆處也不少，對這些史料必須批判使用，不能照搬照抄。既不必以官方史料貶低口述歷史的價值，也不必迷信口述歷史，而將官方檔案棄置一旁。[82]

2. 二二八事件的口述歷史

二二八事件的研究，口述歷史佔極重要的成分，主要是因為官方資料及檔案被認為是加害者的的紀錄，立場上不太被接受。針對二二八事件最早進行口述訪錄的官方計畫，是臺灣省文獻會的耆老座談。該計畫自 1988 年起，在三年多的時間當中，訪問了三百多人，且參閱了各機關檔案六百八十多件，自 1991 年起，接連出版了《二二八事件文獻輯錄》、《二二八事件文獻續錄》及《二二八事件文獻補錄》。

該書的〈序〉中提到，當時剛解嚴不久，這些訪談觸及政治敏感，許多當事人及家屬都不願接受訪問，訪問者只能用誠意及耐性來化解疑慮，甚至陪著家屬去弔祭，才順利得到了這些訪談紀錄。書中也提到，因為年代久遠加上各種因素，受訪者有極主觀與誇張的描述，各篇訪問紀錄中矛盾的地方也多，但該書仍基於採訪的原則，忠實記錄，作為研究參考之用。[83]

這種情況到進行《二二八事件研究報告》時依然如此，主筆賴澤涵表示，口述歷史的進行十分不易，因為當時社會仍普遍存著恐懼，對所謂的「官方研究」更是不抱信任，他本人親自前往延平北路及查緝私菸附近一帶訪問耆老，但多得到「不記得」或「不知道」之類的回應。而部分關鍵人物如當年的中央社駐臺主任葉明勳等，更是始終不願意接受正式訪問。[84]

其次是中研院近史所對二二八事件進行的口述訪錄。數量上雖無法與同

---

[82] 褚靜濤，《二二八事件實錄》上冊，臺北：海峽學術出版社，2007，頁 19。

[83] 魏永竹等編，《二二八事件文獻輯錄》，頁 3。

[84] 賴澤涵，〈二二八事件研究的回顧與展望──兼談過去研究的秘辛〉，中研院臺史所編，《「紀念二二八事件 60 週年」學術研討會論文集》（上、下），臺北：編者，2007，頁 13-14。

期的省文獻會相比，但質量上猶有過之。1991 年開始，陸續出版的《口述歷史》期刊，內容多有二二八的相關敘述，第二期收錄了林衡道〈二二八事件的回憶〉，第三、四期是二二八事件專號，第三期收錄了包括臺灣南部 32 位相關人物的訪談記錄，[85]第四期則收錄全臺灣共 43 位相關人物的訪談記錄，[86]第五期以日治時期前往中國大陸的臺灣人為主題，但提到二二八事件的也不少。

此外，單獨出版的《林衡道先生訪問紀錄》、《藍敏先生訪問紀錄》中，也有不少與二二八相關的信息。1995 年該所又出版《高雄二二八事件相關人物訪問紀錄》（分上、中、下三冊），雖然部分內容與《口述歷史》期刊部分重複，但有所增補。[87]《戒嚴時期臺北地區政治案件口述歷史》雖然以白色恐怖受難者為主，但其中參與二二八事件的也不少。

原本是自立晚報出版，後來由吳三連基金會接手的《二二八事件口述歷史系列》，以張炎憲領銜的團隊用錄音的方式進行口述訪錄，認為可以「藉以增補既有的檔案資料，填補文字資料的空隙，在執政者壟斷所有史料資源的臺灣，尤其重要。」[88] 該會至 2016 年完成 11 本二二八事件口述歷史，分別是：1995 年出版的《臺北南港二二八》、《嘉義驛前二二八》、《諸羅山

---

[85] 訪談人物包括（一）嘉義地區：李曉芳、鍾逸人、林山生、唐智、陳玉樹、高總成、武義德、武青世、汪成源、潘信行。（二）臺南地區：葉石濤、楊熾昌、蔡丁贊、王振華、沈義人、沈乃霖。（三）高雄地區：謝有用、郭萬枝、李佛續、陳錦春、陳桐、張萬作、柯旗化、林流夏、陳蔡嬌、林祺瑞、周耀門、王嬋如、高李麗珍、林黎彩。（四）屏東地區：葉郭一琴、李堯階。（五）澎湖地區：許整景。

[86] 包括（一）北部地區：王雲青、林忠、簡文發、廖德雄、黃紀男、鄧進益、陳知青、嚴秀峰、劉昌智、王水柳、黃瑞霖、黃瑞峰、林信一、林信二、林勳彥、王陳仙槎、盧屬、陳林麗珊、林陳阿幼、周陳碧、曹賜固。（二）中部地區：楊子榮、張深鑐、尤世景、林才壽、葉世傳、林朝業。（三）東部地區：周金波、許炎廷、李文卿、周秋金、張楊純、林金春、蔡陽昆、梁阿標、林川維。（四）南部地區：陳重光、蔡鵬飛、莊政華、蘇金全、王作金、郭榮一、周李翠金、陳泙錄、許昭玉、許明男。

[87] 許雪姬提到，出版本書之後，由於增補及修改部分內容，甚至還挨了告。許雪姬，〈解嚴後臺灣口述歷史的發展及其檢討〉，頁 33。

[88] 吳三連基金會網站，http://www.twcenter.org.tw/about/about04。

城二二八》；1996 年的《淡水河域二二八》、《臺北都會二二八》；1997 年的《嘉雲平野二二八》；2010 年的《花蓮鳳林二二八 》、2011 年的《嘉義北回二二八》、《基隆雨港二二八》與《悲情車站二二八》、2013 年的《噶瑪蘭二二八》及 2014 年出版的《新竹風城二二八》等。以數量上來說，這一系列無疑是最豐富的。

其他如葉芸芸編寫的《證言 228》，採訪了不少參與二二八事件，後來輾轉前往中國大陸的臺灣人；習賢德主持的《二二八口述歷史補遺：中央警校臺幹班的集體記憶》訪問二二八時期的警幹班學生；吳文星、許雪姬也採訪編輯了《戒嚴時期臺灣政治事件口述歷史》，相關的口述訪錄並不在少數。

3. 二二八口述歷史的問題

(1) 訪問對象多為受難者家屬及親友

習賢德曾在二二八基金會的贊助下，完成《二二八口述歷史補遺：中央警校臺幹班的集體記憶》，他希望能以這部作品，「平衡近年較偏向純以受難者之主觀，回顧史事的取向」。[89]該研究訪問了 37 位當年參加臺幹班的警員，有臺灣人也有外省人，其中有人當年被參與的群眾毆打，大多數人武器被奪，但在政府「放棄抵抗」的命令下，多只能與其他外省人被集中「保護」，到了現今卻還要被冠上「加害者」的罪名。習賢德表示：[90]

> 近年為二二八而高聲呼號奔走的，往往都不是受難的當事人或家屬。公義雖因他們的努力而獲大大彰顯，但是，本該撫平的傷痕，卻每每因此而被一再觸痛，特別是在各種選舉活動的政治用語中。

---

[89] 習賢德主持，《二二八口述歷史補遺：中央警校臺幹班的集體記憶》，臺北：財團法人二二八事件紀念基金會贊助研究報告，2000，頁 6。

[90] 習賢德主持，《二二八口述歷史補遺：中央警校臺幹班的集體記憶》，頁 6-7。

可能由於該書所載的訪問內容，與官方論述不盡相同，立法院小組會議在審查陳其邁等人提案的「二二八事件處理及賠償條例第六條之一」條文修正草案的第 2 項，要將「公開否認二二八事件的言論」入罪化時，習賢德與曾提出二二八死亡人數估算值相差過大的朱浤源兩位，一起被視為「傷害二二八受難家屬」的代表性學者，並作為此提案的理由。[91]

著名作家李喬曾為了撰寫歷史小說進行田野採訪，對口述歷史的侷限性及錯誤傾向也有認知，他表示除了故意胡扯之外，敘述的內容有誤，有幾種可能：[92]

> 第一、當年年紀小，或者原本就沒看清情況，記憶本身有誤；第二、原本就只是聽說，經過長時間沉澱自我內化成親身經歷；第三、人的記憶力有限，受到他人論述影響，填充了變形的記憶；第四、人類本身有自行修補記憶的本能，尤其「內心有愧」的人常會將自己行為正當化。

但他也提到，這些缺失比起某些「歷史家」基於政治立場，或者價售學術良心的造假及編製，僅是小瑕疵；且口述歷史可以透過數量的累積，「量大為正」，達到一定比例時，錯誤的說法會被比對出來。[93]

但以現今能見到的各種相關口述訪問來看，以受難者作為對象的比例佔絕大多數，以吳三連基金會的二二八口述訪問系列為例：《淡水河域二二八》書中 27 篇訪錄當中，有 25 篇對象是受難者家屬或親友；《花蓮鳳山二二八》對象多為張七郎家族的親友；《諸羅山城二二八》中訪問對象 29 位，前面 20 位是受難者及其家屬，後面的 9 位「市民」中，有 7 位也都參與了

---

[91] 《立法院公報》第 102 卷第 18 期，頁 130。

[92] 李喬，〈臺灣史的奠基〉，張炎憲等人採訪紀錄，《淡水河域二二八》，臺北：吳三連臺灣史料基金會，1996，頁 7。

[93] 李喬，〈臺灣史的奠基〉，頁 8。

攻擊紅毛埤彈藥庫及水上機場，只是沒有被政府追究責任，僅有兩位算是旁觀見證人；《噶瑪蘭二二八》中，受難者及見證者各 13 人，但見證者中，被政府認為與事件有關，因此被軍警審訊者超過半數。

誠然，受訪的數量大到一定程度的時候，可以看出其中的矛盾與問題，但是當受訪對象集中於天平的其中一側，那麼恐怕得到的只是某一方想要的結果。在利益相同的情況之下，受訪者共同建構出對單方面有利的二二八論述，在這個理論架構下，或許也建構了如同「想像的共同體」一般的臺灣民族雛形。

(2) 受訪者因各種因素有所保留

再談談受訪者的一些集體行為。曾建元提過：當日本人戰敗離去時，許多臺灣青年中的佼佼者，滿懷抱負，熱情迎接中華民國，準備為建設新臺灣而大展身手之際，卻親眼目睹了國民黨官僚比之日本殖民者更為窮凶極惡的貪污腐敗和專制跋扈，正義的火種在他們心中埋藏，而在二二八事件中爆發成為熊熊的烽火，他們對中華民國深感失望，而以為崛起中的中國共產黨，才是臺灣人推翻國民黨暴政、重建新國家得到真正光復解放的唯一寄望，他們與許多同年的熱血青年，都不約而同地秘密宣誓加入了中國共產黨，參與各項政治啟蒙運動與地下組織工作，陳英泰便是其中之一。[94]

陳英泰著有兩本作品，分別是《回憶——見證白色恐怖》[95]及《再說白色恐怖》[96]，內容提及他加入中共地下黨，並參與二二八事件的情況，以及後來被捕之後的見聞及經過。他在自己的部落格當中提到：[97]

> 臺灣的口述歷史開頭由私人的基金會，或由地方政府的文教基金會，臺南市、新竹市等所做，訪問對象都針對著個人，做出來的

[94] 曾建元，〈不信青春喚不回，不容青史盡成灰〉，《中華人文學報》第二期，2005 年 3 月。

[95] 陳英泰，《回憶——見證白色恐怖》，臺北：唐山出版社，2004。

[96] 陳英泰，《再說白色恐怖》，臺北：唐山出版社，2009。

[97] 陳英泰部落格，http://blog.xuite.net/yingtaichen/twblog/150857177。

> 成果還不錯。其次針對著受難者團體為對象大規模做的有，臺灣省文建會與接著的臺北市政府與中央研究會共同合作做的官方性質的。臺灣省文獻會以「互助會」[98]為對象把整個臺灣分著幾個地方而做。「互助會」全面的加以配合。臺灣省文獻會做時社會上還有向政府要求賠償之議的時候。因此一般受訪問時認為做口述歷史對我們的要求會有幫助。故我們應與之配合的一面，發言應比較慎重，有所保留，不能隨便亂講。

受訪的相關人士，多認為訪問內容與身分的平反及政府正研議的補償有關，因此，「發言應比較慎重，有所保留，不能隨便亂講。」

> 省文獻會經互助會配合依次在高屏地區（1995.6.25），嘉南地區（1995.12.17）、中部地區（1996.9.8），桃竹苗地區（1996.7.14）做了口述歷史會。因是在外縣市做的，我都沒有收到互助會的通知，也此都沒有去看。媒體也不曾預先報導。7 月 14 日互助會桃竹苗分會在苗栗明德水庫做口述歷史會，開會過一天早晨的臺視新聞很罕見的報導這一件事。報導裡有訪問呂沙棠的畫面。呂沙棠在這種場合和大多數其他人一樣避重就輕的說他只不經意的參加讀書會，根本就沒有參加什麼叛亂組織，是被冤枉的。

而與陳同屬地下黨成員的呂，在受訪時避重就輕，否認參加過叛亂組織。更有甚者，整個互助會在集體受訪之前，先要求所有成員統一口徑，既不能談與地下黨組織的關係，也不能講為何被捕的案情，還不能提別人的事，避免彼此相互矛盾，破綻太多兜不起來，這樣的口述訪錄，史料價值是否大打折扣？

---

[98] 文中的互助會，指的是由白色恐怖受難者林書揚，在 1986 年成立的「臺灣地區政治受難人互助會」，有一千餘人參與。

> 第五次互助會員大會 1996.8.4 在麻豆代天府舉行，吳澍培[99]對口述歷史問題有冗長的說明。按省文獻委員會的口述歷史，高屏、嘉南、桃竹苗方面已做，接著臺北將在 1996.8.25 做。吳澍培說要注意三點：（1）不要講到別人（2）不要講到組織關係（3）不要講到自己的案情。我懷疑我是否聽錯？如此禁忌太多，怎麼說是真正的口述歷史？

在受訪者擁有上述的共識之後，所做出來的訪問紀錄，一方面大家想要說明當年自己激於義憤，挺身對抗腐敗政府，與國軍對抗的英勇事蹟；另一方面為了得到平反與賠償，又得強調自己無辜受難，身分及立場就難免既矛盾又困惑了：[100]

> 政治受難者們一面強調，當時是為推翻蔣政權才參加地下組織的。但在另一種場合說是受到冤枉才坐牢。一下子如此說，一下子又那樣子說，而兩者實是一大矛盾，有一百八十度的差異，成為面臨政治受難者的一個難題。大家對於如何解決這個矛盾卻沒有一貫的概念。

(3) 訪問者及文字編輯的立場

訪問者本身預設立場也是個問題。陳正雄在接受二二八事件訪問後，向周婉窈反應，他不願意積極參加相關座談會，是因為之前接受訪問時曾遭到訪問者預設立場的質疑，並以質問犯人的態度對待：[101]

---

[99] 吳澍培為白色恐怖受難者，吳家是彰化望族，家族政治立場受到他入獄的影響，其侄吳釗燮在陳水扁時代擔任總統府副秘書長，其弟吳澧培曾任美國萬通銀行總裁，戒嚴時期以經商所得資助臺灣民主運動，後來擔任「海外阿扁之友會總會長」，又成立「福爾摩沙基金會」，在美國國會進行遊說工作。

[100] 陳英泰部落格，http://blog.xuite.net/yingtaichen/twblog/150857177。

[101] 周婉窈，《臺籍日本兵座談會紀錄并相關資料》，臺北：中研院臺史所籌備處，1997，頁 200。

前年曾受臺大歷史系研究所林姓學生前來做口述二二八事件參與者訪問，初聯絡時，我先不作預設立場下歡迎他來，不料林君以嘉義飛機場已死有三、五百名，那麼全島估計該如史明所說有十萬名為論點，認為我所述，實際戰鬥接觸嘉義飛機場攻防最烈，約死七八十至一二零名，傷者五十餘名。如國軍尚未來臺施援前，因戰鬥而死者，全省計最多不超過一千名，綏靖工作開始後被捕約一千至一千兩百名，傳說兩、三萬名乃包括五十年代白色恐怖時期被捕人員（包括檢肅匪諜案外省人）之說法不實。好像檢察官開庭問犯人似的口氣、態度，花費了約二小時的錄音中，令我不愉快。

陳正雄向那位林同學說明，在嘉義水上機場的戰鬥中，民軍在最初接觸戰時占絕對優勢，但後來發現僅有少數槍枝，又缺乏彈藥補給後，節制使用而使雙方陷入對峙；國軍的援軍登陸之後，風聲一到大家連忙逃離，所以沒有太大死傷，但即使如此，林姓研究生仍不願相信，最後訪問中斷，不歡而散：[102]

如此說明，林君尚執不信態度，我一時生氣說：「我是參加者，我已將我所知、所經歷過的說給您聽，不論實、虛，您當時尚未出生，圓扁您都不知，況事先既要求您勿持有預設立場才來。我損失同胞，給全臺灣人帶來了無限心身痛苦，夢碎可再夢，心靈的傷痕壓在心底，為了不再一次受共產黨殖民，受戰火洗禮，默默地協助國民黨政府迅速建設臺灣，百般忍耐至今，您竟用猜疑態度口氣對待他人，讓我失望。我講實能得到甚麼？我講虛又能得到什麼？既不太相信，那枉費您時間，我也不願勾起一段痛恨之

---

[102] 周婉窈，《臺籍日本兵座談會紀錄并相關資料》，頁 201。

回憶。請回吧，對不起。」我遂下逐客令

可見在二二八事件的口述歷史進行當中，訪問者的預設立場，若再加上刻意引導，勢必影響訪錄的內容。當然，詮釋者的態度及立場也是一大重點。黃昱珽曾以王添灯為例，探討口述歷史及回憶錄的矛盾。[103]他首先舉張炎憲在《王添灯紀念輯》中的不同說法：[104]

三月十一日凌晨五點多，王添灯在自宅遭人強行帶走，一去不回，至今死因不明。他自認沒錯，不願避難遁逃，被抓之後，仍義正辭嚴向軍警理論，終被灑上汽油，引火燒死。

第一種說法提到至今死因不明，第二種則說他被淋上汽油燒死，基本上對王添灯之死，不但政府檔案沒有記錄，就連是哪個單位或者甚麼人下令要對付他，都沒有人知道，包括王添灯的兒子王政統在內，他也表示自己的父親死因不明。那麼被燒死的這種說法從何而來？我們能看到的唯一記載來自蘇新的描述：[105]

一九四八年夏天，……莊希泉向廠長和廠的工人們介紹說：「這些臺灣同胞是臺灣二二八起義失敗後逃出臺灣的，到香港來的。」一個青年工人就說：「我也是二二八以後離開臺灣的……。」其他人在參觀工廠的時候，我就和這個青年工人聊起來（可惜，當時沒有問清楚他的姓名）。據這個工人說，他是廈門人，被抓去當兵。在憲兵第四團（團長是張慕陶）當憲兵。張慕陶審訊王添

[103] 黃昱珽，〈口述史：一個整合單一化的過程——以二二八事件口述史為例〉，《文化研究月報》63期，2006年12月。

[104] 張炎憲主編，《王添灯紀念輯》，臺北：吳三連臺灣史料基金會，2005，頁14、200。

[105] 葉芸芸編寫，《證言228》，臺北：人間，1993。

灯，跟張慕陶大聲爭辯，他被打得很厲害，鮮紅的血從臉上往下流，後來滿頭滿面都是血塊，但是王添灯絕不屈服，大罵張慕陶。他很害怕，覺得太殘忍了，但是更可怕的是他看到王添灯被燒死的情景。當時正好是他站崗，從審訊室聽到張慕陶罵王添灯：「你這個野心家，想當臺北市長……」。王添灯回答說：「我從來沒有想過要當臺北市長，我就當……」。張慕陶暴跳如雷：「好！就讓你到（陰）間當臺北市長吧！」，命令衛兵往王添灯身上潑汽油，從頭上到腳底，都是濕淋淋的。最後拉到一個地方，點火把他燒了。

蘇新是《人民導報》的編輯，二二八事件發生時與王添灯關係密切，按理對王的描述相當程度是可信的，但事實上他也只是聽人轉述了這樣的故事，再加上他撰寫此書時已經身為中共地下黨的一員，其立場使真實性稍微打了折扣。

黃昱珽接著比較了不同立場的人對王添灯的描述，他以蘇新與李喬創作的〈王添灯埋冤之夜獨幕劇〉來比較。[106]蘇新筆下的王添灯，是一位敢於當面嗆聲葛超智，反對美國干涉臺灣的民族主義者，二二八處委會提出的「三十二條處理大綱」，更是由潘欽信、蕭來福、蔡子民、蘇新等臺共及中共黨員，遵照地下黨的建議所草擬。而在李喬的創作中，王添灯卻變成了仇視中國的臺灣本土派，期望臺灣人自己當家做主，臨死前都想當清清白白的臺灣人：

王聲）：啥人有命轉去，愛和朋友講，趕緊闔起來！嘸免听豬仔誘騙喔！愛傳乎子孫知樣！唔好相信豬仔，相信者死無葬身之地喔！將來，有一工，後世 e 臺灣人會合咱洗清咱 e 罪名！還咱清

[106] 黃昱珽，〈口述史：一個整合單一化的過程——以二二八事件口述史為例〉。

白！臺灣人啊，愛拍拚！將來，臺灣人當家任主，出頭天 e 日會到來……

張聲）：王添灯！你決心當烈士了！

恢復「序幕」剪影

王聲）：做……一個……清清白白 e 臺灣人……。（慢）

王添灯毫無疑問是二二八事件的關鍵人物，是處理委員會的實際掌控者，不管是與政府的交涉或相關行動他都有決定性的權力，但他的形象在不同立場的作者手中，卻任由需要受到操弄，建構出截然不同的性格。

吳銘能也提出，近史所出版的《口述歷史》，當中有部分內容經過重新編排納入《高雄二二八事件相關人物訪問紀錄》。在這個過程當中，編輯者刻意增添一些主觀用語強調悲情，例如「劫後餘生」、「餘悸猶存」等；另外還有一些意識形態的改變，例如將原本訪錄中的「大陸」多被改為「中國」，增加「臺灣人」、「外省人」等用語以強調省籍的區別。在並未重新進行訪問的情況下，訪錄內容卻被刻意做出這些修改，有違學術道德。[107]

楊愉珍研究過臺北二二八紀念館的舊展及新展之後，認為應該增加一些不同價值與不同族群的聲音，例如外省、客家、原住民，來更全面的反映事件真相。她也建議展覽內容不應只有受難者被害的過程，或可有一些介紹當時的背景狀況、個人的心路歷程或者對時代的觀點及反思之類。[108]

口述歷史無疑有許多優點，能由不同的角度來對比官方檔案及資料，也能夠由不同立場來理解與認知當時的狀況，更提供多元的看法；但缺點同樣不少，受訪者所知難免片面、局部、主觀，又可能受到個人因素及環境氛圍影響，史料價值有限。作者看完本書中列舉的所有相關訪錄之後，對張炎憲

[107] 吳銘能，〈檔案與口述歷史之間：口述歷史文字之更動及二二八事件研究〉，朱浤源主編，《二二八研究的校勘學視角：黃彰健院士追思論文集》，臺北：文史哲出版社，2010，頁 103-128。

[108] 楊愉珍，〈臺北二二八紀念館常設展應用口述歷史之研究〉，頁 128-129。

這段感受十分認同，他提到：[109]

> 數年來，我的感情世界也在變化。初從事二二八口述史的採錄時，我常帶著悲情，接著悲情漸漸少了，無奈襲上心頭，後來無奈感也消失了，反而對人性感觸越深，越能捉摸歷史的感覺。

(二) 立場鮮明的史料

1. 臺灣旅滬同鄉會

在二二八事件發生的初期，臺灣旅滬同鄉會是重要角色。他們在事件發生後很快組成臺胞六團體，與《文匯報》合作召開座談會，並大肆宣傳政府的失政與屠殺。但這個組織，後來被證實是中共地下黨在上海的根據地之一。

李偉光，原名李應章，彰化二林人，畢業於臺北醫專，是臺灣文化協會的發起人之一。1925 年元月，成立二林蔗農組合，是臺灣最早的農民組織，同年十月，因為發起二林蔗農事件反抗日本政府，因而被捕入獄。刑滿釋放後，離開臺灣，1932 年在廈門加入中國共產黨，並在當地行醫，卻遭到廈門公安局及日本領事館追捕而逃亡到上海。[110]

抵達上海之後，李應章改名為李偉光，開設了偉光醫院，並聯絡中共上海辦事處，參與進行抗日活動。他曾多次掩護中共地下人員的行動，並且利用醫生的身分蒐集日軍資料。1945 年，李與施石青、郭星如等組織臺灣人民解放同盟，被日本憲兵注意，同年 7 月包圍醫院，李幸運逃逸。[111]

戰後，施石青向李偉光表示身分，其實他是國民黨的特務站長，施並向

---

[109] 張炎憲，〈後記〉，張炎憲等採訪紀錄，《淡水河域二二八》，頁 285。

[110] 李偉光自述，蔡子民整理，〈一個臺灣知識分子的革命道路〉，李玲虹、龔晉珠主編，《臺灣農民運動先驅者──李偉光》，北京：臺海出版社，2006.5，頁 3。

[111] 李偉光自述，蔡子民整理，〈一個臺灣知識分子的革命道路〉，頁 16-18。

上海國民黨部接洽，計畫重組臺灣旅滬同鄉會，仍由李出任會長。籌備會上，臺灣革新協會的王麗明、廖文奎及國民黨的代表張添梅都參加，當時代表中統的周英才提出讓楊肇嘉擔任同鄉會顧問的要求，李擔心施石青利用解放同盟，先藉故解散該組織，又否決楊肇嘉的加入，導致楊後來事事與同鄉會搗亂。[112]根據《吳克泰回憶錄》的內容，李偉光擔任同鄉會會長的確相當盡力，在戰後為了希望返臺的鄉親爭取船隻，並做妥善的安排。[113]

1945 年 11 月，張志忠帶著蔡孝乾的介紹信訪問李偉光，不久，蔡孝乾本人也隨後抵達上海，住在李偉光的醫院。蔡孝乾將中共華東局的張執一介紹給李偉光，從此，李就在張執一的領導下進行地下黨的工作，並且擔任與臺灣省工委會的連絡對口。1946 年 3 月，李先設法將張志忠等人送到臺灣開始組織地下黨，又在七月將蔡孝乾也送了過去。[114]

1946 年 3 月，臺灣旅滬同鄉會發表〈旅滬福建臺灣各團體為駁斥陳儀關于臺灣現況談話致各報書〉，提出留用日人太多且遣送太慢、臺灣經濟仍掌握在日人手中、糧食問題未能解決、不設省政府而以行政長官公署執政與對日人過分寬厚這五點來抨擊陳儀政府。[115]旅滬同鄉會從遣送日僑、臺灣經濟、米價、政府形態及未來發展各方面來批判陳儀政府，但從其所提出的五點意見當中，有三點著眼在政府對日人過於寬厚，以致於影響臺人權益，或可略窺其立場。

同年 6 月，同鄉會舉辦臺灣問題文化人座談會，出席的有郭沫若、田漢、翦伯贊、茅盾、周信芳等中共要人及支持者，因為這個關係，後來田漢、翦伯贊都曾在遭遇危險時躲在偉光醫院長期住院隱蔽。[116]當時在大陸成立的幾個臺灣同鄉會，都有被中共滲透控制的嫌疑，應該說，建立同鄉會是

---

[112] 李偉光自述，蔡子民整理，〈一個臺灣知識分子的革命道路〉，頁 18。

[113] 吳克泰，《吳克泰回憶錄》，頁 136。

[114] 李偉光自述，蔡子民整理，〈一個臺灣知識分子的革命道路〉，頁 18-19。

[115] 鄧孔昭編，《二二八事件資料集》，臺北：稻鄉出版社，1991。此處非原文，經過編者摘要。

[116] 李偉光自述，蔡子民整理，〈一個臺灣知識分子的革命道路〉，頁 19。

當年地下黨慣用的方式，如臺灣旅平同鄉會也是中共地下黨員的集散地。

1947 年 3 月 11 日，雖然旅滬七團體曾派人到臺灣視察二二八情況，並在返抵上海後發表聲明，公布二二八事件當中，臺灣人死亡一萬，受傷三萬的數據。但張清滄指出，他們在臺灣僅僅停留不到一日，且所有行動都在憲警的監視之下，根本不可能進行調查，頂多是道聽塗說。[117]

謝雪紅在二二八事件後逃亡到旅滬同鄉會，被送到香港避風頭時，想要建立據點，首先也是考慮建立臺灣同鄉會，但因為臺灣人當時在大陸沿海及香港等地聲名狼藉，並未付諸實行。謝雪紅等人後來在香港創立「臺灣民主自治同盟」，簡稱「臺盟」。他們透過《新臺灣》及《華商報》公告，並函告北京曾明如、大連蘇子蘅、上海李偉光、廣州陳文欄等人，要這些人自行籌組地方組織。曾明如以旅京臺灣同鄉會會據點，不久成立秘密支部。[118]

除了李偉光外，曾出現在旅滬同鄉會的不少都是地下黨員，或者與共產黨關係密切，請參照表 4-1。

表 4-1　旅滬同鄉會重要成員簡表

姓名	簡介
周文和	與吳克泰同時在上海入黨（民國 35 年 3 月），之後即擔任旅滬同鄉會總幹事，二二八事件後調回臺灣，曾擔任臺北鄉土藝術團成員（地下黨潛伏在臺北的表演團體，由徐瓊二擔任團長，副團長為郭琇琮）。[119]在他之後擔任旅滬同鄉會的歷任總幹事為吳克泰、蔡慶榮。
吳克泰	原名詹致遠，二戰期間在上海入黨，之後回到臺灣就讀臺大，並先後在《人民導報》、《中外日報》及《自由報》擔任記者。隸屬中共地下黨臺灣省工委會，擔任新聞記者小組及學運的相關負責人。民國 38 年被選為臺灣省代表，赴北京參加中共第一次全國青年代表大會。

117 張清滄，《228 事件死傷人數真相探討》，高雄：作者，2014，頁 411。

118 古瑞雲，《臺中的風雷》，頁 211-212。

119 藍博洲，《消失的臺灣醫界良心》，臺北：印刻出版社，2005，頁 72。郭琇琮的妻子林雪嬌在該團公演白蛇傳轟動時，表示：「國民黨政府大概還不知道，這其實是地下黨在幕後搞的文化工作呢！」

姓名	簡介
周傳枝	後改名周青，日據時期即參加臺共外圍組織「不定期會」，曾擔任《民報》、《中外日報》記者，二二八時負責聯繫松山機場的起事。事件後擔任旅滬同鄉會幹事，後參加臺盟。
蔡慶榮	後改名蔡子民，李偉光女婿。王添灯《自由報》的總編輯，二二八後逃亡上海同鄉會擔任總幹事。
林　昆	同鄉會聯絡幹部，數度來往臺灣與上海。
謝雪堂	同鄉會的副會長，雖非謝雪紅親戚，但相識。楊克煌曾提過，民國 34 年底謝雪堂的哥哥由上海回臺灣時特地拜訪過謝雪紅
何　斌	日據時參加士林協志會，其活動都在士林車站附近的教會進行。入黨時間不明，光復後在衛生所與郭琇琮從事防疫工作。二二八後，吳克泰逃亡至上海同鄉會，何斌也隨後抵達，當時已是黨員。
江　濃	來自臺灣的公費生，參加李偉光的讀書會，地下黨員。
劉守文	來自臺灣的公費生，參加李偉光的讀書會，地下黨員。
許文新	二二八後從臺灣省政府辭職的廈門人，到同鄉會後接手《前進》月刊的編纂。
洪　祺	吳克泰等人奉派參加北京中共青年代表大會時，擔任支部書記，在上海協助他們北上的黨員，據說是洪幼樵之弟。
周　克	吳克泰等人奉派參加北京中共青年代表大會時，在上海協助他們北上的高級交通員。
李文蔚	同鄉會附屬臺光小學的教師，與同鄉會隸屬於不同系統，上海解放後才知道同鄉會同樣為中共地下組織。

參考資料：吳克泰，《吳克泰回憶錄》、楊克煌，《我的回憶》、周青，〈周青暢談謝雪紅〉。

除臺灣學者外，對岸學者蔣順興、鄭留芳等人談到二二八事件期間的死亡人數，也都引用旅滬六團體在記者會宣稱的：死亡一萬人，受傷三萬人的數據。[120]共黨當時跟國民黨處於戰爭狀態，互相抹黑造謠尚嫌不足，旅滬同鄉會當年在二二八事件期間所發表的談話內容恐怕可信度不高。

---

120 蔣順興，〈臺灣二二八起義〉，《江海學刊》第 2 期，1984。鄭留芳，《美國對臺灣的侵略》，北京：世界知識出版社，1954。

2.《被出賣的臺灣》

葛超智的著作中譯之後，命名為《被出賣的臺灣》，該書以二戰結束至二二八事件為描述重點。書中直接指責陳儀政府在臺灣的種種貪腐暴政，以及二二八事件中民眾遭軍隊屠殺的情況，並責備美國政府為何出賣了一心嚮往被他們統治的臺灣民眾。這本書早年在海外的影響既深且廣，在 1970 年代影響許多臺灣留學生，紛紛投入臺灣民主運動。

影響所及，2004 年監察院出版的二二八事件調查報告，也以官方身分肯定葛超智的這部作品，等於美國官方為二二八歷史所做的「證詞」，而且，「其可靠性無庸置疑」：[121]

> 一九四七年間美國駐臺副領事 George Kerr 在其所著“*Formosa Betrayed*”一書，……當為美國官方為二二八歷史做證詞，其可靠性無庸置疑。

葛超智的身分，及其在二二八事件當中的作為，第三章已提及。許雪姬認為「George Kerr 一生都在推銷其『臺灣託管論』，並非他獨愛於臺人，實以美國利益為出發點。」[122]陳翠蓮也批評葛超智《被出賣的臺灣》：[123]

> 書中充滿美國人的傲慢，自以為是的偏見，彷彿臺灣人天生低人一等，仰望美國為「神之國」，衷心擁戴，恨不得美國早日君臨臺灣，解救萬民於倒懸；這是甚麼樣的狂妄心態？

---

[121] 監察院編印，《二二八事件受難者家屬陳訴案調查報告》，2004，頁 67-68。轉引朱浤源，〈葛超智（George Kerr）所著 *Formosa Betrayed* 內容分析〉，中國社科院近代史研究所臺灣研究中心編，《「林獻堂、蔣渭水：臺灣歷史人物及其時代」學術研討會論文集》，北京：編者。

[122] 許雪姬，《林正亨的生與死》，頁 44。

[123] 陳翠蓮，《派系鬥爭與權謀政治——二二八悲劇的另一面向》，頁 422。

朱浤源在〈校讀 George Kerr 編撰 *Formosa Betrayed* 時的內心世界〉及〈葛超智（George Kerr）所著 *Formosa Betrayed* 內容分析〉兩篇論文中，就曾指出該書內容有許多造假之處。[124]以下所述多由朱教授的文章摘錄：

該書中，葛超智提到，當時隸屬前進指揮所的葛敬恩在臺灣的演講詞中，斥責臺灣是「次等領土」，臺灣人是「二等國民」：[125]

> 葛將軍在他最初的公開演講中指示日本人「照常」繼續他們的工作，並訂十月廿五日為日本正式投降的日子，然後為中國佔領臺灣立下一個謬論。
> 他說臺灣是「次等領土」，臺灣人是「二等國民」。臺灣省位在「關外」，未受真正中國文化的薰陶。

檔案管理局中收錄了葛敬恩來臺後的兩次公開演講講稿，一次是 34 年 10 月 7 日的〈告臺灣同胞書〉，其次是 34 年 10 月 10 日的〈國慶演說〉。兩次演講當中無法找到葛超智所提的部份，較接近的是國慶演說當中所提，臺灣被轟炸後的殘破戰後景象：[126]

> ……有人認為過去臺灣同胞在精神上，因受日本錯誤施策的束縛，遭遇到許多痛苦。可是在物質上，卻有了不少的建設。因（此），一般人的想像，以為今後衹要在精神方面，把我國的思想、主義灌輸進來，臺灣便可成為精神物質兩方面都是最完好的省份。事實上，我們在這短短幾天之中，所看到的是什麼呢？是：滿目蒼涼，到處破壞，物資缺乏，疾病很多，工礦停工的停工，炸毀的炸毀，都市居民傷亡的傷亡，疏散的疏散，交通工具

---

[124] 朱浤源，〈校讀 George Kerr 編撰 *Formosa Betrayed* 時的內心世界〉。

[125] 葛超智（Kerr, George H.）著、陳榮成譯，《被出賣的臺灣》，臺北：前衛出版社，1991，頁 93。

[126] 〈葛敬恩民國 34 年國慶講演辭〉，檔案局檔號 0034/013/314/1/060。

> 減少到不可想像的地步，商店裡幾乎有錢買不到貨品。一般臺胞的生活水平，低得怕人，體格方面，因為營養缺乏的關係，也不是頂健壯，學齡兒童聽說也有很多失學的。諸如此類，不一而足。可見當務之急，從事新建設固然要緊，但如何安撫流亡，恢復瘡痍，恐怕更是我們今後的努力重心。

以演講稿與葛超智所言比對，差距甚大。此外，葛超智對教育處長范壽康的發言，也加油添醋：[127]

> 教育處長范壽康當天下午在青年團集會演講，他以一種臺灣人很少能聽懂的大陸方言講話，再由一人翻譯為臺灣話，當他的陳辭轉為粗暴，整個群眾為之憤怒，根據後來新聞的報導，他斷言臺灣人「有獨立的念頭，他們是奴役化了（指受日本人），他們歧視外省人，他們對公共事務漠不關心」。他又對所有臺灣人加上污號：「落後的民族，不配稱為中國人。」

《民報》35 年 5 月 1 日的確曾報導相關新聞，引述范壽康的談話：「一、臺胞有抱著獨立思想。二、排擊（擠）外省工作人員。三、有以臺治臺的觀念。四、臺胞完全奴化。五、臺胞對於本省諸工作表示傍觀態度。」

這報導引起省參議員郭國基憤怒，提議調查，調查結果認為《民報》的報導大致正確，僅第四條范壽康並未使用「完全」二字。但沒有「落後的民族，不配稱為中國人」這句話，此句應是葛超智的「創作」。

又如柯遠芬首次到省參議會的報告，葛超智在書中描述他蠻橫無理，並且威脅參議員不該干涉軍務或者批評軍隊：[128]

---

[127] 葛超智著、陳榮成譯，《被出賣的臺灣》，頁 203。

[128] 葛超智著、陳榮成譯，《被出賣的臺灣》，頁 205。

> 更為陰森的空氣圍繞著警備總司令柯將軍的談話與對他的質詢，柯將軍小心地選用字眼來表示他對「人民」的全然輕視。他說軍隊沒有任何法律義務去向人民的參議會報告，這是民主政治型態所特許的，因此參議會必須感謝他對參議員們準備發表的談話。他要臺灣人民了解，軍隊不須承擔任何民法與秩序的責任，因為這些是民眾所不能干涉的，任何人若是要控告軍官或士兵無理的態度，或是批評軍隊的道德，則必須以書面控告並簽名。當柯將軍結束談話後，參議員們不顧他的警告爭相從座位上躍起，紛紛列出那些由於軍隊士兵濫用權力致使人民損失的財物、受害的人民、發生的時間地點與例證。幾分鐘以後，這位警備總司令氣得臉色蒼白，出人意料地離開了會場。

這份描述與新聞報導的文意顯然相反，當天的《民報》上，記者正面記錄了柯遠芬回答郭國基、顏欽賢、吳鴻森、洪火練、鄭昌聰、劉明朝、陳文石、韓石泉、殷占魁、劉傳來、李友三、洪約白、黃純青等議員的質詢，報導中不但對柯遠芬的表現相當滿意，且認為他到臺灣時間不長，已能聽得懂閩南語，各處處長有向柯氏學習的必要。「他的這種坦白的態度，令人感著好感，不過，我們希望他用著實踐，使這種的好感得再增加擴大。」[129]

其他如葛超智說中小學生被迫交錢給國軍部隊，以感謝其保護：[130]

---

[129]《民報》，民國35年5月4日第二版。原文為：

意料外，柯參謀長的答辯，很和藹，而且很得要領。他到臺未久，可是他已會聽取參議員之閩南語的詢問，雖然答辯還要用國語，卻可說是難得了。他處的首長，有學學他的必要。他對於「國語」的推行，當不致成為什麼「障礙」罷，記者以為。

對於軍紀一部分的腐敗不振，許多的參議員，熱烈質問，對此，柯參謀長坦白地承認，他說我國軍因為不是徵兵的，所以一般的素質，比較一般民眾不高，如果將來徵兵制度實施，當不如此。他的這種坦白的態度，令人感著好感，不過，我們希望他用著實踐，使這種的好感得再增加擴大。

[130] 葛超智著、陳榮成譯，《被出賣的臺灣》，頁328。

> 陳儀應在五月一日離開。新命令訂四月廿六日為「感恩節」，所有學生必須貢獻感謝紀念品（當然不外是感謝金），以答謝三月間國民黨軍隊的保護。每個小學生被迫樂捐五元，中學生則捐雙倍的錢。

陳儀在長官公署施政時期，各大報刊未受政府控制，言論十分自由，但類似的舉措在四月底的各大報刊中，都不曾看見；臺灣各界也沒聽說 4 月 26 日被定為感恩節的消息。

葛超智還在書中引用了謝克登的敘述：[131]

> 在南臺灣，紐西蘭的謝克登先生（Allan Shackleton）去高雄警備司令部想要調停最殘暴的報復行為，彭孟緝是當時的警備司令。在司令部裡謝克登認出一位臺灣朋友，是一個仁慈的領袖，曾費盡心力想阻止當地臺灣人和大陸人發生衝突，現在卻被當作叛徒拘押，當然他的罪名是高雄地區的領袖，頗具影響力。謝克登和他的翻譯員看到這位領袖被殘酷地綑綁，又被銳利的鐵絲扭住脖子，他的頭挺成很難受的角度，當他想動彈時，衛兵用刺刀削入他的身體，顯然他已劫數難逃。

從謝克登的著作中，我們找到了同一件事的敘述：[132]

> 早上時我們我們看到幾批人犯被繩索綁在脖子上帶進要塞來。其中一名犯人獨自站在入口處，他的雙手手腕被鐵線綁在背後，由於綁的太緊，鐵線已陷入肉裡。他的兩隻上臂也同樣被鐵線牢牢

[131] 葛超智著、陳榮成譯，《被出賣的臺灣》，頁 297。

[132] Allan J. Shackleton 著，宋亞伯翻譯，《福爾摩沙的呼喚》，臺北：望春風文化，1999，頁 118。

> 綑綁，同時脖子上也綁了一圈繩索。看起來已到了精疲力竭的極限，但是每當他的頭低下時，國民黨士兵就用綁在步槍上的刺刀背打他的嘴巴。
>
> 我的翻譯人認為這人是我們的朋友，是人民總部的領導人之一，而且非常反對發生毆打事件。我不認為我們認識這人，但我的翻譯堅持認為我沒有仔細體會該男子過去幾天所受的悲慘經歷，其中證據之一就是他顯然變得非常削瘦。

短短的一段引述當中，有三個地方略有出入。綁住雙手的鐵線，變成扭住脖子；用刺刀背打嘴巴，變成了刺刀削入身體；更不用說那位謝克登自己都不認識的人，被塑造成費盡心力想阻止臺灣人和大陸人衝突的仁慈領袖了。

Kerr 在書中還曾引用他學生從香港寄給他的信：[133]

> 我相信如果美國願意援助中國，實應先把持臺灣，如臺灣人能建立自己的政府，他們不但可抵禦共黨，並可援助華南中國……

原文為：[134]

> I believe that if United States want to help China, at first she must **hold** Formosa. If Formosans can build their own regular Government they not only can defend [themselves against] Communist, but also can help South China ...

對照《葛超智先生書信集》之後，發現 Kerr 對他學生的信件略作了修改，

---

[133] 葛超智著、陳榮成譯，《被出賣的臺灣》，頁 431。轉引自朱浤源，〈葛超智（George Kerr）所著 *Formosa Betrayed* 內容分析〉。

[134] George H. Kerr, *Formosa Betrayed*, p. 453.

原本的內容是：[135]

> I believe that if United States want to help China, at first she must **help** Formosa. If Formosans can build their own regular Government they not only can defend Communist, but also can help South China ...

他僅僅更動一字，就使將希望美國「援助」臺灣，改為期望美國「掌控」臺灣。葛超智在另一處提到他的學生寫信給他，表示：[136]「不要忘了臺灣，請記住，無數的人民正在這兒熱烈的祈禱美國的幫助」，原文為：[137]

> Don't forget Taiwan, and please, remember that there are many people here praying fervently for【**American help**】.

但經查《書信集》當中的原信，內容則為：[138]

> Don't forget Taiwan, and please, remember that there are many people here praying fervently for **your safety and success.**

也就是說，葛超智的學生是祝福 Kerr 個人的安全與諸事順遂，但他大筆一揮，修改為臺灣人祈求美國的拯救，以符合該書的主旨——臺灣人望眼欲穿，祈求美國前來統治，但美國卻背叛了臺灣人的期望。

黃文範曾提到另一個引用上的問題。葛超智引用他的學生寄給他的信：[139]

---

[135] Kaishun Jo 信件，錄自《葛超智先生相關書信集》，183 號，頁 450。

[136] 葛超智著、陳榮成譯，《被出賣的臺灣》，頁 318。

[137] George H. Kerr, *Formosa Betrayed*, p. 326.

[138] Antenna 給 Kerr 的信件，錄自蘇瑤崇，《葛超智先生相關書信集》，153 號，頁 350。

[139] 葛超智著、陳榮成譯，《被出賣的臺灣》，頁 275。

> 然後在街道上，「你是豬仔或番薯」的問話開始了，任何過路人看起來像豬的都被遭挨打，但是，惹得民眾最忿怒、令人怒火衝天的是，去見縣長的兩個男孩遭到衛兵的槍殺……

這邊提到二二八初期外省人被臺灣人毆打，原文是：[140]

> Then the street an inquiry "Are you pig or sweet potato" was began, and any passerbys who look like pig was knocked. But what incurred citizens indignation most and gave them a chance to explode their stayed rage, was that two boys were shot down by guards when they went to the Prefectural Governor **to arrest him**.

比對《葛超智書信集》與《被出賣的臺灣》的原文後，[141]發現葛刻意忽略原信中"to arrest him"三字，並改為刪節號。這兩位年輕人之所以被護衛槍殺，是因為他們要抓縣長，Kerr 卻故意略掉這點，以強調陳儀政府的兇殘形象。[142]

葛超智從未掩飾他對國民黨的厭惡，這部作品的內容充滿詆毀與惡意。舉例而言，他在說明臺灣米荒時，表示臺灣在戰後稻米收穫依然有餘，用來鋪墊其後統治失敗責任，都是政府能力不足的說法：[143]

> 雖然一九四五年的產量因缺乏肥料而稍降低，但收穫仍是有餘。

---

140 蘇瑤崇主編，《葛超智先生相關書信集：*Correspondence by and about George H. Kerr*》，臺北市：臺北市 228 紀念館，民 89，頁 344。

141 George H. Kerr, *Formosa Betrayed,* Boston: Houghton Mifflin, 1965; Cambridge: The Riverside Press, 1965, p.279.

142 朱浤源、黃文範，〈葛超智在二二八事件中的角色〉，《二二八事件 60 週年紀念論文集》出版委員會編，《紀念二二八事件 60 週年論文集》，臺北：編者，2008。

143 葛超智著、陳榮成譯，《被出賣的臺灣》，頁 125。

（戰前臺灣產米量約一百六十萬公噸，大約一半為島上五百萬居民所消耗，一般人生活頗佳。）

但他以副領事身分發給美國國務院的報告，內容卻不一樣，表示臺灣糧食短缺，必須靠副食來度過危機：[144]

糧食短缺，由於缺乏肥料及勞力斷層。缺米嚴重，但蔬菜、水果、家禽充裕，應可度過危機。

臺灣糖業的產量也被葛超智拿來作為例子，認為因為國民政府的統治，使糖產量嚴重減產：[145]

製糖工業當然是最重要的目標。遠在一九三九年，臺灣的糖產量即已超過一百四十萬噸。可是在一九四七年的中國政府管理下，全部糖產卻不過三萬噸而已！這個數字差不多等於一八九五年日本尚未領臺時的產量；這真是中國人管理下經濟命運的最好寫照了！!

乍看之下，果然相差甚多。但事實真是如此嗎？查詢當年紀錄，日據臺灣產糖的極盛期（1938 年）確實有 140 萬噸的產量，Kerr 所提的 1939 年產量應為 116 萬噸，而 1947 年的產量實際上是 5.1 萬噸。[146]葛超智提出的數據稍有出入，但並不嚴重。重點在於他故意以戰前的最大產量，跟國府接管之後產量最低的那年相比，卻故意不提在日本投降的那年（1945），臺灣的糖產

144 臺檔 3 號，1946.3.15，Kerr 所撰〈臺灣現況〉，由重慶大使館發給國務院。

145 葛超智著、陳榮成譯，《被出賣的臺灣》，頁 127。

146 樸齋，〈臺灣之自然經濟〉，《臺灣銀行季刊》創刊號，臺北：臺灣銀行，1947 年 6 月，頁 2。

量已減少到 8.6 萬噸。[147]

日治的最後一年，何以糖產量會下降如此嚴重？首先，臺灣糖的生產成本遠比爪哇高，在戰前能穩定發展，在於日本人以關稅強力保護臺灣糖業。但太平洋戰爭爆發後，日軍節節勝利，接連佔領爪哇、菲律賓等地，全國糖產量過剩二百萬噸，從此不再保護臺灣的糖業，僅維持最低生產量，甚至命令農民轉種稻米，來因應因佔領區擴大而隨之增加的軍糧消耗。

陳儀政府來臺接收時，臺灣發生嚴重糧荒，稻米價格飆漲。種植只需要四、五個月時間就可以收穫的稻米，比起價格低廉，卻需要種植一年半的甘蔗好太多了。紐西蘭籍救總人員謝克登了解這種情形，他說：「……當日本戰敗，控制解除，臺灣農人就不太種甘蔗了。」[148]更不用說臺灣糖還得跟便宜的爪哇糖競爭。1946、1947 兩年，臺灣的糖產量遂下降至 5.1 萬噸。[149]

臺灣糖產大幅減少的主要原因是美軍轟炸。在美國持續的重點式轟炸之後，臺灣多數重要的軍事及工業重地都受嚴重破壞，糖廠也不例外。由 Kerr 本人撰寫，美國重慶大使館發文國務院的〈臺灣現況〉一文當中清楚提到：「製糖幾近停頓，大多數製糖工廠都已炸毀。」[150]，顯見 Kerr 其實對臺灣糖業停頓的原因比誰都清楚，但是為了製造出國民政府無能的形象，他在書中寫上「多半的糖廠雖有失修和損壞的情形，但並沒有受到太大的炸毀」這樣的謊言。[151]

葛超智為強調陳儀政府無能，將接收後臺灣工業生產低落的責任，也歸咎於他們：[152]

---

[147]〈長官公署時期之臺灣經濟〉附表 2〈重要物產之產量〉，《臺灣銀行季刊》1：2，臺北：臺灣銀行，1947 年 9 月，頁 153。

[148] Allan J. Shackleton 著，宋亞伯翻譯，《福爾摩沙的呼喚》，臺北：望春風文化，1999 年，頁 67。

[149] 樸齋，〈臺灣之自然經濟〉，頁 2。

[150] 臺檔 3，1946.3.15，Kerr 所撰〈臺灣現況〉，由重慶大使館發給國務院。

[151] 葛超智著、陳榮成譯，《被出賣的臺灣》，頁 127。

[152] 葛超智著、陳榮成譯，《被出賣的臺灣》，頁 63。

> 工業目標卻只有輕微損傷。在一九四四年，東岸的一個電力廠因颱風和水災而遭毀壞，但西岸主要發電廠安然無恙。產糖、紙漿、和化學原料的主要工廠，都原壁存留，在基隆附近主要礦場的所有地上設備，都原封不動。

因為在 1944 年底，美機才開始進行大轟炸。因此在這之前，臺灣的確受創不重，但之後則遍地瘡痍，慘不忍睹。戚嘉林引用《總督府檔案》，與葛的敘述完全不同。工業方面損失慘重：[153]

> 自 1944 年 10 月迄日人投降止，臺灣遭美軍轟炸破壞的工廠計 202 間，其中 152 間嚴重破壞、27 間中度破壞、23 間輕度破壞。如果以產業分類，發電所 4 處中有 3 處，化學工業 35 間中有 31 間、金屬工業 10 間中有 7 間、機械器具工業 25 間中有 17 間、食料品工業 62 間中有 45 間、紡織工業 15 間中有 11 間，均遭嚴重破壞。

葛超智還提到，「日本人只要僱用一萬八千三百人就能推動的行政工作，陳儀的政府卻需要四萬三千人。」[154]事實上，日治時期全臺公務員約有八萬五千人，陳儀政府無力負擔此種規模，大幅削減人員，直接導致各單位人手不足，效率也遠不如日治時期。而這大量的裁撤，本省籍的公務員有接近一萬五千人失業，更造成社會上許多負面的輿論。相關資料請參考下表：

---

[153] 戚嘉林，《臺灣二二八大揭祕》，臺北：海峽學術出版社，2007。

[154] 葛超智著、陳榮成譯，《被出賣的臺灣》，頁 132。

表 4-2　日本總督府與臺灣省行政長官公署比較

（1945 年 10 月～1946 年 10 月）

A．日本總督府臺籍官員與日籍官員人數配置			
	總數	臺籍	日籍
職員總人數	84,559(100%)	46,955(56%)	37,604(44%)
最高六級職員人數	40,314(100%)	14,128(35%)	26,186(65%)
最低二級職員人數	44,245(100%)	32,827(74%)	11,418(26%)

B．臺灣省行政公署外省籍、臺灣籍與日籍官員人數配置				
	總數	臺籍	外省籍	日籍
職員總人數	44,451(100%)	28,234(64%)	9,951(22%)	6,266(13%)
最高六級職員人數	21,845(100%)	13,419(61%)	7,526(39%)	0(0%)
最低二級職員人數	22,606(100%)	14,815(74%)	2,425(11%)	6,266(23%)

資料來源：臺灣省行政長官公署宣傳委員會編，《臺灣一年來之人事行政》，臺北：光華印書公司，1946 年，頁 7-8。

此表有不少研究者引用過，但其中幾位似乎誤將臺籍及外省籍倒置，以致無意作出大多數職缺被外省人佔據的結論，十分可惜。

總之，無論公務員的數量、通貨膨脹的原因，乃至於美國軍官伊文斯的貪汙事件，葛超智在《被出賣的臺灣》的敘述，都與美國國務院及我國檔案資料不符。誠然，此書並非嚴謹的政府公文，也非學術著作，認真追究其內容是否真實，意義不大，但向朱浤源教授請益，他表示這樣的錯誤在書中至少有六、七十處。這樣一部作品卻影響臺灣極其深遠，甚至多位教授採用此書作為授課教材，不禁令人搖頭。

三、二二八研究的史學與政治

二二八事件無疑是目前對臺灣影響最大的歷史事件，但以二二八紀念碑的碑文來看，這是一件「因民眾要求政治改革引發的國家公權力大屠殺」，因此若要求研究者不提及政治因素及影響，事實上確有困難。

尹章義認為，二二八事件本身就是臺灣政治偏見的來源：[155]

> 二二八事件在臺灣當代政治意義上，從來遭各方扭曲，致使未能平心靜氣地從不幸事件中記取教訓，甚至成為偏見的來源，今天所習見的政治對抗不時夾雜激進戾氣，演成街頭暴動，不是沒有一些脈絡可循。在政治反對人物中，其中有不少人即是當年的受害者或死難者家屬。藉由二二八的訴求，反對運動內部極易出現共鳴，而且已逐漸形成一個重要的環節，並導致政治緊張的另一種情緒對立。

二二八事件的歷史傷痕與受難者家屬的血淚，成為反對黨崛起的最大政治資本：[156]

> 二二八的亡靈和受難者家屬的血淚，成為六〇年代以來，臺灣「黨外」和民進黨最大的政治資本，凝聚了最多、最有向心力的群眾。七〇年代，歷史傷痕成為政客和市儈們最佳的賣點，所向披靡，奪得媒體市場和選戰席次。

賴澤涵表示，二二八事件原是歷史事件，但現今社會卻都拿來當政治事件看待，自然就會有各說各話的現象，例如國民黨比較喜歡批評較少的聲音，因此引來不少批評，可見國民黨的黨政人員對二二八事件認知最少，也最無心；至於民進黨的詮釋又太過，無限上綱，可說過猶不及，所以政治的詮釋終難獲得大家的認同。[157]

---

155 尹章義、張玉法，〈記取歷史教訓——理解二二八 消弭人間戾氣〉，《聯合報》，1990 年 2 月 24 日。

156 尹章義，〈推動 228 特別立法 撫平最後的傷痕〉，《聯合報》，1992 年 2 月 26 日。

157 賴澤涵，〈二二八事件研究的回顧與展望——兼談過去研究的秘辛〉，頁 16。

戴國煇表示，「多年以來，由於特定政治立場掛帥，而使有關二二八史實，常被扭曲成現實政治的短暫利害之爭。」[158]

對岸學者杜繼東認為，二二八事件牽涉甚廣，其背景、過程以及事後的處理都極複雜，又與後來各黨各派的立場、海峽兩岸的關係、臺獨意識、受害者的冤屈與悲情等諸多因素糾合在一起，超出了歷史本身的範疇，表現出泛政治化與泛道德化的傾向。[159]

陳翠蓮表示學術研究不可能沒有立場，其成果有可能有利於某種政治立場，但必須符合學術規範：[160]

> 2009 年二二八事件研究的成果中，再一次凸顯學術與政治分際的問題，學術研究不可能沒有立場、成果其可能有利於某種政治立場與陳述。但是，怎樣的研究可符合學術規範，可以被學界所接受？怎樣的研究會挑戰學術研究專業，超出學術研究的容忍範圍？是臺灣史學者必須共同思考與面對的課題。

王曉波認為二二八事件應該以歷史問題來解決，不應自行「創造」歷史：[161]

> 「二二八」是歷史問題，歷史問題必須歷史解決，要歷史解決就必須讓「二二八」回到歷史的脈絡中，而不是在「二二八」之後，來「創造」當年「二二八」的歷史。

---

[158] 戴國煇，〈以客觀、理性的學術立場看二二八〉，葉芸芸主編，《證言二二八》，序文。

[159] 杜繼東，〈一九四九年以來中國大陸二二八事件研究評介〉，頁 35。

[160] 陳翠蓮，〈2009 臺灣近現代政治史研究的回顧與展望〉，頁 8。

[161] 王曉波，〈是歷史的必須歸還歷史：「二二八」事件的表相與本質〉，《海峽評論》第 4 期，1991 年 4 月。

林書揚感嘆被二二八特定政治立場者視為宣傳題材，當權者強調日本殖民教育的遺毒與共黨陰謀論，反對運動中的分離論者則主張「民族矛盾」及「外來侵略」說，成為現實政治對抗下朝野兩造策略性運用的衝突因子。[162]

吳乃德以自身經驗為例，說明臺灣史學研究的最大問題，是政治立場相異者的攻擊：[163]

> 對我論文的贊同幾乎全部來自「本土派」的學者與媒體；批評我的意見則幾乎全部來自對立陣營的政治人物和媒體；而反對意見中很少辯論事實問題，大多為人身攻擊，包括中國時報的社論。臺灣社會的歷史記憶和對歷史的詮釋，明顯是以政治立場為分野。

在二二八的眾多相關研究中，多數學者都認為由於史料不足與各種因素，相關研究仍有未明之處，侯坤宏更提出了二二八研究的三大爭議點，足見在學術方面，二二八事件仍是一個具有眾多問題等待解決，可供研究的歷史事件。但在政治上則不然，在《二二八事件研究報告》與《二二八事件責任歸屬研究報告》兩分官方報告出爐之後，政府機關已經將這兩份報告作為依據，代表政府立場。[164]

黃彰健院士雖以明清史研究聞名，但暮年轉而研究二二八事件，並有《二二八事件真相考證稿》專著。但因他在序文中表示：這部作品「希望能為兩岸的統一盡一份力量」，並在書中為彭孟緝辯護，[165]因而遭受不少人身攻擊，有來自學界，也有媒體人士。例如一位《自由時報》記者便攻擊他是

---

[162] 林書揚，《從二二八到五〇年代白色恐怖》，頁 114-115。

[163] 吳乃德，〈珍惜民主資產，告別威權年代：轉型正義和歷史記憶〉，《臺灣人權與政治事件學術研討會》，臺北：財團法人戒嚴時期不當叛亂暨匪諜審判案件補償基金會，2006，頁 22-23。

[164] 參考下節內容。

[165] 許雪姬認為這本書為特定人物翻案辯護，有損其做為學術著作的嚴謹性與說服力。許雪姬，〈2007 年臺灣史研究的回顧與展望〉，《臺灣史研究》第 16 卷 2 期，2009 年 6 月。

「穢史學賊」、「活到現在才死已經沒啥天理了」之類，[166]足見不僅二二八研究，甚至整個臺灣史的研究，都受到政治立場對立的影響。

以二二八紀念館的常設展為例，2007 年起，由財團法人新臺灣研究基金會啟動重新規劃，「以數位化、教育性作為目標」，「以臺灣為主體呈現二二八受難者主張」，「以史料呈現史實，不另作主觀論述」。[167]

楊愉珍比對舊展與新展的不同，認為舊展中彰顯臺灣人在不同政權統治之下的迷惘，而新展當中則強調受難者追求自治卻被政府冠上叛亂罪名。舊展中強調受難者無故被政府屠殺，新展的影帶中則強調受難者被政府計畫性殺害的過程，有意要為受難者去除汙名化。[168]該作者表示，展出的口述歷史都經過策展學者的歷史認知及政治考量，有意的剪輯，編排而成，偶有斷章取義的部分。[169]

舊展強調受難者悲慘的犧牲、家屬的悲痛、對國民黨及外省人的仇恨以及對政府處理二二八的不滿與建議；新展則表示要追求歷史真相，五位在影片中出現的受難者，都是被政府有意謀害的特定人士。[170]二二八的定位不再強調「政府無故大規模屠殺」，而轉向詮釋為「政府有意識的謀害臺籍菁英」。

她並引述何華欽〈二二八歷史敘事權的爭奪及其社會效應：歷史的敘事分析〉[171]的內容與新展比較，認為新展當中多段口述影片中，受難家屬都以「聽說」的傳聞來進行敘事，而舊展的影片當中，也有如鍾逸人的影片內容

---

[166] 曾韋禎，〈馬英九肯定穢史〉，朱浤源編，《二二八研究的校勘學視角——黃彰健院士追思論文集》，頁 372。

[167] 臺北二二八紀念館網站，http://228memorialmuseum.gov.taipei/ct.asp?xItem=1651473&ctNode=38985&mp=11900A。

[168] 楊愉珍，〈臺北二二八紀念館常設展應用口述歷史之研究〉，頁 124。

[169] 楊愉珍，〈臺北二二八紀念館常設展應用口述歷史之研究〉，頁 124、129。

[170] 楊愉珍，〈臺北二二八紀念館常設展應用口述歷史之研究〉，頁 125。

[171] 何華欽，〈二二八歷史敘事權的爭奪及其社會效應：歷史的敘事分析〉，東海大學社會學研究所碩士論文，1996。

被三位戰友揭穿說謊的情況，或許應該這些影片應該跟史料稍作比對，驗證其真實性。[172]

這令人想到 2007 年 2 月 9 日，新聞局委託三立電視製作《228 走過一甲子》特別報導。但報導中描述「基隆屠殺」的影片，被《聯合報》指出問題，那段影片實際上是國共內戰時期，國軍在上海處決囤積貨物的商人及中共黨員，甚至還有希特勒殘殺猶太人的片段。[173]

5 月 8 日，三立召開記者會表示，該影片來自阮朝日二二八紀念館出版的錄影帶《幽暗角落的泣聲》，他們並不知情。《聯合報》則強調，三立以上海槍決畫面，移花接木當成二二八事件畫面是不爭的事實，「宜應自我檢討，不必轉移焦點、誤導視聽。」[174]

阮朝日紀念館的負責人阮美姝表示，感謝三立及主播陳雅琳重視二二八事件的態度，認為此事已變成政治爭議。她同時提出質疑，認為臺北市文化局委託楊渡製作的紀錄片《還原 228》才大有問題。楊渡回應，他製作的只是林江邁的後人林明珠對二二八的回憶，她本人認為語言問題是衝突的主要原因，不代表對二二八的歷史詮釋，也不代表對二二八的歷史認知。[175]

多位二二八受難者家屬隨即出面指責國民黨及特定媒體，假借質疑三立事件，藉機抹煞二二八大屠殺的事實，包括臺灣二二八關懷總會、臺灣二二八和平促進會聯合聲明，非常擔心這又是一次藉機大規模扭曲二二八屠殺事實的開始，警告國民黨及其依附傳媒，勿以雞蛋裡挑骨頭的態度，藉機混淆二二八真相；二二八受難者家屬楊振隆亦懷疑，這些舉措又是國民黨結合特定媒體發動的操作，「因為國民黨一直扭曲二二八事件」。[176]

《228 走過一甲子》總共有 13 集，引發爭議的影片雖只有 20 多秒，但

---

[172] 楊愉珍，〈臺北二二八紀念館常設展應用口述歷史之研究〉，頁 129。

[173] 〈查證不完整 三立道歉〉，《聯合報》，2007 年 5 月 9 日。

[174] 〈聲明稿〉，《聯合報》，2007 年 5 月 9 日。

[175] 〈陳雅琳登門道歉 阮美姝：北市府紀錄片才有問題〉，《自由時報》，2007 年 5 月 10 日。

[176] 〈228 報導誤植畫面 三立道歉〉，《自由時報》，2007 年 5 月 10 日。

被播放超過 5 次。新聞局最後決定，由於「瑕疵無法補正」，解除合約不支付費用，但也沒打算向三立求償。但 2007 年廣電基金會卻將《228 走過一甲子》評為「優良節目」，在野的國民黨提出廣電基金會應解散，[177]最後雙方陣營互相攻訐對方將歷史政治化，事件不了了之。迄今，網路上搜尋二二八事件的相關照片，仍多為國民黨當年在上海實施清黨，槍殺共產黨員的照片，無法可管。

侯漢廷在其碩士論文中，透過新聞數量的統計來分析民進黨對二二八事件的運用，得出的結論是：民進黨在每年二月特別關心二二八，除此之外該黨僅在選前提及二二八，且多在造勢場合提及，或提出相關政見。並多次於二二八紀念場合中呼籲民眾投給民進黨，而每年舉辦二二八的紀念，一定都帶有額外的政治性議題，以此抨擊國民黨或主張臺灣獨立。他認為民進黨確實透過炒作二二八達到自己的政治目的。[178]

侯對國民黨對二二八事件的應付也有抨擊，他表示國民政府對二二八事件的看法，初期認定是「奸黨作亂」、「日人奴化黨作亂」等因素造成。而隨著民進黨的抨擊，國民黨於 2006 年轉而定調為「官逼民反」，錯在陳儀。此一定調有因應時政之故，呼籲群眾支持國民黨才是紀念二二八的方式，也難不給人政治策略的聯想。[179]簡言之，藍綠雙方都以這個事件來進行政治操作。

---

[177] 〈獲選優良節目　藍委批離譜〉，《蘋果日報》，2007 年 5 月 10 日。

[178] 侯漢廷，〈二二八史觀與歷史真相——反正合試論〉，臺灣大學社會所碩士論文，2015，頁 223。

[179] 侯漢廷，〈二二八史觀與歷史真相——反正合試論〉，頁 223。

圖 4-2　1996 年彭明敏、謝長廷競選海報之一

其實早在 1996 年總統大選時，民進黨的候選人彭明敏在文宣上就以二二八事件作為主軸。一方面抨擊當時提出「國家統一綱領」的李登輝，表示「統一會帶來另一次二二八」，（參圖 4-3）直指李登輝在二二八的議題上，「見人說人話，見鬼說鬼話」，並指責李對二二八事件的作為都只是為了鞏固他的總統寶座。[180]且該次大選中，民進黨亦舉辦多場二二八紀念音樂會、紀念晚會及遊行來作為輔選的工具，[181]足見該事件早已成為政治武器。

在對岸的眼中，二二八事件早已成為政治鬥爭的工具，也是造成臺灣競爭力流失的主因之一：[182]

> 「二二八」事件早已異化為政治鬥爭之工具，而埋藏在歷史深處的種種事實和真相，反而少人關心少人問了。每當選舉到來，「二

---

[180] 參考圖 4-4，彭明敏競選文宣。

[181] 同前注。

[182] 王大可，〈誰在撕裂臺灣〉，《人民日報》（海外版），2016 年 2 月 29 日。

二八」事件就必然佔據媒體版面，成為綠營追殺藍營的主要話題之一，結果是助推族群對立成為「臺灣社會之癌」。家和才能萬事興，族群撕裂最負面而直接的影響，就是臺灣競爭力的逐漸流失。在悲劇陰影下煽風點火的民進黨，反而獲益最大，頗有點趁火打劫的味道。

圖 4-3　1996 年彭明敏、謝長廷競選海報之二

尹章義表示：「二二八事件在臺灣歷史上的意義及重要性，遠不如今日作為政治訴求鋪陳的那麼大；會成為一個政治議題，大部份是由於朝野對立與政府避諱造成，使這個問題逐漸與海外的臺獨運動與自決運動合流。」[183]

---

[183] 尹章義，〈我對於二二八事件的看法〉，頁 238。

他同時指出，廣設二二八紀念碑使其成為圖騰，未必對民眾有正面的影響，反而可能引發「義民廟現象」，讓二二八事件成為永難磨滅的歷史仇恨。[184]這種永久性撕裂族群的做法，恐怕不是多數臺灣人民樂見的情況。

四、二二八否定罪

東吳法律所在 2015 年審查通過的碩士論文〈仇恨性言論的管制——以歐洲各國大屠殺否認罪的合憲性探討為中心〉當中，提到之前已通過立法院內政委員會審查的「二二八事件處理及賠償條例第六條之一」條文修正草案的第 2 項，要將「公開否認二二八事件的言論」入罪化。作者認為現階段二二八事件在各方面仍有爭議，制定「否認二二八事件罪」不但有違憲的疑慮，也有迫害不同政治立場的嫌疑。[185]

此案的提案人是陳其邁、李俊俋等十八位立法委員，理由是「因二二八事件處理及賠償條例之規範不足，致二二八事件之歷史真相屢遭扭曲，造成受難者及其家屬在威權統治的侵權性損害後，再次遭受仇恨性言論之人格名譽貶抑，違反本條例欲落實制度轉型及價值轉型之立法精神。」文中提到：[186]

> 審視二二八事件之發生經過，其嚴重程度與納粹屠殺之歷史極為相似，多數受害者在未經審判之情況下即遭處決。自本條例制定與實施後，政府雖已正式向受難者公開表達歉意，官方報告也確

---

184 〈「二二八賠償條例草案」公聽會 彭孟緝並未出席 家屬：只有立法才能解決問題〉，《自立早報》，1992 年 3 月 19 日。

185 陳興蓉，〈仇恨性言論的管制——以歐洲各國大屠殺否認罪的合憲性探討為中心〉，東吳大學法律研究所碩士論文，2015。

186 〈立法院議案關係文書〉院總第 1582 號，委員提案第 12916 號。

> 認責任歸屬並釐清事件之死亡及失蹤人數，惟仍屢屢出現煽惑民眾對二二八事件受難者仇恨，公開宣揚或否認二二八事件屠殺犯行之言行。……為落實本條例原欲達成之轉型正義精神，擬修正「二二八事件處理及賠償條例」。

該修正案預定以違反公共秩序，將「煽動對受難者仇恨、侮辱毀謗受難者尊嚴、宣揚否認或淡化粉飾二二八事件者、讚美或正當化二二八之專制統治者」，處三個月到五年的有期徒刑。[187]

陳其邁表示會提這個修正案，是因為有心人士想曲解二二八的史實：[188]

> 二二八的真相及責任歸屬在官方兩次的調查報告中都寫得很清楚，反觀我們的教科書，卻是輕描淡寫、著墨不深，教師上課時也很少提到事件的真相，事件真相並非廣為週知；諸多有心人士趁機欲曲解史實，淡化屠殺，平反元凶。尤其自馬英九政府上臺之後，先有前行政院長郝柏村妄稱「沒有戒嚴哪來民主？」、「二二八報告的死傷人數作假」，中研院學者朱浤源稱「二二八是共產黨、長老教會籌謀介入導致」，二二八紀念館將「蔣介石由屠殺下令者美化為秩序維護者」，馬英九總統甚至將彭孟緝兒子彭蔭剛為父平反的書信轉交中研院，試圖要中研院重新調查，為其平反。

文化部次長蕭家淇回應，我國刑法對煽惑犯罪、誹謗名譽，公然侮辱他人情況等都已訂有處罰規定，對於已死亡之人公然侮辱者，刑法第 312 條更有加重處罰。「二二八事件為可受公評之歷史事件，為避免引起論罪處罰之爭議，或有侵害言論自由之虞，允宜審慎。」[189]

---

[187] 同前注。

[188] 《立法院公報》第 102 卷第 18 期，頁 129。

[189] 《立法院公報》第 102 卷第 18 期，頁 130。

段宜康轉而批評文化部舉辦名為「臺灣設計蔣」的中正紀念堂文創商品競賽，此活動計畫計畫透過蔣中正夫婦的伉儷情深，來進行文創商品開發，提升全民夫妻恩愛、家庭和樂，達到社會教育之功能。蕭家淇表示「這是不同的面相」，段回答：[190]

> 只有一個面向，沒有不同面向，為何主管轉型正義的文化部，用其主管的中正紀念堂去辦一個「臺灣設計蔣」的競賽，表達蔣中正及蔣宋美齡伉儷情深，以提升家庭和樂，二二八事件及白色恐怖就是因為蔣氏的專政，多少家庭不只失去和樂、因此被拆散，甚至還家破人亡，夫妻不要說恩愛了，有的根本就是找不到屍骨，你們馬總統不是到處去安慰二二八家庭嗎？

段以蔣中正執政期間發生二二八事件及白色恐怖，來否定他的歷史地位，並且不許政府單位舉辦提升蔣正面形象的活動。「只有一個面向，沒有不同面向」這句話，或許代表著政治的現實，政權的爭奪只有勝敗，不如學術還有討論研究的空間，這也許正是史學的二二八與政治的二二八最大的不同。

隨後，李俊俋質問蕭家淇，為何民主基金會補助中研院研究員朱浤源的研究計畫，讓他做出「二二八有共產黨、長老教會、流氓及臺籍日本兵參與」這樣的結論，這已經扭曲史實、侮辱死者。[191]最終將這部研究成果封存。接著他質疑國教署對二二八教育推動的不力，國中小教到二二八大約只有二十分鐘的時間，明顯不足。[192]

---

[190] 《立法院公報》第 102 卷第 18 期，頁 131。

[191] 《立法院公報》第 102 卷第 18 期，頁 132-133。以各種史料及訪錄來看，二二八事件的參與群眾當中，確實包含這四類民眾，不是很能理解扭曲的重點何在，且此計畫研究的是光復初期的臺灣民主發展，與二二八並無直接關聯。

[192] 《立法院公報》第 102 卷第 18 期，頁 134。作者曾在國中教授歷史課六年，通常一星期僅一節歷史課，以中國史來說上學期 16 節課必須從北京人講到乾隆皇帝，時間更加緊迫困窘。臺灣史已經相對寬裕，但兩次政黨輪替加起來頂多 10 分鐘，二二八能講半節課，20 分鐘左右確實差不多。

黃文玲在質詢時，表示二二八受難家屬要的不只是平反，還要求責任的釐清，蕭家淇回應：「基金會在 95 年即出版《二二八事件責任歸屬研究報告》，當時裡面就有⋯⋯」[193]從這邊可以看出，當時張炎憲等人出版的《二二八事件責任歸屬研究報告》雖有許多爭議，但仍是公認的官方報告，政府單位必須奉如圭臬。此案在民國 102 年（2013）通過立院內政委員會審查後，就沒有進一步動靜。

2016 年，民進黨在立法院取得過半優勢，成立「轉型正義工作小組」，提出不少修法及立法提案。高志鵬提出《中華民國國徽國旗法》、《總統副總統宣誓條例》及《宣誓條例》三項修法，要廢除公務單位及學校懸掛國父遺像的規定，表示「不必洗腦下一代」。王定宇則提出《紀念日及節日實施條例》草案，擬將鄭南榕自焚日列為法定紀念日。陳其邁則重提《二二八事件處理及賠償條例》增訂第 6 條之 1，明訂禁止扭曲、粉飾 228 歷史真相、羞辱受難者及其家屬，違者可處 5 年以下徒刑、拘役或罰金。[194]

對此，廖元豪提出：二二八事件的每個細節尚無蓋棺定論，若有歷史研究者對二二八事件的發生原因、死亡人數等有不同認定，是否就構成了「扭曲」？如何區分合理的「不同認定」與刻意的「粉飾扭曲」？「不同觀點」的社會，還能夠共存共榮，就是因為還相信言論自由的存在，但倘若看法與官方不同，就變成「粉飾扭曲」，豈不人人噤聲、讓人害怕。且對於「羞辱受難者人性尊嚴」，現行法下本有誹謗、公然侮辱等規定，為何還要制定更嚴苛的法律？此舉讓人對提議者的動機產生懷疑，是真的在乎受害者，抑或是在挑起政治對立？[195]

臺大教授黃光國表示，蔡英文曾保證「給學術最自由的獨立空間」、「給政府做最嚴厲的監督與指教，也不用怕政治追殺」，但提出這樣的法案與納

---

193 《立法院公報》第 102 卷第 18 期，頁 141。

194 〈扭曲 228 真相？條文修正如果過了「可處 5 年以下徒刑」〉，《東森電子報》，2016 年 2 月 25 日。

195 〈綠擬修法 228 有不同見解要罰 廖元豪：醜化與清算工具〉，《中時電子報》，2016 年 2 月 25 日。

粹黨無異：[196]

> 真理愈辯愈明，二二八本來是應當由歷史學者從不同角度不斷蒐證、反覆辯證，以求逼近真相的一個歷史事件；陳其邁的提案一旦通過，任何人談論二二八，必須符合民進黨欽定之版本，否則即可入罪處刑。如此獨斷的思維，不僅剝奪人民的言論自由，更把政黨的歷史認知當作是不可違逆的聖旨，這根本是法西斯再世，和當年納粹黨的作風如出一轍！

對岸的《人民日報》也評論此事，並將該條例視為政治清算：[197]

> 外界有足夠理由疑慮，「二・二八禁言」恐將淪為民進黨醜化與清算的政治工具。當權者有計劃地創造意識形態和族群對立，或許與白色恐怖的血腥程度無法相比，但影響的深度和廣度卻有過之而無不及。慶父不死，魯難未已。歷史的教訓固然須謹記，但操弄議題、混淆視聽的作為，才是「二・二八」事件無法和平紀念的一大主因。清算政治與民粹合流，真的能點亮臺灣的未來嗎？

在不影響自身利益的情況下，人們多會仇富仇強，而同情弱勢的一方。二二八的受難家屬們，在事件中有的失去家人，有的受到迫害，確實令人心痛而感同身受，但若因此將其作為國家神聖不可侵犯的圖騰，似乎又太過；為了保護他們的心靈不受傷害，而要立法封殺所有不同看法的言論，以及立場相異的學術研究，恐怕只會適得其反。

2017 年 12 月 5 日，民進黨全面執政，三讀通過《促進轉型正義條例》，

---

[196] 黃光國，〈這是蔡英文給的「學術自由空間」？〉，《聯合報》，2016 年 2 月 24 日。

[197] 王大可，〈誰在撕裂臺灣〉，《人民日報》（海外版），2016 年 2 月 29 日。

主要項目為「開放政治檔案」、「清除威權象徵及保存不義遺址」、「平復司法不法、還原歷史真相並促進社會和解」、「處理不當黨產」、「其他轉型正義事項」。加上將「威權統治時期」限定於 1945 年 8 月 15 日起至 1991 年 4 月 30 日（李登輝解除動員戡亂時期）止之時期，使藍營支持者多認為此條例是刻意針對國民黨設立。

畢竟將時期限定在日本投降後，表示此條例無意追究日治時代甚至更早之前臺灣民眾受到的不當待遇，原住民長期以來要求的居住及歷史正義也不在規範之中；與其說是要追求正義，似乎更像要乘勝完全殲滅唯一對手。柯文哲在受訪時就提到，「轉型正義當然支持，但實際執行的方法要注意，不要變成勝利者的正義。」[198]作者並不相信世間有絕對的正義存在，也不喜歡以今非古，只希望所謂的「轉型正義」不要單純變成對政敵的清算鬥爭，甚至異端審判。

五、未受重視的左翼勢力

近來臺灣相關的研究著作，多認為中共地下黨及臺共，與二二八事件的發生並無直接關係；但若真要說該事件當中，共產黨及左翼勢力的影響不大，恐怕與眾多檔案及訪錄難吻合。

最早描述二二八事件經過的作品及媒體報導，現在看來多與中共有關。旅滬同鄉會自會長李偉光以降，多為中共地下黨員，而《憤怒的臺灣》、《臺灣二月革命》兩部作品，則已經證實是蘇新、楊克煌兩位黨員化名撰寫，目的在藉此事件攻擊國民政府。從吳克泰的回憶錄中，也提到中共寫手們大量撰寫二二八事件的相關文章，統一交由宣傳部長田漢運用的情形。[199]

---

[198] 〈談《促轉》通過 柯文哲：要注意別變成勝利者的正義〉，《自由時報》，2017 年 12 月 6 日。

[199] 吳克泰，《吳克泰回憶錄》，臺北：人間出版社，2002，頁 225-226。

事件發生之時，陳儀政府曾試圖把責任推給共產黨，當時其實並無足夠證據，事後受到各方嚴厲譴責，研究學者也多嗤之以鼻。但近來許多與中共地下黨相關的訪問紀錄及回憶錄不斷出版，逐漸顛覆了這種情況。中共與臺共在二二八事件中雖非主角，但有一定的影響力，在北、中、南的武裝抗爭當中，都扮演了重要角色。甚至處理委員會的領導人王添灯，身邊的參謀有多位是共黨或親共人士，談判的三十二條也由其擬定，影響不可謂不大。持此種意見的研究者並不少，但目前這種說法仍被部分本土派學者刻意忽視。

其後的幾十年間，對戒嚴的中華民國政府而言，二二八事件是個忌諱，連提都不能提，對岸的中共則不斷以此作為宣傳武器，年年在刊物上紀念。這些由中共製作出的各種刊物以及著作，成為解嚴後學者研究二二八事件重要的材料，有效影響到世人對該事件的觀感與論斷。此外，海外的臺獨刊物也常引用這些資料來撰寫文章，譴責政府。

勁雨的《臺灣事變真相與內幕》，將二二八事件時在臺的共黨勢力劃分為：臺中的謝雪紅、嘉義臺南的湯德章與臺北的林日高、蘇新、王萬得等人。[200]陳芳明表示，湯德章不能劃歸臺共，謝雪紅的行動與臺北的共黨也沒有聯繫，甚至蔡孝乾吸收的黨員至多不會超過一百人，很難有所作為。[201]

據陳翠蓮表示，當時臺灣的中共黨員約五十人，至多不過一百人，影響力十分有限。真正在中共地下黨領導的只有臺北的學生部隊起義，但最後計畫胎死腹中；真正參與事件的謝雪紅一派，未受蔡孝乾指揮，且受到仕紳階級的抵制；蘇新等人雖能影響王添灯，但當時皆尚未入黨，不能算是中共地下黨，因此她認為國民黨將二二八事件責任歸咎中共，顯然是搪塞卸責：[202]

> 由於組織發展未臻健全，對臺灣戰後情勢估量不夠準確，使得中共在臺工作委員會在猝發的事件中只能扮演被動的角色，甚至是依

---

[200] 勁雨，《臺灣事變真相與內幕》，上海：建設書局，1947。

[201] 陳芳明，《謝雪紅評傳——落土不凋的雨夜花》，頁 310-311。

[202] 陳翠蓮，《派系鬥爭與權謀政治——二二八悲劇的另一面向》，頁 190-194。

> 靠黨員個人臨機應變，缺乏全面的計畫與統一的指揮系統。就臺共勢力固然有較前者深厚的社會基礎，但稍有作為的謝雪紅一支，也難免受到仕紳階級的抵制，在國府軍增援前後匆匆潰散。……如此將二二八事件納入成為中國人民反蔣鬥爭運動的一環，不無自我附麗之嫌。而國民黨政府指二二八事件為中共奸黨所策動，則顯然是搪塞卸責之詞。

張炎憲亦表示中共並沒有直接參與事件：[203]

> 國民黨為了合理化鎮壓臺灣的理由，所以將二二八解釋為暴動、暴民、叛亂；為了脫卸鎮壓的罪責，將責任歸給共產黨的煽動，以收反共之實效，有利國民黨的剿共作戰。中共並不是事件的策動者，不只無法引導228事件的發展，更沒有直接參與228。

陳芳明曾表示，由於臺灣思想及言論尺度的放寬，統派學者雖採取類似社會主義的觀點來解釋臺灣史，但「統」的味道遠超過「左」的精神，政治氣息凌駕學術精神之上；將臺灣的左翼運動都視為中國革命的下游，其行動皆由中共支配及指揮，這種看法是有問題的。[204]

但以另一個角度來看，日治時代臺共「黨員」雖只五十餘人，就擁有五萬「群眾」，二二八事件發生時，就算地下黨成員僅有七十多人，群眾也不會太少，況且農民組合、文化協會時代的基礎猶在，曾與日本政府對抗的民族主義者也多加入了三民主義青年團，在二二八事件這樣的大變局中，又豈能沒有左翼勢力的參與？二二八事件的發生與中共無關，這點已是現在的共識，但地下黨在事件當中的影響，卻也絕對不容忽視。

---

[203] 張炎憲館長專題演講，〈二二八事件研究詮釋的總檢討〉，《二二八事件新史料學術研討會會議論文》，臺北：二二八基金會，2003，頁11。

[204] 陳芳明，《殖民地臺灣——左翼政治運動史論》，臺北：麥田出版社，2006，頁17。

(一) 日治時期的臺灣左翼

1920 年代後期，臺灣便已出現共產黨組織。[205]臺共成立時，立刻面臨日共與中共對發展策略的不同看法，並給予不同甚至矛盾的指示；本身領導階層也因為個人背景及主張的差異，想採取不同的路線，導致派系鬥爭持續不斷。[206]

1921 年，一群臺灣知識分子成立「臺灣文化協會」，他們的目的僅是希望在強勢的日本文化壓制下，某種程度維持臺灣固有文化。一戰之後，世界各地多呈現經濟不景氣，日本受到的衝擊也不小，臺灣總督府於是加重對臺灣的經濟剝削，獲取更多資源來作為彌補。連溫卿加入文協後很快取得主導權，將抗爭的重點由文化移轉到經濟方面。[207]

1925 年，在文協協助下，「二林蔗農組合」首先成立，帶領臺灣農民與日本資本家對抗，還聘請了知名律師布施辰治辯護。[208]隔年，簡吉整合各地農民組織，合併為「臺灣農民組合」，並與虎尾農民組合的負責人趙港，一同前往日本帝國議會為臺灣農民請願。他們在日本參加了「日本農民黨」全國代表大會，並會見了勞農黨的領導人物布施辰治及大山郁夫。[209]日本勞農黨的理念深受日共影響，簡、趙兩人深深被其革命理論吸引。他們認為農民組合是臺灣唯一擁有足夠的規模，並且具有階級鬥爭性質的團體，最適合推行社會主義。[210]

返臺後，簡、趙兩人馬上重整農組，立場也隨即左傾，強調階級鬥爭與

---

205 1928 年 4 月，臺共成立於上海。簡炯仁，《臺灣共產主義運動史》頁 177-204。

206 簡炯仁，《臺灣共產主義運動史》，頁 11。陳芳明則認為，臺共創立時明顯隸屬於日共，中共的影響力並不如其所述重要。陳芳明，《殖民地臺灣——左翼政治運動史論》，頁 61-63。

207 陳鵬仁，〈日據下臺灣人民的反抗運動〉，國立編譯館主編，《中日關係史論集》，臺北：水牛出版社，2005，頁 43。

208 黃師樵，《臺灣共產黨秘史》，臺北：海峽學術出版社，1999，頁 77。

209 黃師樵，《臺灣共產黨秘史》，頁 42。

210 簡炯仁，《臺灣共產主義運動史》，頁 44。

民族主義並重。他們與日本左派聯繫，請求安排高級幹部來臺教導與政府鬥爭的技巧，日本前後派出 13 名支持社會主義的律師來臺。[211]在日本左派的大力協助之下，農組發展迅速，1927 年已有 16 個地方組織，會員 24,100 人。雖然臺灣總人口而言，這個數量並不算多，但已是最大的農民團體。[212]

農組成員幾乎都是出身中南部的農民，但幹部卻大多是中產階級出身的知識分子，包括地主、商人、企業家和醫生。農民之所以加入農組，當然是希望獲得組織的庇護，而知識分子則主要是為了支持農組的臺灣民族主義立場，因此，這個組織的內部，本來就有不小的矛盾存在。[213]

1920 年代臺灣的民族運動矛盾重重。雖然文化協會的成員大多認同，臺灣必須以革命手段從日本人手中尋求解放，但有人主張實行資本主義式革命，有人堅持社會主義，甚至有人執著於階級鬥爭。[214]連溫卿在上海得到留學生支持，強力要求採取激烈手段，與臺北、彰化的無產階級合作，一起對保守派施壓，卻導致 1927 年文化協會分裂，分裂的一派被稱為「新文協」。

文化協會當中的右派認為，臺灣的民族運動應結合資產階級；左派卻認為臺灣不存在民族資本家，多數資本家都是日帝走狗，堅持進行階級鬥爭。[215]臺灣民眾黨指責農民組合與新文協的階級鬥爭主張幼稚而盲動，農組和新文協則認為民眾黨的改革背叛臺灣。新文協與農組也常為了農民、工人誰才是階級革命的重心而爭吵，可見當時臺灣的社會運動不僅是價值觀混亂，也沒有真正的領導核心。

1927 年 11 月，謝雪紅和林木順由莫斯科得到第三國際的指示，命令他們在上海成立臺灣共產黨，附屬於日共。12 月底，謝、林兩人在東京向渡

---

[211] 謝南光，《臺灣人の要求》，頁 36-37。

[212] 簡炯仁，《臺灣共產主義運動史》，頁 44。

[213] 根據簡炯仁所言，主要的 30 名共產黨員當中，就有 25 名是地主或富商，要他們進行階級鬥爭實在困難。簡炯仁，《臺灣共產主義運動史》，頁 57-58。

[214] 簡炯仁，《臺灣共產主義運動史》，頁 44-45。

[215] 謝南光，《臺灣人の要求》，頁 50-56。

邊政之輔[216]提出報告，渡邊根據這份報告草擬出〈政治大綱〉、〈組織大綱〉兩份文件，合稱為「上海綱領」，成為後來臺灣共產黨的第一份宣言。渡邊認為共產黨在臺灣成立很有優勢，臺灣 67%的人口都是無產階級，中產階級也受日本帝國主義壓迫，多數人都願意加入民族革命。且臺灣已有不少的左翼群眾，民眾黨有黨員六百餘人，文化協會也擁有一千五百名會員，且群眾有動員經驗，工會有近萬名會員，農民組合更有三萬成員。[217]

1928 年 4 月 15 日上午 10 時，「日本共產黨臺灣民族支部」由謝雪紅在上海法國租界內的一家照相館舉行成立大會。[218]但身為上級單位的日共遭遇本國政府的壓制，並無一人參加臺共成立大會，反倒是中共與朝鮮共黨都派員參加，代表第三國際的則是中共的彭湃。這種情況使臺共在成立之初，就遭遇缺乏統一領導，讓組織內部支持中共及國際共黨的兩派始終維持對立。

林木順在創黨〈政治大綱〉中，便提出與工農同盟的基本立場，而面對臺灣民眾黨與文化協會這兩大本土團體，林木順主張與溫和的民眾黨敵對，而暫時結盟文化協會，目標奪取文協領導權，使之變成共黨外圍組織。此後，臺共開始滲透其他團體，一方面說服文化協會、農民組合及民眾黨的重要幹部，使他們轉信共產主義；另一方面派人滲透進入這些團體，由內部掌控領導權。[219]

1928 年，臺共最大的成就是說服了趙港和楊春松這兩位農組的重要幹部，成為共產主義的信徒，接著透過他們又吸收了陳得興跟簡吉。簡、趙和陳都是農組常務委員，楊則是中央委員，這代表臺共可以透過他們掌控農民組合。謝雪紅對農組的領導階層提出三個建議：首先是成立機構招募進步羣

---

216 當時的日本共產黨書記長，見維基百科：渡邊政之輔，http://ja.wikipedia.org/wiki/%E6%B8%A1%E8%BE%BA%E6%94%BF%E4%B9%8B%E8%BC%94，瀏覽日期 2012 年 2 月 9 日。

217 簡炯仁，《臺灣共產主義運動史》，頁 67-69。

218 陳芳明，《殖民地臺灣——左翼政治運動史論》，頁 63。陳認為，臺共雖成立於上海，但是實際領導者是林木順，不是謝雪紅，而且「絕非直接」由中共領導。

219 陳芳明，《殖民地臺灣——左翼政治運動史論》，頁 68-69。

眾，其次是組織「馬克斯主義讀書會」，第三是鞏固意識形態，將原本的「階級鬥爭」著重於「民族鬥爭」。農組很快接受這些建議，成立了青年會、婦女會及赤色救援會；不久也成立了讀書會推廣共產主義，並聘請謝雪紅及楊克培為講師。此後農組整個赤化，內部的異議者都被逐出。[220]

文化協會分裂之後，翁澤生、蔡孝乾等領導人因案潛逃大陸，次年一月，謝雪紅派吳拱照進入文協，被任命為中央委員兼政治部主任，順利掌控了部份權力，新的大會宣言採取謝的觀點，表示將轉變為中產階級革命團體，雖然有王萬得等人反對，但謝在文協中已佔據優勢地位。陳芳明認為，林木順將連溫卿、楊貴等人打為「地域主義者」、「分裂主義者」使之被新文協除名，是臺共奪得新文協領導權的關鍵。[221]

臺共接著滲透臺灣民眾黨，謝雪紅和楊克培介紹陳其昌給蔣渭水，使蔣逐漸左傾，其他的黨員也有不少受到影響。後來蔣渭水曾提過，世界無產階級的解放應有三個階段：第一階段是經濟鬥爭，也就是工會主義；第二階段是經濟與政治的鬥爭；第三階段則是無產階級的解放與無產階級專政。[222]

臺共也試圖整合臺灣的無產階級，先派蕭來福、蘇新去組織羅東的伐木工人，但成效不彰；隨即又到基隆組織礦工，到臺北組織機器工人，這次頗有效果。接著謝雪紅派劉宇鴻到高雄組織鐵路工人，大有斬獲。為了動員這些基層民眾，臺共利用文化協會及農組作為掩護，每次文協或農組只要看到有學生罷課、商人罷市或農民抗議，就利用機會宣導臺灣獨立的理念，逐漸形成氣候。[223]

隨著日共在本國受到嚴重的打壓，他們不再有能力奧援臺共，謝雪紅開始失勢，她的「非暴力」策略也受到批評。謝只好派林日高向上海求援，但

---

[220] 簡炯仁，《臺灣共產主義運動史》，頁 98-99。陳芳明也提到，此時農組的重要成員都成為臺共黨員，使農組急速左傾。陳芳明，《謝雪紅評傳——落土不凋的雨夜花》，頁 104。

[221] 陳芳明，《殖民地臺灣——左翼政治運動史論》，頁 84。

[222] 簡炯仁，《臺灣共產主義運動史》，頁 103。

[223] 簡炯仁，《臺灣共產主義運動史》，頁 105。

受翁澤生的阻撓，未能成功，此行林日高受到挫折，回臺轉達指示後馬上退黨。1928 年 10 月 18 日，中共臺灣支部其實已成立，臺灣左翼的領導上出現雙頭馬車，但為了避免黨員動搖，雖然仍與先設立的日共臺灣支部採取共同立場，但其實蔡孝乾、翁澤生、王萬得、潘親信等人逐漸成為中心人物，親中共勢力逐漸抬頭。[224]

林日高和莊春火的退出，使謝雪紅變成唯一的中央委員，隨著她權力擴大，農民組合和文化協會的黨員，開始批評謝「女性獨裁」，反對者也開始挑戰其權威。這些反對者包括王萬得、蘇新等人，他們認為應該重新評估革命運動的指導原則及策略。在異議分子逼迫之下，謝答應召開中央委員會特別會議。1930 年 10 月 27-29 日，這場會議在臺北近郊的松山舉行，稱為松山會議。[225]

松山會議後，謝雪紅被共產國際指責為「機會主義者」，逐漸失勢，[226]中產階級在共產革命中的地位下降。新的領導者分裂為兩大陣營：文協提倡工人在馬列主義革命的傳統地位；農組則強調農民階級在革命中的角色。這兩派的爭辯，促成臺灣革命及臺灣民族主義新定義的形成。[227]

1931 年 4 月，潘欽信在王萬得、蘇新和蕭來福的幫助下，解散改革同盟，並開除了謝雪紅、楊克培及楊克煌等人的黨籍，重組中央委員。新的人事安排中，以王萬得和潘欽信為首的親中共派，實際掌控權力。他們譴責謝雪紅疏於組織人民暴動，強調只吸收貧農，排除小地主及富農，並計畫成立「赤色農民自衛隊」。但臺共激烈的擴張引起總督府注意，展開大檢舉，逮捕許多黨員，王萬得在 7 月被捕，潘欽信在 9 月初被捕。臺共黨內派系的不

[224] 陳芳明，《殖民地臺灣——左翼政治運動史論》，頁 112-113。

[225] 臺灣總督府編印，《臺灣總督府警察沿革志》卷 2，頁 676-677

[226] 陳芳明，《殖民地臺灣——左翼政治運動史論》，頁 144。陳芳明認為，謝雪紅重視的是草根性及群眾基礎，王萬得等人則強調堅強的上層領導，造成謝雪紅被指責。陳芳明，《謝雪紅評傳——落土不凋的雨夜花》，頁 178。

[227] 簡炯仁，《臺灣共產主義運動史》，頁 117。

斷鬥爭，終於導致苦果。[228]

農組當中的共產黨員劉雙鼎等人，密謀發動農民起義對抗總督府，但計畫失敗，91 名相關人士被捕，其中有 37 位分別被判 2 到 8 年不等的徒刑。同年，臺灣民眾黨也被強制解散，蔣渭水也突然過世。此後，共黨被迫轉入地下，只能利用農組及文協掩護行動。1931 年 12 月，總督府逮捕了 310 名與共黨有關者，其中不少僅是同情或支持，臺灣的共黨組織可說完全崩潰。[229]根據調查局的資料，從總督府 1931 年被起訴的名單，可看出當時被列為臺共幹部的主要人物如下表：

表 4-3　臺共主要幹部名單（1930 年）

中委十一人	謝雪紅　潘欽信　林日高　劉守鴻　王萬得　洪朝宗 蘇　新　顏石吉　莊春火　蕭來福（後補）　簡娥（後補）
臺中十人	趙　港　楊克培　莊　守　王細松　張茂良　盧新發 郭德全　吳錦清　楊克煌
新竹四人	吳拱照　劉讚周　施茂松　張欄梅
臺北十五人	張朝基　謝祈年　林式銓　王日榮　朱亞輝　張道福 林殿烈　林朝宗　高甘露　廖瑞發　林樑材　陳朝陽 詹木枝　陳振聲　李媽喜
高雄三人	陳德興　簡　吉　周坤祺
澎湖三人	林文許　翁　由　陳義農
日人三人	津野助好　吉松喜清　宮本新太郎

資料來源：郭乾輝，《臺共叛亂史》，內政部調查局甲種保防叢書之（二），民 44，頁 42-43。

後來的二二八事件，及其後的白色恐怖中，這些臺籍的左翼菁英，仍扮演著重要角色。隨著太平洋戰爭越演越烈，日本政府強力鎮壓臺灣民間的政治社會運動，一直到戰後，倖存的臺灣抗日份子（包括臺共），以及由中國

[228] 簡炯仁，《臺灣共產主義運動史》，頁 137-147。

[229] 臺灣總督府編印，《臺灣總督府警察沿革志》卷 2，頁 796-813。

大陸歸來的「半山」親共者，重新成為臺灣的領導階層。二二八事件發生時，這些熱血的臺灣左翼，再一次起來反抗不稱職的統治者，但這次的對象變成了國民政府。[230]

(二) 半山中的左翼勢力

對於《二二八事件責任歸屬報告》中，將「半山」也列為事件中應追究責任的對象，包括連戰的父親連震東，以及過去中央社的葉明勳都被點名。該章節執筆人李筱峰認為，「半山」也是臺灣人，理應擔任與國府之間的橋樑，卻大多變成政府的附庸，雖然也有半山批判時政而罹難。李認為半山具有特殊的中國經驗，非臺灣在地人所能相比，國府接收臺灣之後，借用這批人治理臺灣，但他們沒有盡到責任。[231]事實上事件發生時，不少「半山」具有明顯的左翼色彩，其後更成為白色恐怖的受難者，以下略作介紹：

1. 李友邦與臺灣義勇隊

李友邦是二戰期間，臺灣人前往中國大陸參加抗日，最具代表性的人物之一。他年輕時就加入了臺灣文化協會，求學期間參加抗日社會運動。1924年，他與林木順、林天進等八、九位同學，襲擊臺北新起街派出所，因而被臺北師範學校退學，其後與林木順一起逃到上海。[232]其後林木順加入臺共，李友邦則轉赴廣州，入學黃埔軍校第二期。[233]

李友邦在黃埔軍校畢業後，被派往主持由兩廣省工作委員會所領導的「臺灣地區工作委員會」，當時廣州正處於國共兩黨合作時期，這個委員會的左派色彩相當濃厚，[234]主要任務是「派人回臺灣宣傳孫中山先生領導下革

---

[230] 簡炯仁，《臺灣共產主義運動史》，頁 148。

[231] 林庭瑤，〈橋樑失職 李筱峰：「半山」有責〉，《中國時報》，2006 年 2 月 20 日。

[232] 李筱峰，《半山中的孤臣孽子——李友邦》，頁 279。

[233] 王政文，《臺灣義勇隊——臺灣抗日團體在大陸的活動（1937-1945）》，臺北：古籍出版社，2007，頁 31。

[234] 李筱峰，〈半山中的孤臣孽子——李友邦〉，頁 280。

命的大好情勢，激勵臺灣同胞反抗日本殖民統治的鬥爭，並動員臺灣革命青年回到廣州來學習。」[235]1926 年，李友邦返回臺灣，在蔣渭水、連溫卿、王敏川、趙港等人的幫忙下，募得資金，且動員了王萬德在內的一批青年到大陸參加工作。[236]

1927 年，國民黨進行清黨，李友邦潛赴杭州並恢復本名「李肇基」。1929 年 10 月 10 日，李友邦在上海遭日本政府逮捕，根據《臺灣總督府警察沿革志》的記載，李友邦是因為參加抗日性質的廣東臺灣革命青年團而被捕，但證據不足，判決無罪。[237]李友邦獲釋後，轉赴杭州，在杭州國立藝術專科學校擔任日語教師，1932 年在西湖藝專牽涉共產黨的活動，遭到國民政府逮捕，入浙江陸軍監獄。[238]在監獄中，他與獄友決定籌設臺灣義勇隊，號召臺人參加對日抗戰。

臺灣義勇隊的籌組是否與共產黨有關？王曉波認為，臺灣義勇隊並非「受匪指使」而成立，是李友邦號召臺胞組織義勇隊後，中共才派員協助。王政文則表示，臺灣義勇隊的籌組從最初就是李友邦的構想，他向獄友駱耕漠提出，駱耕漠再向共黨組織部報告此事，接著共黨派出張一之、駱耕漠協助李解決相關問題；經由周恩來的管道，介紹李認識浙江省主席黃紹竑，黃紹竑再寫信將李友邦介紹給陳肇英，而陳氏將李友邦再介紹給福建省主席陳儀，這些都是為了幫助解決臺灣義勇隊成員的來源問題，也就是希望能利用福建崇安所集中的臺民。[239]

無論如何，在國共兩黨合作抗日的情況下，臺灣義勇隊在人員及經費方

---

[235] 李仲，〈臺灣義勇隊隊長李友邦〉，《臺聲》1986 年第 4 期，頁 43。

[236] 方中，〈李友邦與臺灣義勇總隊〉，《龍岩文史資料》第 20 輯，龍岩：中國人民政治協商會議龍岩市委員會文史資料工作組，1992 年 10 月，頁 71。

[237] 王詩琅譯註，《臺灣社會運動史——文化運動》，臺北：稻鄉出版社，1995，頁 246-247。

[238] 據臺灣義勇隊隊員潘叔華的說法，李友邦是因為「西湖藝專」的學生出事而受到牽連。潘叔華，〈李總隊長，我們懷念您——紀念李友邦犧牲三十九週年〉，《臺聲》1991 年第 7 期，頁 23。轉引自王政文，《臺灣義勇隊——臺灣抗日團體在大陸的活動（1937-1945）》頁 49。

[239] 王政文，《臺灣義勇隊——臺灣抗日團體在大陸的活動（1937-1945）》，頁 41-44。

面無疑受共產黨資助，甚至派員協助籌畫和組織。當然，僅有共黨的協助，義勇隊也無法成立，取得國民政府的同意並撥下資源才是關鍵。周恩來曾指示：「關於臺灣義勇隊的事宜，要充分運用國民黨的關係展開工作。」[240]

1938 年秋，李友邦開始籌備義勇隊的工作，1939 年 1 月 20 日臺灣義勇隊備義委員會於金華籌備完成，2 月義勇隊正式宣布成立，並且開始訓練活動。[241]至於總部為何設於金華，駱耕漠表示：「省委決定，金、衢距前線較近，應協助李友邦把臺灣義勇隊設在金華。」[242]可見義勇隊連總部地點的選擇，也與中共的意向有關。

1939 年初，義勇隊中已有共黨支部，擔任義勇隊秘書的張一之表示「臺灣義勇隊擴大了，人多、關係多，就必須一方面發展、一方面鞏固。因此他便採取一些措施來加緊組織建設，加強思想政治教育，培養骨幹。」[243]

臺灣義勇隊後來合併了丘念臺的「東區服務隊」，這支隊伍多年來與共黨的「東江縱隊」合作抗日，本來就受到很深的影響，立場左傾甚至參加共黨者不少。曾參加服務隊的鍾浩東夫婦，回臺後正式加入中共地下黨。後來在基隆中學擔任校長期間，成立基隆工委會，並主導了戒嚴時期著名的「光明報案」。

1941 年 1 月，「新四軍事件」爆發，軍事委員會發表解散新四軍，並撤銷番號，此事件的發生象徵國共合作關係的結束。[244]李友邦的處境十分尷尬，他一方面必須應付來自國民黨的壓力，另一方面又想兼顧隊中的共產黨員，結果兩面不討好，不但加深國民黨的猜忌，義勇隊中的共產黨員大多也

---

[240] 張畢來，〈國共合作抗敵記——回憶臺灣義勇隊的誕生〉，《臺聲》1985 年第 5 期，頁 15。

[241] 王政文，《臺灣義勇隊——臺灣抗日團體在大陸的活動（1937-1945）》，頁 41-44。

[242] 駱耕漠，〈赤誠的愛國主義者——紀念臺灣義勇隊創立人〉，《文史通訊》1981 年第 6 期，頁 15-19。

[243] 張畢來，〈國共合作抗敵記——回憶臺灣義勇隊的誕生〉，頁 63。

[244] 胡平生，〈抗戰時期國共關係的分水嶺——新四軍事件〉，《歷史月刊》第 89 期，1995 年 6 月，頁 59-64。

在新四軍事件後陸續離開。雖然這些共產黨員離開了義勇隊，但三年多的相處對義勇隊的影響力當然很大，隸屬張邦傑系統「臺灣革命同盟會」的黃清俊就指稱義勇隊都是共黨：[245]

> 我和臺灣義勇隊並無聯絡，因為我們知道義勇隊是共產黨份子，所以在工作上與我們格格不入。李友邦很早即有共產思想，後來被嚴秀峰控制。

張一之表示，當年臺灣義勇隊曾協助掩護許多共產黨員，包括後來因吳石案而遭槍斃的女共諜朱諶之，還有一些皖南事變逃出的共黨幹部。張也提到，李友邦與被迫跟共產黨合作的金若山不同，他化名「番王」，主動與中共聯絡，並且爭取表現。[246]

1946 年建立臺灣省工委會，在二二八事件當中表現搶眼的中共地下黨幹部張志忠，曾如此評價李友邦：[247]

> 這個時候張志中則向謝雪紅介紹了李友邦的情況，他說李在抗戰期間在浙江（或福建）地方組織了一支「臺灣抗日義勇少年軍」，該隊的幹部中有好幾個黨員，如林雲、張峰、洪 XX 等，李的政治傾向是靠攏黨的。
>
> ……張志中又說：李友邦有意要謝雪紅到臺北參加政治活動，因此叫他妻子嚴秀峰（當時任國民黨婦女運動委員會委員）去動員謝娥寫信來請謝雪紅去臺北。這可能就是去年（1945）十二月間謝娥由臺北寫信給謝雪紅，請她去玩的原因；其後又再一、兩次

245 中央研究院近代史研究所，〈黃清俊先生訪問紀錄〉，《口述歷史》第 5 期，臺北：編者，1994，頁 59。

246 王政文，《臺灣義勇隊——臺灣抗日團體在大陸的活動（1937-1945）》頁 69-70。

247 楊克煌，《我的回憶》，頁 242。

催謝去。謝娥此時在臺北太平町開一家門診所，相當富裕。張志中又說李友邦的作風正派，有強烈的愛國精神，尤其有愛臺灣的鄉土觀念。

後來成為中共地下黨臺南工委會領導人的李媽兜，在對日抗戰爆發後，就前往中國大陸參加李友邦的臺灣義勇隊，戰後回臺，1946 年加入中共地下黨。二二八事件中，跟隨張志忠的臺灣民主自治聯軍，參加紅毛埤彈藥庫、水上機場等戰役，事件後更肩負臺南工委會的發展，並在郊區建立小型武裝基地。[248]在蔡孝乾倒戈，全省地下黨支部陸續潰滅的情況下，李可說支撐到了最後，但還是被捕而為其理想犧牲。

2. 幌馬車之歌

侯孝賢執導的電影《好男好女》，改編自藍博洲的小說《幌馬車之歌》，內容是蔣渭水養女蔣碧玉的親身經歷。她的丈夫鍾浩東從小在私塾讀漢詩漢文，學生期間又讀了《三民主義》及許多五四時期的作品，對祖國一直有浪漫的憧憬。鍾就讀日本明治大學時，就下定決心前往中國大陸參加抗日戰爭。1940 年，他與蔣碧玉訂婚，並作出兩人一起前往對岸的決定，還找了志同道合的表弟李南鋒，與友人蕭道應夫婦一同前往。[249]

但當時臺灣人身分敏感，他們事先又沒有找到門路，直接前往戰地指揮所表示想參加抗戰，自然被當作日本間諜扣押；幸虧丘念臺搭救，並收留他們於他所成立的「東區服務隊」中。該服務隊的主要工作，是號召知識青年參加抗日，並予以訓練，也做敵前敵後的工作。鍾浩東等人加入「東區服務隊」時，工作人員只有十餘人，規模很小，丘念臺為了學習如何組訓青年，並發動民眾運動及游擊戰術，還特地親自前往延安特區向中共學習。[250]

---

[248] 歐素瑛，〈從二二八到白色恐怖——以李媽兜案為例〉，《臺灣史研究》第 15 卷 2 期，2008 年 6 月，頁 140-148。

[249] 藍博洲，《高雄縣二二八暨五〇年代白色恐怖民眾史》，高雄：高雄縣政府，1997，頁 45-47。

[250] 藍博洲，《高雄縣二二八暨五〇年代白色恐怖民眾史》，頁 54-56。

「東區服務隊」原本在羅浮山一帶活動，後來奉命調到惠州以東，該地區窮困落後，文盲比例極高，他們在丘念臺領導下，除了原本的工作之外，在半年內更辦了 45 間小學。當時隸屬中共的「東江縱隊」就在附近，由於性質接近，雙方有不少互動，很多成員接觸到當時環境窘迫卻充滿理想的中共之後，受到感動而轉投該縱隊。因此，蔣碧玉表示：「東服隊一直被國民黨上層人士視為共產黨的外圍組織」[251]。

1943 年底，東區服務隊被認為與共黨關係密切，被迫解散，成員改隸國民黨臺灣省黨部的「粵東工作團」。但這些成員不久就因為各種因素先後離開，蕭氏夫婦及李南鋒也在其中，鍾浩東夫婦則前往李友邦的「臺灣義勇隊」工作。

根據後來在臺灣吸收鍾浩東入地下黨的吳克泰表示，鍾氏夫婦在戰後就希望加入共產黨，但因東江縱隊移防，無法進行更深入的接觸，但對方告知，可前往香港透過《華商報》聯繫中共地下黨。鍾氏夫婦曾前往香港，但經過很長時間都沒辦法接上組織，最後只能返臺。[252]

回到臺灣之後，鍾氏夫婦因為「蔣渭水女兒」的名義，受到教育處長范壽康親自接待，鍾浩東接受了基隆中學校長一職。當鍾浩東終於碰到隸屬於中共地下黨的吳克泰後，很快被吸收入黨，之後並成為地下黨基隆工委會的負責人。[253]之後以他為主犯的「光明報案」震驚全國，政府因此開始的全省

---

[251] 藍博洲，《高雄縣二二八暨五〇年代白色恐怖民眾史》，頁 56。

[252] 吳克泰，《吳克泰回憶錄》，頁 160；藍博洲，《高雄縣二二八暨五〇年代白色恐怖民眾史》，頁 42-79。

[253] 《安全局機密文件》（上，第二部），頁 1-2：

鍾浩東於日據時代，因不滿異族之專橫統治，遂於民國二十九年元月，邀同李南鋒與其妻蔣蘊瑜等五人赴上海，經香港轉往內地，行至廣東惠陽時，曾因漢奸嫌疑被捕。嗣經邱念臺保釋，即服務於我政府機構。

鍾等於到達內地後，因一切未如其理想，乃對政府之信仰降低。而於第七戰區工作時，常受匪黨地下工作人員之誘惑，並閱讀奸匪之書籍甚多，其思想遂趨反動。

抗戰勝利後，鍾浩東隨政府返臺，任臺灣省立基隆中學校長。三十五年七月間，經共匪潛臺份子詹世平之介紹，正式參加匪黨。並即利用其職務身分、社會關係，開始吸收青年參加匪黨。至三十六年九月，成立基隆中學支部，由匪臺灣省工委會書記蔡孝乾領導。同時受蔡之命，將內地來

性地下黨掃蕩，被認為是白色恐怖的開端。

二二八事件發生時，中共地下黨已經擁有臺北市工委會、臺中市工委會以及臺南、嘉義、高雄三個支部，黨員大多是老臺共以及抗戰時期在大陸參加抗戰，深受共黨影響，隸屬於「臺灣義勇隊」、「東區服務隊」的成員。[254]由於光復初期，臺灣極缺中文教師，他們多以這種身分進入各地學校潛伏。[255]

與鍾浩東同赴大陸參加抗戰的蕭道應，回臺之後，經由高雄電臺臺長莊孟倫介紹給張志忠，而由張志忠吸收加入中共地下黨。[256] 1951 年被捕後自新，並成為保密局員。又如黎明華，他是廣東客家人，1942 年參加丘念臺「東區服務隊」，1944 年轉而加入「東江縱隊」，1945 年與組織失聯，1946 年抵臺任教中壢義民中學，並重新恢復組織關係，由張志忠領導。他自稱在

臺之匪黨人員，陸續安置於該校任職。三十七年秋季，因匪徒日漸增加，遂將該基隆中學支部，劃為校內、校外兩個支部，分別活動。

三十八年五月正式成立「基隆市工作委員會」，鍾浩東任書記，李蒼降、藍明谷（以另案被捕）二匪為工委，下轄造船廠支部、汐止支部、婦女支部，並領導基隆要塞司令部、基隆市衛生院、水產公司等部門內之匪個別黨員與外圍群眾，秘密展開陰謀活動，積極建立基層組織，企圖控制臺灣之內外交通，並選派匪徒蒐集情報，及進行「兵運」工作。同時將匪在臺之地下刊物「光明報」，交由張匪奕明（女）、鍾匪國員（均在基隆中學任職）等，負責印刷出版，及傳遞轉送各地匪徒散發，以擴大反動宣傳。案經國防部前保密局偵悉，會同前臺灣省保安司令部及省警務處前刑警總隊破獲。

254 檔案局檔號 0036/340.2/5502.3/5/001，〈中共與二二八事件〉。

255 藍博洲，《臺灣好女人》，臺北：聯合文學，2001，頁 167-175。其中分數段簡述該組織被赤化的經過：東區服務隊的工作，首先是「號召各地熱心抗日的知識青年，加以組織訓練，使能積極協助政府動員民眾，進行長期抗日戰爭」。由於丘念臺先生曾往陝北延安特區，考察有關青年組訓、民眾運動及游擊戰術，因此，東區服務隊的生活也以「自治、自覺、自省、自立」並重的原則學習。……東區服務隊因為作風樸實，一直被視為「共產黨的外圍組織」，於是就在這段期間被迫解散，基本幹部也跟隨丘念臺轉入「粵東工作團」。……粵東工作團的隊員陸續有人離隊，並且加入共產黨領導的東江縱隊。

256 藍博洲，《消失的臺灣醫界良心》，頁 214-215。《安全局機密文件》（下）亦紀載，頁 208：
蕭道應於抗戰時期在廣東第七戰區司令長官部東區服務隊任隊員時，曾接受左傾思想之教育，三十四年夏匪黨廣東「東江縱隊」派薛某與蕭聯繫，至抗戰勝利後失卻聯繫，三十五年冬復與薛某取得聯繫，由薛某介識張匪志忠，三十六年冬由張匪志忠介紹參加匪黨，接受張匪領導，擔任上層統戰與社會調查研究工作，至三十七年春擔任臺大醫學院匪黨支部書記，三十八年冬因潮州中學教員劉匪特慎被捕，蕭道應為恐牽連，乃開始逃亡，投奔黃匪培奕及匪首老洪。

東區服務隊認識鍾浩東等人，來臺後也曾在基隆中學等任教，以後被調往竹南地區進行農民運動。[257]

1949 年竹南地區地下黨幹部會議由張志忠主持，在神桌山舉辦研究會，16 位幹部參加，其中只有陳福星是臺南福佬人，其他都是廣東客家人。其中有兩位也同樣來自「東區服務隊」，分別在中壢農校及新竹商校教書。[258]

又如著名的林正亨，是霧峰林家的成員，抗戰時期到中國大陸參加了中日戰爭，戰後帶著中校頭銜回到臺灣，二二八事件期間八次拜訪蔣渭川，極力勸他出來號召推翻國民黨的行動，蔣渭川更表示圓山事件的實行者其實是林正亨。[259]但最終還是與林獻堂一起到城外迎接國軍。書中提到其妻認為他的身分特殊，曾與謝雪紅有聯繫：

> 我母親在進入臺盟之後改名叫沈毅（以前叫沈寶珠）。謝雪紅在二二八事件時，是臺灣中部的領袖，搞了一個二七部隊，我母親曾告訴我，他知道父親在臺中參加了二二八起義，他是搞武裝的，所以在臺灣很活躍。這次我回霧峰，秀容告訴我，在我們花廳的牆裡發現了一些炸藥及發報機的部件，這次修繕才發現的，他們說是我父親在二二八事件後藏起來的。

2015 年中共臺盟已揭露資料且追贈其為烈士，林正亨在 1946 年加入中國共

---

[257] 藍博洲，《紅色客家庄》，臺北：印刻出版社，2004，頁 12-13。

[258] 藍博洲，《紅色客家庄》，頁 21-22。又如省工委秘書林英傑，也以教師身分長期潛伏。《安全局機密文件》（上），頁 45 記載：林匪英傑，係朱毛匪黨臺灣省級幹部，於三十五年由匪華東局選派來臺，以教員為掩護，曾在臺中、臺南負領導責任，吸收匪徒，發展工作，嗣被查悉，潛逃香港。至三十七年復被調來臺北，襄助匪臺灣省工委會工作；誘引新竹市警察局長許振庠，與匪黨恢復關係，並由許振庠吸收臺中縣警察局長何顯，及臺省警察學校教官吳彬泉加入匪黨。另由吳彬泉以「臺灣省民主自治同盟」外圍組織名義，吸收桃園國校教員王宇光入夥，案經國防部前保密局查悉破獲。

[259] 許雪姬，《林正亨的生與死》，頁 65-66。

產黨，1949 年在臺灣因地下黨機構被破獲遭逮捕，隔年被槍決。[260]這或許表示，二二八事件中，中共地下黨雖人力單薄，但絕非毫無作為。

2013 年，中共在北京西山國家森林公園設置無名英雄廣場，紀念 1950 年代在臺灣被處決的地下黨成員，廣場上立有無名英雄紀念碑、雕塑及人員名單。由於名單上有八百多人，作者簡單對照，大致可指出曾領取二二八死亡補償的名單中，至少有方義仲、王忠賢、王炳輝、王添、古瑞明、江朝澤、吳金城、巫添福、李友邦、李來基、李凱南、汪清山、林水木、林錦文、邱樹南、高一生、康海閣、郭清池、陳文堅、陳水炎、陳坤良、曾金厚、曾添、湯守仁、黃玉枝、楊清淇、劉萬山、蔡能嘉、盧鏡澄、羅金成等人名列其中。

這些人都參與過二二八事件，而在 1949 年後陸續因其他案件被捕，以叛亂罪槍決，現在又被大陸奉為地下黨烈士，也可說是求仁得仁。這證明二二八事件參與者當中，確實不乏為數可觀的左翼成員。

另外，二二八期間從基隆要塞偷運武器支援民軍的蔡汝鑫、臺糖案的沈鎮南、白色恐怖受難者李媽兜、因刻畫二二八受難像木雕聞名的黃榮燦、在臺灣推行各種革命話劇的簡國賢等人也都榜上有名。因內亂罪被判處徒刑的蔡鐵城不知是否重名。

這一類的臺灣菁英並非少數，像史明等人也曾前往延安抗戰大學求學，並參與相關活動。他們不願接受皇民思想，認同中國為祖國，並受到盛行的共產思想及其理想的吸引，向左翼靠攏。尤其在二二八事件之後，民眾對政府失望，中共地下黨因此在臺灣迅速發展。

(三) 三民主義青年團在臺灣

「三民主義青年團」首任團長為蔣中正，但實際管事的是書記長陳誠，因此陳明通、陳翠蓮在分別國民黨派系時，都把三青團劃入陳誠的勢力當

[260] 臺灣民主自治同盟官網，〈臺盟早期盟員之傳奇人物——林正亨〉http://www.taimeng.org.cn/zt/jnzgrmkrzzsljtwgfqszn/lshm/t20150717_328758.htm

中。臺灣的三青團勢力發展相當早，甚至在陳儀的長官公署前進指揮所抵達前就已開始，奉命在臺組織三青團的正是臺灣義勇隊隊長李友邦，1945 年 9 月初，他派上校副隊長張士德抵臺並開始發展組織。

由於戰後李友邦被任命為三青團的臺灣區團主任，臺灣義勇隊的部分成員也隨之轉到三青團名下發展，這批成員成為接收臺灣的首批人員，許多都分發到各地的政府機關及學校。楊克煌的回憶錄當中，曾記載謝雪紅對李友邦的評論：[261]

> 去年（1970）謝還對我說，有個最了解李友邦為人的幹部（他的名字謝忘了），曾對謝說，如有人要了解李友邦可介紹去找他。李友邦為黨做了不少工作，他的妻子嚴秀峰也很能幹。終戰後，國民黨為處理義勇隊的善後問題，即決定把該隊調到臺灣作為三青團在臺建團的骨幹，並任命李友邦為該團在臺灣的負責人或總幹事。義勇隊在回到臺灣後，其中的知識份子大都被任用為各地的中、小學教員。

當時義勇隊的副隊長張士德奉命首先抵臺，開始籌組臺灣區三民主義青年團。張士德何許人也？謝雪紅提到：[262]

> 七、八月間，我在農組本部第一次認識「張克敏」(即後來的「張士德」)。張克敏是豐原「屯仔腳」人，於 1925 年到大陸參加革命，是黃埔軍官學校第一期或第二期畢業生。1928 年間在廈門被國民黨逮捕，已經被判處槍決了，廈門臺灣同鄉會及時出面證明張是臺灣人，結果，國民黨當局不得不把張交給日本廈門領事館

---

[261] 楊克煌，《我的回憶》，頁 242。該書中將張志忠寫作張志中。

[262] 謝雪紅口述，楊克煌筆錄，《我的半生記──臺魂淚（一）》，臺北：楊翠華，1997，頁 276-277。

（根據「治外法權」或「領事裁判權」)。領事館才把張押回臺灣，臺灣日帝當局又根據〈日本人加入外國政治結社的法律〉(該條法律規定對加入外國政黨——包括共產黨——者從輕處理，以別於「法安維持法」，後來這個區別被取消了。）被釋放後他到農組本部，還是表示關心著革命。自從回臺中後，我接觸到已在大陸加入中共共產黨的除陳新童同志外，還有楊克培、楊春松、張克敏三人。

張士德原名張克敏，豐原外埔人，雖然是黃埔四期畢業生，[263]但很早就是中共黨員，民國 17 年一度因此被捕，若非廈門臺灣同鄉會出面證明他是臺灣人，必須由日本審判，可能已被槍決。他在臺灣期間，與謝雪紅等人熟識，甚至計畫一起開書店掩飾身分，家中務農，經濟狀況甚佳。[264]

民國 34 年，張士德以上校軍銜，「臺灣義勇隊」副總隊長的頭銜回到臺灣，籌組「三民主義青年團臺灣區團」。提出「黨外無黨、團外無團」的口號，讓許多急於親近祖國的臺灣各方勢力紛紛投效。由於張是老臺共出身，他最早找來協助的人，也多是當年的臺共同志：[265]

9 月 15 日，第一架美國飛機由上海飛抵臺北。聽說機上的美國軍事人員是來臺接回戰時被日軍俘虜的美國士兵的；同機還來了三個國民黨的軍政人員，其中有一個張大佐，即張士德（原名張克敏）後來聽說張士德是回臺負責組織「三民主義青年團」(簡稱「三青團」)的。不久，又聽說王萬得、潘欽信、蘇新、蕭來福等人竟協助張士德進行三青團的籌備工作了。

---

[263] 已查詢黃埔軍校網，應為四期生。http://www.hoplite.cn/Templates/huangpushisheng.htm。

[264] 謝雪紅口述，楊克煌筆錄，《我的半生記——臺魂淚（一)》，頁 277-283。

[265] 楊克煌，《我的回憶》，頁 217。

謝雪紅過去在臺灣共產黨中曾有相當高的地位，在張士德抵達臺中後，她把張單獨拉出去說話：[266]

……這時，謝雪紅拉張士德出去，我也跟著出去，謝把張帶到另一無人的大房間（農民協會成立大會的會場），謝又拉張坐在地板上，我覺得她是要先打下張的威風。然後，謝雪紅即質問張士德：「你現在是什麼政治身份？負有什麼任務回臺灣？」張士德這時頭就垂下來，說：「我叛變了，1928 年底我回到大陸，在蘇區再和黨發生組織關係，參加紅軍的工作，但後來因蘇區的生活太艱苦，我吃不消，於是我逃跑了。其後即去投靠國民黨……；但我沒有像劉啟光那樣幹過壞事，……。」謝雪紅即追問他：「劉啟光幹過什麼壞事？」張士德說：「劉啟光是 1929 年到福建後加入黨的，其後劉得知黨在某處開會，就把這個消息向敵人密告，敵人即把該地包圍起來，逮捕了十幾個人，都被槍斃死了。劉啟光就是這樣出賣了十幾個黨員，……。」

三青團吸收了日據時代參與反抗運動的臺人精英，像農民組合、工友會及文化協會的大部分人員紛紛加入，包括簡吉、張信義、莊孟侯、蘇新、李曉芳等人，[267]而許多老臺共（如王萬得）及其同情者（如王添灯、陳復志等），也投入「三青團」各地分團的籌組工作中。[268]

三青團當時以佘楊為書記，李友邦妻子嚴秀峰為第四科科長，王添灯為臺北分團主任，郭紹宗為新竹分團主任，陳復志為嘉義分團主任。成員包括許多臺灣知名人士，如陳逸松、陳旺成、林碧梧、陳海成、林培英、許世

---

[266] 楊克煌，《我的回憶》，頁 229。

[267] 許雪姬，〈李曉芳先生訪問紀錄〉，收入《口述歷史》第 3 期，臺北：中央研究院近代史研究所，1991，頁 17。

[268] 戴國煇、葉芸芸，《愛憎二‧二八》，頁 103。

賢、許傳、楊金虎等，更有左派及臺共人士如蘇新、王萬得、潘欽信、石錫勳、林糊、莊守、簡吉、楊逵等人，成分極為複雜。

著名的臺灣文學家呂赫若曾一度加入「三民主義青年團」，在臺中分團總務股服務，與鍾逸人同事。據鍾逸人描述，呂赫若在日據時代便曾參與抗日工作，全身充滿民族主義色彩，對大陸祖國滿懷期望。呂赫若原本並無左傾意識，相反地，他還是個堅定的國民政府擁護者，至少在思想上是如此。因此，當呂赫若發現臺中分團的成員竟然雜有「臺共農民組合」等農民運動份子，整個青年團充滿著赤色思想，便倖倖然離開臺中。[269]

光復之初，擔任國民黨臺灣黨部主任委員的李翼中，曾提到三青團從創立初期，就有不少問題，長官公署甚至有解散之議：[270]

> 一日，公署秘書長葛敬恩匆匆來見，謂奉長官命以解散青年團之意就商。余詫然問其故？葛氏謂青年團編組無數之服務團，擅自接管房屋，肆無忌憚，近且強接臺灣銀行之金庫。余始恍然謂曰：「誠恐今日解散明日又告成立，影惑（響）人民觀感，不如將情電告中央團部，速派幹員主持。」葛氏以為然，卒罷解散之議。

李氏又提到，三青團多有違法侵佔及濫用職權的行為：[271]

> 初臺人張士德於中土任軍職，為青年團團員，日本投降後返臺最早，以青年團為號召。於時臺人劉明奉命組織糾察大隊，流氓麕集，張士德則組織青年團與之抗衡，於是流氓、臺灣共產黨、農民組合及工友聯盟等份子雲集於兩者之間。往往結隊於交通要

---

[269] 鍾逸人，《辛酸六十年》上，臺北：前衛出版社，1993，頁。

[270] 李翼中，〈帽簷述事——臺事親歷記〉，《二二八事件資料選輯（二）》，臺北：中央研究院近代史研究所，1992，頁 401。

[271] 李翼中，〈帽簷述事——臺事親歷記〉，頁 401。

衢，盤查日人軍公私物品之遷運，叫囂堕突，横行於都市鄉鎮間，日久弊生，循至政府調濟民食，亦時受干擾，遊民地痞乘機效尤，洶洶然爭佔公私工廠、商店、房屋，人民側目不敢行諸辭色。

陳儀抵臺後，鑒於三青團編組無數的服務團，擅自接管房屋，肆無忌憚，甚且強行接管臺灣銀行金庫，派祕書長葛敬恩與省黨部主委李翼中商量是否解散三青團。李翼中擔心影響人民觀感，認為不如將情形電告中央團部，請中央速派幹員主持該團。[272]民國 34 年 12 月，李友邦抵臺擔任區團主任，但情況未有太大改善。而由鍾逸人的回憶錄當中也可看出，三青團與警務處之間的衝突摩擦也不少。[273]

三民主義青年團在臺灣的實力深厚，最初由各縣市議會所選出的三十名省參議員當中，至少就有六名隸屬三青團，分別是：[274]

1.王添灯　三民主義青年團臺灣區團臺北分團主任
2.黃聯登　三民主義青年團高雄分團幹事長
3.馬有岳　三民主義青年團花蓮分團幹事
4.鄭品聰　三民主義青年團花蓮港分團部幹事長
5.林日高　三民主義青年團臺灣區臺北分團籌備處第二股股長
6.林連宗　三民主義青年團臺灣區團臺中分團第一區隊長

二二八事件發生時，該團臺北團主任王添灯、嘉義分團主任陳復志、臺南分團主任莊孟侯、高雄分團主任王清佐、屏東分團葉秋木、花蓮分團許錫謙、馬有岳等，都在各縣市「二二八事件處理委員會」中扮演重要的角色。

---

[272] 同前注。

[273] 鍾逸人，《辛酸六十年》（上），頁 317-325。

[274] 臺灣省諮議會網站，〈各屆議員查詢〉，http://www.tpa.gov.tw/big5/Councilor/Councilor.asp?cid=2&urlID=20。

陳復志被指為嘉義防衛司令部的司令，他率領的隊伍在嘉義機場激戰，雖然3月12日被國民黨施計繳械，最後本人也壯烈犧牲。[275]

其他如二七部隊隊長鍾逸人，也是三青團臺中分團的股長；三青團朴子區隊長張榮宗，在二二八事件期間，更是「率領三輛滿載民軍及裝備的車隊，由新營市經北港鎮、大林鎮、斗六市、古坑鄉經崎頂溪底時，遇國府軍伏擊，當場身亡。」[276]我們可以說，二二八事件發生後，反政府勢力所以能在短時間內席捲臺灣，分布各地的三青團勢力應該不會沒有關聯。[277]當時在南部組織的各支民軍隊伍，以地緣關係來看，也多對應當地的農民組合。[278]

以二二八事件的始末來觀察，緝煙事件發生於2月27日晚上，臺北電臺發出反抗政府的號召在2月28日，短短的三天之內，這股風潮席捲全臺灣，從北到南都發生群眾的武裝抗爭。由事後臺中、嘉義、高雄的報告當中，都提到北部有人乘卡車南下號召民眾反抗政府，耆老訪談中也常提到這種情形。由此觀之，事件背後恐怕有組織性的運作，而當時能有這種能量的團體首推三青團。事實上二二八事件發生時，許多三青團的成員及幹部的確參與其間，有幾位更成為當地處委會的負責人，也有因此在事件後被政府逮捕或處決者。

(四) 二二八事件中的左翼勢力

陳芳明提到，日本投降之後，謝雪紅很快開始整頓左翼勢力，除了建立「建國工藝職業學校」，由學生當中吸收政治運動的成員外，也成立了「臺灣總工會籌備會」、「臺灣農民協會」等，將文協與農組的舊幹部以及臺共黨

---

[275] 陳芳明，《謝雪紅評傳——落土不凋的雨夜花》，頁331。

[276] 二二八基金會網站，http://www.228.org.tw/history228_elite_detail.php?id=22。

[277] 《諸羅山城二二八》中，蔡鵬飛就直指攻打紅毛埤彈藥庫及圍攻水上機場的人是由三青團協調，訪錄中參加攻擊的陳增雄等人也是三青團成員。

[278] 林書揚的說法正好相反，他表示二二八事件左翼勢力並未直接參與，只是農組當中有些積極幹部以個人身分參加，並未發動左翼群眾。林書揚，《從二二八到五〇年代白色恐怖》，臺北：時報文化，1992，頁87。

員重新整合。陳表示雖不應誇大謝雪紅在這方面的成績，但在陳儀抵臺之前，就已進行這樣的組織動員，她的確擁有敏銳的政治嗅覺。[279]

中共地下黨的勢力何時進入臺灣，有多種不同說法，但基本上都認為是在 1946 年。安全局的檔案中提到：[280]

> 共匪中央於三十四年八月，派蔡孝乾為臺灣省工作委員會書記，蔡匪於同年九月由延安出發，間道潛行三個月，於同年十二月始抵江蘇淮安，向匪華東局（原稱華中局）書記張鼎丞、組織部長曾山，洽調來臺幹部。三十五年二月，蔡匪率幹部張志忠等，分批到滬，與匪華東局駐滬人員會商，並學習一個月，同年四月，首批幹部先由張志忠率領由滬搭船潛入基隆、臺北開始活動。蔡匪於同年七月，始潛臺領導組織，並正式成立「臺灣省工作委員會」，由蔡本人任書記，直接領導「臺灣學生工委會」、「基隆市工委會」、「臺灣省山地工委會」、「臺灣郵電職工工委會」、「蘭陽地區工委會」、「臺北市工委會」、「北峯地區工委會」等機構工作（後交由徐懋德統一領導）。先後並以陳澤民任副書記兼組織部長，領導臺南、高雄、屏東等地區工作。洪幼樵任委員兼宣傳部長，領導臺中、南投等地區工作（後交由張伯哲領導）。張志忠任委員兼武工部長，領導海山、桃園、新竹等地區工作（後交由陳福星領導）。案經保密局偵悉破獲。

中共地下黨在臺灣的最高領導單位是臺灣省工作委員會，領導人是蔡孝乾，陳澤民、洪幼喬及張志忠是主要幹部；其中，張志忠本身是嘉義人，擔任組織部長兼武工部長，也是最早抵臺的地下黨高級幹部，二二八期間組織民主自治聯軍，率領李媽兜、簡吉、陳篡地、張榮宗等人在嘉義、雲林一帶

---

[279] 陳芳明，《謝雪紅評傳——落土不凋的雨夜花》，頁 259。

[280] 李敖審定，《安全局機密文件》（上），頁 12。

與國軍交戰。事件後負責臺灣北部地下黨組織發展，也是唯一未投降的高級幹部。[281]

地下黨成員中，有利用商人身分來往基隆與上海如辜金良、[282]有原本就身為臺人的老臺共們，也有中共直接由延安派出的長征幹部，如程浩夫婦等，成分相當複雜。[283]

吳克泰在二二八事件前在臺擔任記者，對各媒體內的地下黨人士知之甚詳，他提到當年的《大明報》整套陣容幾乎全是地下黨員：主持大明報的謝爽秋本來就是共黨黨員，原本在隸屬軍統的《掃蕩報》潛伏，後來林子畏向上海《新聞報》請求協助，謝應邀到臺灣來主持《大明報》，他帶來陣容幾乎都是黨員。[284]總編馬瑞籌二二八時被捕，由上海《新聞報》施壓後釋放，改派到香港《文匯報》擔任總編；採訪主任馬劍之是越南人，二二八後回到越南參加越共反法革命。編輯陳季子、文野、薛慕等在二二八後都逃亡到上海同鄉會，撰寫二二八經歷由中共宣傳部田漢等人發表，作為攻擊國民黨之用。[285]

---

[281] 谷正文口述、許俊榮、黃志明、公小穎整理，《白色恐怖秘密檔案》，臺北：獨家，1995。吳克泰，《吳克泰回憶錄》，臺北：人間，2002，頁 248。

[282] 藍博洲，〈楊逵與中共臺灣地下黨的關係初探〉：
「抗戰勝利後，辜金良在上海臺灣同鄉會住了一段時間，然後於 1945 年年底，攜帶大量的左派書報雜誌，回到臺灣。他首先到臺中找楊逵，同時通過楊逵夫婦的介紹，認識了舊農組幹部李喬松。此外，他又在全省各地四處訪友，藉著半賣半送從上海帶回來的那批書報雜誌，宣傳進步思想，結識追求進步的志同道合的朋友，並瞭解臺灣的社會狀況。
1946 年 5、6 月左右，辜金良應王萬得（老臺共）、吳思漢（在臺北開設啟蒙書局）、李水井（朴子後輩）、李韶東（李喬松的兒子）……等人的要求，帶他們到上海，尋找到解放區的路。在臺灣同鄉會待了一段時間後，同鄉會會長李偉光告訴他們，臺灣需要人，要他們回臺灣。他們於是從上海返臺。」
從上海回來後，有一天，辜金良便通過廖瑞發的安排，與臺灣地下黨負責人之一的張志忠碰面。經過幾次談話之後，他就經由張志忠吸收，加入地下黨組織，並奉組織之命，利用商人的身份，往來於上海、基隆之間，做黨與上海同鄉會之間的聯絡員。

[283] 長征幹部，由延安機要局派出，來臺建立電臺，但失敗。後任中共統戰部科長。吳克泰，《吳克泰回憶錄》，頁 195-196、302-303。

[284] 吳克泰，《吳克泰回憶錄》，頁 164-176。楊克煌，《我的回憶》，頁 244。

[285] 吳克泰，《吳克泰回憶錄》，頁 175-176；225-226。

《民報》當中，記者徐淵琛是徐慶鐘之侄，日據時期即參加臺共外圍組織「不定期會」，與吳克泰同為地下黨新聞小組成員，先後待過《自由報》、《中外日報》。二二八時與吳克泰一起參加憲兵隊外的群眾抗議，事件後擔任地下黨組織的臺北「鄉土藝術團」團長，同時也是臺北市參議員。最後被捕槍決。[286]

蔣渭水之子蔣時欽，1946 年與吳克泰同時在上海加入中共地下黨，回臺後擔任《民報》記者，二二八時與其叔蔣渭川組織青年自治同盟，事件後擔任丘念臺秘書以避難。其後逃往上海，與吳克泰等人同樣擔任對臺廣播工作，文革時被批鬥自殺。[287]現名周青的周傳枝，日據時期也參加臺共外圍組織「不定期會」，曾擔任《民報》、《中外日報》記者，二二八時負責聯繫松山機場的起事，後逃往大陸參加臺盟。[288]

王添灯的《自由報》也有同樣情形。經理蕭來福是老臺共，據說所有稿件必須經過他，二二八後逃亡香港，奉蔡孝乾指示與廖文毅合作，以其財力成立地下人員訓練班，後因廖文毅思想趨獨，蕭未聽指示離開廖身邊，被組織切斷關係，廖文毅逃往日本後，蕭在天津被中共逮捕，後由謝雪紅命古瑞雲寫報告救他出獄。[289]總編輯蔡慶榮，後改名蔡子民，是李偉光的女婿，二二八後逃亡上海同鄉會擔任總幹事。《新生報》的副總編孫萬枝也曾參加《自由報》籌備，但他與吳克泰同為地下黨新聞小組，後自首。[290]

《人民導報》原社長宋斐如在二二八事件中遇害，沒有證據顯示他是地下黨員，但張志忠稱讚他像李純青一樣思想進步，[291]其妻區嚴華任職於省政

---

[286] 周青口述、徐宗懋訪問，〈周青暢談謝雪紅〉。吳克泰，《吳克泰回憶錄》。

[287] 吳克泰，《吳克泰回憶錄》，頁 175。

[288] 周青口述、徐宗懋訪問，〈周青暢談謝雪紅〉，徐宗懋編，《二·二八事變第一主角謝雪紅：珍貴照片》，臺北：時英出版社，民 93。

[289] 楊克煌，《我的回憶》，頁 217-229。吳克泰，《吳克泰回憶錄》，頁 171。古瑞雲，1990，頁 188-189、195-196。劉青石，2006。

[290] 吳克泰，《吳克泰回憶錄》，頁 171、182。

[291] 吳克泰，《吳克泰回憶錄》，頁 166。

府法制室，後因匪諜案槍殺。主筆陳文彬後來擔任建中校長，日治時就曾在上海協助地下黨員李劍華創辦雜誌，二二八後與呂赫若在區嚴華家中透過新華社廣播，紀錄內容並油印成《光明報》，並舉辦讀書會。被注意後全家逃往天津，任人民大學副教授。[292]著名的小說家呂赫若當年也曾擔任《人民導報》記者，谷正文表示呂 1950 年在地下黨的鹿窟基地，被毒蛇咬傷而死。[293]

新社長王添灯在二二八時活動積極，主導處委會，提出三十二條要求。身邊的參謀蕭來福、蘇新、潘欽信等人全為老臺共。且其出資之《自由報》、「聖烽劇團」內部多有地下黨員。主筆蘇新也是老臺共，二二八後逃亡上海，被地下黨派到香港協助謝雪紅，為臺盟成員，文革時被批鬥。

臺中的《和平日報》受謝雪紅干涉。楊克煌表示，該報經理林西陸在謝雪紅示意下接手經營，原本是當地拳師，古瑞雲為其徒，後涉及古瑞明案，判刑五年。[294]主筆王思翔，本名張禹，雖無證據顯示為地下黨員，但在二二八後回到中國大陸，撰寫〈臺灣二月革命記〉為共黨宣傳。[295]陳芳明也表示，謝雪紅不但拉攏國民黨的記者組成對抗國民黨的陣線，還派自己人馬滲透《和平日報》，如楊克煌擔任日文版編輯。二二八事件後，該報社長李上根及編輯周夢江、王思翔逃到上海，謝雪紅成立臺盟後，將他們都納入該組織當中。[296]

其他如《中外日報》專員陳本江，曾與吳克泰等地下黨新聞小組三人聯繫，並表示要建立人民團體，後來負責地下黨鹿窟基地的發展，最後自新。[297]

---

[292] 藍博洲，《高雄縣二二八暨五〇年代白色恐怖民眾史》，頁 232-248。

[293] 谷正文，《白色恐怖秘密檔案》，頁 148-159。

[294] 楊克煌，《我的回憶》，頁 259-260。楊也提到當時和平日報內的人手一半是謝雪紅協助安排的。

[295] 全文見周夢江、王思翔著，葉芸芸編，《臺灣舊事》，臺北：時報文化，1995。古瑞雲，《臺中的風雷》，頁 21-22。

[296] 陳芳明，《謝雪紅評傳——落土不凋的雨夜花》，頁 262-263。

[297] 吳克泰，《吳克泰回憶錄》，頁 182-183。谷正文，《白色恐怖秘密檔案》，頁 148-159。

臺北市當然是地下黨發展的重點，臺北市工作委員會從首任的黃石岩，二二八事件發生時是廖瑞發，其後是計畫帶領學生軍起義的李中志，後來輪到郭琇琮。黃石岩提供自家住宅成為地下黨根據地，[298]其子也是黨員，最後都被槍決。[299]廖瑞發也是老臺共，蘆洲人，染有痲瘋病，與謝雪紅等有密切來往，據說為蔡孝乾來臺最早的支持者。[300]李中志在二二八事件發生時，向起義的學生表示能提供武器，擔任3月3日深夜學生起事總指揮。[301]廖瑞發之後的臺北市工委書記，38年時赴北京參加青年代表大會的張硯是其妹。[302]

曾建元在〈戰後國立臺灣大學政治事件之研究（1945～1955）〉中，提到這場在3月4日的事件，地下黨的李中志透過郭琇琮、陳炳基等人與臺灣學生聯盟，以中共臺北市工委廖瑞發家為總部，動員臺大本部、法學院及延平學院的學生，分為三個大隊，要發動學生軍進攻長官公署，過程中還與景尾軍火庫起了衝突，遭守軍盲目掃射，最後因烏來原住民未下山導致行動失敗。[303]

這些學生之後很多都加入了中共地下黨，其中也有不少在白色恐怖當

---

298 吳克泰，《吳克泰回憶錄》，頁196-197；212-213。

299 李禎祥，〈臺灣若前途堪憂 逃亡將成顯學？〉，《新臺灣新聞週刊》626期，2008年3月：「省工委臺北市領導人之一的黃石岩與他的兒子黃弘毅，是另一個悲劇例子。父子倆都加入地下組織，後來也都逃亡。黃石岩逃往阿里山，黃弘毅約一個同學計畫從基隆出海。走私船是不準時的，等了很久還沒來；他的同學很有耐心地等，黃弘毅卻臨時起意，想回家一趟。一回家，就被埋伏五、六十天的特務逮個正著。這對父子先後送往馬場町，黃弘毅的同學則順利搭船出境。」

300 陳英泰部落格，〈XD.地下組織組立〉：「當時蘆洲臺共份子特多，終戰前共產黨多。但戰後蔡孝乾來徵組織人時，除了廖瑞發外大家都不曾加入，簡吉是後來才加入的。廖瑞發任第一任臺北市書記，他患痲瘋病。李中志接任。另外，據吳克泰所說，第一任書記應為黃石岩。吳克泰加入地下黨較陳英泰早很多，初期的發展可能較清楚。」

301 〈陳炳基先生口述記錄〉、〈葉紀東先生口述記錄〉，《二二八事件文獻補錄》。

302 吳克泰，《吳克泰回憶錄》，頁283-284。

303 曾建元，〈戰後國立臺灣大學政治事件之研究（1945-1955）〉，《臺灣人權與政治事件學術研討會》，臺北：財團法人戒嚴時期不當叛亂暨匪諜審判案件補償基金會，2006，頁348-351。

中成為受難者。像是陳炳基、[304]楊建基、[305]葉紀東、[306]陳金木[307]等。藍明谷、[308]戴傳李[309]等更直接牽涉後來的「光明報案」。

地下黨除媒體與學校外，也重視交通通訊的部分，包括郵電支部、司機工會等早在二二八事件前就已建立：[310]

> 計梅真、錢靜芝於民國二十七年秋季，及二十八年春季，先後加入匪黨，曾在上海活動多年；至三十五年九月，計錢兩匪奉匪華東局之命，連袂來臺，投充臺灣郵務公會國語補習班教員，同年

---

[304] 日據時期就跟隨謝娥參加抗日行動，光復後為臺大學運領袖。積極參加 36 年 1 月的學運，並在二二八時投入李中志的學生起事，其後入黨。1947 年學委會成立時，領導臺灣大學法學院支部。後與吳克泰赴北京參加青年代表大會後，留在中國大陸。陳炳基先生口述記錄〉，《二二八事件文獻補錄》；許進發，《學生工作委員會案史料彙編》，頁 5。

[305] 後改名楊廷椅，二二八時參加李中志的起事，為臺大方面的領導人。入黨時間不明，但二二八後成為臺北學委會領導人之一。〈陳炳基先生口述記錄〉，《二二八事件文獻補錄》。《安全局機密文件》（上，第二部），頁 93-94：「楊廷椅，二十五歲，新竹縣人。三十六年五月，由匪幹廖瑞發（已獲案）吸收，參加匪黨。同年八月，受命與丁某（在逃，名不詳）、陳水木、陳炳基、劉沼光等五人，組織『學生工作委員會』，共任委員。相互領導臺大及師院各匪黨支部，從事『學運』工作。楊某除直接領導匪黨師院支部及臺大醫、法、工三院支部外，並指揮汐止支部暨潛伏於基隆造船廠、電信局、水產公司等機構之黨徒葉傳樺、江源茂、李森、孫天來等，從事叛亂活動。」

[306] 臺北學委會最初的三名成員之一，至少在 35 年已入黨。35 年 5 月起就讀延平學院，住在廖瑞發家裡，曾在學校演過簡國賢的話劇，二二八時參加李中志起事，並擔任延平學院方面領導。後來奉派高雄活動，38 年逃亡大陸。〈葉紀東先生口述記錄〉，《二二八事件文獻補錄》；吳克泰，《吳克泰回憶錄》，頁 196-197。

[307] 〈葉紀東先生口述記錄〉、《二二八事件文獻補錄》。

[308] 臺北學委會最初的三名成員之一。抗戰時在北京，其弟與友人對時局失望前往解放區，藍回臺後就讀延平學院時被葉紀東吸收入黨。後來到基隆中學任教，因光明報事件槍決。曾以各種筆名投稿《國聲報》、《新生報》及上海《文藝春秋》，進行文藝工作。藍博洲，《消失在歷史迷霧中的作家身影》，頁 258-307。《吳克泰回憶錄》亦有紀載。

[309] 蔣碧玉之弟，戴芷芳之兄。二二八前便已入黨，自稱擔任臺大的小組長，組員有吳振祥、鄭舜茂、許遠東。後因光明報案被捕，但因其舅關係（蔣渭川）僅受感訓。〈戴傳李先生訪問紀錄〉，呂芳上等訪問、丘慧君紀錄，《戒嚴時期臺北地區政治案件口述歷史》，臺北：中央研究院近代史研究所，1999，頁 233-245。

[310] 《安全局機密文件》（上），頁 26。司機工會等可參考張金爵女士的三次訪問記錄。

十月與上海共匪派來之章天鳴連絡；三十六年夏，即由匪臺灣省工委會負責人蔡孝乾領導。曾分別建立臺灣郵政管理局、臺北郵局、臺灣省電訊管理局及婦女等四個支部。此外，又在郵務公會國語補習班內，組織同學會、姐妹會（又名親睦會），討論青年、國際及婦女等問題，灌輸左傾思想；並乘機進行課外之登山、唱歌、游泳、出版刊物，與各種群眾之公開外圍活動，從事吸收匪徒，及利用匪幹潛伏於郵電部門之勢力，煽惑群眾發起要求改班借薪與提高待遇之各種運動，並鼓勵匪幹競選工會理事，冀為活動之掩護，及爭取幹部與群眾之好感，以廣收匪徒擴大叛亂組織，案經保密局查悉破獲。

對岸的刊物也提到，二二八發生時黨員僅百餘人，且參加者不多，不過事件後民眾對政府不滿，提供了地下黨發展的有利條件：[311]

由於臺灣受日本半個世紀統治，大陸革命風潮對島內影響較小，群眾對共產黨缺乏瞭解，臺灣工委一年內發展黨員不過百餘人。1947 年的二二八事件，掀起臺灣全島反對國民黨統治的民變，中共臺灣工委因事先缺乏準備，只有謝雪紅和張志忠等人組織部分群眾參加鬥爭。隨後，國民黨當局實行白色恐怖，臺灣工委的秘密活動更加困難，不過民眾不滿情緒的增長也為地下黨發展提供了有利條件。

二二八事件後，各地的反政府勢力不少轉投地下黨。以桃園為例，二二八時帶隊搶劫埔心機場的詹木枝，帶著簡吉吸收林元枝，[312]桃園地區的左翼

---

[311] 陳輝，〈中共臺灣隱蔽戰線千餘名烈士尋蹤紀實〉，《黨史博覽》，2015 年第 3 期。

[312] 〈林元枝談話筆錄〉，檔案局檔號 0041/340.2/5502.3/11/003。但安全局檔案所記則相反，可見互相推託。《安全局機密文件》（下），頁 265：

勢力由此開始發展，由簡吉主導，張志忠參與。初期僅有南崁、竹圍等支部，後來越來越多。武裝方面，吸收三重、新莊、桃園等地擁有武器的流氓二十多人，如二二八時參與武裝行動的當地角頭黃阿能，[313]及後來從各地投奔來者。又如曾為臺籍日本兵的廖成福，日本投降後在中國大陸的集中營接受蕭道應、鍾浩東等人學習班的課程。回臺後，石、蕭、黃等人投靠李萬居，從事失業救濟工作，二二八後李被趕出新生報，自創公論報，便將三人帶去該報工作，當時石加入地下黨，並奉命與簡國賢（老張）等聯繫。後來奉命到桃園發展，發現廖成福等也都已入黨在桃園發展。[314]

至於謝雪紅的勢力是否隸屬中共地下黨，陳芳明認為蔡孝乾曾被謝雪紅開除臺共黨籍，與謝雪紅很難合作，因此蔡吸收的多是沒有中國經驗的學生，如葉紀東、陳炳基、周青、鍾浩東、郭琇琮等，老臺共系統仍聽命謝雪紅。中共方面為了強調他們在二二八事件中領導起義的地位，因此將謝雪紅說成中共黨員；國民黨為了將責任推卸給中共，也將謝雪紅說成中共黨員，事實上當時謝雪紅並未加入中共。[315]

但事實上，北部的老臺共早已被中共收編，廖瑞發、林良材等都參與了相關的行動，李中志的學生軍起義也以廖家為根據地；《臺中的風雷》中提到，二七部隊潰散之前，謝雪紅與古瑞明等就離開了組織，往南部尋求簡吉等人的協助，但謝雪紅不敢自己去要求會面，而讓古瑞雲去詢問，足見南部的民主自治聯軍並不在她的統轄之下，而是由張志忠、簡吉與陳篡地等人控制。

詹木枝於民國三十五年間，在桃園水利會任職時，經林匪元枝介紹參加匪黨，直接受匪指揮領導，負責交通聯絡工作。三十八年五月，前往伯公岡向周匪慎源拿取手榴彈拾顆，交與林匪使用。同年七月掩護周慎源、簡文宣二匪在其家中潛匿。八月間在匪幹楊阿木家中會晤林匪，除報告治安機關人員在南崁一帶，從事查緝工作，並受林匪指示，對政府實施「三七五」減租政策，進行歪曲宣傳。

313 〈林元枝談話筆錄〉，檔案局檔號 0041/340.2/5502.3/11/003。筆錄中提到，加入地下黨後，不少人仍然從事搶劫綁架搶劫。

314 藍博洲，《臺灣好女人》，臺北：聯合文學，2001。

315 陳芳明，《謝雪紅評傳——落土不凋的雨夜花》，頁 269-278。

中、南部地區於 3 月 2 日至 3 日才開始有反抗行動。事件期間，較具規模的反抗力量主要都來自左翼勢力，包括省工委會系統和舊臺共系統，與北部與以民意代表和地方士紳為主的議會協商路線不同，他們採武裝抗爭路線。其中，擁有實戰經驗的張志忠在嘉義組織「臺灣民主聯軍自治聯軍」，透過其在嘉義廣播電臺所建立的指揮中心，統籌指揮臺南的李媽兜、斗六的陳篡地及嘉義的許分等，由張氏任司令、陳篡地任副司令、簡吉任政委，統帥朴子、北港、新港等 8 個支隊。[316]其中，第一、第三支隊在北港、新港一帶，前者以余炳金、葉啟祥為首；後者以張志忠、李廷芳為首；第二支隊在東石、朴子一帶，以呂水霖等人為首，共約 300 餘人，擁有機槍 6 挺、步槍 300 餘枝、手槍 40 餘枝、卡車 6 輛等。[317]

林書揚的看法與學界明顯不同，十分特別。他認為臺灣當年的左翼勢力強大，光是文化協會、農民組合、紅色總工會、臺灣工友會等，成員就有五萬人，加上外圍組織也有約五萬人，至少能動員十萬群眾。若不是二二八事件倉促爆發，導致左翼力量在沒有充分佈署的情況下提前發動，使國民黨在事後提高警覺，開始全面追蹤日治時代的左翼人士，臺灣的左翼發展絕不僅僅如此。[318]

臺灣左翼人士當年在日本政府的強力鎮壓之下，仍為了本地的文化、政治及經濟利益而奮起抵抗；國民政府統治臺灣初期，各種貪污腐敗、施政錯誤，左翼群眾不惜投入反對暴政的行列當中，比起當時見風使舵、觀望局勢的騎牆派勝過許多。但也由於始終站在反抗的第一線上，遭遇了最多的壓迫與傷害，實在是歷史的悲劇。

現今的二二八研究，擔心觸碰到受難家屬的傷口，多有顧忌，官方論述也很少論及這一塊。2013 年時，監察院周陽山、李炳南等人已提案要求情

---

[316] 吳克泰、藍博洲，〈隱蔽戰線的傳奇英雄——張志忠烈士〉，《軍事歷史》第 2 期，2002，頁 60。

[317] 陳興唐主編，《臺灣二二八事件檔案史料》，北京：檔案出版社，1991。

[318] 林書揚，《從二二八到五〇年代白色恐怖》，頁 84-87。

治單位將當年相關檔案公開，作為二二八研究的參考之用。[319]期望能有更多相關的新史料讓二二八研究有更寬廣的空間。

---

[319] 監察院調查案號 102 教調 0002 號，民國 102 年 1 月 10 日。

總 結

一、以時序論

對中華民國而言，二二八事件的發生無疑是意外之災，剛結束長達八年的對日抗戰，緊接著展開國共內戰，焦頭爛額之餘，甫接收不久的臺灣又爆發大規模衝突。姑且不論事件的經過，最終以軍隊鎮壓群眾來收拾殘局的結果，讓國民黨面上無光，不願多談論此事；戒嚴之後，社會環境肅殺，情治單位嚴格監控，視為禁忌，不允許相關議題公開討論。這種態度反而導致其經過眾說紛紜，有各種南轅北轍的論述，讓對岸在戒嚴解除前的數十年間，掌握事件的詮釋權。

國外的二二八論述，最值得注意的是美國人葛超智（George Kerr）。葛擁有極強烈的愛國心，他認為取得臺灣對美國在亞太地區的戰略十分重要，因此在事件中努力替該國政府製造干涉臺灣的機會，可惜政府高層並不領情。他在政治方面壯志未酬，於是撰寫《被出賣的臺灣》，主軸放在臺灣人民渴望被美國統治，但美國政府卻背叛這樣的期望，讓臺灣民眾遭受國民黨政府殘酷的待遇。

一九七〇年代，隨著臺灣經濟改善，民眾對民主自由的嚮往超越了政治藩籬，先有黨外刊物鼓吹言論自由及政治改革，接著各種社會運動接連衝擊威權體制，其中以「二二八和平日促進會」的遊行及追思祭拜最引人注目。與此同時，由海外開始，重新掀起二二八的研究風潮，島內也自李筱峰的學位論文〈臺灣戰後初期的民意代表〉開始，學院派逐漸投入相關的研究之中。

1987 年解除戒嚴之後，二二八一躍成為最熱門的話題之一，相關的期刊論文及專書大量出版，由於當時史料有限，相關檔案又多未公開；不僅官方論述對外難以統一，就連黨外都因為思想來源多元且混雜，各種說法的立場與認知落差極大，不乏激烈論戰。

李登輝擔任總統時，重新對二二八事件進行調查，先有臺灣省文獻會在各地舉辦大規模耆老及相關人物訪談，中研院近史所也進行口述歷史的訪錄製作。在這些基礎下，加上政府徵調的各機關檔案，最終在 1992 年由賴澤涵總主筆，完成行政院版的《二二八事件研究報告》。這份報告當然不可能盡善盡美，各方也多認為仍有爭議，但對事件發生之原因、經過及後續處理等情況描述甚詳，時至今日，依然是二二八研究的權威之作。

1990 年，尹章義在《聯合報》上發文呼籲通過立法來解決二二八問題，[1]隔年更首先提倡應以特別立法的方式，彌補「國家賠償法」的不足。[2]尹認為應重視人性尊嚴，不要以政治意識形態湮滅真相，[3]並視個案情況給予受害者「罪名平反」及「賠償」，希望撫慰二二八受難家屬的傷痛，並還給犧牲者該有的歷史定位，其主張獲得輿論界和立法院廣泛的回應。[4]

1996 年初，二二八基金會登記成立，由專家學者、公正人士與受難家屬組成董事會，開始受理相關補償申請。接下來的十年當中，通過了八百多位死亡及失蹤，與一千五百名左右包括傷殘、名譽受損及受到不當監禁的受難者補償申請。這段時期，以受難者及其家屬為對象的訪錄大量發行，而政府以本土化為前提的政治及教育改革，也如火如荼地展開，成為新的趨勢。

以國史館出版的《二二八辭典》別冊內容來看，二二八事件的補償名單

---

1 尹章義，〈政治利益不能纏上歷史悲劇〉，《聯合報》，1990 年 12 月 10 日。

2 尹章義，〈解讀二二八——撥開迷霧，回到歷史的原點〉，《中時晚報》，1991 年 2 月 27-28 日。

3 〈立院召開公聽會討論二二八賠償事宜各方咸認應賠償難屬〉，《自由時報》，1992 年 3 月 19 日。

4 謝邦振，〈行政院《二二八事件研究報告》出爐，尹章義認為應該透過特別立法作為處理善後依據〉，《中國時報》，1992 年 2 月 12 日。〈基於族群平和觀點政府不妨賠償可以透過特別立法作為處理善後依據以免該案一翻再翻〉，《聯合報》，1992 年 2 月 12 日。

當中，超過 5 位在未受難的情況下領取了死亡或失蹤的補償金；而 1949 年以後，才因為叛亂等罪名槍決的 63 名，也取得死亡補償，這些都算在八百多人的名單中。而因其他理由獲得補償者，在 1949 年後才被判刑者也約有 80 名，應屬白色恐怖受難者。

二二八事件的補償依法針對受公務員或公權力侵害者，若依本書附錄 2 所列舉的申請理由來看，有部分受難者恐未必符合資格。以上述的情況來看，政府對二二八事件受難者的身分認定其實相當寬鬆，對補償申請也沒設置太高門檻，這對撫慰受難者的哀慟，以及平息社會的不滿情緒，應該有所幫助。

2000 年的總統大選前夕，省籍及族群議題成為論戰的焦點，二二八事件自然也是常被提及的話題。1999 年起，二二八基金會及紀念館的相關出版品，以「悲慟」、「哭泣」、「創傷」等悲情口吻訴求，獲得多數民眾的理解及同情。民進黨執政之後，二二八成為顯學，國家檔案局的成立與檔案的大量開放，使相關研究成果及學位論文的數量大幅成長，官方出版品數量也較過去增加許多；二二八基金會多次舉辦歷史教師及大專青年的相關研習及活動，隨後的教改與新課綱更使歷史教科書的內容有幅度相當大的改變。

民進黨第一次的執政受到各種因素影響，政績並不漂亮，導致陳水扁在 2004 年的競選十分艱苦，到最後關頭都得依賴「兩顆子彈」的陰謀論。為了獲得連任，大選前不但湧現大量二二八專書及期刊專文，且其競選總部也主辦了「二二八手護臺灣」的百萬人活動，在李登輝等人的協助下，成功拉抬民進黨的聲勢。

2006 年，二二八基金會發表《二二八事件責任歸屬研究報告》，認定事件的元凶是當時的領導人蔣中正，國史館館長張炎憲並親自定位二二八事件是「執政者透過國家公權力，有計畫、有步驟的進行集體屠殺民眾。」[5]總統陳水扁稱讚此書「讓事件真相大白」，並指出從刑法及民法重新檢視二二

---

[5] 羅添斌，〈張炎憲：空有補償 還沒真正反省〉，《自由時報》，2006 年 2 月 20 日。

八的法律責任，將是今後研究的新方向。[6]此後連續幾年的二二八紀念活動中，都可見到二二八受難家屬在陳儀深等人領導下，走上街頭要求國民黨再次進行賠償的情景。

陳翠蓮認為，自 2000 年民進黨上臺後，既受困於舊結構，又缺乏執政目標之下，執政成績一蹋糊塗；為了討好舊集團及其支持者，怯於對轉型正義的堅持。於是，整個國家社會都深受其害，在舊結構與新政權拉鋸下，原地打轉，舉步維艱。[7]而這段時期的二二八研究，雖然新政府上任，歷史正義依然遙遠。[8]

2007 至 2008 年出現大量的期刊、專文，整體數量凌駕過去甚多，除因適逢事件六十週年之外，恐怕又與大選有關。馬英九執政之後，無論是相關期刊論文，或者專書的數量都急速減少，政府在二二八方面的相關活動，也多改為溫和的文藝展覽或音樂紀念，甚至相關的學位論文，也由過去以史學、政治、社會系所為主，轉變為文學、藝術居多。直到 2014 年，才又有中研院臺史所期刊以二二八新史料為主題，發表大量專文。

事實上，二二八事件經過多年爭議，先有歷史教科書內容的大幅度改變，後有新政府的重新定位，「綠調二二八」已成為多數人接受的論述基調。拜此所賜，相關的紀念活動漸趨平和，政治不正確的意見成為少數派。臺北市市長柯文哲在 2015 年 2 月 28 日出席臺北二二八紀念館的紀念儀式，[9]便表示「二二八事件不一定要追究誰是元兇」，受林義雄質疑後，他當天補充說明：「不一定要有元凶，但還是要有真相」，並呼籲放下仇恨，以較正面的態度，用愛與和平面對歷史。[10]

---

6 黃忠榮，〈扁：研議追究 228 法律責任〉，《自由時報》，2006 年 2 月 20 日。

7 陳翠蓮，〈歷史正義在臺灣：兼論國民黨的二二八論述〉，楊振隆總編輯，《二二八事件 60 週年國際學術研討會：人權與轉型正義學術論文集》，臺北：財團法人二二八事件紀念基金會，2007。頁 379。

8 陳翠蓮，〈歷史正義在臺灣：兼論國民黨的二二八論述〉，頁 381。

9 其祖父柯世元在 1947 年 4 月曾被國府羈押半個月，1954 年死於肺結核，也是二二八事件的受難者。

10 〈柯文哲：二二八感傷 應學放下仇恨〉，《中央日報》，2015 年 2 月 28 日。

但也有較激進的公民團體，如主張臺獨的「臺灣國」團體，仍在 2015 年二二八前夕對中正紀念堂的蔣介石銅像潑灑黑墨水，隨後全臺各地至少有二十處校園或公園的銅像也都遭到汙損或破壞，其中以基隆市獅球公園觀景臺的銅像遭到「斬首」最為嚴重。[11]二二八當天，臺南市長賴清德也在出席二二八事件追思會時宣布，將清查臺南市內各學校的蔣介石銅像，並在短時間內全面清出校園。[12]

《悲劇性的開端》一書中提到：「二二八事件是一個悲劇性的開端。但是，歷史演變的過程證明，悲劇性的開端，並沒有使得臺灣近四十多年來的歷史，變成一場徹頭徹尾的悲劇。」[13]

二二八事件的發生，事實上改變了國民政府對臺灣的各項政策，不但取消了爭議頗多的行政長官公署，也讓更多臺籍人士有機會進入政府任職，原有的專賣制度及公營企業也都進行了整頓，不到三年後更實施了地方自治。這樣的發展，或能寬慰當年反抗政府的英靈及無辜的受難者，也希望類似的歷史事件能夠不要再度發生。

二、量性分析

(一) 學位論文

以量性分析的結果來看，相關學位論文數量最多的時間點有四個：

其一是李登輝推行本土政策與「認識臺灣」教科書的啟用，引發學術界廣泛爭論，因而催生不少教育所及新聞所的論文，以探究其帶來的影響。

---

[11] 〈被斧頭劈碎 基隆蔣介石塑像頭顱尋獲〉，《自由時報》，2015 年 3 月 1 日。

[12] 〈賴清德：蔣介石銅像退出校園〉，中央社新聞，2015 年 2 月 28 日。

[13] 賴澤涵、馬若孟（Romon H. Myers）、魏萼合著，羅珞珈譯，《悲劇性的開端：臺灣二二八事變》，臺北：時報文化，1993，頁 9。

其二是 2000 年的總統大選，當時雙方陣營對族群及省籍問題的爭論十分激烈，政論節目上天天看到雙方唇槍舌劍，綠營最終勝出，與相關議題獲得民眾支持有一定程度的關聯。

第三個時間點是 2003 年，國家檔案局成立並開放二二八相關檔案，大量史料的公開，對學位論文的寫作有很大幫助。

最後是 2005 年，可能受前一年的「二二八手護臺灣」百萬人運動的影響，論文數量亦增加不少。

其後的《二二八事件責任歸屬研究報告》，以官方報告的高度為事件下了新定義，不但臺北二二八紀念館為此改變整個常設展的規劃，對學術、輿論界看待二二八事件的觀點都有一定程度影響。法律、政治系所研究轉型正義及責任追究的論文數量大增，而文學、藝術相關系所的相關論文，也多以此鋪陳其論述。

(二) 學術期刊及研討會論文集

以學術期刊及研討會論文集論文來看，數量較多的有四個時間點：1991～93 年之間，這段期間省文獻會、近代史研究所出版大量官方檔案及文獻，加上行政院《二二八事件研究報告》公布，讓眾多學者能夠接觸到二二八事件的資料，從各方面開始更細緻的探討；其次是 1997 年，一方面為事件 50 週年紀念，一方面李登輝的本土化政策引發眾多爭議，相關的論文數量亦多。

第三在 2007 年，該年是事件 60 週年，除多場研討會外，相關論文大量發表，數量方面達到歷年來的最高點；2013 到 2014 年間，中研院臺史所透過研究購得的安全局史料，又發表了多篇相關論文，雖然未有突破性的進展，但也為沉寂多時的相關研究注入一些新血。

(三) 雜誌期刊

雜誌期刊方面的統計結果，也可看出有五個較關鍵的時間點。

首先是戒嚴的解除，眾人開始有機會發表自己的見解，相關文章數量遽增。

其次一樣是 1991～92 年，大量官方資料公開，到《二二八事件研究報告》發表時，由於數量眾多且可信度高的檔案文獻公開，相關文章增加亦多。

第三個時間點是 1997 年左右，李登輝的教改及本土化政策，帶來不同立場者的激烈討論。

第四、五個時間點分別是 2004 年及 2008 年，一方面適逢總統大選，部分期刊難免以二二八事件作為攻防的手段，或者拉抬選情之用；另一方面 2007 年是二二八事件 60 週年紀念，為數不少的紀念專號也造成統計上的影響。

(四) 官方出版品

官方出版品的出版高峰，也有五個時段：

其一是 1992 至 1994 年，《二二八事件研究報告》完成前後，先有省文獻會的文獻輯錄，後有中研院近史所的資料彙編系列相繼出版，公開了許多相關史料。

其二是 1997 年，二二八基金會成立後，立刻出版為數不少的相關出版品。

其三是 1999～2002 年，政黨輪替前後，相關出版品出版甚多，包括檔案管理局的二二八檔案相關書籍、國史館的檔案彙編、二二八紀念館的葛超智系列等，都大概在這段期間。

2007 至 2008 年，一方面有 60 週年紀念的研討會論文集等，一方面各單位都很積極的出版相關刊物，不管是檔案局、二二八紀念館及國史館的戰後臺灣政治案件系列，數量較前幾年增加許多。

最後是 2012 年左右，以臺北市文化局及其所屬的二二八紀念館為主力，推出許多出版品。

(五) 專書

專書方面，第一個出版的高峰期在解嚴之後，由於政府放寬管制，前衛、自立晚報等出版社，一口氣大量出版過去管制的禁書，蔚為風潮，之後慢慢冷卻；到行政院《二二八事件研究報告》問世後，大量官方檔案及文獻隨之公開再次掀起研究風潮，迎來第二個高峰。

財團法人二二八紀念基金會成立之後，政府對事件的詮釋很快定調，此時海峽學術出版社也加入戰局，發行的書籍立場與之前的幾家出版社迥異。陳水扁執政八年，二二八相關書籍出版數量一直都維持在平均數之上，尤其 2007 年適逢事件 60 週年而有眾多的紀念活動與研討會，加上選舉將近，相關書籍的出版量增加不少。

馬政府執政期間，可能因為二二八論述本來就對當事人的國民黨不利，對相關議題消極處理，加上多年以來未有新史料的加入，炒不熱這鍋冷飯。接下來的八年當中，二二八事件相關書籍出版數量明顯銳減。

以上的統計結果均顯示，二二八事件的研究，無論是數量、方向或趨勢，都深受各種外在因素及大環境的影響，其中又以政治因素的影響最大。畢竟執政者的政策及立場，能影響到的層面既深且廣，非其他因素可比。

三、質性分析

本書也論及二二八相關研究的幾個爭議，包括事件性質、死亡人數、口述訪錄及部分立場鮮明史料的信度問題、史學與政治的關係及臺灣左翼對二二八事件的影響。

(一) 事件性質

事件性質方面，二二八事件的詮釋，從過去到現在，不同的政治環境下，改變極大。但其實並不複雜，歷史事件本來就不應該只有一個面相，二二八事件發生時，反抗政府的民間組織不止一個領導中心，當其訴求不同的時候，事件自然該有不同的定位。現階段官方最「主流」的說法是：「民眾要求政治改革，遭國軍屠殺，政府趁機消滅臺籍菁英」。

對未參與事件而無辜被捲入甚至受難的民眾來說，政府的行為無疑是無故逮捕、羅織罪名、恣意屠殺；對莫名其妙被毆打，甚至資產被毀損強奪的外省人而言，將參與毆虐的本省人稱為暴民也不難理解；對陳儀政府而言，除了臺北市外，各縣市機關多被佔據而失去控制，將事件認知為叛亂或民變，也難說完全錯誤。

反抗勢力當中，臺北處委會可能想利用談判達到政治改革的目的，但中南部的武裝民軍，明顯不在王添灯的控制之下；張志忠、陳篡地等人領導的民主自治聯軍，其目的是否政治改革？恐怕並不是。連長老教會的牧師都認為事件性質是「起義」，[14]當時與軍警衝突的參與群眾，又有多少將政治改革視為目的？

翻閱補償名單的死亡失蹤者八百餘人，將醫生、律師及知名人士都統計進去，能稱為社會菁英者恐不超過五十人，各界檯面上的一流人物被害數量甚微。政府若有意消滅臺籍菁英，應該不僅於此，此行動頂多是敲山鎮虎、殺雞儆猴的程度。但當歷史事件被過度泛道德化，或者當事者一方已被醜化為邪惡象徵時，或已很難再有理性的探討。

(二) 死亡人數

死亡人數方面，一般我們所認知的死亡人數，來自行政院《二二八事件研究報告》附錄中，陳寬政用人口學推估的 18000 到 28000 人。但報告正文當中特別提到，「以人口學推估死亡人數固是一法，但也有其限制，這段期間適值戰後復員及戶籍制度更替，資料非常紊亂，推估出來的數值無法確定

[14] 臺南市文化基金會月刊編輯部，〈「二二八事件」應更名為「二二八起義」——專訪臺南神學院歷史神學榮譽教授鄭兒玉牧師〉。

純為二二八事件造成的死亡。」[15]該書結論更強調，該報告「並未能對二二八的傷亡數字做出精確統計」。[16]

而陳寬政也在該文中表示，在資料有限，品質又不良的情況下，他的推估方式是在「沒有外來人口流動」的前提下計算的。[17]但 1940 年起，臺灣戶籍就因為戰爭而紊亂，1944 年日本最後一次普查未計算數十萬被徵兵者，中華民國治臺第一次普查遲至 1956 年，中間的空窗期何其大；且這段期間，先有被日軍徵兵者戰死及返臺，1945 年起外省公務員及平民進入臺灣，1946 年遣返三十多萬日人，二二八之後數萬外省人逃離，1949 年百萬軍民隨政府遷臺，以「沒有外來人口流動」前提計算的統計，真能準確乎？

陳寬政表示，「然而這樣的推估有其缺點，二次大戰時有大量的臺籍日本兵赴海外參戰，可能會在戰場上陣亡，所以這些數字也不見得準確。」「我們並不認為這些數字會比其他各種估計更準確可靠……如果必須對這些推估下個結論，我們的結論就是『沒有結論』。」[18]

今年（2017）二二八紀念研討會上，兩位臺大社會所研究生林邑軒與吳駿盛，以新的人口統計方式，計算出二二八死亡人數在 1304 至 1512 人之間，不出預料當場被受難家屬猛烈抨擊，李筱峰等學者也立刻表示不認同這項研究成果。

在通過審查的補償當中，死亡及失蹤加起來有八百多人，前已提及，其中還有六十多人應屬白色恐怖受難者，與二二八較無關係。即使不論此事，真有兩、三萬人受難，卻僅千人提出死亡、失蹤之申請，八百多人最終領取補償，以人性的角度來看並不合理。

為何二二八死亡人數能讓藍綠雙方爭論多年？大概是擔心受難者人數直

---

[15] 行政院二二八事件研究小組，《二二八事件研究報告》，臺北：時報文化，1994，頁 263。

[16] 行政院二二八事件研究小組，《二二八事件研究報告》，頁 412。

[17] 陳寬政，〈二二八事件死亡人數的人口學推估〉，《二二八事件研究報告》，臺北：行政院，1992，附錄五。有趣的是這篇重要的文章竟然在對外出版的版本中並未收錄，取得較不容易。

[18] 陳寬政，〈二二八事件死亡人數的人口學推估〉。

接影響事件受重視的程度吧。畢竟檢索《警察沿革誌》日本官方檔案中的紀錄，日治時期，光是警察在臺灣處死的人數就超過十六萬，單一事件超過千人受難比比皆是。遺憾的是，政府卻沒有對這些事件進行追思或紀念，甚至被排除在「轉型正義」的範圍之外。

(三) 史料信度

口述歷史的紀錄，毫無疑問有許多優點，能由不同的角度來對比官方檔案及資料，也能夠由不同立場來理解與認知當時的狀況，提供多元的看法；但缺點同樣不少，受訪者所知難免片面、局部、主觀，又可能受到個人因素及環境氛圍影響，史料價值較低。

李喬認為，雖有上述缺點，但口述歷史可以透過數量的累積，「量大為正」，達到一定比例時，錯誤的說法會被比對出來。[19]但現今的各種相關口述訪問，多以受難者為訪問對象；當受訪對象集中於天平的其中一側，恐怕得到的只是某一方想要的結果。在利益相同的情況之下，受訪者共同建構出對單方面有利的二二八論述，同時，在這個架構之下，也建構了如同「想像的共同體」一般的臺灣民族雛形。

另外，陳英泰提及，政治受難人互助會的成員接受省文獻會訪問前，就已得知訪問與政府正研議的補償有關，因此，「發言應比較慎重，有所保留，不能隨便亂講。」且互助會在集體受訪前，要求所有成員統一口徑，不能談與地下黨組織的關係，也不能講被捕的案情，還不能提別人的事，避免相互矛盾。[20]

他感嘆大家既想說明當年自己激於義憤，挺身反抗腐敗政府，與國軍對抗的英勇事蹟；另一方面為了得到平反與賠償，又得強調自己無辜受難，身分及立場難免既矛盾又困惑。[21]

---

[19] 李喬，〈臺灣史的奠基〉，頁 8。

[20] 陳英泰部落格，http://blog.xuite.net/yingtaichen/twblog/150857177。

[21] 同前注。

陳正雄曾向周婉窈反映，他不願意積極參加相關座談會，是因為曾接受某位臺大研究生的訪問，在描述水上機場戰役死亡人數時，未達到訪問者預期的數量而遭質疑，並受到質問犯人的態度對待。足見訪問者的立場亦影響訪錄之結果。

其他史料的部分，臺灣旅滬同鄉會在事件發生之初地位相當重要，不但很快組成臺胞六團體在各方面宣傳並援護，又與《文匯報》合作召開座談會，在各大媒體上宣傳政府的失政與屠殺。但臺灣旅滬同鄉會，現在已證實是中共地下黨在上海的根據地，其作為主要是為攻擊國民黨的形象，因此其相關史料可信度不高。

葛超智《被出賣的臺灣》書中的內容，無論是對臺灣產業的描述、公務員的數量、通貨膨脹的原因，乃至於美國軍官伊文斯的貪汙事件等，其敘述都與美國國務院及我國政府檔案資料不符，造假以詆毀陳儀政府的內容亦多。誠然，此書並非嚴謹的政府公文，也非學術著作，認真追究其內容真實性意義不大，但這樣一部作品卻影響臺灣極其深遠，令人搖頭。

(四) 史學與政治

至於二二八的史學與政治，其實多位學者都曾提及二二八研究受政治影響的問題。尹章義認為：「二二八事件在臺灣歷史上的意義及重要性，遠不如今日作為政治訴求鋪陳的那麼大；會成為一個政治議題，大部份是由於朝野對立與政府避諱造成，使這個問題逐漸與海外的臺獨運動與自決運動合流。」[22]他同時指出，廣設二二八紀念碑使其成為圖騰，未必對民眾有正面的影響，反而可能引發「義民廟現象」，讓二二八事件成為永難磨滅的歷史仇恨。[23]這種永久性撕裂族群的做法，恐非多數臺灣人民樂見的情況。

至於陳其邁等人所提出的「二二八事件處理及賠償條例第六條之一」修

---

[22] 尹章義，〈我對於二二八事件的看法〉，頁 238。

[23] 〈「二二八賠償條例草案」公聽會彭孟緝並未出席家屬：只有立法才能解決問題〉，《自立早報》，1992 年 3 月 19 日。

正案，要對企圖否認或粉飾「二二八論述」，而傷害受難家屬者處五年以下有期徒刑。個人以為，在不影響自身利益的情況下，人們多會同情弱勢的一方。二二八的受難家屬們的遭遇確實令人心痛而感同身受，但若因此將其作為神聖不可侵犯的圖騰，似乎又太過；為了保護他們的心靈不受傷害，而要立法封殺所有不同看法的言論，以及立場相異的學術研究，恐怕會適得其反。

(五) 左翼勢力與二二八

至於左翼勢力對二二八事件的影響，近來的研究多認同中共地下黨及臺共，與二二八事件的發生並無直接關係；但若真要說二二八事件當中，共黨的影響不大，恐怕又與眾多檔案及訪錄難吻合。

臺灣左翼人士當年在日本政府的強力鎮壓之下，仍為了臺灣的文化、政治及經濟利益而奮起抵抗；國民政府統治臺灣初期，各種貪污腐敗、施政錯誤，左翼群眾不惜投入反對暴政的行列當中，包括中部的二七部隊、臺北的學生起義與南部的民主自治聯軍都與左翼有關。比起當時見風使舵、觀望局勢的騎牆派勝過許多。但也由於始終站在反抗的第一線上，遭遇了最多的壓迫與傷害，但現今的二二八研究，擔心模糊焦點，也怕觸碰到受難家屬的傷口，多有顧忌，連官方論述都也很少論及這一塊。

2013 年，中共在北京西山國家森林公園設置無名英雄廣場，紀念 1950 年代犧牲的地下黨成員，廣場上立有無名英雄紀念碑、雕塑及人員名單共八百多名。領取二二八死亡補償的名單中，約有三十位名列其中。另外，二二八期間從基隆要塞偷運武器支援民軍的蔡汝鑫將軍、臺糖案的沈鎮南經理、白色恐怖受難者李媽兜、還有刻畫二二八屠殺木雕畫而聞名的黃榮燦、在臺灣推行革命話劇的簡國賢等人也都在內。

林書揚的看法與學界明顯不同，他認為臺灣當年的左翼勢力強大，光是由日據時代延續下來的文化協會、農民組合、紅色總工會、臺灣工友會等，成員就有五萬人，加上外圍組織也有約五萬人，至少能動員十萬群眾。若不是二二八事件倉促爆發，導致左翼力量在沒有充分佈署的情況下提前發動，使國民黨在事後提高警覺，開始全面追蹤日治時代的左翼人士，臺灣的左翼發展絕不僅僅如此。[24]這種看法相當特別，但也非空穴來風。

四、期望

二二八事件的詮釋，從過去到現在，因應不同的政治及社會環境，不斷改變。歷史事件本來就不應該只有一個面相，由立場不同的人來看，事件自然有不同的定位。但無論如何，以研究者的立場，不應將事件預設為善良與邪惡的對立，或者是好人對抗壞人的情況。一如《悲劇性的開端》當中所提到：「我們相信讀者在認真思考導致此一事變錯綜複雜的因素時，不會將它視為一場好人對抗惡棍的殊死戰，而應視為一樁悲劇性的事故。」[25]

臺灣的政治對立十分嚴重。陳君愷教授過去曾撰寫為陳儀平反的文章，為此他在文章中自報家門，甚至解釋自己的立場，以避免受到不同看法者的質疑：[26]

> 我是一個土生土長的臺灣人，家父和我都從事於臺灣研究，而我也有親戚親身參與了二二八事件中的武裝抗爭。以這樣的背景，我沒有理由也沒有必要為陳儀說好話。身為一個臺灣人，尤其是一個以歷史研究工作為終身職志的臺灣人，我當然希望二二八事件中受冤屈的人民能夠獲得平反與昭雪。然而，當我們致力於還給無辜受難人民屬於他應有之清白的同時，我們也應還給當年的

---

[24] 林書揚，《從二二八到五〇年代白色恐怖》，頁 84-87。

[25] 賴澤涵、馬若孟、魏萼合著，羅珞珈譯，《悲劇性的開端：臺灣二二八事變》，頁 31。

[26] 陳君愷，〈平心看陳儀的評價問題：以二二八事件為中心〉，《海峽評論》，第 3 期，1991 年 3 月。

統治者（即使是加害者）屬於他應有的清白。也唯有如此，我們所熱切期盼的和平與公義，才會真正降臨這個島上！

二二八事件在臺灣歷史上的重要性，眾人皆知，也因為這樣，政治力量難免介入相關的學術研究。學者當然有自己的立場及觀點，但只要能秉持學術專業及良知，依然能有出色的研究成果。國民黨身為當年鎮壓參與群眾的兇手，只能刻意淡化事件，道歉賠償尋求和解；賴澤涵曾表示：選舉期間，二二八事件總是被拿來攻擊國民黨，說外來政權對臺灣人屠殺，這一訴求也的確吸引臺灣民眾對國民黨的不信任，甚至表示應加以推翻。[27]

每年二月，總要來一次如同廟會般的紀念活動，過後雲淡風輕；每次選舉，總要再把這個話題重新炒熱，但又很難再有甚麼具體作為。眾所周知，即使是正史的紀載，也往往因為政治的需要而有溢美或隱晦之處，更何況一些立場鮮明或者別有用心的著作，該如何抽絲剝繭而探求歷史事實，恐怕是史學研究者的最大問題。個人淺見，若要看到二二八事件出現公正的詮釋，恐怕要等被認為是劊子手的國民黨，與既得利益的民進黨都消失在歷史的長河之後，才有可能出現。

贏得 2016 總統大選的蔡英文，在最後一次的公辦政見會中，特別著墨族群議題。她表示，這次選舉，省籍矛盾已不再是議題，未來如當選總統，會確保「省籍矛盾永遠不會在這國家再度發生。」或許是因為此次選舉民進黨的優勢明顯，或許蔡實踐了她的承諾。此次大選中，二二八並未再度被拿出來作為議題操作，這是一個可喜的情況，代表政治對學術研究的影響有所減少。她表示此後將消弭省籍的衝突：[28]

我不否認，省籍衝突，曾經撕裂臺灣的社會。我也不會否認，我

---

[27] 賴澤涵，〈二二八事件研究的回顧與展望——兼談過去研究的秘辛〉，頁 10。

[28] 〈總統政見會 3 蔡英文第一輪政見發表全文〉，《自由時報》，2016 年 1 月 8 日。

所領導的政黨，在這個議題上，做得不夠好。過去的歷史，讓外省族群的朋友們，對我們產生了一些固定的想法。但是，這一切的衝突，都應該成為過去。

但《促進轉型正義條例》的通過，不得不令人再次憂慮，畢竟該條例設定的時期，代表政府無意追究日治時代臺灣民眾受到的不當待遇，原住民長期以來要求的居住及歷史正義也不打算處理，僅著眼於殲滅唯一對手。作者並不相信世間有絕對的正義存在，也不喜歡以今非古，只希望所謂的「轉型正義」不會變成勝利者對失敗方的清算鬥爭，甚至異端審判。

身為一位道地的臺灣人，誠心希望臺灣的族群問題能夠緩和，兩岸問題能和平解決，也為在二二八事件當中付出犧牲的所有人致上敬意。期盼該事件留給臺灣的，是對人權與和平的信念及嚮往，而非無盡的仇恨與族群撕裂的對立。

參考書目

說明：1. 第壹部分為二二八相關研究著作及出版品
　　　2. 加上※記號表示非臺灣出版，故未納入本研究之量性分析

壹、二二八事件文獻目錄（依時序排列）

一、官方檔案

1. 臺灣省文獻委員會，《二二八事變撫慰紀念碑拓本》，南投：編者，1947。
2. 臺灣省行政長官公署，《臺灣省二二八暴動事件紀要》，臺北：編者，1947。
3. 臺灣省警備總司令部，《臺灣省二二八事變紀事》，臺北：編者，1947。
4. 臺灣省接收委員會日產處理委員會編，《臺灣省接收委員會日產處理委員會結束總報告》，臺北：編者，1947。
5. 何鳳嬌，《政府接收臺灣史料彙編》，臺北：國史館，1990。
6. 林德龍輯註、陳芳明導讀，《二二八官方機密史料》，臺北：自立晚報社，1992。
7. 陳興唐等編，《臺灣二二八事件檔案史料》（上、下），臺北：人間出版社，1992。
8. 薛月順，《資源委員會檔案史料彙編：光復初期臺灣經濟建設》，臺北：國史館，1993-1995。
9. 魏永竹主編，《抗戰與臺灣光復史料輯要：慶祝臺灣光復五十周年特刊》，南投：臺灣省文獻委員會，1995。
10. 薛月順，《臺灣省政府檔案史料彙編行政長官公署時期》（共四冊），臺北：國史館，1996。
11. 侯坤宏，《國史館藏二二八檔案史料》（分三冊），臺北：國史館，1997。

12. 簡笙簧等主編，《二二八事件檔案彙編》，目前十八冊，臺北：國史館，2002 起。（1-12 冊 2002 出版，13-15 冊 2003，16 冊 2004，17-18 冊 2008）

13. 呂興忠編撰，《彰化縣二二八事件檔案彙編》，彰化：彰化縣文化局，2004。

14. ※中國第二歷史檔案館，《館藏民國臺灣檔案滙編》，共三百冊，北京：九州出版社，2007。

15. 張炎憲、許芳庭，《戰後臺灣政治案件–林日高案史料彙編》，臺北：國史館，2008。

16. 葉惠芬，《戰後臺灣政治案件——李武忠案史料彙編》臺北：國史館，2008。

17. 許進發，《戰後臺灣政治案件——簡吉案史料彙編》，臺北：國史館，2008。

18. 歐素瑛，《戰後臺灣政治案件——李媽兜案史料彙編》，臺北：國史館，2008。

19. 何鳳嬌《戰後臺灣政治案件——湯守仁案史料彙編》，臺北：國史館，2008。

20. 許進發《戰後臺灣政治案件——學生工作委員會案史料彙編》，臺北：國史館，2008。

21. Nancy Hsu Fleming 著、蔡丁貴譯，《狗去豬來：二二八前夕美國情報檔案》，臺北：前衛出版社，2009。

22. 呂興忠編撰，《彰化縣二二八事件警察檔案》，彰化：彰化縣文化局，2010。

23. 歐素瑛、林正慧、黃翔瑜，《戰後臺灣政治案件——簡國賢案史料彙編》，臺北：國史館，2014。

24. 謝培屏、何鳳嬌，《戰後臺灣政治案件——藍明谷案史料彙編》，臺北：國史館，2014。

25. 許雪姬主編，《保密局臺灣站：二二八史料彙編（一）》，臺北：中央研究院臺灣史研究所，2015。

二、文獻資料彙編

1. ※廈門大學臺灣研究所編，《二二八起義資料集》，廈門：編者，1981。

2. 林忠，《臺灣光復前後史料概述》，臺北：皇極出版社，1983。

3. 李敖編，《二二八研究》，臺北：李敖出版社，1989。

4. 李敖編，《二二八研究：續集》，臺北：李敖出版社，1989。

5. 張瑞成編，《臺籍志士在祖國的復臺努力》，臺北：中國國民黨黨史會，1990。

6. 張瑞成編，《抗戰時期收復臺灣之重要言論》，臺北：中國國民黨黨史會，1990。

7. 張瑞成編，《光復臺灣之籌畫與受降接收》，臺北：中國國民黨黨史會，1990。

8. 陳芳明編，《臺灣戰後史資料選：二二八事件專輯》，臺北：二二八和平日促進會，1991。

9. 鄧孔昭編著，《二二八事件資料集》，臺北：稻鄉出版社，1991。

10. 李敖編，《二二八研究：三集》，臺北：稻鄉出版社，1991。

11. 魏永竹等編，《二二八事件文獻輯錄》，南投：臺灣省文獻委員會，1991。

12. 魏永竹等編，《二二八事件文獻續錄》，南投：臺灣省文獻委員會，1992。

13. 臺灣省議會秘書處，《臺灣省參議會有關二二八事件資料檔案彙編》，臺中：編者，1992。

14. 中央研究院近代史研究所編，《二二八事件資料選輯》，共六冊，臺北：編者，1993。

15. 魏永竹等編，《二二八事件文獻補錄》，南投：臺灣省文獻委員會，1994。

16. 李祖基編，《二二八事件報刊資料彙編》，臺北：海峽學術出版社，2007。

三、當事人日記、筆記、自傳、回憶錄（附錄關係人的同類作品）

(一)專書

1. 李純青，《臺灣紀行》，臺北：臺灣新生報社，1946。

2. 臺灣正義出版社編，《臺灣二二八事件親歷記》，臺北：編者，1947。

3. 韓石泉，《六十回憶》，臺南：作者，1956。

4. 丘念臺，《嶺海微飆》，臺北：中華日報社，1962。

5. 楊金虎，《楊金虎回憶錄》，高雄：作者自印，1967。

6. 楊肇嘉，《楊肇嘉回憶錄》，臺北：三民書局，1967。

7. 吳新榮，《震瀛回憶錄》，臺南：琑琅山房，1977。

8. 吳新榮著、張良澤主編，《吳新榮日記・戰後》，臺北：遠景出版公司，1981。

9. 黃朝琴，《我的回憶》，臺北：龍文出版社，1981。

10. 劉雨卿，《恥廬雜記》，臺北：劉雨卿將軍遺著編印紀念委員會，1982。

11. 張煦本，《記者生涯四十年》，臺北：自立晚報社，1982。

12. 鍾謙順，《煉獄餘生記：坐獄二十七年回憶錄》，臺北：鄭南榕，1985。
13. 吳濁流，鍾肇政譯，《臺灣連翹》，臺北：臺灣文藝雜誌社，1987。
14. 吳濁流，《無花果：臺灣七十年的回想》，臺北：前衛出版社，1988。
15. 丘念臺、楊肇嘉等著，張炎憲、李筱峰編，《二二八事件回憶集》，臺北：稻鄉出版社，1989。
16. 彭明敏著、林美惠譯，《自由的滋味：彭明敏回憶錄》，加州：臺灣出版社，1984；臺北：李敖出版社，1989。
17. 吳新榮，《吳新榮回憶錄》，臺北：前衛出版社，1989。
18. 古瑞雲，《臺中的風雷：跟謝雪紅在一起的日子裡》，臺北：人間出版社，1990。
19. 黃順興，《走不完的路：黃順興自述》，臺北：自立晚報社，1990。
20. 李天祿，《戲夢人生：李天祿回憶錄》，臺北：遠流出版公司，1991。
21. 汪彝定，《走過關鍵年代：汪彝定回憶錄》，臺北：商周文化，1991。
22. 蔣渭川，《二二八事變始末記》，臺北：蔣梨雲等印，1991。
23. 葉石濤，《一個臺灣老朽作家的五〇年代》，臺北：前衛出版社，1991。
24. 葉明勳，《議事懷人》，臺北：曜昇文化，1992。
25. 鍾逸人，《辛酸六十年》（上、下），臺北：前衛出版社，1993。
26. 蘇新，《未歸的臺共鬥魂：蘇新自傳與文集》，臺北：時報文化，1993。
27. 蘇新，《永遠的望鄉：蘇新文集補遺》，臺北：時報文化，1994。
28. 陳逸松口述，林忠勝撰述，《陳逸松回憶錄》，臺北：前衛出版社，1994。
29. 胡慧玲，《島嶼愛戀》，臺北：玉山社，1995。
30. 周夢江、王思翔著，葉芸芸編，《臺灣舊事》，臺北：時報文化，1995。
31. 沈義人，《二二八和平使者：沈義人先生回憶錄》，臺南：作者自印，1996。
32. 邱永漢，《我的青春・臺灣我的青春・香港》，臺北：不二出版社，1996。
33. 張光直，《一個番薯人的故事》，臺北：聯經出版社，1998。
34. 王桂榮，《王桂榮回憶錄：一個臺美人的移民奮鬥史》，臺北：遠流出版公司，1999。
35. 顏崇漢，《動盪的年代：一位外科醫師的回憶錄》，桃園：達璟文化事業公司，2000。
36. 蘇瑤崇編，《葛超智先生文集》，臺北：臺北二二八紀念館，2000。

37. 蘇瑤崇編，《葛超智先生相關書信集》（上、下），臺北：臺北二二八紀念館，2000。
38. Allan J. Shackleton 著，宋亞伯譯述，《福爾摩沙的呼喚：一位紐西蘭人在臺灣二二八事件的親身經歷》，臺北：望春風文化，2002。
39. 吳克泰，《吳克泰回憶錄》，臺北：人間出版社，2002。
40. 王育德，《王育德全集》，臺北：前衛出版社，2002。
41. 王育德，《王育德自傳：出生自二二八後脫出臺灣》，臺北：前衛出版社，2002。
42. 柯旗化，《臺灣監獄島：柯旗化回憶錄》，高雄：第一出版社，2002。
43. 朱文伯，《朱文伯回憶錄》，臺北：民主潮社，2002。
44. 巫永福，《我的風霜歲月：巫永福回憶錄》，臺北：望春風文化，2003。
45. ※周青，《周青文藝論集》，北京：臺海出版，2003。
46. 阮美姝，《孤寂煎熬六十年：尋找二二八消失的爸爸阮朝日》，臺北：前衛出版社，2003。
47. 黃金島，《二二八戰士——黃金島的一生》，臺北：前衛出版社，2004。
48. 楊克煌遺稿，楊翠華整理，《我的回憶》，臺北：楊翠華，2005。
49. ※李玲虹、龔晉珠主編，《臺灣農民運動先驅者李偉光》，〈上、下〉，北京：臺海，2006。
50. 楊基振著、黃英哲、許時嘉編譯，《楊基振日記：附書簡、詩文》，臺北：國史館，2007。
51. 鍾逸人，《辛酸六十年（續篇）火的刻痕：鍾逸人後 228 滄桑奮鬥史》，臺北：前衛出版社，2009。
52. 許壽裳著、北岡正子等編，《許壽裳日記：自 1940 年 8 月 1 日至 1948 年 2 月 18 日》，臺北：臺灣大學出版中心，2010。
53. 張四平，《貶春風：張四平回憶錄》，臺北：望春風文化，2011。

(二) 單篇

1. ※何聘儒，〈蔣軍鎮壓臺灣人民起義紀實〉，《文史資料選輯》，第 18 輯，1961。
2. ※何漢文，〈臺灣二二八起義見聞紀略〉，收入中國人民政治協商會議湖南省委員文史資料研究委員編，《湖南文史資料選輯》，第 2 輯，1981 年。
3. ※蔡子民，〈憶「二二八」與王添灯〉，《臺聲》第 31 期，1987 年。
4. ※陳碧笙，〈參加臺灣旅京滬七團體赴臺調查「二二八」事變的經過〉，《臺聲》，第

31 期，1987 年。

5. 王康，〈二二八事變親歷記〉，《獨家報導》第 111 期，1987 年 3 月。

6. 嚴演存，〈二二八事變的親歷與分析〉，《傳記文學》第 50 卷第 6 期，1987 年 6 月。

7. 沈雲龍，〈初到臺灣：憶述四十年前一些往事〉，《傳記文學》第 51 卷第 6 期，1987 年 12 月。

8. 葉明勳，〈二二八事件親歷的感受〉，《傳記文學》第 52 卷第 3 期，1988 年 3 月。

9. 沈雲龍，〈沈雲龍先生遺稿：「二二八」事變的追憶〉，《歷史月刊》第 3 期，1988 年 4 月。

10. 林宗義，〈林茂生與二二八——他的處境與苦悶〉，陳芳明編，《二二八事件學術論文集：臺灣人國殤事件的歷史回顧》，臺北：前衛出版社，1989。

11. 翟羽，〈「二・二八」十二日記〉，《傳記文學》第 60 卷第 2 期，1992 年 2 月。

12. 〈二二八事件第一手機秘回憶錄臺灣警備總司令部參謀長柯遠芬發表臺灣二二八事變之真相〉，《中國論壇》32 卷 5 期，1992 年 2 月。

13. 歐陽可亮著、張志銘譯，〈二二八大屠殺的證言〉，《臺灣史料研究》第 11 期，1998 年 5 月。

14. 陳明忠，〈見證二七部隊：二二八證言〉，《海峽評論》第 52 期，1995 年 4 月。

15. 彭蔭剛編，《陸軍一級上將彭孟緝將軍生平》，出處：自印，出版年不詳。

四、當事人口述記錄（附錄親友口述）

(一) 專書

1. 白崇禧口述、賈廷詩等訪問記錄，《白崇禧先生訪問記錄》，臺北：中央研究院近代史研究所，1984。

2. 吳三連口述、吳豐山撰，《吳三連回憶錄》，臺北：自立晚報社，1991。

3. 黃紀男口述、黃玲珠執筆，《老牌臺獨：黃紀男泣血夢迴錄》，臺北：獨家出版社，1991。

4. 沈秀華、張文義訪錄，《噶瑪蘭二二八：宜蘭二二八口述歷史》，臺北：自立晚報社，1992。

5. 中央研究院近代史研究所編，《口述歷史》，第 3 期，臺北：編者，1992。

6. 張炎憲、胡慧玲、高淑媛等訪錄，《悲情車站二二八》，臺北：自立晚報社，1993。

7. 鄭三郎總編、潘光哲訪錄，《嘉農口述歷史》，嘉義：嘉義農業專科學校校友會，

1993。

8. 葉芸芸編寫，《證言228》，臺北：人間出版社，1993。

9. 中央研究院近代史研究所編，《口述歷史》，第4期，臺北：編者，1993。

10. 林衡道口述，陳三井等訪問，《林衡道先生訪問紀錄》，臺北：中央研究院近代史研究所，1993。

11. 朱昭陽口述，吳君瑩紀錄，《朱昭陽回憶錄：風雨延平出清流》，臺北：前衛出版社，1994。

12. 謝雪紅口述，楊克煌筆錄，楊翠華編，《我的半生記：臺魂淚》（一），臺北：楊翠華，1997。

13. 張炎憲等採訪記錄，《基隆雨港二二八》，臺北：自立晚報社，1994；臺北：吳三連臺灣史料基金會，2011。

14. 張炎憲等採訪記錄，《嘉義北回二二八》，臺北：自立晚報社，1994；臺北：吳三連臺灣史料基金會，2011。

15. 許雪姬，《藍敏先生訪問紀錄》，臺北：中央研究院近代史研究所，1995。

16. 中央研究院近代史研究所編，《高雄二二八事件相關人物訪問紀錄》（上、中、下），臺北：編者，1995。

17. 張炎憲等採訪記錄，《臺北南港二二八》，臺北：吳三連臺灣史料基金會，1995。

18. 張炎憲等採訪記錄，《嘉義驛前二二八》，臺北：吳三連臺灣史料基金會，1995。

19. 張炎憲等採訪記錄，《諸羅山城二二八》，臺北：吳三連臺灣史料基金會，1995。

20. 張炎憲等採訪記錄，《淡水河域二二八》，臺北：吳三連臺灣史料基金會，1996。

21. 張炎憲等採訪記錄，《臺北都會二二八》，臺北：吳三連臺灣史料基金會，1996。

22. 張昭仁、謝立信編，《噤聲五十年：臺灣人民口述歷史》，臺北：海洋國家文化，1996

23. 張炎憲等採訪記錄，《嘉雲平野二二八》，臺北：吳三連臺灣史料基金會，1997。

24. 周婉窈主編，《臺籍日本兵座談會記錄并相關資料》，中央研究院臺灣史研究所籌備處，1997。

25. 藍博洲，《高雄縣二二八暨五〇年代白色恐怖民眾史》，高雄：高雄縣政府，1997。

26. 呂芳上等訪問、丘慧君等紀錄，《戒嚴時期臺北地區政治案件口述歷史》，臺北：中央研究院近代史研究所，1999。

27. 游賜壹口述、潘是輝訪錄，《二二八受難者：游賜壹先生口述歷史》，臺北：二二八基金會贊助編印，1999。

28. 習賢德主持，《二二八口述歷史補遺：中央警校臺幹班的集體記憶》，臺北：財團法人二二八事件紀念基金會贊助研究報告，2000。

29. 吳文星、許雪姬採訪編輯，《戒嚴時期臺灣政治事件口述歷史》，南投：臺灣省文獻委員會，2001。

30. 高俊明、高李麗珍口述、胡慧玲撰，《十字架之路：高俊明牧師回憶錄》，臺北：望春風文化，2001。

31. 涂叔君，《南瀛二二八誌》，臺南：臺南縣文化局，2001。

32. ※文思編，《我所知道的白崇禧》，北京：中國文史出版社，2003。

33. ※文思編，《我所知道的陳儀》，北京：中國文史出版社，2004。

34. 莊國治，《一甲子的沈．譴證言：二二八事件基隆地區口述歷史》，基隆：基隆市二二八關懷協會，2004。

35. 鍾惠萍主編，《烽火人生：雙和地區歷戰耆老口述歷史輯錄》，中和：財團法人中和市中和庄文史研究協會，2008。

36. 曾永賢口述、張炎憲、許瑞浩訪問、許瑞浩、王峙萍整理，《從左到右六十年：曾永賢先生訪談錄》，臺北：國史館，2009。

37. 呂興忠，《彰化縣二二八口述歷史系列書》，彰化：彰化縣文化局，2010。

38. 張炎憲、曾秋美主編，《花蓮鳳林二二八》，臺北：吳三連臺灣史料基金會，2010。

39. 蔡萬才口述、許雪姬訪談、鄭麗榕紀錄，《蔡萬才先生訪談錄》，臺中：立法院議政博物館，2010。

40. 黃昭堂口述、張炎憲等整理，《建國舵手黃昭堂》，臺北：吳三連臺灣史料基金會，2012。

41. 蔡慧玉訪問、吳美慧記錄，《光復臺灣與戰後警政：「臺灣警察幹部訓練班」口述訪談紀錄》，臺北：中央研究院臺灣史研究所，2013。

42. 沈秀華、張文義採訪記錄，《噶瑪蘭二二八》，臺北：吳三連臺灣史料基金會，2013。

43. 張炎憲等人採訪記錄，《新竹風城二二八》，臺北：吳三連臺灣史料基金會，2014。

(二) 單篇

1. ※楊逵口述、何晌整理，〈二二八事件前後〉，《臺灣與世界》第21期，1985年5月。

2. ※李偉光口述、蔡子民整理，〈李偉光自述〉(下)，《臺聲》總第28期，1986年11月。

3. ※葉芸芸訪問整理，〈二二八事件歷史見證人訪談之一：三位新聞工作者的回憶〉，

《臺灣與世界》第39期，1987年3月。

4. ※周明（古瑞雲）口述、何响整理，〈二二八事件歷史見證人訪談之二：周明先生談二二八〉，《臺灣與世界》第39期，1987年3月。

5. 〈二二八事變的回憶——林衡道先生訪問紀錄〉，《口述歷史》第2期，1991年2月。

6. 海峽評論記者，〈訪陳明忠談「二二八」〉，《海峽評論》第3期，1991年3月。

7. 海峽評論記者，〈訪嚴秀峰女士談李友邦與「二二八」〉，《海峽評論》第3期，1991年3月。

8. 莊芳榮主持，林萬傳紀錄，〈大稻埕耆老座談會紀錄〉，《臺北文獻》直字第99期，1992年3月。

9. 林衡道，〈二二八的見聞〉，《臺灣風物》第42卷第2期，1992年6月。

10. 張炎憲等訪錄，〈一位老臺共的心路歷程：莊春火訪問記錄〉，《臺灣史料研究》第2期，1993年8月。

11. 呂培苓採訪記錄，〈冤冤枉枉兩代人：高雄縣旗山的王獅、王天煌父子〉，《臺灣史料研究》第3號，1994年2月。

12. 張炎憲等訪錄，〈為市民而亡的潘木枝醫師：潘信行訪問錄〉，《臺灣史料研究》第3期，1994年2月。

13. 張炎憲等訪錄，〈永不止息的等待：陳炘遺屬訪問錄〉，《臺灣史料研究》第12號，1998年11月。

14. 張炎憲等訪錄，〈陳遜章先生訪問記錄〉，《臺灣史料研究》第14號，1999年12月。

15. 朱重聖修訂，〈大臺中地區二二八事件口述訪錄〉，《國史館館刊》第30期，2001年6月。

16. 張炎憲等訪錄，〈一個時代的遊俠：劉明——劉心心口述歷史紀錄〉，《臺灣史料研究》，第19號，2002年6月。

17. 陳儀深等訪錄，〈「二二八事件」李萬居先生的子女訪問紀錄〉，《口述歷史》，第11期，2002年8月。

18. 劉青石口述、吳國禎整理，〈我的臺灣地下黨經歷〉，《海峽評論》，187期，2006年7月。

19. 呂正惠、陳宜中，〈一個臺灣人的左統之路：陳明忠先生訪談錄〉，《思想》第9期，2008年5月。

五、當時報刊、出版品、報導論述

(一)專書

1. 黃存厚，《二二八事變始末記》，臺中：國防部新聞局掃蕩周報社，1947。
2. 南瀛出版社編，《陳公洽與臺灣》，出版地不明：編者，1947。
3. ※勁雨，《臺灣事變真相與內幕》，上海：建設書局，1947。
4. ※唐賢龍，《臺灣事變內幕記》，南京：中國新聞社，1947。
5. ※臺灣省旅平同鄉會、天津市臺灣同鄉會、臺灣省旅平同學會，《臺灣二二八大慘案華北輿論集》，北平：編者，1947。
6. ※臺灣省旅平同鄉會、天津市臺灣同鄉會編，《二二八週年志》，北平：編者，1948。
7. 江慕雲，《為臺灣說話》，上海：二五記者聯誼會，1948；臺北：稻鄉出版社，1992。

(二)單篇

1. 正氣半月刊社，〈臺灣糧食問題專號〉，《正氣半月刊》第 1 卷第 3 期，1946 年 5 月。
2. ※〈臺灣與祖國〉，《觀察》第 1 卷第 13 期，1946 年 11 月。
3. ※胡允恭（張琴），〈臺灣二二八事件真相〉，《文萃叢刊》第 2 期，1947 年。
4. ※志中，〈紀念「二二八」臺灣民變〉，《群眾周刊》第 2 卷第 7 期，1948 年 2 月。
5. 雅三，〈「二二八」事變透視〉，《臺灣月刊》第 6 期，1947 年 4 月。
6. 黃旭東，〈二二八事變思痛錄〉，《臺灣月刊》第 6 期，1947 年 4 月。
7. 正氣半月刊社，〈社論：綏靖與建設〉，《正氣半月刊》第 2 卷第 2 期，1947 年。
8. 梁辛仁，〈我們對不起臺灣：二二八民變的分析〉，《新聞天地》第 22 期，1947 年。
9. 亞平，〈臺灣第一奇女子謝雪紅〉，《臺灣內幕》第 2、3 輯，1948 年 2 月。
10. 張雪門，〈從二二八以來我對於本省師範教育的展望〉，《教育雜誌》創刊號，1948 年。

貳、二二八事件研究論述

一、官方正式調查研究報告

1. 楊亮功、何漢文，〈臺灣二二八事變調查報告〉、〈臺灣善後辦法建議案〉，魏永竹等編，《二二八事件文獻續錄》，南投：臺灣省文獻委員會，1992。
2. 行政院新聞局編，《二二八事件專案報告》，臺北：編者，1989。
3. 行政院研究二二八事件小組，《二二八事件研究報告》，臺北：編者，1992。
4. 趙昌平、廖健男、黃勤鎮、詹益彰、李伸一、謝慶輝、林時機、康寧祥，《二二八事件受難者家屬陳訴案調查報告》，臺北：監察院，2004。

二、中央政府機構調查研究論著

1. 內政部調查局，《共匪在臺之陰謀與活動》，臺北：編者，1951。
2. 國防部保密局，《附匪份子實錄》，臺北：編者，1954。
3. 郭乾輝，《臺共叛亂史》，臺北：內政部調查局，1955。
4. 臺灣省保安司令部，《臺灣二二八變亂紀略》，臺北：編者，1956。
5. 國防部總政治部，《謝雪紅的悲劇》，臺北：編者，1958。
6. 國家安全局編，《安全局機密文件：歷年辦理匪案彙編》（第三輯），臺北：編者，出版時間不明。（曾建元教授收藏）
7. 行政院法務部調查局編，《臺灣光復後之「臺共」活動》，臺北：編者，1977。
8. 謝阿水，《二二八真相》，臺北：國防部總政治部，1980。
9. 盧修一著、孫亞光譯，《日據時期臺共活動始末》，臺北：法務部調查局，1984。
10. 李筱峰，《二二八事件前的文化衝突》，臺北：行政院國家科學委員會科資中心，1993。
11. 行政院二二八建碑委員會編，《二二八紀念碑落成紀念冊》，臺北：編者，1995。
12. 立法院秘書處編，《法律案專輯：二二八事件處理及補償條例案》，第 185 期，臺北：編者，1996。

13. 「一九四九年：中國的關鍵年代」學術討論會編輯委員會編，《一九四九年：中國的關鍵年代學術討論會論文集》，臺北：國史館，2000。

14. 國家檔案局籌備處編，《二二八事件檔案導引》，臺北：編者，2001。

15. 檔案管理局編，《開誠佈公・鑑往知來——二二八事件檔案蒐集整理及開放應用成果紀實》，臺北：編者，2001。

16. 國家檔案局籌備處編，《二二八事件檔案管理作業彙編》，臺北：編者，2001。

17. 薛化元、陳翠蓮，《戰後臺灣人權史》，臺北：國家人權紀念館籌備處，2003。

18. 行政院公報編印中心編，《行政院公報：二二八事件受難案件處理報告書（抽印本）》，臺北：編者，2005。

19. 檔案管理局編，《二二八事件檔案目錄彙編》，臺北：檔案管理局，2005。

20. 陳翠蓮，《二二八事件與青年學生：二二八事件檔案專題選輯》臺北：檔案管理局，2005。

21. 國史館臺灣文獻館編印，《走過兩個時代的公務員從臺灣總督府到臺灣省行政長官公署》，南投：編者，2006。

22. 檔案管理局應用服務組，《二二八事件案犯處理人名索引》（上、下），臺北：檔案管理局，2006。

23. 檔案管理局應用服務組，《清鄉相關案卷人名索引》，共四冊，臺北：檔案管理局，2006

24. 檔案管理局應用服務組，《綏靖相關案卷人名索引》，臺北：檔案管理局，2006。

25. 鍾喬，《簡國賢》，臺北：行政院文化建設委員會，2006。

26. 李筱峰，《青少年臺灣文庫——歷史讀本 5：唐山看臺灣》，臺北：國立編譯館，2006。

27. 廖振富，《臺灣古典文學的時代刻痕：從晚清到二二八》，臺北：國立編譯館，2007。

28. 黃彰健，《二二八事件真相考證稿》，臺北：中央研究院、聯經出版社，2007。

29. 吳若予撰文，檔案管理局編，《二二八事件與公營事業：二二八事件檔案專題選輯》，臺北：編者，2007。

30. 中央研究院臺灣史研究所編，《「紀念二二八事件 60 週年」學術研討會論文集》（上、下），臺北：編者，2007。

31. 陳遵旭，《記憶拼圖下的浴血百合——228 事件 60 週年紀念特展圖錄》，南投：國史館臺灣文獻館，2007。

32. 黃惠君，《臺灣之愛：1947 二二八——1987 解嚴》，臺北：行政院文建會，2007。

33. 張炎憲主編，《二二八事件辭典》，共兩冊，臺北：國史館，2008。

34. 黃富三，《二二八事件的鎮壓與救卹：二二八事件檔案專題選輯》，臺北：檔案管理局，2008。

35. 薛化元、林果顯、楊秀菁，《戰後臺灣人權年表（1945～1960）》，臺北：國史館，2008。

36. 國家檔案局編，《228 事件國家檔案典藏及應用》，臺北：編者，2009。

三、地方政府機構調查研究論述

1. 臺北市立美術館研究小組，《回顧與省思：二二八紀念美展專輯》，臺北：臺北市立美術館，1996。

2. 臺南縣政府編，《撫平歷史傷痕：臺南縣二二八紀念碑落成專刊》，臺南：編者，1996。

3. 嘉義市政府編印，《嘉義市二二八紀念公園專集》，嘉義：編者，1996。

4. 吳英璋總編輯，《咱著打開心內的門窗．二二八事件史實紀要》，臺北：臺北市政府，1997。

5. 臺北市立美術館研究小組，《悲情昇華：二二八美展（2.28 commemorative exhibition）》，臺北：臺北市立美術館，1997。

6. 許獻平，《愛與尊嚴：臺南縣二二八紀念碑落成暨追思大會專刊》，臺南：臺南縣政府，1997。

7. 張炎憲、高淑媛，《鹿窟事件調查研究》，臺北：臺北縣立文化中心，1998。

8. 臺北二二八紀念館編，《臺北二二八紀念館文物展示圖集》，臺北：編者，1998。

9. 臺北市立美術館展覽組編，《凝視與形塑：後二二八世代的歷史觀察》，臺北：臺北市立美術館，1998。

10. 李喬，《二二八在臺灣人精神史的意義》，臺北：臺北二二八紀念館，1999。

11. 施正鋒，《浩劫與認同》，臺北：臺北二二八紀念館，1999。

12. 王貞文，《控訴與紀念》，臺北：臺北二二八紀念館，1999。

13. 鄭純宜主編，《被出賣的臺灣：葛超智（George H. Kerr）文物綜覽從世界史的角度反省二二八事件》，臺北：臺北二二八紀念館，1999。

14. 行政院文建會編，《時代的他者——二二八的美術見證》，臺北：編者，1999。

15. 臺北市立美術館，《二二八美展歷史現場與圖像——見證、反思、再生》，臺北：編者，1999。

16. 許雪姬，《愛・希望與和平：二二八事件在高雄紀念專輯》，高雄：高雄市立歷史博物館，1999。

17. 李敏勇編著，《傷口的花：臺灣詩的二二八記憶與發現》，臺北：臺北二二八紀念館，1999。

18. 財團法人二二八事件紀念基金會編，《二二八事件紀念基金會簡介》，臺北：編者，1999。

19. 嘉義市政府編，《嘉義二二八美展》，嘉義：編者，2000。

20. 高雄市政府教育局編，《愛、希望與和平——二二八事件在高雄紀念專輯》，高雄：編者，2000。

21. 臺灣和平基金會、臺北二二八紀念館、二二八事件紀念基金會主辦，陳澄波文化基金會、嘉義市二二八紀念文基金會協辦，《悲慟中的堅毅與昇華：228 受難者及家屬藝文特展》，臺北：二二八受難者及家屬藝文特展，2000。

22. 張炎憲、陳鳳華著，《寒村的哭泣：鹿窟事件》，臺北：臺北縣政府文化局，2000。

23. 許雪姬，《林正亨的生與死》，南投：臺灣省文獻委員會，2001。

24. 朱德蘭主編，許雪姬、吳文星、黃富三編輯，《戒嚴時期臺灣政治事件檔案、出版資料、報紙人名索引》，南投：臺灣省文獻委員會，2001。

25. 臺北二二八紀念館編，《臺北二二八紀念館年報》，臺北：編者，2001。

26. 李旺臺總編輯，《二二八和平週教學手冊》，臺北：財團法人二二八事件紀念基金會，2002。

27. 盧信昌計畫主持，《二二八事件之經濟面剖析》，臺北：財團法人二二八事件紀念基金會，2002。

28. 陳正和，《二二八事件的政治社會化與變遷中的國家認同：不同世代大學生的比較分析》，臺北：財團法人二二八事件紀念基金會，2002。

29. 施國政編，《臺北二二八紀念館年報（2001～2002）》，臺北：臺北二二八紀念館，2002。

30. 張炎憲、許明薰、楊雅慧、陳鳳華著，《風中的哭泣：五〇年代新竹政治案件》（上、下），新竹：新竹市政府，2002。

31. 張炎憲等訪錄，《新竹風城二二八》，新竹：新竹市政府，2002。

32. 李旺臺總編輯、曾美麗主編，《二二八事件新史料學術研討會會議論文》，臺北：二二八基金會，2003。

33. 李旺臺總編輯，《財團法人二二八事件紀念基金會簡介》，臺北：財團法人二二八事件紀念基金會，2004。

34. 黃俊傑，《光復初期的臺灣：思想與文化的轉型》，臺北：臺灣大學，2005。

35. 張炎憲等，《二二八事件責任歸屬研究報告》，臺北：財團法人二二八事件紀念基金會，2006。

36. 張安滿、高傳棋，《張七郎父子受難紀事暨文物展專輯》，臺北：臺北市文化局，2006。

37. 黃惠君，《記憶底層的黑暗板塊——中部二二八事件檔案特展專輯》，臺北：臺北市文化局，2006。

38. 何義麟主編，《認識 228：《和平鴿》選輯與文獻解題》，臺北：臺北市文化局，2006。

39. 蘇瑤崇編，《聯合國善後救濟總署在臺活動資料集》，臺北：臺北二二八紀念館，2006。

40. 鄭文勇、林辰峰、柳照遠主編，《二二八 60 年臺灣新紀元：二二八基金會 12 年紀念專輯》，臺北：臺北二二八紀念館，2007。

41. 二二八事件紀念基金會彙編，《二二八口述歷史補遺》，臺北：編者，2007。

42. 財團法人二二八事件紀念基金會編，《二二八事件 60 週年國際學術研討會：人權與轉型正義》，臺北：編者，2007。

43. 高傳棋，《臺北放送局暨臺灣廣播電臺特展專輯》，臺北：臺北市文化局，2008。

44. 黃姍姍、何欣怡，《搖到外婆橋：錄像．藝術．228：何欣怡錄像藝術專輯 2008》，臺北：臺北市文化局，2008。

45. 財團法人二二八事件紀念基金會編印，《二二八事件與人權正義——大國霸權 or 小國人權——國際學術研討會》，臺北：編者，2008。

46. 楊振隆總編輯、柳照遠執行主編，《兄弟的鏡子：臺灣與韓國轉型正義案例的剖析：518 光州抗爭、43 大屠殺 vs.228 事件》，臺北：財團法人二二八基金會，2008。

47. 中央研究院臺灣史研究所、臺北市文化局、臺北二二八紀念館編，《二二八事件 60 週年紀念論文集》，臺北：臺北市文化局，2008。

48. 陳怡臻，《希望，重生：2008 年二二八紀念藝文特展專輯》，臺北：臺北市文化局、臺北二二八紀念館，2008。

49. 林元輝編註，《二二八事件臺灣本地新聞史料彙編》，共四冊，臺北：財團法人二二八事件紀念基金會，2009。

50. 陳儀深計畫主持，《濁水溪畔二二八：口述歷史訪談錄》，臺北：財團法人二二八事件紀念基金會，2009。

51. 楊振隆主編，《二二八歷史教育與傳承學術論文集：二二八事件 62 週年學術研討會》，臺北：財團法人二二八事件紀念基金會，2009。

52. 臺灣省諮議會，《臺灣省參議會、臨時省議會暨省議會時期史料彙編計畫——陳重光先生史料彙編》，臺中：編者，2009。

53. 鍾怡彥主編，《新版鍾理和全集》，高雄：高雄縣政府文化局，2009。

54. 黃惠君主編，《陳澄波與蒲添生紀念特展專刊》，臺北：臺北市文化局、臺北二二八紀念館，2010。

55. 黃進蓮、杜潘芳格，《天．光：二二八本土母語文學選》，臺南：國立臺灣文學館、財團法人二二八事件紀念基金會，2010。

56. 徐裕健、林正雄、呂俊儀撰稿，《二二八國家紀念館（原臺灣教育會館）古蹟再利用計畫暨古蹟管理維護計畫》，臺北：財團法人二二八事件紀念基金會，2010。

57. 何聰明、林藏滿，《啥云乎祖國：二二八的教訓》，臺南：臺南市立圖書館，2011。

58. 臺北市政府文化局編著，《臺北二二八紀念館常設館專輯》，臺北：臺北市文化局，2011。

59. 趙宏禧，《臺灣民主先聲與 228：王添灯 110 週年紀念特展》，臺北：臺北市文化局、臺北二二八紀念館，2012。

60. 洪維健編，《黃榮燦紀念特展專刊》，臺北：臺北市文化局，2012。

61. 陳翠蓮，《二二八事件與青年學生特展專刊——炙熱的靈魂、血染的青春》，臺北：臺北市文化局、臺北二二八紀念館，2012。

62. 黃惠君編著，《公與義的堅持：二二八事件司法人員受難者紀念特刊》，臺北：臺北市文化局，2012。

63. 陳銘城，《槍口下的司法天平：二二八法界受難事蹟》，臺北：二二八基金會、中華民國律師公會全國聯合會，2012。

64. 施曼妮著、儲嘉慧繪圖，《走出二二八：以愛相會》，高雄：高雄市文化局、明日工作室，2012。

65. 楊欽堯，《風起雲湧二二八——雲林記事》，雲林：雲林縣政府文化處，2012。

66. 吳榮發、林秀玲，《改寫歷史「二二八高雄中學自衛隊」座談會手冊》，高雄：高雄市歷史博物館，2013。

67. 黃惠君策展編著，《沉冤真相責任展覽專輯》，臺北：財團法人二二八事件紀念基金會，2014。

68. 楊碧川，《見證二二八》，臺北：財團法人二二八事件紀念基金會、二二八國家紀念館出版，2015。

69. 純純文創，《臺灣民主高峰會——二二八事件處理委員會特展》，臺北：臺北市文化局，2015。

70. 廖繼斌總編，蔡秀美主筆，《二二八事件文獻目錄解題》，臺北：財團法人二二八事件紀念基金會，2015。

四、二二八事件相關專書

1. 林木順，《臺灣二月革命》，香港：新民主出版社，1948；臺北：前衛出版社，1990。

2. ※王思翔，《臺灣二月革命記》，上海：泥土社，1949。

3. 莊嘉農，《憤怒的臺灣》，香港：智源書局，1949；臺北：前衛出版社，1990。

4. ※人民出版社編，《解放臺灣是中國人民的神聖任務》，北京：編者，1954。

5. ※鄭留芳，《美國對臺灣的侵略》，北京：世界知識社，1954。

6. ※王芸生，《臺灣史話》，北京：中國青年出版社，1955。

7. ※李稚甫，《臺灣人民革命鬥爭簡史》，廣州：華南人民出版社，1955。

8. 楊克煌，《臺灣人民民族解放運動小史》，武漢：湖北人民出版社，1955；臺北：海峽學術出版社，1999。

9. ※錢君曄、楊思慎，《臺灣人民鬥爭簡史》，天津：天津人民出版社，1956。

10. 史明，《臺灣人四百年史》（上、下），東京：音羽書房，1962（日文）；美國：蓬萊文化，1980；臺北：自由時代，1988（中文）；臺北：南天書局，2014。

11. 王育德，《苦悶的臺灣》，東京：弘文堂，1964（日文）；東京：臺灣青年社，1979（中文）；臺北：前衛出版社，2002。

12. 沈九香等著，《採訪集粹》，臺北：臺北市新聞記者公會，1965。

13. George H. Kerr 著，陳榮成譯，《被出賣的臺灣》，臺北：伸根雜誌，1973；臺北：前衛出版社，1991。

14. ※韋名編，《臺灣的二二八事件》，香港：七十年代雜誌社，1975。

15. 美國國務院編，《美國與中國之關係》，臺北：文海出版社，1982。

16. 王建生、陳婉真、陳湧泉著，《一九四七臺灣二二八革命》，洛杉磯：臺灣文化事業公司，1984。臺北：前衛出版社，1990。

17. 林啟旭，《臺灣二二八事件綜合研究》，紐約：臺灣公論報社，1984；高雄：新臺政論雜誌社，1987。

18. 臺灣基督長老教會總會編，《臺灣基督長老教會百年史》，臺北：編者，1984。

19. 王曉波，《臺灣的殖民地傷痕》，臺北：帕米爾書局，1985。

20. 林進財，《宜蘭人的二二八：噶瑪蘭雜誌二二八特刊》，宜蘭：噶瑪蘭雜誌社，1985。

21. 梅村仁（王曉波），《二二八真相》，臺北：閩臺通訊社，1985；臺北：海峽學術出版社，2002。

22. 尹章義，《臺灣近代史論》，臺北：自立晚報社，1986。

23. 王曉波，《走出臺灣歷史的陰影》，臺北：帕米爾書局，1986。

24. 佚名（王曉波），《二二八真相》，臺北：自印，1986。

25. 林永豐，《二二八醫界再出發》，臺北：天元圖書，1986。

26. 裴可權，《臺共叛亂及覆亡經過紀實》，臺北：臺灣商務印書館，1986。

27. 李筱峰，《臺灣戰後初期的民意代表》，臺北：自立晚報社，1986。

28. 曾心儀編，《臺灣 1947：二二八回憶集》，臺北：編者，1986。

29. ※蘇僧、郭建成，《拂去歷史明鏡中的塵埃》，美國加州：南華文化，1986。

30. ※臺灣民主自治同盟編，《歷史的見證：紀念臺灣人民二二八起義四十週年》，北京：編者，1987。

31. ※葛敬恩、錢履周等著，《陳儀生平及被害內幕》，北京：中國文史出版社，1987。

32. 二二八和平日促進會編，《走出二二八的陰影：二二八事件四十週年紀念專輯》，臺北：編者，1987。

33. ※全國政協文史資料研究委員會，《陳儀生平及被害內幕》，北京：中國文史出版社，1987。

34. 李筱峰，《臺灣民主運動四十年》，臺北：自立晚報社，1987。

35. 馬起華，《二二八研究》，臺北：中華民國公共秩序研究會，1987。

36. 尹章義，《抽濃煙喝烈酒大聲抗議——臺灣歷史與臺灣前途》，臺北：臺灣史研究會，1988。

37. 王曉波，《臺灣史與臺灣人》，臺北：東大圖書，1988。

38. 陳芳明，《楊逵的文學生涯》，臺北：前衛出版社，1988。

39. 蔣永敬、李雲漢、許師慎，《楊亮功先生年譜》，臺北：聯經出版社，1988。

40. 林樹枝，《良心犯的血淚史》，臺北：前衛出版社，1989。

41. 陳永興，楊啓壽總召集，《紀念二二八：公義與和平》，臺北：二二八和平日促進會，1989。

42. ※陳銘鐘、陳興唐編，《臺灣光復和光復後五年省情》，南京：南京出版社，1989。

43. 《當代》編輯委員會編，《二二八事件專輯》，臺北：臺英社，1989。

44. 陳芳明編，《二二八事件學術論文集：臺灣人國殤事件的歷史回顧》，臺北：前衛出版社，1989。

45. 蕭乾，《人生採訪》，臺北：聯經出版社，1990。

46. 楊逸舟著、張良澤譯，《受難者》，臺北：前衛出版社，1990。

47. 盧修一，《日據時代臺灣共產黨史》，臺北：前衛出版社，1990。

48. 陳俐甫，《禁忌、原罪、悲劇：新生代看二二八事件》，臺北：稻鄉出版社，1990。

49. 二二八公義和平運動所有共同發起團體編，《紀念二二八・公義與和平》，臺北：編者，1990。

50. 陳木杉，《二二八真相探討》，臺北：博遠出版社，1990。

51. 陳婉真，《二二八的第一手資料》，臺北：民進黨臺北市黨部，1990。

52. 二二八和平日促進會編，《走出二二八的陰影：二二八和平日促進運動實錄（1987～1990）》，臺北：編者，1991。

53. 臺灣基督長老教會編，《紀念 228 建立新臺灣》，臺南：編者，1991。

54. 李敖審定，《安全局機密文件：歷年辦理匪案彙編》（上、下），臺北：李敖出版社，1991。

55. George H. Kerr 著，陳榮成譯，《被出賣的臺灣》，臺北：前衛出版社，1991。

56. 陳芳明，《謝雪紅評傳——落土不凋的雨夜花》，臺北：前衛出版社，1991。

57. 臺南長榮高級中學編，《林茂生博士紀念專輯》，臺南：編者，1991。

58. 楊逸舟著，張良澤譯，《二二八民變：臺灣與蔣介石》，臺北：前衛出版社，1991。

59. 藍博洲，《沉屍・流亡・二二八》，臺北：時報文化，1991。

60. 藍博洲，《幌馬車之歌》，臺北：時報文化，1991。

61. 李筱峰，《二二八消失的臺灣菁英》，臺北：自立晚報社，1991。

62. 林樹枝，《出土政治冤案》，臺北：自印，1992。

63. 陳仰天，《二二八事件前農業與非農業人口張力強度之探討》，臺中：自印，1992年。

64. 陳琰玉、胡慧玲編，《二二八學術研討會論文集》，臺北：二二八民間研究小組、自立晚報，1992。

65. 曾建聰，《二二八紀念空間：逢甲大學建築系畢業設計圖集》，臺北：吳三連臺灣史料基金會藏，1992。

66. 李力行總編輯，《二二八歷史見證人文摘綜合報導：歷史傷痕教育研討教材》，臺北：生活教育報導雜誌週刊社，1992。

67. 夏榮和、林偉盛、陳俐甫譯，《臺灣・中國・二二八》，臺北：稻鄉出版社，1992。

68. 阮美姝，《幽暗角落的泣聲：尋訪二二八散落的遺族》，臺北：前衛出版社，1992。

69. 葉明勳，《滌去的陰影》，臺北：大同文化基金會，1992。

70. 戴國煇、葉芸芸著，《愛憎228》，臺北：遠流出版社，1992。

71. 李筱峰，《島嶼新胎記：從終戰到二二八》，臺北：自立晚報社，1993。

72. 李純青，《一個臺灣籍共產黨人的鄉愁與歷史知性II》，臺北：人間出版社，1993。

73. 蘇新，《憤怒的臺灣》，臺北：時報文化，1993。

74. 蘇南洲主編，《基督教與二二八》，臺北：雅歌出版社，1993。

75. 賴澤涵、馬若孟（Romon H. Myers）、魏萼合著，羅珞珈譯，《悲劇性的開端：臺灣二二八事變》，臺北：時報文化，1993。

76. 楊碧川編著，《二二八探索》，臺北：克寧出版社，1993。

77. 中國國民黨中央政策會政策研究工作會，《「二二八事件」處理（善後）問題公聽會紀實》，臺北：編者，1994。

78. 阿修伯，《新二二八何時爆發》，臺北：獨家出版社，1994。

79. 張炎憲編，《二二八民眾史》，臺北：吳三連臺灣史料基金會，1994。

80. 行政院研究二二八事件小組編，《二二八事件研究報告》，臺北：時報文化，1994。

81. 行政院文化建設委員會，《光復後臺灣地區文壇大事紀要》，臺北：文訊雜誌，1995。

82. 楊逸舟，《二二八民變》，臺北：前衛出版社，1995。

83. 包澹寧著、李連江譯，《筆桿裡出民主——論新聞媒介對臺灣民主化的貢獻》，臺北：時報文化，1995。

84. 谷正文，《白色恐怖秘密檔案》，臺北：獨家出版社，1995。

85. 江文瑜，《阿媽的故事》，臺北：玉山社，1995。

86. 陳明通，《派系政治與臺灣政治變遷》，臺北：月旦出版社，1995。

87. 陳翠蓮，《派系鬥爭與權謀政治：二二八悲劇的另一面相》，臺北：時報文化，1995。

88. 帝門藝術中心主辦，《二二八紀念美展》，臺北：主辦者，1995。

89. 黃守禮，《二二八事件建中學生的慘死》，臺北：作者，1995。

90. 張炎憲主持，《臺北二二八紀念館主題展示內容及規劃計劃書》，臺北：吳三連臺灣史料基金會，1996。

91. 許介鱗，《戰後臺灣史記》，臺北：文英堂，1996。

92. 張秋梧、林美瑢，《近半世紀的哀怨》，臺北：二二八和平日促進會，1996。。

93. 李筱峰，《林茂生・陳炘和他們的時代》，臺北；玉山社，1996。

94. 張炎憲主持，《二二八反思座談會》，臺北：臺灣教授協會，1996。

95. 廖德雄編，《廖公進平百歲冥誕紀念集》，臺北：臺灣講談出版社，1996。

96. 陳芳明編，《蔣渭川和他的時代》，臺北：前衛出版社，1996。

97. 蔣梨雲等編，《蔣渭川和他的時代：附冊》，臺北：前衛出版社，1996。

98. 劉士永，《光復初期臺灣經濟政策的檢討》，臺北；稻鄉出版社，1996。

99. 李敖、陳境圳著，《你不知道的二二八》，臺北：新新聞雜誌社，1997。

100. 沈秀華，《查某人的二二八》，臺北：玉山社，1997。

101. 張炎憲主持，《臺北二二八紀念館主題展示內容及史料文物徵集規劃期末研究報告書》，臺北：吳三連臺灣史料基金會，1997。

102. 藍博洲，《高雄縣二二八暨五〇年代白色恐怖民眾史》，高雄：臺灣民眾史工作室，1997。

103. 洪明燦，《熱望到絕望：光復二二八》，臺北：遠流出版社，1997。

104. 簡炯仁，《臺灣共產主義運動史》，臺北：前衛出版社，1997。

105. 成功大學文學院編，《成功大學二二八事件五十週年紀念研討會專集》，臺南：編者，1997 年。

106. 江文瑜主編，李筱峰撰文，邱若龍繪圖，《畫說二二八》，基隆：海洋臺灣基金會，1997。

107. 袁穎生，《光復前後的臺灣經濟》，臺北：聯經出版社，1998。

108. 林柏維，《臺灣文化協會滄桑》，臺北：臺原出版社，1998。

109. 戚嘉林，《臺灣史》，共 5 冊，臺北：農學股份有限公司，1998。

110. 李筱峰，《解讀二二八》，臺北：玉山社，1998。

111. 巴山、劉冰主編、胡志偉總編輯，《瀛海悼孤魂：二二八事變真相紀實》，美國長青文化公司，1998。

112. 楊文宜編，《尋回失落的記憶》，嘉義：嘉義市二二八紀念文教基金會，1998。

113. 黃于玲，《等日頭：二二八畫裡的故事》，臺北：南方畫廊，1998。

114. 中華民國團結自強協會編，《二二八事件五十週年輿論集：撫平歷史傷痕重建光明心靈》，臺北：編者，1998。

115. 陳芳明，《左翼臺灣：殖民地文學運動史論》臺北：麥田出版社，1998。

116. 陳芳明，《殖民地臺灣：左翼政治運動史論》臺北：麥田出版社，1998。

117. 張炎憲、陳美蓉、楊雅慧編著，《二二八事件研究論文集》，臺北：吳三連臺灣史料基金會，1998。

118. 葉博文發行，《臺北二二八紀念館年報》，臺北：臺灣和平基金會，1998。

119. 林宗義、蘇南洲、林淑芬，《邁向公義和平之路：弱者的苦難與策略》，臺北：林茂生基金會，1999。

120. 黃師樵，《臺灣共產黨秘史》，臺北：海峽學術，1999。

121. 郭勝華等主講，莊紫蓉記錄，李敏勇主持，《走出悲情歷史．邁向重建年代：四七社「紀念二二八」演講會》，臺北：出版者不詳，1999。

122. 鍾國彬，《臺灣 228 事件：特種部隊血戰史真相》，臺北：作者自印，1999。

123. 李敖，《李登輝的真面目》，臺北：李敖出版社，2000。

124. 李敖，《李敖快意恩仇錄》，臺北：李敖出版社，2000。

125. 藍博洲，《天未亮——追憶一九四九年四六事件（師院部分）》，臺中：晨星出版社，2000。

126. 葉明勳，《二二八事件的追記》，臺北：大同文化基金會，2000。

127. 戚嘉林，《臺灣史真相思索》，臺北：農學股份有限公司，2000。

128. 藍博洲，《麥浪歌詠隊：追憶 1949 年四六事件》，臺中：晨星出版社，2000。

129. 王曉波，《臺灣意識的歷史考察》，臺北：海峽學術出版社，2001。

130. 葉博文口述、許偉泰執筆，《龍應台．馬英九．二二八》，臺北：前衛出版社，

2001。

131. 藍博洲，《臺灣好女人》，臺北：聯合文學，2001。

132. 藍博洲，《消失在歷史謎霧中的作家身影》，臺北：聯合文學，2001。

133. 塩見俊二著，日本文教基金會編譯，《秘錄·終戰前後的臺灣》，臺北：文英堂，2001。

134. 橫地剛著，陸平舟譯，《南天之虹：把二二八事件刻在版畫上的人》，臺北：人間出版社，2002。

135. 陳正和、黃逢明，《二二八事件的政治社會化與變遷中的國家認同：不同世代大學生的比較分析》，臺北：高立出版社，2002。

136. 林小雲編，《凝視臺灣：啟動臺灣美術中的二二八元素：第六屆二二八紀念美展》，基隆：海洋臺灣基金會，2002。

137. 王曉波編，《二二八真相》，臺北：海峽學術出版社，2002。

138. 林採美等，《戴國煇這個人》，臺北：遠流出版社，2002。

139. 王景弘編譯，《第三隻眼看二二八：美國外交檔案揭秘》，臺北：玉山社，2002。

140. ※金沖及，《轉折年代：中國的1947年》，北京：三聯書店，2002。

141. ※何義麟，《二·二八事件：「臺湾人」形成のエスノポリティクス》，東京都：東京大学出版会，2003。

142. 李筱峰，《快讀臺灣史》，臺北：玉山社，2003。

143. 林小雲編，《記憶的伸張與跨越：反思歷史，建構關懷臺灣之心：第七屆二二八紀念創作展》，基隆：海洋臺灣基金會，2003。

144. 藍博洲，《紅色客家庄》，臺中：晨星出版社，2003。

145. 王仲孚，《臺灣中學歷史教育的大變動：歷史教育論集二編》，臺北：海峽學術出版社，2003年。

146. 李友邦，《李友邦文粹：日本在臺灣之殖民政策·臺灣革命運動》，臺北：海峽學術出版社，2004。

147. 王曉波，《陳儀與二二八事件》，臺北：海峽學術出版社，2004。

148. 王曉波，《臺盟與二二八事件》，臺北：海峽學術出版社，2004。

149. 林毅夫，《臺灣人「受虐性格」的心理分析：從二二八事件的受難經驗談起》，臺北：前衛出版社，2004。

150. ※陳支平，《臺灣文獻匯刊》，北京：九州出版社、廈門大學出版社，2004。

151. 陳君愷，《臺灣「民主文化」發展史研究》，臺北：記憶工程，2004

152. 陳英泰，《回憶──見證白色恐怖》，臺北：唐山出版社，2004。

153. 林黎彩編輯，《繪我價值，寫我尊嚴：齊心審視二二八，合力掌舵好未來》，基隆：海洋臺灣基金會，2004。

154. 施國政編，《臺灣二二八紀念碑圖集》，屏東：阮朝日二二八紀念館，2004。

155. 儲安平等著，《二二八事件後的臺灣：《觀察周刊》的報導》，臺北：一橋出版社，2004。

156. 徐宗懋，《二二八事件第一主角：謝雪紅珍貴照片》，臺北：時英出版社，2004。

157. 横地剛、藍博洲、曾建民合編，《文學二二八》，臺北：臺灣社會科學出版社，2004。

158. 屏東縣二二八專案小組製作，《手護臺灣工作全紀錄》，屏東：屏東縣議員潘孟安服務處，2004。

159. 動員群活動部規劃，《228 百萬人民手護臺灣總體規劃書》，臺北：陳水扁總統競選連任全國總部，2004。

160. ※文思編，《我所知道的陳儀》，北京：中國文史出版社，2004。

161. ※中國第二歷史檔案館編，《臺灣光復紀實》，南京：江蘇人民出版社，2005。

162. 林黎彩總策劃，《鄉思，鄉愁，家在何方：二二八的一甲子宿命循環》，基隆：海洋臺灣基金會，2005。

163. 王曉波，《國民黨與二二八事件》，臺北：海峽學術出版社，2005。

164. 楊渡總策劃，《還原二二八》，臺北：巴札赫書局，2005。

165. 簡彥妗撰文，張鎮榮繪圖，《亟待撫平的傷口：二二八事件》，臺北：泛亞國際文化，2005。

166. 簡唐，《2005 年第九屆二二八國際紀念創作展》，基隆：海洋臺灣基金會，2005。

167. 林惠萱執行編輯，《二二八民變：1945～2004》，臺北：少年臺灣，2005。

168. 阮美姝原作監修，張瑞廷繪圖，《漫話二二八》，臺北：杜威廣告，2005。

169. 賴進祥，《傳染病與二二八》，臺北：新文豐出版社，2005。

170. 王建生、洪銘水編，《戰後初期臺灣文學與思潮論文集》，臺北：文津出版社，2005。

171. 張炎憲主編，《王添灯紀念輯》，臺北：吳三連臺灣史料基金會，2005。

172. 藍博洲，《消失的臺灣醫界良心》，臺北：印刻出版社，2005。

173. 曾健民，《1945 破曉時刻的臺灣：八月十五日後激動的一百天》，臺北：聯經出版社，2005。

174. 曾健民編著，《一九四五・光復新聲：臺灣光復詩文集》，臺北：印刻出版社，2005。

175. 朱耀源，《不滅的暗夜螢光：承先啟後六十年的延平學院奮鬥史》，臺北：財團法人延平昭陽文教基金會，2006。

176. 李筱峰編著，《唐山看臺灣：二二八事件前後中國知識分子的見證》，臺北：日創社，2006。

177. 陳芳明，《殖民地臺灣——左翼政治運動史論》，臺北：麥田出版社，2006

178. 人間出版社編委會主編，《2・28：文學和歷史》，臺北：人間出版社，2006。

179. 蔡麗貞、周功和等著，《二二八的省思：從聖經、歷史、神學看臺灣政治與族群紛爭》，臺北：中華福音學院，2006。

180. 翁嘉禧，《二二八事件與臺灣經濟發展》，臺北：巨流出版社，2007。

181. 呂正惠發行，《228 六十週年特輯》，臺北：人間出版社，2007。

182. 謝文明，《時空錯置的新聞》，嘉義：財團法人嘉義市二二八紀念文教基金會，2007。

183. 曾健民編著，《臺灣一九四六・動盪的曙光：二二八前的臺灣》，臺北：人間出版社，2007。

184. 王政文，《臺灣義勇隊——臺灣抗日團體在大陸的活動（1937-1945）》，臺北：古籍出版社，2007。

185. 夏春祥，《在傳播的迷霧中：二二八事件的媒體印象與社會記憶》，永和：韋伯文化，2007。

186. 黃彰健，《二二八事件真相考證稿》，臺北：聯經出版社，2007。

187. 武之璋，《一甲子迷障：二二八真相解密》，臺北：風雲時代，2007。

188. 王宛茹、郭承啟、陳敏鳳著，《二二八的政治效應》，臺北：財團法人中華基金會，2007。

189. 江榮森編，張岳楊著，《時空錯置的新聞》，嘉義：嘉義二二八研究基金會，2007。

190. 張克輝，《啊！謝雪紅》，臺北：愛鄉出版社，2007。

191. 紀元德主編，《傷痕與救贖：二二八事件 60 週紀念專刊》，臺南：臺南神學院，2007。

192. 藍博洲，《青春戰鬥曲：二二八之後的臺北學運》，臺北：愛鄉出版社，2007。

193. 藍博洲，《二二八野百合》，臺北：愛鄉出版社，2007。

194. 陳明忠、王宛茹，《二二八的另一個角落》，臺北：中華基金會，2007。

195. 朱立熙，《國家暴力與過去清算：從韓國 518 看臺灣 228》，臺北：允晨文化，2007。

196. 戚嘉林，《臺灣二二八大揭秘》，臺北：海峽學術出版社，2007。

197. 凱達格蘭學校政策中心編輯，《228 事件責任歸屬》，臺北：凱達格蘭學校，2007。

198. 褚靜濤，《二二八事件實錄》，臺北：海峽學術出版社，2007。

199. 臺盟中央宣傳部編，《「二・二八」紀念文集》，北京：臺灣出版社，2007。

200. 曾慶國，《二二八現場：劫後餘生》，臺北：臺灣書房，2008。

201. 曾慶國，《二二八現場：檔案直擊》，臺北：臺灣書房，2008。

202. 王呈祥，《美國駐臺北副領事葛超智與「二二八事件」》，臺北：海峽學術出版社，2009。

203. 陳英泰，《再說白色恐怖》，臺北：唐山出版社，2009。

204. 中川仁編著，《二二八事件集》，永和：尚昂文化，2009。

205. ※劉國深總主編，《臺灣研究新跨越・政治思辨》，北京：九州出版社，2010。

206. 朱浤源主編，《二二八研究的校勘學視角：黃彰健院士追思論文集》，臺北：文史哲出版社，2010。

207. 陳兆熙等，《陳儀的本來面貌》，臺北：印刻出版社，2010。

208. 何聰明，《八旬文集：祖國夢醒：中國——二二八——臺灣》，高雄：春暉出版社，2010。

209. 侯坤宏，《研究二二八》，臺北：博揚文化，2011。

210. 侯坤宏、楊蓮福主編，《民間私藏民國時期暨戰後臺灣資料彙編・政治篇》，臺北：博揚文化，2011。

211. 杜福安繪著，《烈火中的二二八》，臺北：玉山社，2012。

212. 習賢德，《警察與二二八事件》，臺北：時英出版社，2012。

213. 褚靜濤，《二二八事件研究》，北京：社會科學文獻出版社，2012。

214. 陳君愷，《解碼二二八——解開二二八事件處理大綱的歷史謎團》，臺北：玉山社，2013。

215. 阮美姝原作編修，蘇微希、吳貞儀著，《1947 年消失的報社、報界菁英：二二八事件中媒體關係人事件紀要》，臺北：杜葳廣告，2013。

216. 阮美姝口述、許曉涵編，《美的極致：阮美姝一生與 228 平反實錄》，臺北：臺灣神學院，2013。

217. 蘇聖雄，《奸黨煽惑——蔣中正對二二八事件的態度及處置》，臺北：花木蘭文化，2013。

218. 白先勇、廖彥博，《療傷止痛——白崇禧將軍與二二八》，臺北：時報文化，2014。

219. 陳香君，《紀念之外：二二八事件創傷與性別差異的美學》，臺北：臺灣女性藝術協會、典藏藝術家庭出版。2014。

220. Kerr, George H.著，詹麗茹、柯翠園譯，《重譯校註被出賣的臺灣》，臺北：臺灣教授協會，2014。

221. 廖青揚、楊書育，《論臺灣族群與二二八、白色恐怖、眷村訴訟戰》，桃園：楊書育，2014。

222. 西區老二，《毋通袂記：1947 島國的傷痕：2014 二二八共生音樂節活動手冊》，臺北：前衛出版社，2014。

223. 張清滄，《高屏地區 228 事件真相探討》，高雄：作者，2014。

224. 張清滄，《228 事件死傷人數真相探討》，高雄：作者，2014。

225. 賴進祥，《傳染病與二二八》，臺北：吳三連臺灣史料基金會，2015。

226. 李筱峰，《二二八消失的臺灣菁英》，臺北：玉山社，2015。

227. 共生音樂節工作小組編著，《走過：尋訪二二八》，臺北：前衛出版社，2015。

228. ※白先勇，《關鍵十六天：白崇禧將軍與二二八》桂林：廣西師範大學，2015。

五、二二八事件學術期刊論文

1. ※蔣順興，〈臺灣二二八起義〉，《江海學刊》第 2 期，1984。

2. ※吳國安，〈論臺灣同胞參加祖國抗日戰爭的活動及其歷史意義〉，《近代史研究》第 3 期，1986 年 5 月。

3. ※鄧孔昭，〈試論臺灣二二八事件的民主與地方自治要求〉，《臺灣研究通訊》第 2 期，1987 年。

4. 鄭梓，〈國民政府對於「收復臺灣」之設計：臺灣接管計劃之草擬、爭議與定案〉，《東海大學歷史學報》第 9 期，1988 年 7 月。

5. 李騫野，〈「二二八事變」及臺灣省編譯館〉，《當代文學史料研究叢刊》第 3 期，1988 年 10 月。

6. 鄭梓，〈戰後臺灣省制之變革：從行政長官公署到臺灣省政府（1945～1947）〉，《思與言》第 26 卷第 1 期，1988 年。

7. 賴澤涵，〈二二八事件與當代臺灣的發展〉，《當代》第 34 期，1989 年 2 月。

8. 鄧孔昭，〈從二二八事件看民主與地方自治的要求〉，《當代》第 34 期，1989 年 2 月。

9. 張國興，〈二二八事件前後的勞資爭議事例〉，《現代學術研究》第 2 期，1990 年 5 月。

10. 李筱峰，〈二二八事件中臺灣社會名流遇害因素初探——以三十個個案為研究對象〉，《現代學術研究專刊》第 2 期，1990 年 5 月。

11. ※丁果，〈「二二八事件」與臺中嘉義地區人民起義〉，《臺灣研究‧歷史》第 2 期，1990 年 6 月。

12. 賴澤涵，〈陳儀和二二八事件〉，《臺灣風物》第 40 卷第 2 期，1990 年 6 月。

13. 陳少廷，〈評中共對臺灣二二八事件的解釋〉，《現代學術研究專刊》第 2 期，1990 年 5 月。

14. 楊彥彬，〈林茂生與臺大文學院接收初探〉，《史繹》第 22 期，1991 年 5 月。

15. 許雪姬，〈行政院二二八工作小組的分工與資料蒐集〉，《近代中國史研究通訊》第 12 期，1991 年 9 月。

16. 李筱峰，〈二二八事件前的文化衝突〉，《思與言》第 29 卷 4 期，1991 年 12 月。

17. 鄭梓，〈戰後臺灣行政體的接收與重建：以行政長官公署為中心之分析〉，《思與言》第 29 卷第 4 期，1991 年 12 月。

18. ※丁果，〈臺灣二二八事件的起因〉，《上海師範大學學報（哲學社會科學版）》1991 年第 3 期。

19. 徐雪霞，〈我國國小歷史教育研究的回顧與展望〉，《人文及社會學科教學通訊》第 2 卷第 5 期，1992 年 2 月。

20. 許雪姬，〈「二二八事件資料選輯（1）」簡介〉，《近代中國史研究通訊》第 13 期，1992 年 3 月。

21. 許雪姬，〈中央研究院近代史研究所檔案館「二二八檔案資料」簡介〉，《近代中國史研究通訊》第 13 期，1992 年 3 月。

22. 朱高影，〈行政長官公署時期臺灣經濟之探討（一九四五至一九四七）〉，《臺灣風物》第 42 卷第 1 期，1992 年 3 月。

23. 賴澤涵，〈我參與二二八相關研究之經過〉，《近代中國史研究通訊》第 13 期，1992 年 3 月。

24. 許雪姬，〈行政院二二八工作小組的分工資料蒐集〉，《近代中國史研究通訊》第 13 期，1992 年 3 月。

25. 源流水，〈從郵政封函看二二八的片段——臺中機場被佔八日記〉，《郵史研究》第 2 期，1992 年 3 月。

26. ※周青，〈「二二八事件」對臺灣政局的影響〉，《臺灣研究・歷史》1992 年第 1 期。

27. ※戚如高，〈丘念臺關於妥處二二八事件善後事宜之建議〉，《民國檔案》1992 年第 1 期。

28. ※史牘，〈《臺灣二二八事件檔案史料》簡介〉，《民國檔案》1992 年第 1 期。

29. ※方中，〈李友邦與臺灣義勇總隊〉，《龍岩文史資料》第 20 輯，龍岩：中國人民政治協商會議龍岩市委員會文史資料工作組，1992 年 10 月。

30. 陳君愷，〈光復之疫- 臺灣光復初期衛生與文化問題的鉅視性觀察〉，《思與言》第 31 卷第 1 期，1993 年 3 月。

31. 吳密察，〈臺灣人的夢與二二八事件：臺灣的脫殖民地化〉，《當代》第 87 期，1993 年 7 月。

32. 陳芳明，〈臺灣抗日運動史上的兩份重要左翼刊物：《臺灣大眾時報》與《新臺灣大眾時報》〉，《臺灣史料研究》第 2 期，1993 年 8 月。

33. 石萬壽，〈成功大學檔案中的二二八史料〉，《臺灣風物》第 43 卷 3 期，1993 年 9 月。

34. 陳芳明，〈林木順與臺灣共產黨的成立〉，《臺灣史料研究》第 3 期，1994 年 2 月。

35. 何義麟，〈被遺忘的半山：謝南光〉，《臺灣史料研究》第 3-4 期，1994 年 2、10 月。

36. 張炎憲，〈二二八：臺灣史詮釋的原點〉，《臺灣史料研究》第 3 期，1994 年 2 月。

37. 張炎憲，〈二二八民眾史觀的建立——基隆二二八事件的悲情〉，《臺灣史料研究》第 3 期，1994 年 2 月。

38. 〈日本「朝日新聞」載臺灣二二八事件〉，《臺灣史料研究》第 3 期，1994 年 2 月。

39. 唐羽，〈評介《二二八週年誌》〉，《臺灣史料研究》第 3 期，1994 年 2 月。

40. 王昭文，〈簡介嘉義二二八口述歷史計劃〉，《臺灣史料研究》第 3 期，1994 年 2 月。

41. 黃秀政，〈評鍾逸人著《辛酸六十年》的史料價值：以光復初期歷史為中心〉，《興大歷史學報》第 4 期，1994 年 5 月。

42. 侯坤宏，〈「二二八事件」有關史料與研究之分析〉，《國史館館刊》第 16 期，1994 年 6 月。

43. 盧信昌、胡春田，〈「二二八事件」罹難人數之推估〉，《社會科學論叢》第 42 期，1994 年 12 月。

44. 古怡青，〈陳儀治臺與二二八事變〉，《史苑》第 55 期，1994 年 12 月。

45. 王蕙瑛，〈創傷與記憶：二二八民眾史與臺灣主體性〉，《臺灣史料研究》第 5 期，1995 年 2 月。

46. 黃鵬海，〈二二八紀念歌〉，《客家》，第 57 期，1995 年 2 月。《當代》第 106 期，1995 年 2 月。

47. 林文淇，〈「回歸」、「祖國」與「二二八」「悲情城市」中的臺灣歷史與國家屬性〉，《當代》第 106 期，1995 年 2 月。

48. 陳翠蓮，〈二二八事件與美國〉，《法政學報》第 5 期，1996 年 1 月。

49. 何義麟，〈《留臺日僑世話役日誌》中有關二二八事件之史料〉，《臺灣史料研究》第 8 號，1996 年 2 月。

50. 陳翠蓮，〈三民主義青年團與戰後臺灣〉，《法政學報》第 6 期，1996 年 7 月。

51. 李筱峰，〈從《民報》看戰後初期臺灣的政經與社會〉，《臺灣史料研究》第 8 期，1996 年 8 月。

52. 何義麟，〈戰後初期臺灣報紙之保存現況與史料價值〉，《臺灣史料研究》第 8 號，1996 年 8 月。

53. 張文義，〈歷史的回顧與展望——宜蘭縣二二八受難家屬關懷協會概述〉，《臺灣史料研究》第 9 期，1997 年 5 月。

54. 鄭梓，〈二二八悲劇之序曲：戰後報告文學中的臺灣「光復記」〉，《臺灣史料研究》第 9 期，1997 年 5 月。

55. 吳密察，〈歷史教育與鄉土史教育：一個提供討論的意見〉，《當代》第 120 期，1997 年 8 月。

56. 陳翠蓮，〈二二八事件後的臺灣省政府人事〉，《法政學報》第 8 期，1997 年 8 月。

57. 黃秀政，〈傳記與戰後臺灣史研究：以鍾著「辛酸六十年」和古著「臺中的風雷」為例〉，《國立中興大學臺中夜間部學報》第 3 期，1997 年 11 月。

58. ※才家瑞，〈臺灣「二二八」事件 50 周年祭〉，《臺灣研究》第 1 期，1997。

59. 陳美妃，〈二二八事變後中央治臺策略之形成〉，《臺北科技大學學報》第 31 卷 1 期，1998 年 3 月。

60. 李筱峰、林芳微，〈回憶錄與自傳中的二二八史料〉，《臺灣史料研究》第 11 期，1998 年 5 月。

61. 莊天賜，〈長老教會與二二八平反運動（1987～1990）：以《臺灣教會公報》為中心之研究〉，《臺灣史料研究》第 12 期，1998 年 11 月。

62. 翁嘉禧，〈二二八事件與戰後臺灣的經濟政策〉，《思與言》第 36 卷 4 期，1998 年 12 月。

63. 翁嘉禧，〈論二二八事件與經濟政策的因果關係〉，《臺灣風物》第 48 卷 4 期，1998 年 12 月。

64. 莊惠惇，〈戰後初期臺灣的雜誌文化（1945.8.15-1947.2.28）〉，《臺灣風物》第 49 卷第 1 期，1999 年 3 月。

65. 王泰升，〈臺灣戰後初期的政權轉替與法律體系的承接（一九四五至一九四九）》，《國立臺灣大學法學論叢》第 29 卷第 1 期，1999 年 10 月。

66. 林怡瑩，〈由「人民導報」看二二八事件對臺灣報業的影響〉，《新聞學研究》第 63 期，2000 年 4 月。

67. ※程曉鵬，〈「二二八」事變與省籍情結〉，《黃崗師範學院學報》第 5 期，2000 年。

68. ※白純，〈臺灣光復後的民眾心態與二二八事件〉，《民國檔案》2000 年第 3 期。

69. ※白純，〈論光復後臺灣民眾心態與二二八事件的爆發〉，《貴州社會科學》2000 年第 5 期。

70. 黃克武、洪溫臨，〈悲劇的歷史拼圖：金山鄉二二八事件之探析〉，《中央研究院近代史研究所集刊》第 36 期，2001 年 12 月。

71. 蘇瑤崇，〈託管論與二二八事件——兼論葛超智（George H. Kerr）先生與二二八事件〉，《現代學術研究》第 11 期，2001 年 12 月。

72. 林文奎，〈臺灣見聞錄——林文奎的二二八事件見聞錄〉，《臺灣史料研究》第 18 期，2002 年 3 月。

73. 林蘭芳，〈從「二二八史料舉隅」論戴國煇與「二二八」研究〉，《中國歷史學會史學集刊》第 34 期，2002 年 6 月。

74. 楊仲源、李孟君，〈二二八事件發生原因之分析——從長官公署體制、文化認知及經濟的角度談起〉，《建國學報》第 21 期，2002 年 7 月。

75. 陳建忠，〈關於虹之虛與實的辯證——評[橫地剛]《南天之虹：把二二八事件刻在版畫上的人》〉，《臺灣風物》第 52 卷 3 期，2002 年 9 月。

76. 邵承芬，〈囤積居奇對臺灣戰後初期物資失衡的影響〉，《清雲學報》第 22 卷第 2 期，2002 年 12 月。

77. ※白純，〈簡論光復初期臺灣的專賣制度〉，《南京政治學院學報》2002 年第 2 期。

78. ※周建華、倪金華，〈二二八事件的是與非——部分日本學者之臺灣文學研究熱點剖析〉，《甘肅行政學院學報》2003 年第 1 期。

79. ※陳孔立，〈1945 年以來的集體記憶與臺灣民眾的複雜心態〉，《臺灣研究集刊》第 4 期，2003 年

80. 夏春祥，〈新聞論述與臺灣社會：二二八事件的議題生命史〉，《新聞學研究》第 75 期，2003 年 4 月。

81. 尹章義，〈朝鮮義勇隊與臺灣義勇隊——兼論二十世紀中期中國人的「朝鮮、臺灣觀」〉，《輔仁學報》第 14 期，2003 年 6 月。

82. 葉永文，〈論二二八事件中的民主意識〉，《國家發展研究》第 2 卷 2 期，2003 年 6 月。

83. 蘇嘉宏、王呈祥，〈陳儀在臺主政期間（1945～1947）的經濟政策：孫中山先生「民生主義」的實踐與背離〉，《國父紀念館館刊》第 12 期，2003 年 11 月。

84. 陳翠蓮，〈二二八事件史料評述〉，《臺灣史料研究》第 22 期，2004 年 2 月。

85. 林熙皓，〈媒體與族群意識：以報紙對於二二八事件的報導看報紙對族群意識的回應〉，《臺灣史料研究》第 22 期，2004 年 2 月。

86. ※杜繼東，〈臺灣二二八事件研究綜述〉，《近代史研究》第 140 期，2004 年 3 月。

87. ※傅玉能，〈二二八事件中國民政府派兵問題再探討〉，《史學集刊》2004 年第 1 期。

88. ※李榮，〈從挫折及其反應的角度分析二二八事件的起因〉，《伊犁教育學院學報》2004 年第 2 期。

89. ※杜繼東，〈臺灣二二八事件研究綜述〉，《近代史研究》2004 年第 2 期。

90. ※才家瑞，〈臺灣的「二二八」研究述評〉，《臺灣研究集刊》第 86 期，2004 年 12 月。

91. ※陳孔立，〈兩岸隔絕的歷史記憶與臺灣民眾的複雜心態〉，《臺灣研究集刊》第 1 期，2004 年。

92. 蘇瑤崇，〈葛超智（George H. Kerr）、託管論與二二八事件之關係〉，《國史館學術集刊》第 4 期，2004 年 9 月。

93. 遲鈍，〈二二八之夜的戰爭安魂曲〉，《臺灣詩學學刊》第 4 期，2004 年 11 月。

94. 曾建元，〈不信青春喚不回，不容青史盡成灰〉，《中華人文學報》第二期，2005 年 3 月。

95. 陳佳宏，〈「二二八事件」與臺獨之發展與演變〉，《臺灣風物》第 55 卷第 1 期，2005 年 3 月。

96. 許育銘，〈戰後留臺日僑的歷史軌跡——關於澀谷事件及二二八事件中日僑的際遇〉，《東華人文學報》第 7 期，2005 年 7 月。

97. 薛月順，〈陳儀主政下「臺灣省貿易局」的興衰（1945～1947）〉，《國史館學術集刊》第 6 期，2005 年 9 月。

98. 廖振富，〈與「二二八事件」相關之臺灣古典詩析論——以詩人作品集為討論範圍〉，《臺灣文學研究學報》第 1 期，2005 年 10 月。

99. ※白純，〈光復初期臺灣的貿易管制政策（1945-1948）〉，《南京社會科學》2005 年第 12 期。

100. ※汪朝光，〈風潮中的民聲與官聲——「二二八事件」發生後大陸新聞媒體之所見所論〉，《社會科學研究》2006 年第 2 期。

101. ※褚靜濤，〈臺灣光復初期的貪污問題〉，《南京社會科學》2006 年第 2 期。

102. 黃秀政，〈論二二八事件的發生及其對臺灣的傷害〉，《興大人文學報》第 36 期，2006 年 3 月。

103. 胡茹涵，〈二二八事件前後的臺灣中學教育（1945-1949）〉，《臺灣風物》第 56 卷 1-2 期，2006 年 3-6 月。

104. 陳翠蓮，〈解讀許德輝《臺灣二二八事件反間工作報告書》〉，《臺灣史料研究》第 27 期，2006 年 8 月。

105. 洪英雪，〈一個歷史，各自解讀：二二八小說及其相關作品選集的多元論述〉，《臺灣文學研究學報》第 3 期，2006 年 10 月。

106. 洪英雪，〈論《埋冤一九四七埋冤》的寫作模式與主題意識〉，《弘光人文社會學報》第 5 期，2006 年 11 月。

107. 李東華，〈光復初期（1945-50）的民族情感與省籍衝突：從臺灣大學的接收改制做觀察〉，《臺大文史哲學報》第 65 期，2006 年 11 月。

108. Fleischauer, Stefan，'Interpretations on 228: The 28[90bb] February 1947 Incident on Taiwan and the Taiwan Independence Movement'，《輔仁歷史學報》第 17 期，2006 年 11 月。

109. 曾建元、曾薰慧，〈青春戰鬥曲——戰後國立臺灣大學政治事件之研究（1945－1955）〉，《當代》231 期，2006 年 11 月。

110. 陳翠蓮，〈戰後臺灣知識菁英的憧憬與頓挫：新生臺灣建設研究會延平學院始末〉，《臺灣史研究》第 13 卷第 2 期，2006 年 12 月。

111. 黃昱珽，〈口述史：一個整合單一化的過程——以二二八事件口述史為例〉，《文化研究月報》63 期，臺北，2006 年 12 月。

112. 郭林汾，〈228 與我〉，《臺灣史料研究》第 28 號，2006 年 12 月。

113. ※陳孔立，〈二二八事件中的本省人與外省人〉，《臺灣研究集刊》2006 年第 3 期。

114. ※鄧孔昭，〈從電文往來看二二八事件中的陳儀與蔣介石〉，《臺灣研究集刊》2006 年第 4 期。

115. ※王玉國，〈淺析陳儀對二二八事件的危機處理〉，《臺灣研究集刊》2007 年第 2 期。

116. ※陳芳富，〈求同存異，以和為貴。二二八事件 60 周年反思〉，《中南財經政法大學研究生學報》2007 年第 2 期。

117. ※褚靜濤，〈國民黨臺灣省黨部與二二八事件〉，《南京社會科學》2007 年第 2 期。

118. 翁嘉禧，〈二二八事件後臺灣經濟政策與組織的調整〉，《人文資源研究學報》第 1 卷 1 期，2007 年 6 月。

119. 張晏滋，〈虎尾的二二八事件探究〉，《中正臺灣文學與文化研究集刊》第 2 期，2007 年 12 月。

120. 郭譽先，〈《被出賣的臺灣》：葛超智[George H. Kerr]其書其人與臺灣民族主義〉，《思想》第 8 期，2008 年 1 月。

121. 吳乃德，〈書寫民族創傷：二二八事件的歷史記憶〉，《思想》第 8 期，2008 年 1 月。

122. 劉亮雅，〈解嚴以來的臺灣小說：回顧與展望〉，《思想》第 8 期，2008 年 1 月。

123. 陳芳明，〈複數記憶的浮現：解嚴後的臺灣文學趨向〉，《思想》第 8 期，2008 年 1 月。

124. ※褚靜濤，〈全國媒體對臺灣二二八事件的反應〉，《南京社會科學》2008 年第 2 期。

125. ※褚靜濤，〈臺灣光復初期的文化衝突〉，《現代臺灣研究》2008 年第 2 期。

126. 程玉鳳，〈從臺糖檔案看「二二八事件」中的糖廠〉，《檔案與微縮》第 88-89 期，2008 年 3-6 月。

127. 謝若蘭，〈二二八口述歷史看臺灣族群關係——兼談臺灣研究方法〉，《臺灣學研究》第 5 期，2008 年 6 月。

128. 歐素瑛，〈從二二八到白色恐怖——以李媽兜案為例〉，《臺灣史研究》第 15 卷 2 期，2008 年 6 月。

129. 李明峻，〈論個人的國際賠償請求權——兼論二二八事件的琉球人受害者問題〉，《臺灣國際法季刊》第 5 卷 2 期，2008 年 6 月。

130. 陳翠蓮，〈歷史正義的困境——族群議題與二二八論述〉，《國史館學術集刊》第 16 期，2008 年 6 月。

131. 林上哲，〈戰後初期臺灣傳染疾病問題之探究（1945～1949）〉，《洄瀾春秋》第 5 期，2008 年 6 月。

132. 許毓良，〈戰後臺灣史研究的開啟：以 1945～1949 年臺灣各類型雜誌刊載的內容為例〉，《輔仁歷史學報》第 21 期，2008 年 7 月。

133. 朱于君，〈歷史、記憶、再現政治——以紀錄片〈還原二二八〉為分析對象〉，《臺灣文學評論》第 8 卷 3 期，2008 年 7 月。

134. 黃秀政、蕭明治，〈二二八事件的善後與賠償——以「延平學院復校」為例〉，《興大歷史學報》第 20 期，2008 年 8 月。

135. 陳儀深，〈為何考證？如何解讀？——評論黃彰健著《二二八事件真相考證稿》〉，《中央研究院近代史研究所集刊》第 61 期，2008 年 9 月。

136. 陳依玲，〈語言教育政策促進族群融合之可能性探討〉，《教育研究與發展期刊》第 4 卷 3 期，2008 年 9 月。

137. 洪英雪，〈從性政治突圍而出——論謝雪紅書寫以及李昂《自傳の小說》〉，《臺灣文學研究學報》第 7 期，2008 年 10 月。

138. ※汪毅夫，〈臺灣光復初期閩臺關係的若干史實〉，《中共福建省委黨校學報》2008 年第 10 期。

139. 潘桂芳，〈二二八風暴籠罩下的臺灣美術〉，《臺灣史料研究》第 32 期，2008 年 12 月。

140. 臺灣史料研究，〈受難與昇華的創作對話——歐陽文與陳武鎮座談紀實〉，《臺灣史料研究》第 32 期，2008 年 12 月。

141. 吳筱玫，〈PageRank 下的資訊批判：新二二八事件回顧〉，《傳播與社會學刊》第 9 期，2009 年 1 月。

142. 李學勇，〈臺大的黑暗時期——光復初期的臺大印象〉，《中華科技史學會學刊》第 12 期，2008 年 12 月。

143. 陳佳宏，〈日治中期至二二八事件前後臺灣之認同糾葛——以精英為主的分析〉，《師大臺灣史學報》第 2 期，2009 年 3 月。

144. ※褚靜濤，〈延安《解放日報》與二二八事件〉，《現代臺灣研究》，2009 年第 4 期。

145. 許雪姬，〈2007 年臺灣史研究的回顧與展望〉，《臺灣史研究》第 16 卷 2 期，2009 年

6 月。

146. 陳培文，〈管窺二二八事件前後臺灣文化界的若干氣象——以《臺灣文化》為考察對象〉，《雄中學報》第 11 期，2009 年 6 月。

147. 吳彥明，〈臺灣國族認同的連續或斷裂？——評陳翠蓮著《臺灣人的抵抗與認同，1920～1950》〉，《臺灣史研究》第 16 卷 2 期，2009 年 6 月。

148. 藍博洲，〈歷史的認識與政治的認同〉，《臺灣社會研究季刊》第 74 期，2009 年 6 月。

149. 李功勤、沈超群，〈二二八的轉型正義：張七郎事件探討〉，《通識教育與多元文化學報》第 1 期，2009 年 7 月。

150. 朱浤源，〈美國政府背叛臺灣：校讀 George Kerr 編撰 *Formosa Betrayed* 時的內心世界〉，《檔案季刊》第 8 卷 3 期，2009 年 9 月。

151. 蘇嘉宏、王呈祥，〈二二八事件與臺灣族群關係的變遷〉，《高雄文化研究》2009 年 10 月號，2009 年 10 月。

152. 陳翠蓮，〈臺灣政治史研究的新趨勢——從抵抗權力到解構權力〉，《漢學研究通訊》第 28 卷 4 期，2009 年 11 月。

153. 林平，〈戰後初年臺灣廣播事業之接收與重建（1945～1947）——以臺灣廣播電臺為中心〉，《臺灣學研究》第 8 期，2009 年 12 月。

154. 王呈祥，〈「二・二八」抗議遊行時王民寧的角色探討〉，《興國學報》第 11 期，2010 年 1 月。

155. 曾建元，〈二二八事變之新發現與新論證：民生史觀的檢視〉，《孫學研究》第 10 期，2010 年 5 月。

156. 陳翠蓮，〈2008 年臺灣史研究的回顧與展望〉，《臺灣史研究》第 17 卷 2 期，2010 年 6 月。

157. 陳儀深，〈臺獨主張的起源與流變〉，《臺灣史研究》第 17 卷 2 期，2010 年 6 月。

158. 李文環，〈戰後初期臺灣走私問題之研究（1945-1949）〉，《高雄師大學報》第 28 期，2010 年 6 月。

159. 張秉仁，〈憶往事〉，《臺灣史料研究》第 35、36 號，2010 年 6、12 月。

160. 黃順星，〈新聞的場域分析：戰後臺灣報業的變遷〉，《新聞學研究》第 104 期，2010 年 7 月。

161. 宋佩芬、張韡曦，〈臺灣史的詮釋轉變：國族歷史與國家認同教育的省思〉，《教育科學研究期刊》第 55 卷 3 期，2010 年 9 月。

162. 若林正丈，〈葉榮鐘的「述史」之志：晚年書寫活動試論〉，《臺灣史研究》第 17 卷

4 期，2010 年 12 月。

163. 劉恆妏，〈戰後初期臺灣司法接收（1945-1949）：人事、語言與文化的轉換〉，《臺灣史研究》第 17 卷 4 期，2010 年 12 月。

164. 楊穎超，〈不正當政權？還是不適當概念？——「外來政權」論述的再思考〉，《東亞研究》第 42 卷 1 期，2011 年 1 月。

165. 曾建元，〈二二八事變之新發現與新論證：民生史觀的檢視——紀念黃彰健院士〉，《孫學研究》第 10 期，2011 年 5 月。

166. 彭瑞金，〈自死地奮力求生的故事——《花蓮鳳林二二八》〉，《臺灣史料研究》第 37 期，2011 年 6 月。

167. 劉天賦，〈岡山二二八事件始末〉，《臺灣史料研究》第 37 期，2011 年 6 月。

168. 劉熙明，〈檔案的玄機：二二八事件的社會菁英被害與蔣介石之關係〉，《臺灣史料研究》第 37 期，2011 年 6 月。

169. 曹欽榮，〈紀念博物館在轉型正義中之角色〉，《國立臺灣博物館學刊》第 65 卷 1 期，2012 年 3 月。

170. 吳乃德，〈歷史記憶中的模糊與未知：二二八死難人數的爭論〉，《思想》第 21 期，2012 年 5 月。

171. 許雪姬，〈1937-1947 年在上海的臺灣人〉，《臺灣學研究》第 13 期，2012 年 6 月。

172. 張素玢，〈事變下的北斗林家〉，《臺灣學研究》第 13 期，2012 年 6 月。

173. 王德威，〈從吞恨到感恩：見證白色恐怖〉，《中正漢學研究》第 2012 卷 1 期，2012 年 6 月。

174. 何義麟，〈戰後初期臺灣留日學生的左傾言論及其動向〉，《臺灣史研究》第 19 卷 2 期，2012 年 6 月。

175. 朱浤源、王鏡宇，〈民國歷史的相對性與李友邦之死〉，《海外華人研究》，第 8 期，2012 年 11 月。

176. 吳豪人，〈「野蠻」的復權：臺灣修復式正義與轉型正義實踐的困境與脫困之道〉，《臺灣人權學刊》第 1 卷 3 期，2012 年 12 月。

177. 王興中，〈書寫臺灣人權運動史：普世人權的本土歷程〉，《臺灣人權學刊》第 1 卷 3 期，2012 年 12 月。

178. 鄭凱文，〈「直觀教學法」在國中歷史教學的運用——以臺灣光復初期二二八事件為例〉，《大直高中學報》第 10 期，2013 年 6 月。

179. 黃惠禎，〈揚風與楊逵：戰後初期大陸來臺作家與臺灣作家的合作交流〉，《臺灣文學學報》第 22 期，2013 年 6 月。

180. 何義麟，〈戰後初期臺灣的國際新聞傳播與管制——以澀谷事件之報導為中心〉，《文史臺灣學報》第 6 期，2013 年 6 月。

181. 陳君愷，〈建構關於中國史的臺灣觀點〉，《臺灣史學雜誌》第 14 期，臺灣歷史學會，2013 年 6 月。

182. 黃亮清，〈從 2012 年回顧二二八歷史詮釋轉變〉，《洄瀾春秋》第 9 期，2013 年 9 月。

183. 張炎憲，〈白色恐怖的口述訪談與歷史真相〉，《臺灣風物》第 63 卷 4 期，2013 年 12 月。

184. 鄭梓，〈缺憾還諸白氏父子：為「白崇禧與將軍題聯」拾遺補綴〉，《臺灣文學研究》第 5 期，2013 年 12 月。

185. 溫秋芬，〈臺灣人旅京滬團體 228 救援紀實〉，《臺灣史料研究》第 43 期，2014 年 6 月。

186. 施正峰，〈臺灣轉型正義所面對的課題〉，《臺灣國際研究季刊》第 10 卷 2 期，2014 年 6 月。

187. 黃仁姿、薛化元，〈戰後臺灣精英的連續與斷裂：以農會精英為例（1945-1953）〉，《臺灣史研究》第 18 卷 3 期，2011 年 9 月。

188. 李維哲、周毅怡，〈問題取向的歷史教學嘗試及其意義——以「二二八事件」為例〉，《清華歷史教學》第 21 期，2011 年 10 月。

189. 隆世秀、張裕惠，〈高中臺灣史教學之再思——高、國中臺灣史的比較研究〉，《麗山學報》第 5 期，2011 年 11 月。

190. 王呈祥，〈「二二八事件」期間蔣介石的決策研究（1947.2.28-3.2.）〉，《博雅通識學報》第 2 期，2014 年 1 月。

191. 劉熙明，〈二二八事件中凃光明刺殺彭孟緝真實性之平議〉，《臺灣風物》第 64 卷 1 期，2014 年 3 月。

192. ※朱雙一，〈光復初期臺灣社會諸種矛盾辨析——從文學看臺灣民眾的悲情與認同〉，《臺灣研究集刊》，2014 年第 1 期。

193. 許雪姬，〈解嚴後臺灣口述歷史的發展及其檢討〉，《口述歷史史學會會刊》第 5 期，2014 年 8 月。

194. 陳翠蓮，〈「祖國」的政治試煉：陳逸松、劉明與軍統局〉，《臺灣史研究》第 21 卷 3 期，2014 年 9 月。

195. 林正慧，〈二二八事件中的保密局〉，《臺灣史研究》第 21 卷 3 期，2014 年 9 月。

196. 蔡秀美，〈二二八事件期間消防隊員的角色〉，《臺灣史研究》第 21 卷 3 期，2014 年

9月。

197. 蘇瑤崇，〈謊言建構下二二八事件鎮壓之正當性：從「大溪中學女教員案」論起〉，《臺灣史研究》第21卷3期，2014年9月。

198. 吳淑鳳，〈軍統局對美國戰略局的認識與合作開展〉，《國史館館刊》33期，2012年9月。

199. 林佳龍、曾建元，〈反抗精神：臺灣歷史的伏流與巨流：以蔣渭水、郭雨新與鄭南榕為例〉，《中華行政學報》第15期，2014年12月。

200. 張炎憲，〈白色恐怖與高一生〉，《臺灣史料研究》第44期，2014年12月。

201. 何義麟，〈在日臺灣人的二二八事件論述——兼論情治單位監控報告之虛實〉，《臺灣史料研究》第44期，2014年12月。

202. 侯坤宏，〈重探「二二八事件處理委員會」的角色〉，《臺灣史研究》第21卷4期，2014年12月。

203. 蘇瑤崇，〈戰後臺灣米荒問題新探（1945～1946）〉，《中央研究院近代史研究所集刊》第86期，2014年12月。

204. 施正鋒，〈歷史教育、轉型正義及民族認同〉，《臺灣國際研究季刊》第10卷4期，2014年12月。

205. 許雪姬，〈「保密局臺灣站二二八史料」的解讀與研究〉，《臺灣史研究》第21卷4期，2014年12月。

206. 劉恆妏，〈二二八事件中的自新：以臺中、嘉義、臺南、高雄為中心〉，《臺灣史研究》第21卷4期，2014年12月。

207. 歐素瑛，〈二二八事件期間縣市首長的角色與肆應〉，《臺灣史研究》第21卷4期，2014年12月。

208. 楊愉珍、陳佳利，〈博物館與非物質文化遺產之再現——臺北二二八紀念館口述歷史展示之研究〉，《博物館學季刊》第29卷2期，2015年4月。

209. 陳淑容，〈雷石榆〈臺南行散記〉分析：後二二八的風景與心境〉，《臺灣文學研究學報》第20期，2015年4月。

六、二二八事件學術研討會論文及論文集

1. 尹章義，〈日治時代臺灣歷史人物的評價問題〉，輔仁大學歷史系所主編，《慶祝王任光教授七秩嵩慶中西歷史與文化研討會論文集》，臺北：文史哲出版社，1988。

2. 陳芳明，〈陳儀與謝雪紅：二二八人物的再評價〉，陳芳明編，《二二八事件學術論文集：臺灣人國殤事件的歷史回顧》，臺北：前衛出版社，1989。

3. 謝聰敏，〈臺灣抵抗運動與華人世界〉，陳芳明編，《二二八事件學術論文集：臺灣人國殤事件的歷史回顧》，臺北：前衛出版社，1989。

4. 林宗光，〈美國人眼中的二二八事件〉，陳芳明編，《二二八事件學術論文集：臺灣人國殤事件的歷史回顧》，臺北：前衛出版社，1989。

5. 林衡哲，〈從吳濁流的文學作品看二二八事件〉，陳芳明編，《二二八事件學術論文集：臺灣人國殤事件的歷史回顧》，臺北：前衛出版社，1989。

6. 張旭成，〈二二八事件的政治背景及其影響〉，陳芳明編，《二二八事件學術論文集：臺灣人國殤事件的歷史回顧》，臺北：前衛出版社，1989。

7. 謝里法，〈從二二八事件看臺灣智識份子的歷史盲點〉，陳芳明編，《二二八事件學術論文集：臺灣人國殤事件的歷史回顧》，臺北：前衛出版社，1989。

8. 尹章義，〈從唐山、半山聯合治臺到福佬沙文主義——光復以來的省籍問題〉，臺北：中時晚報社，《臺灣史研究會論文集》第三集，1991。

9. 賴澤涵，〈陳儀與閩、臺、浙三省省政（1926～1949）〉，收入中華民國建國八十年學術討論會編委會編，《中華民國建國八十年學術討論會》，臺北：編者，1991。

10. 陳三井，〈白崇禧與二二八事件〉，中華民國史專題第一屆討論會秘書處編，《中華民國史專題論文集》，臺北：國史館，1992。

11. 張富美，〈陳儀與福建省政（1934～1941）〉，陳琰玉、胡慧玲編，《二二八學術研討會論文集》，臺北：二二八民間研究小組、自立晚報，1992。

12. 陳儀深，〈論臺灣二二八事件的原因〉，陳琰玉、胡慧玲編，《二二八學術研討會論文集》，臺北：二二八民間研究小組、自立晚報，1992。

13. 蕭聖鐵，〈臺灣二二八事件的經濟與文化背景——社會期望理論之應用〉，陳琰玉、胡慧玲編，《二二八學術研討會論文集》，臺北：二二八民間研究小組、自立晚報，1992。

14. 黃英哲，〈許壽裳與臺灣——兼論二二八前夕長官公署時代的文化政策〉，陳琰玉、胡慧玲編，《二二八學術研討會論文集》，臺北：二二八民間研究小組、自立晚報，1992。

15. 陳芳明，〈戰後初期臺灣自治運動與二二八事件〉，陳琰玉、胡慧玲編，《二二八學術研討會論文集》，臺北：二二八民間研究小組、自立晚報，1992。

16. 李筱峰，〈「二二八事件處理委員會」與陳儀的對策〉，陳琰玉、胡慧玲編，《二二八學術研討會論文集》，臺北：二二八民間研究小組、自立晚報，1992。

17. 吳密察，〈蔣渭川與二二八事件（初探）〉，陳琰玉、胡慧玲編，《二二八學術研討會論文集》，臺北：二二八民間研究小組、自立晚報，1992。

18. 李喬，〈臺灣二二八研究之片段——由「埋冤一九四七」資料理出〉，陳琰玉、胡慧玲編，《二二八學術研討會論文集》，臺北：二二八民間研究小組、自立晚報，1992。

19. 鄭梓，〈試探戰後初期國府之治臺政策——以用人政策及省籍歧視為中心的討論〉，陳琰玉、胡慧玲編，《二二八學術研討會論文集》，臺北：二二八民間研究小組、自立晚報，1992。

20. 張炎憲，〈戰後初期臺獨主張產生的探討——以廖家兄弟為例〉，陳琰玉、胡慧玲編，《二二八學術研討會論文集》，臺北：二二八民間研究小組、自立晚報，1992。

21. 陳少廷，〈中共對臺灣二二八事件的歷史解釋——兼評臺灣統派紀念二二八的政治訴求〉，陳琰玉、胡慧玲編，《二二八學術研討會論文集》，臺北：二二八民間研究小組、自立晚報，1992。

22. 蕭欣義，〈評賴、馬、魏新著「悲劇的開端」〉，陳琰玉、胡慧玲編，《二二八學術研討會論文集》，臺北：二二八民間研究小組、自立晚報，1992。

23. 賴澤涵等著，《臺灣光復初期歷史》，臺北：中央研究院中山人文科學社會研究所，1993。

24. 陳明通，〈派系政治與陳儀治臺論〉，賴澤涵主編，《臺灣光復初期歷史》，臺北：中央研究院中山人文科學社會研究所，1993。

25. 吳乃德、陳明通，〈政權轉移和菁英流動：臺灣地方政治菁英的歷史形成〉，賴澤涵主編，《臺灣光復初期歷史》，臺北：中央研究院中山人文科學社會研究所，1993。

26. 黃富三，〈「二二八事件處理委員會」與二二八事件〉，賴澤涵主編，《臺灣光復初期歷史》，臺北：中央研究院中山人文科學社會研究所，1993。

27. 許雪姬，〈臺灣光復初期的民變：以嘉義三二事件為例〉，賴澤涵主編，《臺灣光復初期歷史》，臺北：中央研究院中山人文科學社會研究所，1993。

28. 吳文星，〈二二八事件期間國民政府的因應與決策之探討〉，賴澤涵主編，《臺灣光復初期歷史》，臺北：中央研究院中山人文科學社會研究所，1993。

29. 陳純瑩，〈光復初期臺灣警政的接收與重建：以長官公署時期為中心的探討〉，賴澤涵主編，《臺灣光復初期歷史》，臺北：中央研究院中山人文科學社會研究所，1993。

30. 顏清梅，〈光復初期臺灣米荒問題初探〉，賴澤涵主編，《臺灣光復初期歷史》，臺北：中央研究院中山人文科學社會研究所，1993。

31. 賴澤涵，〈臺灣光復初期歷史資料〉，「臺灣光復初期史料研討會」，國史館，1994。

32. 許雪姬，〈二二八事件時高雄市的綏靖〉，林俊傑編，《高雄歷史與文化論集》，高雄：財團法人陳中和翁慈善基金會，1994。

33. 賴澤涵,，〈光復初期臺灣政治社會變遷：回顧與展望〉，黃俊傑主編，《高雄歷史與文化論集》(二)，高雄：財團法人陳中和翁慈善基會，1995。

34. 薛化元，〈戰後十年臺灣的政治初探（1945～1955）——以國府在臺統治基盤的建立為中心〉，張炎憲、陳美蓉、楊雅慧編著，《二二八事件研究論文集》，臺北：吳三連臺灣史料基金會，1998。

35. 陳翠蓮，〈「大中國」與「小臺灣」的經濟矛盾——以資源委員會與臺灣省行政長官公署的資源爭奪為例〉，張炎憲、陳美蓉、楊雅慧編著，《二二八事件研究論文集》，臺北：吳三連臺灣史料基金會，1998。

36. 顏娟英，〈戰後初期臺灣美術的反省與幻滅〉，張炎憲、陳美蓉、楊雅慧編著，《二二八事件研究論文集》，臺北：吳三連臺灣史料基金會，1998。

37. 林鐘雄，〈1940 年代的臺灣經濟〉，張炎憲、陳美蓉、楊雅慧編著，《二二八事件研究論文集》，臺北：吳三連臺灣史料基金會，1998。

38. 黃英哲，〈臺灣省編譯館研究（1946.8～1947）——陳儀政府臺灣文化重編機構研究之一〉，張炎憲、陳美蓉、楊雅慧編著，《二二八事件研究論文集》，臺北：吳三連臺灣史料基金會，1998。

39. 鄭梓，〈二二八悲刻之序曲——戰後報告文學中的臺灣「光復記」〉，張炎憲、陳美蓉、楊雅慧編著，《二二八事件研究論文集》，臺北：吳三連臺灣史料基金會，1998。

40. 陳儀深，〈再探二二八事件處理委員會——關於其政治立場與角色功能的評估〉，張炎憲、陳美蓉、楊雅慧編著，《二二八事件研究論文集》，臺北：吳三連臺灣史料基金會，1998。

41. 何義麟，〈臺灣省政治建設協會與二二八事件〉，張炎憲、陳美蓉、楊雅慧編著，《二二八事件研究論文集》，臺北：吳三連臺灣史料基金會，1998。

42. 陳永興，〈二二八與臺灣醫界〉，張炎憲、陳美蓉、楊雅慧編著，《二二八事件研究論文集》，臺北：吳三連臺灣史料基金會，1998。

43. 陳芳明，〈殖民歷史解釋下的蔣渭川〉，張炎憲、陳美蓉、楊雅慧編著，《二二八事件研究論文集》，臺北：吳三連臺灣史料基金會，1998。

44. 孫萬國，〈半山與二二八初探〉，張炎憲、陳美蓉、楊雅慧編著，《二二八事件研究論文集》，臺北：吳三連臺灣史料基金會，1998。

45. 郝任德，〈紅毛城與二二八——英國外交部對於臺灣 1947 的態度〉，張炎憲、陳美蓉、楊雅慧編著，《二二八事件研究論文集》，臺北：吳三連臺灣史料基金會，1998。

46. 李敏勇，〈傷口的花——臺灣詩的二二八記憶與發現〉，張炎憲、陳美蓉、楊雅慧編著，《二二八事件研究論文集》，臺北：吳三連臺灣史料基金會，1998。

47. 鄭仰恩，〈危險記憶的轉變力量——試論二二八事件的神學意涵〉，張炎憲、陳美蓉、楊雅慧編著，《二二八事件研究論文集》，臺北：吳三連臺灣史料基金會，1998。

48. 林宗光，〈臺灣人之認同問題與二二八〉，張炎憲、陳美蓉、楊雅慧編著，《二二八事件研究論文集》，臺北：吳三連臺灣史料基金會，1998。

49. 林宗義，〈抗爭抑或復和？——武力壓制者 V.S.苦難的倖存者〉，張炎憲、陳美蓉、楊雅慧編著，《二二八事件研究論文集》，臺北：吳三連臺灣史料基金會，1998。

50. 李喬，〈「二二八」在臺灣人精神史的意義〉，張炎憲、陳美蓉、楊雅慧編著，《二二八事件研究論文集》，臺北：吳三連臺灣史料基金會，1998。

51. 李筱峰，〈蔣介石與二二八事件——兼論其責任問題〉，張炎憲、陳美蓉、楊雅慧編著，《二二八事件研究論文集》，臺北：吳三連臺灣史料基金會，1998。

52. 張炎憲，〈二二八的歷史意涵——鎮壓、反抗、扭曲與重建〉，張炎憲、陳美蓉、楊雅慧編著，《二二八事件研究論文集》，臺北：吳三連臺灣史料基金會，1998。

53. 周鳳美，〈我國小學社會科課程的民主化：臺灣史教學與國家認同教育〉，收入《「多元文化、身分認同與教育」學術研討會論文集》，花蓮：國立花蓮師範學院，2000。

54. 陳翠蓮，〈戰後初期臺灣之政治結社與政治生態〉，收入詹素娟等編，《曹永和先生八十壽慶論文集》，臺北：樂學書局，2001。

55. 邵承芬，〈二二八事件中的經濟因素——以官方貪污為探重心〉，清雲技術學院通識教育中心主編，《傳統與現代文學、史學學術研討會論文集》，中壢：編者，2001。

56. 陳君愷，〈穿透歷史的迷霧——王添灯的思想、立場及其評價問題〉，第六屆中華民國史專題討論會秘書處編，《20 世紀臺灣歷史與人物- 第六屆中華民國史專題論文集》，臺北，國史館，2002 年 12 月。

57. 侯坤宏，〈情治單位在二二八事件中的角色〉，《二二八事件新史料學術研討會會議論文》，臺北：財團法人二二八事件紀念基金會，2003。

58. 歐素瑛，〈二二八事件中的校園〉，《二二八事件新史料學術研討會會議論文》，臺北：財團法人二二八事件紀念基金會，2003。

59. 周琇環，〈二二八事件在彰化〉，《二二八事件新史料學術研討會會議論文》，臺北：財團法人二二八事件紀念基金會，2003。

60. 李筱峰，〈二二八事件與臺灣獨立運動〉，《二二八事件新史料學術研討會會議論文》，臺北：財團法人二二八事件紀念基金會，2003。

61. 陳儀深，〈元凶的責任評量——歷史觀點豈止是「維持治安而已論蔣介石與臺省軍政首長對二二八事件的處置」〉，《二二八事件新史料學術研討會會議論文》，臺北：財團法人二二八事件紀念基金會，2003。

62. 陳志龍，〈元凶的責任評量——法律觀點二二八元凶追究之迫切性與必要性從法律觀點探究如何使司法面對此問題〉，《二二八事件新史料學術研討會會議論文》，臺北：財團法人二二八事件紀念基金會，2003。

63. 陳翠蓮，〈二二八事件史料評述〉，《二二八事件新史料學術研討會會議論文》，臺北：財團法人二二八事件紀念基金會，2003。

64. 陳建忠，〈後戒嚴時期的後殖民書寫：論鍾肇政《怒濤》中的「二二八」歷史建構〉，收入《大河之歌：鍾肇政文學國際學術會議論文集》，桃園：桃園縣文化局，2003。

65. 黃富三，〈葛超智與臺灣主體意識的發展〉，收錄於胡健國編，《20 世紀臺灣歷史與人物——第六屆中華民國史專題論文集》，臺北：國史館，2003。

66. 朱浤源，〈從史學方法論檔案的重要性：以二二八事件研究為例〉，中華檔案暨資訊微縮管理學會編，《「2004 年海峽兩岸暨微縮學術交流會」論文集》，臺北：中華檔案暨資訊微縮管理學會，2004 年 10 月。

67. 朱浤源，〈多元文化與歷史：以二二八事件研究為例〉，「多元文化與族群融合」研討會，國父紀念館，2004 年 12 月 16-17 日。

68. 尹章義，〈中國如何對待韓國——以朝鮮義勇隊與臺灣義勇隊的比較研究為中心所作的個案分析〉，《第七屆環太平洋韓國系國際學術會議論文集》，臺北：中國文化大學，2004。

69. 劉恆妏，〈日治與國治政權交替前後臺籍法律人之研究——以取得終戰前之日本法曹資格者為中心〉，《戰鬥的法律人——林山田教授退休祝賀論文集》，臺北：元照出版社，2004。

70. 賴澤涵，〈臺灣光復接收與光復初期的臺灣社會與政治變遷〉，賴澤涵主編，《臺灣四百年的變遷》，桃園：國立中央大學，2005。

71. 賴澤涵，〈戰後臺灣經濟社會與文化變遷〉，賴澤涵主編，《臺灣社會、經濟與文化的變遷》，桃園：國立中央大學，2005。

72. 陳君愷，〈關於當前臺灣「去中國化」現象的文化省思〉，新境界文教基金會、臺北市立教育大學社會科教育學系所，「2005『中華文化』與『臺灣本土化』研討會」，2005 年 10 月 15 日。

73. ※張海鵬，〈紀念二二八義舉，論清歷史發展的方向〉，收入《東廣論史錄：中國近代史研究的評論與思考》，廣州：廣東人民出版社，2005 年。

74. 朱浤源，〈檔案與口述歷史之間（三）：二二八史學在中研院近史所〉，「2006 年海峽兩岸暨微縮」學術交流會，中研院近史所，2006 年 9 月。

75. 陳君愷、蘇瑞鏘，〈威權統治時期校園政治案件中的人權侵害初探〉，陳志龍、邱榮舉、倪子修編，《臺灣人權與政治事件學術研討會》，臺北，戒嚴時期不當叛亂暨匪諜審判案件補償基金會，2006 年 12 月。

76. 賴澤涵，〈多元文化與族群關係：臺灣的抉擇〉，劉阿榮主編，《多元文化與族群關係》，臺北：揚智文化，2006。

77. 陳君愷，〈臺灣的近代化蛻變——日治時期的時代特色及其歷史意義〉，林麗月主編，《近代國家的應變與圖新》，臺北，唐山出版社，2006。

78. 許雪姬，〈高雄二二八事件真相再探〉，高雄市文獻委員會編，《紀念 228 事件 60 週年學術討論會論文集》，高雄：編者，2007。

79. 陳儀深，〈為何考證？如何解讀？評論黃彰健著《二二八事件真相考證稿》〉，高雄市文獻委員會編，《紀念 228 事件 60 週年學術討論會論文集》，高雄：編者，2007。

80. 翁嘉禧，〈二二八事件時期臺灣經濟政策的特質及其影響〉，高雄市文獻委員會編，《紀念 228 事件 60 週年學術討論會論文集》，高雄：編者，2007。

81. 蘇瑤崇，〈中國報紙有關二二八事件報導之研究：以南京上海為例〉，高雄市文獻委員會編，《紀念 228 事件 60 週年學術討論會論文集》，高雄：編者，2007。

82. 鄭志敏，〈二二八事件與高雄地區的醫界人士〉，高雄市文獻委員會編，《紀念 228 事件 60 週年學術討論會論文集》，高雄：編者，2007。

83. 謝聰敏，〈由國際人權角度探討二二八事件〉，楊振隆總編輯，《二二八事件 60 週年國際學術研討會：人權與轉型正義學術論文集》，臺北：財團法人二二八事件紀念基金會，2007。

84. 陳志龍，〈人權與法律角度探討二二八事件究責問題〉，楊振隆總編輯，《二二八事件 60 週年國際學術研討會：人權與轉型正義學術論文集》，臺北：財團法人二二八事件紀念基金會，2007。

85. 陳儀深，〈族群衝突、官逼民反與報復屠殺：論二二八事件的性質定位〉，楊振隆總編輯，《二二八事件 60 週年國際學術研討會：人權與轉型正義學術論文集》，臺北：財團法人二二八事件紀念基金會，2007。

86. 陳翠蓮，〈歷史正義在臺灣：兼論國民黨的二二八論述〉，楊振隆總編輯，《二二八事件 60 週年國際學術研討會：人權與轉型正義學術論文集》，臺北：財團法人二二八事件紀念基金會，2007。

87. 翁金珠，〈「二二八事件處理及補償條例」立法爭議與影響的研究〉，楊振隆總編輯，《二二八事件 60 週年國際學術研討會：人權與轉型正義學術論文集》，臺北：財團法人二二八事件紀念基金會，2007。

88. 張炎憲，〈「二二八事件處理及補償條例」立法爭議與影響的研究二二八平反問題與歷史意義〉，楊振隆總編輯，《二二八事件 60 週年國際學術研討會：人權與轉型正義學術論文集》，臺北：財團法人二二八事件紀念基金會，2007。

89. 何義麟，〈二二八事件對戰後臺灣語言政策之影響〉，楊振隆總編輯，《二二八事件 60 週年國際學術研討會：人權與轉型正義學術論文集》，臺北：財團法人二二八事件紀念基金會，2007。

90. 陳君愷，〈戰後臺灣「校園文化」的轉型〉，薛月順編，《臺灣 1950-1960 年代的歷史省思第八屆中華民國史專題論文集》，臺北，國史館，2007。

91. ※朱浤源、黃種祥，〈駐臺日軍投降後武器外流情況初探〉，《「檔案與社會」：2007 年海峽兩岸檔案暨微縮學術交流會論文集》，福州：中國檔案學會，2007 年 8 月。

92. 朱浤源、楊晨光、黃種祥，〈郭國基、凃光明與高雄二二八〉，《「南臺灣社會發展」學術研討會論文集》，屏東：國立屏東教育大學，2007 年 12 月。

93. 賴澤涵，〈臺灣二二八事件研究的回顧與展望〉，中央研究院臺灣史研究所編，《「紀念二二八事件 60 週年」學術研討會論文集》，臺北：編者，2008。

94. 杜繼東，〈中國大陸「二二八」事件研究評介〉，中央研究院臺灣史研究所編，《「紀念二二八事件 60 週年」學術研討會論文集》，臺北：編者，2008。

95. 呂興忠，〈彰化縣二二八事件新出土官方檔案研究〉，中央研究院臺灣史研究所編，《「紀念二二八事件 60 週年」學術研討會論文集》，臺北：編者，2008。

96. 蘇瑤崇，〈二二八事件相關英日文資料之問題研究〉，中央研究院臺灣史研究所編，《「紀念二二八事件 60 週年」學術研討會論文集》，臺北：編者，2008。

97. 歐素瑛，〈臺灣省農學院與二二八事件〉，中央研究院臺灣史研究所編，《「紀念二二八事件 60 週年」學術研討會論文集》，臺北：編者，2008。

98. 李東華，〈二二八事件中的臺灣大學〉，中央研究院臺灣史研究所編，《「紀念二二八事件 60 週年」學術研討會論文集》，臺北：編者，2008。

99. 王昭文，〈二二八事件中嘉義地區的學生與武裝行動〉，中央研究院臺灣史研究所編，《「紀念二二八事件 60 週年」學術研討會論文集》，臺北：編者，2008。

100. 陳翠蓮，〈二二八事件中被關閉的兩所臺灣人學校〉，中央研究院臺灣史研究所編，《「紀念二二八事件 60 週年」學術研討會論文集》，臺北：編者，2008。

101. 吳叡人，〈「臺灣高山族殺人事件」——高一生、湯守仁、林瑞昌事件之初步重建〉，中央研究院臺灣史研究所編，《「紀念二二八事件 60 週年」學術研討會論文集》，臺北：編者，2008。

102. 范燕秋，〈樂信瓦旦與泰雅族在二二八事件的動態——探尋戰後初期臺灣原住民菁英的政治實踐〉，中央研究院臺灣史研究所編，《「紀念二二八事件 60 週年」學術研討會論文集》，臺北：編者，2008。

103. 李筱峰，〈二二八事件與族群問題〉，中央研究院臺灣史研究所編，《「紀念二二八事件 60 週年」學術研討會論文集》，臺北：編者，2008。

104. 黃美娥，〈戰後初期的臺灣古典詩壇（1945～1949）〉，中央研究院臺灣史研究所編，《「紀念二二八事件 60 週年」學術研討會論文集》，臺北：編者，2008。

105. 前田直樹，〈臺灣政治自由化與美國對臺政策:從二二八到雷震案件〉，中央研究院臺灣史研究所編，《「紀念二二八事件 60 週年」學術研討會論文集》，臺北：編者，2008。

106. 黃富三，〈二二八事件的臺灣:英國人之「如是我見」〉，中央研究院臺灣史研究所編，《「紀念二二八事件 60 週年」學術研討會論文集》，臺北：編者，2008。

107. 畢凌晨，'A Contradiction Between Research Based Recommendations and Policy Making George Kerr's View of the 2-28 Incident As Contrasted with that of the United States Government'，中央研究院臺灣史研究所編，《「紀念二二八事件 60 週年」學術研討會論文集》，臺北：編者，2008。

108. 許時嘉，〈紀錄與記憶——228 前夕（1945～1947 年）日記中的族群書寫〉，中央研究院臺灣史研究所編，《「紀念二二八事件 60 週年」學術研討會論文集》，臺北：編者，2008。

109. 候坤宏，〈從二二八到後二二八——由歷史解釋權角度觀察〉，中央研究院臺灣史研究所編，《「紀念二二八事件 60 週年」學術研討會論文集》，臺北：編者，2008。

110. 鄭梓，〈記憶、傷痕與歷史再現——二二八事件中一位外省編導「影像札記」的解析為例〉，中研院臺史所編，《「紀念二二八事件 60 週年」學術研討會論文集》，臺北：編者，2008。

111. 陳佳宏，〈日治中期至二二八事件前後臺灣之認同糾葛〉，中央研究院臺灣史研究所編，《「紀念二二八事件 60 週年」學術研討會論文集》，臺北：編者，2008。

112. 楊子震，〈日本「戰後初期臺灣」相關研究的回顧與展望——以二二八事件為中心〉，中央研究院臺灣史研究所編，《「紀念二二八事件 60 週年」學術研討會論文集》，臺北：編者，2008。

113. 朱浤源、黃文範，〈葛超智在二二八事件中的角色〉，《二二八事件 60 週年紀念論文集》出版委員會編，《紀念二二八事件 60 週年論文集》，臺北：編者，2008。

114. ※朱浤源，〈檔案文獻的分類與比較：以二二八時期蔣中正三天內的決策為例〉，「2008 年海峽兩岸檔案暨微縮」學術交流會議，中華檔案暨微縮管理學會，2008 年 10 月 14-15 日。

115. 李勝雄，〈論二二八事件之司法與人權〉，楊振隆總編輯、柳照遠執行主編，《兄弟的鏡子：臺灣與韓國轉型正義案例的剖析：518 光州抗爭、43 大屠殺 vs.228 事件》，臺北：財團法人二二八事件紀念基金會，2008。

116. 陳美伶，〈臺灣二二八事件的「補償」與「賠償」？〉，楊振隆總編輯、柳照遠執行主編，《2008 第一屆臺韓人權論壇論文集：政黨輪替與轉型正義》，臺北：財團法人二二八事件紀念基金會，2009。

117. 沈育美，〈在高中課堂遇見臺灣史的傷口：談二二八事件教學的過去與現在〉，楊振隆總編輯、柳照遠執行主編，《二二八歷史教育與傳承學術討論會論文集》，臺北：財團法人二二八事件紀念基金會，2009。

118. 陳淑媛，〈臺灣史是誰的歷史？以二二八事件教學為例〉，楊振隆總編輯、柳照遠執行主編，《二二八歷史教育與傳承學術討論會論文集》，臺北：財團法人二二八事件紀念基金會，2009。

119. 陳志瑋，〈國小社會領域康軒版二二八教學的困境與省思：以澎湖文澳國小為例〉，楊振隆總編輯、柳照遠執行主編，《二二八歷史教育與傳承學術討論會論文集》，臺北：財團法人二二八事件紀念基金會，2009。

120. 郭燕霖，〈二二八教學在國小實施的情況與困境：以苗栗縣山腳國小為例〉，楊振隆總編輯、柳照遠執行主編，《二二八歷史教育與傳承學術討論會論文集》，臺北：財團法人二二八事件紀念基金會，2009。

121. 張耀仁，〈二二八事件期間駐臺中國記者報導之析論：以報導事件起因、省籍形象與引述消息來源為例〉，楊振隆總編輯、柳照遠執行主編，《二二八歷史教育與傳承學術討論會論文集》，臺北：財團法人二二八事件紀念基金會，2009。

122. 劉熙明，〈再論蔣介石在二二八事件中的責任：由蔣介石在國共內戰的作為來分析〉，楊振隆總編輯、柳照遠執行主編，《二二八歷史教育與傳承學術討論會論文集》，臺北：財團法人二二八事件紀念基金會，2009。

123. 石育民，〈廣播與收音機在二二八事件中的角色〉，楊振隆總編輯、柳照遠執行主編，《二二八歷史教育與傳承學術討論會論文集》，臺北：財團法人二二八事件紀念基金會，2009。

124. 林明德，〈臺灣二二八事件的清算與教育宣傳〉，楊振隆總編輯、柳照遠執行主編，《二二八歷史教育與傳承學術討論會論文集》，臺北：財團法人二二八事件紀念基金會，2009。

125. 倪仲俊、李汾陽，〈二二八事件前後本土菁英的參與障礙與其我群意識之形成〉，楊振隆總編輯、柳照遠執行主編，《二二八歷史教育與傳承學術討論會論文集》，臺北：財團法人二二八事件紀念基金會，2009。

126. 林欣怡，〈二二八與轉型正義〉，楊振隆總編輯、柳照遠執行主編，《二二八歷史教育與傳承學術討論會論文集》，臺北：財團法人二二八事件紀念基金會，2009。

127. 林元輝，〈二二八事件期間臺灣官民營媒體報導之比較：以報導事件為例〉，二二八事件紀念基金會編印，《二二八事件與人權正義——大國霸權 or 小國人權——國際學術研討會》，臺北：財團法人二二八事件紀念基金會，2009。

128. 陳慈玉，〈二二八事件期間臺灣與中國衛生之落差連續與斷裂:戰後初期的臺灣工礦業，1945～1947〉，二二八事件紀念基金會編印，《二二八事件與人權正義——大國霸權 or 小國人權——國際學術研討會》，臺北：財團法人二二八事件紀念基金會，2009。

129. 何義麟，〈二二八事件前後之自治論爭：從「臺灣勿特殊化」問題談起〉，二二八事件紀念基金會編印，《二二八事件與人權正義——大國霸權 or 小國人權——國際學術研討會》，臺北：財團法人二二八事件紀念基金會，2009。

130. 又吉盛清，〈臺灣二二八事件與沖繩：由沖繩來的報告〉，二二八事件紀念基金會編印，《二二八事件與人權正義——大國霸權 or 小國人權——國際學術研討會》，臺北：財團法人二二八事件紀念基金會，2009。

131. 李明峻，〈二二八事件與個人國際賠償請求問題〉，二二八事件紀念基金會編印，《二二八事件與人權正義——大國霸權 or 小國人權——國際學術研討會》，臺北：財團法人二二八事件紀念基金會，2009。

132. 涂醒哲，〈二二八事件期間臺灣與中國衛生之落差〉，二二八事件紀念基金會編印，《二二八事件與人權正義——大國霸權 or 小國人權——國際學術研討會》，臺北：財團法人二二八事件紀念基金會，2009。

133. 蘇瑤崇，〈外國人見證的二二八事件〉，二二八事件紀念基金會編印，《二二八事件與人權正義——大國霸權 or 小國人權——國際學術研討會》，臺北：財團法人二二八事件紀念基金會，2009。

134. 王景弘，〈美國報紙處理[二二八事件]新聞之分析：以[紐約時報]為例〉，二二八事件紀念基金會編印，《二二八事件與人權正義——大國霸權 or 小國人權——國際學術研討會》，臺北：財團法人二二八事件紀念基金會，2009。

135. 金貞和，〈韓國人看二二八與臺灣意識〉，二二八事件紀念基金會編印，《二二八事件與人權正義——大國霸權 or 小國人權——國際學術研討會》，臺北：財團法人二二八事件紀念基金會，2009。

136. 葛祥林，〈由東京審判看二二八〉，二二八事件紀念基金會編印，《二二八事件與人權正義——大國霸權 or 小國人權——國際學術研討會》，臺北：財團法人二二八事件紀念基金會，2009。

137. 黃秀政、蕭明治，〈二二八事件的善後與賠償:以「延平學校復校」為例〉，二二八事件紀念基金會編印，《二二八事件與人權正義——大國霸權 or 小國人權——國際學術研討會》，臺北：財團法人二二八事件紀念基金會，2009。

138. 陳儀深，〈秋後算帳:二二八事件中的「綏靖」與「清鄉」〉，二二八事件紀念基金會編印，《二二八事件與人權正義——大國霸權 or 小國人權——國際學術研討會》，臺北：財團法人二二八事件紀念基金會，2009。

139. 朱浤源、黃種祥，〈戰後美國情報人員在臺活動初探——以 George H. Kerr 為中心〉，朱浤源編，《二二八研究的校勘學視角：黃彰健院士追思論文集》，臺北：文史哲出版社，2010。

140. 吳銘能，〈檔案與口述歷史之間——「口述歷史」文字更動與二二八事件研究〉，朱浤源編，《二二八研究的校勘學視角：黃彰健院士追思論文集》，臺北：文史哲出版社，2010。

141. 曾建元，〈黃彰健的中共論述與最新發現〉，朱浤源編，《二二八研究的校勘學視角：黃彰健院士追思論文集》，臺北：文史哲出版社，2010。

142. 楊晨光，〈二二八事件期間整編廿一師主力赴臺經過〉，朱浤源編，《二二八研究的校勘學視角：黃彰健院士追思論文集》，臺北：文史哲出版社，2010。

143. 吳銘能，〈戴國煇先生與「二二八事件」研究〉，封德屏編，《戴國煇國際學術研討會論文集》，臺北：文訊雜誌社，2011。

144. 薛化元，〈白崇禧部長與 228 事件的後續處理〉，《白崇禧與二二八》學術研討會，時報文化、趨勢教育基金會、國家圖書館，2013 年 3 月 10 日。

145. 許雪姬，〈解讀史料與研究二二八〉，「新史料與二二八研究學術研討會」論文，中央研究院臺灣史研究所，2013 年 11 月 29-30 日。

146. 吳叡人，〈二二八事件中桃園地方民眾抵抗模式初探〉，「新史料與二二八研究學術研討會」論文，中央研究院臺灣史研究所，2013 年 11 月 29-30 日。

147. 林正慧，〈二二八事件中的保密局〉，「新史料與二二八研究學術研討會」論文，中央研究院臺灣史研究所，2013 年 11 月 29-30 日。

148. 陳儀深，〈雲嘉二二八再探：口述史與檔案的對照研究〉，「新史料與二二八研究學術研討會」論文，中央研究院臺灣史研究所，2013 年 11 月 29-30 日。

149. 歐素瑛，〈二二八事件中縣市首長的角色與應對〉，「新史料與二二八研究學術研討會」論文，中央研究院臺灣史研究所，2013 年 11 月 29-30 日。

150. 郎咏恩，〈二二八事件期間警察的角色與作為：從情治檔案觀看警察的應變與結果〉，「新史料與二二八研究學術研討會」論文，中央研究院臺灣史研究所，2013 年 11 月 29-30 日。

151. 蔡秀美，〈二二八事件期間消防隊員的角色〉，「新史料與二二八研究學術研討會」論文，中央研究院臺灣史研究所，2013 年 11 月 29-30 日。

152. 劉恆妏，〈二二八事件中的自新〉，「新史料與二二八研究學術研討會」論文，中央研究院臺灣史研究所，2013 年 11 月 29-30 日。

153. 曾文亮，〈二二八事件中的判亂、懲罰與司法〉，「新史料與二二八研究學術研討會」論文，中央研究院臺灣史研究所，2013 年 11 月 29-30 日。

154. 蘇瑤崇，〈二二八事件中的正當性問題初探：從考證編造的「大溪中學女教員姦殺案」論起〉，「新史料與二二八研究學術研討會」論文，中央研究院臺灣史研究所，2013 年 11 月 29-30 日。

155. 陳中禹，〈二二八事件中原住民族群動態與形象轉變〉，「新史料與二二八研究學術研討會」論文，中央研究院臺灣史研究所，2013 年 11 月 29-30 日。

156. 侯坤宏，〈重探「二二八事件處理委員會」的角色〉，「新史料與二二八研究學術研討會」論文，中央研究院臺灣史研究所，2013 年 11 月 29-30 日。

157. 何義麟，〈二二八事件評述在日本的傳播與影響〉，「新史料與二二八研究學術研討會」論文，中央研究院臺灣史研究所，2013 年 11 月 29-30 日。

158. 陳翠蓮，〈生存遊戲：陳逸松、劉明的政治試煉〉，「新史料與二二八研究學術研討會」論文，中央研究院臺灣史研究所，2013 年 11 月 29-30 日。

159. 陳君愷，〈民主時代所需要的歷史教育──以臺灣高級中學歷史教科書為中心的探討〉，施正鋒主編，《歷史記憶與國家認同- 各國歷史教育》，臺灣國際研究學會，2014 年 7 月。

160. 杜正宇，〈二戰時期美國人眼中的臺灣認同〉，「二二八與戰後臺灣發展」學術研討會，中央研究院臺灣史研究所，2015 年 8 月 10-11 日。

161. 蘇瑤崇，〈戰後（1945～1947）政權轉移與二二八事件：從中美共同佔領臺灣論起〉，「二二八與戰後臺灣發展」學術研討會，中央研究院臺灣史研究所，2015 年 8 月 10-11 日。

162. 張富美，〈臺灣基督長老教會與二二八事件的平反〉，「二二八與戰後臺灣發展」學術研討會論文，中央研究院臺灣史研究所，2015 年 8 月 10-11 日。

163. 吳叡人，〈臺灣轉型正義的歷史構造〉，「二二八與戰後臺灣發展」學術研討會論文，中央研究院臺灣史研究所，2015 年 8 月 10-11 日。

164. 吳俊瑩，〈二二八事件中的清鄉：以臺中縣為例〉，「二二八與戰後臺灣發展」學術研討會論文，中央研究院臺灣史研究所，2015 年 8 月 10-11 日。

165. 林正慧，〈臺籍原日本兵與二二八事件〉，「二二八與戰後臺灣發展」學術研討會論文，中央研究院臺灣史研究所，2015 年 8 月 10-11 日。

166. 曾令毅，〈戰後初期中國空軍在臺灣的接收工作與二二八事件 1945～1947)〉，「二二八與戰後臺灣發展」學術研討會論文，中央研究院臺灣史研究所，2015 年 8 月 10-11 日。

167. 薛化元，〈後二二八國民黨政權財經政策的再檢討──以新臺幣政策為中心〉，「軍事佔領下的臺灣（1945～1952）──張炎憲教授逝世週年紀念學術研討會」，臺灣教授協會，2015 年 10 月 3-4 日。

168. 林正慧，〈隱身的左翼武裝——二二八事件中的自治聯軍〉，「軍事佔領下的臺灣（1945～1952）——張炎憲教授逝世週年紀念學術研討會」，臺灣教授協會，2015年10月。

169. 尹章義，〈臺灣人的中國認同與日本認同——張福祿、李登輝的比較研究〉，「乙未戰爭120周年暨臺灣光復70周年紀念研討會」，東吳大學人文學院，2015年10月18日。

七、二二八事件學位論文

1. 陳木杉，〈中共史學的演展（一九四九～一九七九）〉，文化大學大陸研究所碩士論文，1981。
2. 李筱峰，〈臺灣戰後初期的民意代表〉，師範大學歷史研究所碩士論文，1985。
3. 歐陽聖恩，〈無黨籍人士所辦政論雜誌在我國政治環境中角色功能之研究〉，中國文化大學政治學研究所碩士論文，1986。
4. 吳介民，〈政體轉型期的社會抗議：臺灣1980年代〉，臺灣大學政治學研究所碩士論文，1990。
5. 鄭維禮，〈國家機關在臺灣發展過程中角色之研究（1945～1987）〉，文化大學政治學研究所碩士論文，1990。
6. 陳木杉，〈中共編寫「中華民國史」理論與實際之研究〉，文化大學史學研究所博士論文，1991。
7. 李世偉，〈中共與民間文化（1935～1948）〉，文化大學史學研究所碩士論文，1992。
8. 陳仰天，〈二二八事件前農業與非農業人口張力強度之探討〉，東海大學社會學研究所碩士論文，1992。
9. 吳金鏞，〈國族建構、歷史記憶與紀念空間：二二八紀念碑的建構〉，臺灣大學建築與城鄉研究所碩士論文，1994。
10. 李悅肇，〈臺灣政治反對運動之研究〉，文化大學政治學研究所碩士論文，1994。
11. 陳翠蓮，〈二二八事件研究〉，臺灣大學政治學研究所博士論文，1994。
12. 夏金英，〈臺灣光復後之國語運動（1945～1987）〉，師範大學歷史研究所碩士論文，1995。
13. 鄧建邦，〈歷史、身份建構、與臺灣民族主義：以宜蘭縣及高雄鄉土歷史教材為主的分析〉，臺灣大學三民主義研究所碩士論文，1995。
14. 何華欽，〈二二八歷史敘事權的爭奪及其社會效應：歷史的敘事分析〉，東海大學社會學研究所碩士論文，1996。

15. 王良卿，〈三民主義青年團與中國國民黨關係研究（1938-1949）〉，政治大學歷史研究所碩士論文，1996。

16. 翁嘉禧，〈陳儀時期臺灣經濟政策之研究：1945～1947〉，中山大學中山研究所博士論文，1997。

17. 陳淑芬，〈戰後之疫：臺灣的公共衛生問題與建制（1945～1954）〉，師範大學歷史學研究所碩士論文，1997。

18. 李文環，〈戰後初期臺灣對外貿易之政經分析（1945～1949）〉，成功大學歷史學研究所碩士論文，1998。

19. 許詩萱，〈戰後初期（1945.8～1949.12）臺灣文學的重建：以《臺灣新生報》「橋」副刊為主要探討對象〉，中興大學中文研究所碩士論文，1998。

20. 陳亮州，〈戰後臺灣日產的接收與處理〉，中央大學歷史研究所碩士論文，1998。

21. 葉斯逸，〈由敘事理論角度分析媒介對「二二八事件」的報導〉，政治大學新聞研究所碩士論文，1998。

22. 吳純嘉，〈人民導報研究（1946～1947）：兼論其反映出的戰後初期臺灣政治、經濟與社會文化變遷〉，中央大學歷史研究所碩士論文，1999。

23. 胡育仁，〈國小社會科教科書本土化之分析研究〉，臺北師範學院課程與教學研究所碩士論文，2000。

24. 夏春祥，〈媒介記憶與新聞儀式：二二八事件新聞的文本分析（1947～2000）〉，政治大學新聞學系博士論文，2000。

25. 徐秀琴，〈「中國本位」與「臺灣本位」意識型態形成制度過程的衝突與調和：以國民中學納入「認識臺灣」課程為例〉，東海大學社會學研究所碩士論文，2000。

26. 張永智，〈天亮前，誰在玩遊戲？〉，國立藝術學院戲劇學系碩士論文，2000。

27. 曹校雯，〈臺灣省政府組織變革之研究〉，臺灣大學三民主義研究所碩士論文，2000。

28. 許淑真，〈政治與傳記書寫：謝雪紅形象的變遷〉，東海大學歷史學研究所碩士論文，2000。

29. 劉信成，〈臺灣政治民主化對小學社會科課程影響之研究〉，臺北師範學院課程與教學研究所碩士論文，2000。

30. 羅詩敏，〈二二八事件之法律史考察〉，臺灣大學法律學研究所碩士論文，2000。

31. 王峙萍，〈暴動與抗爭的迷思：論二二八事件中的校園與學生反抗運動〉，淡江大學歷史學研究所碩士論文，2001。

32. 林雯，〈黨外雜誌與民族主義：七、八〇年代臺灣的民族主義論述〉，東吳大學社會學系碩士論文，2001。

33. 蔡淑滿，〈戰後初期的臺北文學活動研究〉，中央大學中國文學研究所碩士論文，2002。

34. 謝欣純，〈郭國基與戰後臺灣地方自治〉，師範大學歷史研究所碩士論文，2002。

35. 陳恕，〈從《民報》觀點看戰後初期（1945-1947）臺灣的政治與社會〉，東海大學歷史學系碩士論文，2002。

36. 林秀玲，〈高雄中學與「二二八事件」〉，師範大學歷史學系在職進修碩士班碩士論文，2003。

37. 陳彥宏，〈櫻花的生命實踐——年輕生命的自我探索與實踐看到自己〉，輔仁大學心理學系碩士論文，2003。

38. 邱麗敏，〈二二八文學研究：戰前出生之臺籍作家對「二二八」的書寫初探〉，新竹師範學院臺灣語言與語文教育研究所碩士論文，2003。

39. 陳宏昌，〈二二八平反運動初探〉，東海大學歷史學研究所碩士論文，2003。

40. 黃淑英，〈《民報》與戰後初期的臺灣〉，師範大學歷史研究所碩士論文，2003。

41. 楊翠，〈鄉土與記憶：七〇年代以來臺灣女性小說的時間意識與空間語境〉，臺灣大學歷史學研究所博士論文，2003。

42. 廖淑婷，〈權力與空間形塑之研究：以臺北市都市公園為例〉，政治大學地政研究所碩士論文，2003。

43. 蔡佩如，〈中華民國中學歷史教科書的後殖民分析：以臺灣論述為核心〉，臺灣大學政治學研究所碩士論文，2003。

44. 謝英德，〈美國對二二八事件的認知和對策之研究〉，淡江大學美國研究所碩士論文，2003。

45. 王若馨，〈二二八論述與民進黨的崛起〉，政治大學新聞研究所碩士論文，2004。

46. 吳君麗，〈陳儀與臺灣光復初期的政局：從光復接收到二二八事件前〉，師範大學政治學研究所碩士論文，2004。

47. 徐秀慧，〈戰後初期臺灣的文化場域與文學思潮（1945～1949）〉，清華大學中國文學系所博士論文，2004。

48. 張光輝，〈戰後初期的國民學校教科書分析（1945～1963）：以「反共抗俄」教育實踐之探討為中心〉，淡江大學歷史學研究所碩士論文，2004 年。

49. 羅元德，〈《中國論壇》半月刊與戰後臺灣自由民主之路（1975～1990）〉，東海大學歷史學系碩士論文，2004。

50. 吳由美，〈臺灣族群問題的探源與進路〉，師範大學政治學研究所博士論文，2005。

51. 林碧芳，〈高雄市二二八事件參與者之研究：從政治組織的互動看彭孟緝出兵前後〉，中山大學中國文學系研究所碩士論文，2005。

52. 柯怡禎，〈二二八歷史教育的回顧與展望〉，臺北教育大學社會教育學系碩士論文，2005。

53. 陳惠珠，〈戰後臺灣中等師資之搖籃：臺灣省立師範學院之研究（1946～1955）〉，師範大學歷史研究所碩士論文，2005。

54. 黃文成，〈受刑與書寫：臺灣監獄文學考察（1895～2005）〉，文化大學中國文學研究所博士論文，2005。

55. 葉志清，〈臺灣本土化教育論述的意識型態分析〉，臺灣大學國家發展研究所碩士論文，2005。

56. 蔡佳真，〈二二八事件後之海外臺獨運動（1947～1970）〉，東海大學歷史學研究所碩士論文，2005。

57. 吳勇正，〈戰後臺灣戶政變革之研究——從「接收復員」到「清鄉戒嚴」（1945～1949）〉，成功大學歷史學研究所碩士論文，2006。

58. 石育民，〈二二八事件前後的蔣渭川（1945～1947）〉，東海大學歷史學研究所碩士論文，2006。

59. 吳宥霖，〈戰後臺灣政治案件之補償與平反：以「二二八基金會」與「補償基金會」為中心〉，臺灣大學國家發展究所碩士論文，2006。

60. 洪英雪，〈文學、歷史、政治與性別：二二八小說研究〉，東海大學中國文學系所博士論文，2006。

61. 廖崧傑，〈二二八事件期間《臺灣新生報》的角色與作為分析〉，政治大學新聞學研究所碩士論文，2006。

62. 蔡永豐，〈嘉義市新二二八紀念碑圖像〉，南華大學文學研究所碩士論文，2006。

63. 顏世佩，〈歷史書寫的政治：二二八事件真相的爭奪戰〉，東海大學社會學研究所碩士論文，2006。

64. 顏鳳蘋，〈從《埋冤一九四七埋冤》史料應用看二二八事件與當時的臺灣社會〉，中山大學中國文學系研究所碩士論文，2006。

65. 畢凌晨，〈葛超智對二二八事件與美國政府觀點之差異：第一手觀察與外交決策間的矛盾〉，臺灣大學歷史學研究所碩士論文，2007。

66. 廖育信，〈全球化對臺灣國家認同的影響〉，臺灣大學國家發展所博士論文，2007。

67. 周美雲，〈鄭坤五《九曲堂時文集》與二二八前夕的臺灣社會研究〉，東海大學中國文學所碩士論文，2008。

68. 蔡佳玲，〈歷史、傷痕、二二八——李喬後殖民歷史小說《埋冤一九四七埋冤》研究〉，清華大學臺灣文學研究所碩士論文，2008。

69. 鄭睦群，〈淡水基督長老教會對時代的因應——以「二二八事件」與「美援時代」為研究中心〉，淡江大學歷史研究所碩士論文，2008。

70. 潘桂芳，〈殖民與再殖民的認同困境——李石樵〔唱歌的小孩〕與〔市場口〕之研究〉，師範大學美術學系碩士論文，2008。

71. 莊育豪，〈臺灣轉型正義的實踐——以二二八究責條例、不當黨產條例草案為例〉，高雄大學政治法律學系碩士論文，2009。

72. 李崇綾，〈臺灣當代女性二二八小說研究——以一九八〇年以後作品為考察對象〉，南華大學文學系碩士論文，2009。

73. 蘇聖雄，〈「奸黨煽惑」——蔣中正對二二八事件的態度及處置〉，臺灣大學歷史學研究所碩士論文，2009。

74. 林傳智，〈轉型正義之理論與實踐——以二二八事件之處理為例〉，臺北大學法律研究所碩士論文，2009。

75. 陳武男，〈嘉義「三二事件」之研究——嘉義民眾在「二二八事件」中的抗爭與肆應〉，成功大學歷史研究所碩士論文，2009。

76. 夏良業，〈魏道明與臺灣省政改革（1947-1948）〉，師範大學臺灣史研究所碩士論文，2009。

77. 郭孟宜，〈楊照小說主題及形式之研究〉，高雄師範大學回流中文碩士論文，2009。

78. 蕭碧珍，〈動盪的年代：戰後初期魏道明主持臺灣省政研究〉，中興大學歷史學研究所碩士論文，2009。

79. 陳家瑩，〈高中學生的歷史因果概念之探究——以「二二八事件」為例〉，東吳大學歷史研究所碩士論文，2010。

80. 劉玉慧，〈歷史記憶與傷痕的書寫——鍾肇政《怒濤》研究〉，中興大學臺灣文學研究所碩士論文，2010。

81. 詹又霖，〈當代臺灣獨立論述評析〉，東海大學歷史學研究所碩士論文，2010。

82. 史峻，〈臺灣白色恐怖的創傷研究：一個奠基於「族裔反霸權主義敘述」的觀點〉，中正大學臺灣文學所碩士論文，2010。

83. 黃文源，〈蘇新的革命道路——一位臺共在東亞共產運動的矛盾與困境〉，成功大學臺灣文學系碩士論文，2010。

84. 林欣怡，〈臺灣社會「轉型正義」問題的探討：以二二八事件為例（1987～2008）〉，臺北教育大學社會與區域發展學系碩士論文，2010。

85. 賴曉慧，〈報紙報導政治人物形象之研究——以聯合報、中國時報及自由時報報導二二八事件新聞中提及馬英九為例〉，佛光大學傳播學系碩士論文，2010。

86. 陳棚現，〈二二八題材小說與女性形象研究〉，中正大學臺灣文學所碩士論文，2010。

87. 陳丹怡，〈歷史創傷經驗與解說——以嘉義市陳澄波、二二八文化館為例〉，師範大學社會教育學系碩士論文，2010。

88. 施國政，〈臺北二二八紀念館的過去現在與未來〉，中山大學劇場藝術學系碩士論文，2010。

89. 李茗洋，〈二二八、陳澄波與嘉義美術家〉，臺北教育大學臺灣文學所碩士論文，2011。

90. 張惠嵐，〈創傷、記憶與儀式——後二二八紀念性文化的敘事及建構〉，中正大學電訊傳播研究所碩士論文，2011。

91. 林欣宜，〈國民小學社會領域時序教學之研究——以「吳沙拓墾」、「霧社事件」、「二二八事件」為例〉，臺北教育大學社會與區域發展學系碩士論文，2011。

92. 陳盈如，〈影視史學課程對國一學生歷史思維能力與國家認同影響之研究——以二二八事件為例〉，臺灣大學國家發展所碩士論文，2011。

93. 楊愉珍，〈臺北二二八紀念館常設展應用口述歷史之研究〉，臺北藝術大學博物館研究所碩士論文，2012。

94. 涂嘉倫，〈當代臺灣紀念碑研究：以二二八紀念碑為例〉，臺南藝術大學藝術史學系碩士論文，2012。

95. 陳韋達，〈轉型正義在第三波民主化國家之發展——以西班牙、捷克、斯洛維尼亞和臺灣為例〉，淡江大學歐洲研究所碩士論文，2012。

96. 陳秀祝，〈從文化創傷敘事與復原看二二八美展的藝術創作〉，臺灣藝術大學書畫藝術學系碩士論文，2013。

97. 涂若筠，〈國際人道法與臺灣之連結——論違反人道罪於二二八事件之適用〉，臺灣大學法律研究所碩士論文，2013。

98. 楊欽堯，〈二二八事件前後廖文毅思想轉變之研究〉，中興大學歷史所博士論文，2013。

99. 鄒婷婷，〈布魯納（Jerome S.Bruner）「發現學習理論」在國中歷史教學的實踐——以「戰後初期與二二八事件」單元為例〉，師範大學歷史研究所碩士論文，2013。

100. 李佩澐，〈公私夥伴關係觀點之地方文化館之價值共創的探討——以國立臺灣文學館、交趾陶館、夕遊水逸埠頭及陳澄波、二二八文化館為例〉，成功大學國際企業研究所碩士論文，2014。

101. 黃渝婷，〈聆聽（不到的）「二二八」：Eric Clarke 音樂知覺生態論與 2008 年《以愛重生》音樂會〉，交通大學音樂研究所碩士論文，2014。

102. 關秀惠，〈事件的美學政治：二二八展覽（1993～2007）、美術及其後〉，交通大學社會與文化研究所博士論文，2014。

103. 呂翊廷，〈臺灣當代安魂曲初探──以柯芳隆的《二二八安魂曲》與賴德和的《安魂曲──祭九二一臺灣世紀末大地震》為對象〉，臺北藝術大學音樂研究所，2014。

104. 王琬宜，〈臺灣當代具政治批判性藝術的發展〉，彰化師範大學美術學系碩士論文，2014。

105. 侯漢廷，〈二二八史觀與歷史真相──反正合試論〉，臺灣大學社會學研究所碩士論文，2015。

106. 陳興蓉，〈仇恨性言論的管制──以歐洲各國大屠殺否認罪的合憲性探討為中心〉，東吳大學法律研究所碩士論文，2015。

八、報章雜誌二二八事件論述

(一)報紙（僅針對本文參考及引用部分）

1. 〈走出歷史陳跡的陰影，解開政治禁忌的情節〉，《中國時報》，1987 年 3 月 10 日。

2. 尹章義，〈坦然面對不幸悲劇──論如何撫平二二八創痛〉，《中國時報》，1988 年 2 月 28 日。

3. 尹章義，〈應組織中立的調查委員會──二二八省思〉，《中國時報》，1988 年 3 月 11 日。

4. 尹章義，〈二二八事件的真象在哪裡？〉，《聯合報》，1988 年 3 月。

5. 尹章義、張玉法，〈記取歷史教訓──理解二二八消弭人間戾氣〉，《聯合報》，1990 年 2 月 24 日。

6. 莊姿音，〈為二二八事件默哀──建立國家檔案制度〉，《自由時報》，1990 年 2 月 24 日。

7. 尹章義，〈政治利益不能纏上歷史悲劇〉，《聯合報》，1990 年 12 月 10 日。

8. 江中明，〈尹章義表示二二八事件一度商品化〉，《聯合報》，1991 年 2 月 4 日。

9. 陳維新，〈尹章義首度公開二二八受難者張七郎家屬當年訴冤狀〉，《自由時報》，1991 年 2 月 4 日。

10. 尹章義，〈解讀二二八——撥開迷霧，回到歷史的原點〉，《中時晚報》，1991 年 2 月 27-28 日。

11. 尹章義，〈研究二二八事件應掌握歷史原因〉，《中國時報》，1991 年 2 月 28 日。

12. 尹章義，〈以二二八為鬥爭工具的時代已過去，朝野若無共識將有礙臺灣前途的思考處理〉，《聯合報》，1991 年 2 月 28 日。

13. 尹章義，〈看史料從大處著眼- 彭孟緝信函的意涵不可忽視〉，《聯合報》，1991 年 4 月 10 日。

14. 徐東海，〈二二八事件終於回到政治層面，李登輝總統在就職記者會中說明政府將處置二二八事件，尹章義相信李總統會以進步的思考模式處理〉，《聯合報》，1991 年 5 月 23 日。

15. 〈基於族群平和觀點 政府不妨賠償 可以透過特別立法 作為處理善後依據以免該案一翻再翻〉，《聯合報》，1992 年 2 月 12 日。

16. 謝邦振，〈行政院《二二八事件研究報告》出爐，尹章義認為應該透過特別立法作為處理善後依據〉，《中國時報》，1992 年 2 月 12 日。

17. 曹郁芬，〈行政院《二二八事件研究報告初稿》披露，尹章義認為夾敘夾議，未替善後工作提供強有力支持〉，《中國時報》，1992 年 2 月 12 日。

18. 吳克，〈行政院《二二八事件研究報告初稿》披露，尹章義期望二二八事件不再成為政治鬥爭的口實〉，《中國時報周刊》，第 8 期，1992 年 2 月 23 日。

19. 尹章義，〈推動 228 特別立法 撫平最後的傷痕〉，《聯合報》，1992 年 2 月 26 日。

20. 〈立院召開公聽會 討論二二八賠償事宜 各方咸認應賠償難屬〉，《自由時報》，1992 年 3 月 19 日。

21. 〈「二二八賠償條例草案」公聽會 彭孟緝並未出席 家屬：只有立法才能解決問題〉，《自立早報》，1992 年 3 月 19 日。

22. 尹章義，〈《學者看范誦堯口述歷史》范有撇清責任之嫌〉，《聯合報》，1993 年 2 月 28 日。

23. 尹章義，〈從《認識臺灣》札根〉，《聯合晚報》，1993 年 6 月 30 日。

24. 尹章義，〈老同學的公義，人道待遇在哪裡？——白色恐怖受刑人平反不易〉，《聯合報》，1993 年 10 月 28 日。

25. 尹章義，〈我們都是二二八受益人- 他們的苦難，成為政治民主化利器〉，《聯合報》，1994 年 2 月 26 日。

26. 〈建國黨：未堅持臺灣主體性立場應重編〉，《中國時報》，1997 年 6 月 6 日。

27. 尹章義，〈歷史教科書須符合客觀真實〉，「史觀與史實間的歷史教材」，《聯合報》國中教材《認識臺灣》歷史篇座談會紀錄，《聯合報》1997年6月6日。

28. 尹章義，〈國中《認識臺灣》教科書須的討論是知識問題不是意識形態問題〉，《聯合報》，1997年6月6日。

29. 朱浤源，〈新數據披露228受難人數灌水〉，《中華日報》，臺北，2004年2月29日。

30. 羅添斌，〈張炎憲：空有補償還沒真正反省〉，《自由時報》，2006年2月20日。

31. 林淑玲、曾薏蘋、陳希林，〈張力：暫不宜列入教科書黃富三：勿用情緒化字眼〉，《中國時報》，2006年2月20日。

32. 黃忠榮，〈扁：研議追究228法律責任〉，《自由時報》，2006年2月20日。

33. 林庭瑤、林淑玲，〈228元兇直指蔣介石〉，《中國時報》，2006年2月20日。

34. 陳鵬仁師，〈228蔣介石有責任非元凶〉，《聯合報》，2006年2月20日。

35. 林庭瑤，〈橋樑失職李筱峰：「半山」有責〉，《中國時報》，2006年2月20日。

36. 林庭瑤、林淑玲，〈228責任歸屬報告出爐：政府犯罪求償五十億〉，《中國時報》，2006年2月22日。

37. 〈查證不完整三立道歉〉，《聯合報》，2007年5月9日。

38. 〈陳雅琳登門道歉阮美姝：北市府紀錄片才有問題〉，《自由時報》，2007年5月10日。

39. 〈228報導誤植畫面三立道歉〉，《自由時報》，2007年5月10日。

40. 〈獲選優良節目藍委批離譜〉，《蘋果日報》，2007年5月10日。

41. 〈前衛出版社清倉賣庫藏書〉，《自由時報》2008年11月10日。

42. 李至和，〈余建新申讓時報文化持股〉，《經濟日報》，2009年4月14日。

43. 郝柏村，〈正視中學史地課本〉，《聯合報》，2012年2月21日。

44. 曾韋禎、林曉雲、陳慧萍、李欣芳、陳璟民，〈郝柏村質疑228死逾萬受難家屬批冷血〉，《自由時報》，2012年2月22日。

45. 陳文信，〈死亡人數成謎張炎憲：當時政府最該負責〉，《中國時報》，2012年2月28日。

46. 仇佩芬，〈二二八受難者官方認定逾萬人〉，《中國時報》，臺北，2012年2月28日。

47. 陳文信，〈死亡人數成謎張炎憲：當時政府最該負責〉，《中國時報》，臺北，2012年2月28日。

48. 石之瑜，〈誇大二二八死亡人數的意義〉，《中國評論新聞》，香港，2012 年 3 月 1 日。

49. 〈「南主角」薛兆基「佇南方，看臺灣」〉，《民報》，2014 年 5 月 16 日。

50. 陳銘城，〈吳三連長子吳逸民曾坐政治黑牢 13 年〉，《民報》，2014 年 10 月 8 日

51. 〈228 定調官逼民反陳士魁：無法接受〉，《自由時報》，2015 年 2 月 26 日。

52. 〈柯文哲：二二八感傷　應學放下仇恨〉，《中央日報》，2015 年 2 月 28 日。

53. 〈賴清德：蔣介石銅像退出校園〉，中央社新聞，2015 年 2 月 28 日。

54. 〈被斧頭劈碎　基隆蔣介石塑像頭顱尋獲〉，《自由時報》，2015 年 3 月 1 日。

55. 〈政大選研民調：認同自己是中國人僅剩 3.3 趴〉，《自由時報》，2015 年 7 月 26 日。

56. 〈總統政見會 3 蔡英文第一輪政見發表全文〉，《自由時報》，2016 年 1 月 8 日。

(二) 其他期刊

1. 一風，〈澄清一點不正確的觀念：關於外省人與本省人之間〉，《地方自治週刊》第 6 卷第 9 期，1950 年。

2. ※臺灣民主自治同盟，〈告臺灣同胞書〉，《新華月報》第 1 卷第 5 期，1950 年 3 月 15 日。

3. ※臺灣民主自治同盟，〈臺灣人民「二二八」起義介紹〉，《新華月報》第 3 卷第 5 期，1951 年 3 月。

4. ※史津，〈臺灣人民「二二八」武裝起義〉，《歷史教學》第 2 期，1966 年。

5. ※評論員，〈從自治到獨立：紀念二二八大革命的真義〉，《臺獨》第 36 期，1975 年。

6. ※臺灣人民二二八起義廿七週年紀念會籌備會，〈為紀念二二八起義發表的聲明〉，《歐洲通訊》第 14 期，1975 年。

7. ※臺獨月刊資料組編，〈美國檔案中二二八事件〉，《臺獨》第 36 期，1975 年。

8. ※臺聲雜誌社編，〈「二二八」起義卅週年紀念專輯〉，《臺聲雜誌》第 13 期，1977 年 4 月。

9. ※楊逸舟，〈回憶二二八事變革命三十年〉，《望春風》第 90 期，1977 年 2 月。

10. ※臺獨月刊資料組編，〈美日各地臺灣人紀念二二八大革命卅週年〉，《臺獨》第 61 期，1977。

11. ※臺獨月刊資料組編，〈二二八的精神表現：支援島內臺灣人民抗暴示威記〉，《臺

獨》第 73 期，1978 年。

12. ※陳坤仁，〈流血重寫二二八〉，《臺獨》第 84 期，1979 年。
13. ※康澤，〈三民主義青年團成立的經過〉，《文史資料選輯》第 40 輯，1980 年 11 月。
14. ※評論員，〈二二八大革命的真相〉，《臺獨》第 96 期，1980 年。
15. 許承宗，〈二二八事件真相〉，《疾風》第 1 卷第 6、9、10 期，1980 年 1、4、5 月。
16. ※臺灣獨立聯盟總部編，〈二二八事件專題〉，《臺獨》第 108 期，1981 年 2 月。
17. ※臺人，〈從臺灣人民的立場說起：悼念二二八喪生之數萬無名戰士及無辜良民牲者〉，《臺獨季刊》第 1 期，1982 年 1 月。
18. ※臺獨季刊資料室編，〈二二八大革命的真相〉，《臺獨季刊》第 1 期，1982 年 1 月。
19. 蔡福同，〈二二八前後的蘇新〉，《臺灣雜誌》第 20-21 期，1982 年 8 月-10 月。
20. 楊祖珺，〈心願未了、老兵不死：楊逵談二二八〉，《前進雜誌》第 7 期，1984 年。
21. 黃嘉光、毛水水，〈走出二二八的陰影〉，《前進雜誌》第 7 期，1984 年。
22. 何平，〈二二八的省思〉，《前方雜誌》第 1 期，1984 年。
23. 尹章義，〈臺灣意識與臺灣文學〉，《文季雙月刊》第 2 卷第 4 期，1984 年 12 月。
24. 王曉波，〈外省子弟的原罪：論亞細亞新孤兒〉，《縱橫》第 8 卷第 1 期，1985 年。
25. ※張畢來，〈國共合作抗敵記——回憶臺灣義勇隊的誕生〉，《臺聲》1985 年第 5 期。
26. 八十年代資料室編，〈二二八日誌〉，《八十年代》第 26 期，1986 年。
27. 王曉波，〈走出二二八事件的歷史陰影〉，《中華雜誌》第 272 期，1986 年。
28. ※李仲，〈臺灣義勇隊隊長李友邦〉，《臺聲》1986 年第 4 期。
29. 尹章義，〈臺灣意識之史的發展〉，《中國論壇》第 23 卷第 2 期，1986 年 10 月。
30. 王曉波，〈歷史問題必須歷史解決：「二二八事件」四十週年論其與共產黨之關係〉，《中華雜誌》第 25 卷第 2 期，1987 年 2 月。
31. 陳正雄，〈謝雪紅「二二八」：中共與臺灣《二二八》事件〉，《探索》第 2 期，1987 年 2 月。
32. ※吳克泰，〈剖析光輝的「二二八起義」〉，《臺聲》第 31 期，1987 年 2 月。
33. ※張昌明，〈政權．紳權．民權——二二八事件的燃燒與燎原〉，《臺灣與世界》第 1 期，1987 年 2 月。

34. ※周青，〈二二八暴動的原始型態〉，《臺聲》第31期，1987年2月。

35. ※臺聲雜誌社編，〈二二八專稿〉，《臺聲雜誌》第31期，1987年2月。

36. ※臺灣與世界雜誌社編，〈二二八事件專題〉，《臺灣與世界》第3期，1987年3月。

37. 唐山，〈大鼓與黑牢：我的二二八經驗〉，《前方雜誌》，1987年3月。

38. 郭仲，〈美夢與悲劇：懷念王育德兄兼憶二二八〉，《前方雜誌》，1987年3月。

39. 高維民，〈二二八前夕臺灣軍紀混亂的歷史證言！〉，《遠望》第1期，1987年3月。

40. 周明，〈謝雪紅與二七部隊〉，《臺灣文化》第11期，1987年4月。

41. 王曉波，〈「二二八事件」在臺灣現代史的透視〉，《文星》第107期，1987年5月。

42. 段芴，〈美國圖書檔案中的「二二八」〉，《光復大陸》第246期，1987年6月。

43. 人權會訊，〈二二八事件誠屬不幸不應受政治性利用〉，《人權會訊》第29期，1987年6月。

44. 王世勛，〈人間的歷史豈容捏造？：「H隊長」黃金島先生訪問記〉，《臺灣新文化》第9期，1987年6月。

45. 旋風，〈迷紗中的「二二八」〉，《大龍港》創刊號，1987年7月。

46. 大龍港雜誌編輯部，〈李喬談「二二八事件始末」〉，《大龍港》第4期，1987年8月。

47. 大龍港雜誌編輯部，〈誰是兇手！——二二八事件血案真相〉，《大龍港》第5期，1987年9月。

48. 尹章義，〈臺灣意識試析：歷史的觀點〉，《中國論壇》第25卷第1期，1987年10月。

49. 陳其南，〈本土意識、民族國家與民主政體〉，《中國論壇》第25卷第1期，1987年10月。

50. 王曉波，〈日據時期「臺灣派」的祖國意識〉，《中國論壇》第25卷第1期，1987年10月。

51. 戴國煇，〈我觀「中國結」與「臺灣結」之爭論：藉心理歷史學（psychiohistory）視野的幾點剖析〉，《中國論壇》第25卷第1期，1987年10月。

52. 江崇林，〈二二八事件真相：可恥的創痕〉，《中外雜誌》42卷2-4期，1987年10月、12月。

53. 陳芳明，〈如果是為了和平與團結：與陳映真談二二八事件〉，《臺灣文化》第12

期，1987。

54. 張茂桂、蕭新煌、章英華，〈大學生的「中國結」與「臺灣結」：自我認定與通婚觀念的分析〉，《中國論壇》第 25 卷 1 期，1987。

55. 臺灣新文化資料室編，〈二二八大事紀〉，《臺灣新文化》第 6 期，1987 年。

56. 茅漢，〈二二八事件的檔案及處理之意見〉，《遠望》，創刊號，1987。

57. 〈民進黨二二八紀念會將在臺南舉行〉，《新聞時代週刊》第 210 期，1988 年 2 月。

58. ※吳克泰，〈我所知道的李登輝〉，《臺灣信息》第 1 期，1988 年 2 月。

59. 〈二二八事件四十一周年紀念全臺綜合報導〉，《全元時代週刊》第 214 期，1988 年 3 月。

60. 李敖，〈俞國華找不到「二二八」的有關文件嗎？〉，《全元時代週刊》第 214 期，1988 年 3 月。

61. 江松青，〈「二二八」受難者許錫謙家屬對楊亮功調查報告的反駁〉，《進步時代週刊》第 216 期，1988 年 3 月。

62. 尤念臺，〈公開，是為了堵緊臺灣人的嘴！從楊亮功、何漢文的「二二八」調查報告談起〉，《進步時代週刊》第 216 期，1988 年 3 月。

63. 張啟斌，〈這件事不是黃尊秋能作主的——誰決定公開二二八事件調查報告〉，《進步時代週刊》第 216 期，1988 年 3 月。

64. 陳應彭，〈白頭警官話當年：「二二八事件」二萬死傷的謊言〉，《中外雜誌》第 43 卷第 4 期，1988 年 4 月。

65. 〈向前看，不要向後看！——民意代表對「二二八事件」的看法〉，《中央月刊》21 卷 4 期，1988 年 4 月。

66. 葉明勳，〈後世忠邪自有評：從陳公洽主閩主臺談到二二八事件〉，《傳記文學》第 52 卷第 5 期，1988 年 5 月。

67. 林汝南，〈臺灣人民的統一戰線：臺盟四十年的鬥爭史〉，《遠望》第 9 期，1988 年 6 月。

68. 〈臺灣基督長老教會對二二八受難者及家屬的道歉〉，臺灣基督長老教會總會資料中心編，《臺灣基督長老教會總會社會關懷文獻（1971～1998）》，臺北：臺灣基督長老教會總會，1988 年。

69. 胡虛一，〈希望「好的開始是成功的一半」！——讀楊亮功、何漢文的《二二八事件調查報告》後〉，《臺灣教會公報》第 1883 期，1988 年。

70. 尹章義，〈臺灣意識之史的發展〉，《中國論壇》23 卷 2 期，1986 年 10 月。

71. 尹章義，〈臺灣意識試析——歷史的觀點〉，《中國論壇》25卷1期，1987年10月。

72. 尹章義，〈二二八事件的善後工作要落實〉，《時報新聞周刊》49期，1988年3月。

73. 楊長鎮，〈二二八歷史會記錄下這一天——街頭運動的新典範〉，《客家風雲》第15期，1989年1月。

74. 沈雲龍，〈陳儀其人與二二八事變〉，《傳記文學》第54卷第2期，1989年2月。

75. 〈一九八九年二二八紀念活動全島聯線報導〉，《鄉土時代週刊》第226期，1989年3月。

76. 陳臺篤，〈四十年後，我們再度出發——臺大學生赴總統府請願現場報導〉，《鄉土時代週刊》第226期，1989年3月。

77. 杜若平，〈透視二二八事件〉，《中外雜誌》第45卷第4期，1989年4月。

78. 黃溪南、周合源、莊春火、嚴秀峰、林書揚、陳映真、王津平對談，康橋整理，〈「二二八事件的真相與假相」座談紀要〉，《遠望》第20期，1989年5月。

79. 陳弱水，〈歷史上的「二二八事變」〉，《歷史月刊》第17期，1989年6月。

80. 葉明勳，〈記取歷史的教訓：臺灣光復後陳儀下錯了的一著棋〉，《傳記文學》第55卷第5期，1989年11月。

81. 汪彝定，〈陳儀印象記〉，《傳記文學》第57卷第4期，1990年10月。

82. 財訊編輯部，〈李敖選定二二八前夕發動奇襲——李敖自述「求是報」求生致勝戰術〉，《財訊》107期，1991年2月。

83. 〈客家人與二二八〉。《客家》14期，1991年2月。

84. 賴澤涵、陳芳明、葉芸芸，〈解構「二二八」〉，《中國論壇》第31卷第5期，1991年2月。

85. 賴澤涵，〈陳儀在閩、臺的施政措施〉，《中國論壇》第31卷第5期，1991年2月。

86. 楊家宜編，〈二二八的官方說法〉，《中國論壇》第31卷第5期，1991年2月。

87. 蔡其達，〈二二八出版品一覽表〉，《中國論壇》第31卷第5期，1991年2月。

88. 馬非馬，〈也是二二八紀念碑〉，《海峽評論》第3期，1991年3月。

89. 陳君愷，〈平心看陳儀的評價問題：以二二八事件為中心〉，《海峽評論》第3期，1991年3月。

90. 〈揭開塵封的歷史：「二二八事件」機密檔案〉，《海峽評論》第3期，1991年3月。

91. 〈揚棄二二八陰影重建臺灣人心靈〉，《海峽評論》第3期，1991年3月。

92. 蔡其達、孫大川，〈激情後的「二二八」〉，《中國論壇》第 31 卷第 6 期，1991 年 3 月。

93. 〈二二八事件四十四年〉，《國家政策雙周刊》第 4 期，1991 年 3 月。

94. 王曉波，〈是歷史的必須歸還歷史：「二二八」事件的表相與本質〉，《海峽評論》第 4 期，1991 年 4 月。

95. 許雪姬，〈臺灣光復初期的語文問題：以二二八事件前後為例〉，《史聯雜誌》第 29 卷第 4 期，1991 年 12 月。

96. 李筱峰，〈二二八事件前的文化衝突〉，《史聯雜誌》第 19 期，1991 年。

97. 黃富三，〈評李筱峰講 228 事件前的文化衝突〉，《史聯雜誌》第 19 期，1991 年。

98. 康澤，〈三民主義青年團成立的經過：康澤回憶錄之二〉，《傳記文學》第 59 卷第 5 期，1991 年。

99. 陳芳明，〈中共對二二八事件史觀的政策性轉變〉，《中國論壇》第 365 期，1991 年。

100. 戴國煇、葉芸芸，〈回首「二二八」〉，《中國論壇》32 卷 5 期，1992 年 2 月。

101. 張茂桂，〈「二二八」、省籍問題與紀念碑〉，《國家政策雙周刊》第 28 期，1992 年 2 月。

102. 〈「二・二八」事變有關文獻補遺〉，《傳記文學》第 60 卷第 2 期，1992 年 2 月。

103. 〈「二・二八」事變有關文獻補遺〉，《臺北文獻》直字第 99 期，1992 年 3 月。

104. 〈平議「二二八事件報告」[座談會]〉，《政治評論》第 591 期，1992 年 3 月。

105. 李宏麟，〈葉明勳：外省籍「二二八」大佬〉，《商業周刊》，第 224 期，1992 年 3 月。

106. 郭少宗，〈「立竿見影」的公眾藝術——二二八紀念碑設計芻議〉，《文訊》第 39 期，1992 年 4 月。

107. 謝里法，〈從傷口照進的陽光穿越隔離的土牆——陳瑞源的二二八紀念公園設計〉，《雄獅美術》第 254 期，1992 年 4 月。

108. 臺南市文獻委員會，〈臺南市「二二八事件」資料摘錄〉，《臺南文化》第 33 期，1992 年 6 月。

109. 李雲漢，〈永懷楊亮功先生〉，《傳記文學》第 60 卷第 6 期，1992 年 6 月。

110. 蘇新，〈悲情新聞：二二八之後：從香港看臺灣（一九四七～一九四九）〉，《海峽評論》第 19-20 期，1992 年 7-8 月。

111. 林山生，〈二二八事件嘉義動亂紀實〉，《嘉義市文獻》第 8 期，1992 年 8 月。

112. 許光遠，〈臺灣首座之二二八紀念碑〉，《嘉義市文獻》第 8 期，1992 年 8 月。

113. 王世慶，〈三民主義青年團團員與二二八事件（初探）〉，《史聯雜誌》第 21 期，1992 年 12 月。

114. 陳芳明，(家國半世紀：臺灣的政治與文學)，《文學臺灣》第 2 期，1992 年。

115. 康澤，〈三民主義青年團成立的經過：康澤回憶錄之五〉，《傳記文學》第 60 卷第 2 期，1992 年。

116. 胡允恭，〈地下十五年與陳儀〉，《傳記文學》第 60 卷第 6 期，1992 年。

117. 賴志陽，〈走出歷史的陰影——沈秀華，張文義著]《噶瑪蘭二二八》評介〉，《宜蘭文獻雜誌》第 1 期，1993 年 1 月。

118. 廖德政，〈二二八對臺灣美術的影響——座談會摘要節錄〉，《臺灣畫》第 3 期，1993 年 1 月。

119. 陳澄波，〈紀念二二八臺灣畫展圖版〉，《臺灣畫》第 3 期，1993 年 1 月。

120. 李敏勇，〈期待在美術裡的二二八歷史記憶與發現〉，《臺灣畫》第 3 期，1993 年 1 月。

121. 岡崎郁子，〈從保留完整的猶太集中營——想二二八事件平反工作〉，《臺灣文藝》第 15 期，1993 年 2 月。

122. 盧俊義，〈二二八事件與文學〉，《六堆風雲》第 44 期，1993 年 2 月。

123. 魏宏晉，〈「二二八」與外省情緣〉，《光華》第 18 卷第 3 期，1993 年 3 月。

124. 鄭功賢，〈撫平傷痕・揮去陰霾——「二二八紀念美展」企盼走出歷史陰影〉，《典藏藝術》第 7 期，1993 年 4 月。

125. 郭肇立，〈一個現代紀念碑的批判性思考——從巴別塔到二二八紀念碑〉，《中華民國建築師雜誌》第 19 卷第 6 期，1993 年 6 月。

126. 〈二二八建碑競圖報導〉，《中華民國建築師雜誌》第 19 卷第 6 期，1993 年 6 月。

127. 〈二二八紀念碑的空間意涵與建築自覺運動——訪蘇南洲先生〉，《中華民國建築師雜誌》第 19 卷第 6 期，1993 年 6 月。

128. 傅朝卿，〈為臺北二二八紀念碑在臺灣現代建築史上定位——從中國近現代紀念碑之政治意涵與設計手法談起〉，《中華民國建築師雜誌》第 19 卷第 6 期，1993 年 6 月。

129. 李淑楨，〈藝術整體性與社會歷史反映——由二二八紀念碑競圖評審事件的「歷史當代性」談起〉，《雄獅美術》第 268 期，1993 年 6 月。

130. 高而潘、楊英風，〈二二八建碑報導》，《中華民國建築師雜誌》第 19 卷第 7 期，

1993 年 7 月。

131. 黃金俊，〈二二八事件之爆發與衝突〉，《嘉義市文獻》第 9 期，1993 年 8 月。

132. 杜繼平，〈慘死於「二二八」的抗日英雄：廖進平的家世與生平〉，《海峽評論》第 32 期，1993 年 8 月。

133. 魏宏晉，〈「二二八」在雄中〉，《光華》第 18 卷 10 期，1993 年 10 月。

134. 夏鑄九，〈紀念碑——設計中的設計——一個二二八紀念碑評審小組委員的再說明〉，《空間》第 51 期，1993 年 10 月。

135. 戴宗立，〈「二二八還我母語大遊行」回想〉，《客家》第 43 期，1993 年 12 月。

136. 藍博洲，〈第一個刑死馬場町的臺灣人：霧峰林家第二十一世林正亨傳奇〉，《新國會》創刊號，1993 年。

137. 陳力，〈禪與景觀‧自然造化——記高雄縣「二二八和平公園雕塑」得主朱魯青〉，《典藏藝術》第 16 期，1994 年 1 月。

138. 林復南，〈二二八：含悲時代特別報導〉，《臺灣畫》第 10 期，1994 年 3 月。

139. 李雙龍，〈「二二八」在「北京」：北京臺胞紀念「二二八」起義四十七周年〉，《海峽評論》第 40 期，1994 年 4 月。

140. 〈「二二八」平反之後：論「白色恐怖」和解的意義〉，《海峽評論》第 40 期，1994 年 4 月。

141. 王曉波，〈檢討蔣介石的歷史問題：講於「二二八事件」處理問題公聽會〉，《海峽評論》第 41 期，1994 年 5 月。

142. 李筱峰，〈這是一則臺灣人一定要聽的故事：李友邦的悲情〉，《臺灣文藝》新生版第 3 期，1994 年 6 月。

143. 二二八事件小組，〈臺灣光復初期二二八事件死亡或失蹤時地文獻資料補遺〉，《臺灣文獻》第 45 卷 2 期，1994 年 6 月。

144. 陳芳明，〈王詩琅與臺灣左翼政治運動〉，《文學臺灣》第 12 期，1994 年 10 月，頁 122-141。

145. 尹章義，〈臺灣意識與臺灣文學〉，《文季雙月刊》第 2 卷 4 期，1994 年 12 月，頁 9-31。

146. 林衡道，〈二二八事變備忘錄〉，《臺北文獻》第 110 期，1994 年 12 月。

147. 王俊雄、鄭自財、張安清、陳振豐，〈二二八紀念碑作品簡介〉，《空間》第 68 期，1995 年 3 月。

148. 〈自立自主的二二八——「二二八紀念碑落成懇談會」記錄〉，《空間》第 68 期，

1995 年 3 月。

149. 吳金鏞，〈記憶在空間的迷宮中尋找出路——二二八紀念碑的歷史建構〉，《空間》第 68 期，1995 年 3 月。

150. 〈中共中國第二歷史檔案館正式公布楊亮功等二二八事變原始調查報告〉，《傳記文學》第 66 卷 3 期，1995 年 3 月。

151. 〈座談會：由二二八畫展、二二八紀念碑談創作藝術價值與社會意義〉，《臺灣畫》第 16 期，1995 年 3 月。

152. 應大偉，〈「二二八事件受難家屬」陳謝綺蘭：堅強含忍走過一世紀〉，《新觀念》第 78 期，1995 年 4 月。

153. 典藏藝術雜誌編輯部，〈「二二八紀念美展」聲勢浩大〉，《典藏藝術》第 31 期，1995 年 4 月。

154. 尹章義，〈二二八與殖民地回歸的痛苦教訓〉，《明報月刊》1995 年 4 月號，1995 年 4 月。

155. 王月華，〈走過二二八那段驚嚇的歲月——蒲添生是臺灣政治人物塑像的先驅〉，《典藏藝術》第 31 期，1995 年 4 月。

156. 師桐，〈只有統治的矛盾，沒有族群的矛盾：寫在「二二八紀念碑」之後〉，《海峽評論》第 52 期，1995 年 4 月。

157. 王曉波，〈把「二二八」從政治還給學術：與臺獨批判〉，《海峽評論》第 52 期，1995 年 4 月。

158. 財訊編輯部，〈李登輝劃下「二二八」句點？〉，《財訊》第 157 期，1995 年 4 月。

159. 阮銘，〈九七、六四、二二八——香港人怎樣同中共打交道? 〉，《財訊》第 160 期，1995 年 7 月。

160. 徐文琴，〈「二二八事件」與臺灣美術創作〉，《雄獅美術》第 300 期，1996 年 2 月。

161. 〈二二八家書——我相信爸爸依然健在〉，《臺灣畫》第 21 期，1996 年 2 月。

162. 黃于玲，〈回顧「紀念二二八臺灣畫展」〉，《臺灣畫》第 21 期，1996 年 2 月。

163. 心蘋，〈臺北新公園易名．二二八紀念碑文揭幕〉，《海外學人》第 281 期，1996 年 2 月。

164. 陳芳明，〈歷史的後街——為蔣渭川說幾句話〉，《臺灣文藝》第 153 期，1996 年 2 月。

165. 周喜世，〈遲來的公義，也是春天：記父親 228 的蒙難〉，《臺灣文藝》第 153 期，1996 年 2 月。

166. 典藏藝術雜誌編輯部，〈遲來的正義——北美館首度舉辦二二八紀念美展〉，《典藏藝術》第 42 期，1996 年 3 月。

167. 倪再沁，〈尋找臺灣美術的母語——談二二八紀念美展〉，《藝術家》第 42 卷 4 期，1996 年 3 月。

168. 林憲德、卓建光建築師事務所，〈嘉義市二二八紀念館暨紀念碑〉，《臺灣建築報導雜誌》第 7 期，1996 年 4 月。

169. 林茂，〈讓老師們先認清「二二八」真相〉，《師友月刊》第 346 期，1996 年 4 月。

170. 謝里法，〈論二二八事件在臺灣美術史上的地位〉，《藝術家》第 42 卷 5 期，1996 年 5 月。

171. 許雪姬，〈二二八事件在澎湖〉，《西瀛風物》創刊號，1996 年 6 月。

172. 張維麗，〈臺北一九九六年二二八和平紀念日活動〉，《臺北市立社會教育館館刊》第 7 期，1996 年 6 月。

173. 邱永漢，〈必須深入瞭解中國人過去的歷史——邱永漢：香港如何防止「二二八」？〉，《財訊》第 173 期，1996 年 8 月。

174. 謝里法，〈論二二八事件在臺灣美術史上的地位〉，《臺灣新文學》第 5 期，1996 年 8 月。

175. 顏一忠，〈「悲劇性的開端——臺灣二二八事變」讀後感〉，《空大學訊》第 182 期，1996 年 8 月。

176. 〈二二八事件詩作品討論會記錄〉，《笠》第 195 期，1996 年 10 月。

177. 彭瑞金，〈歷史文學的掙扎與蛻變：拒絕在虛構、真實間擺盪的《埋冤 1947 埋冤》〉，《臺灣文藝》第 157 期，1996 年 10 月。

178. 陳芳明，〈臺灣研究與後殖民史觀〉，《歷史月刊》第 105 期，1996 年 10 月。

179. 劉正一，〈屏東縣耆老口述二二八事件〉，《屏中學報》第 6 期，1996 年 12 月。

180. 李魁賢，〈詩人童年中的二二八經驗〉，《中外文學》第 25 卷 7 期，1996 年 12 月。

181. 吳三連臺灣史料基金會，〈臺北市二二八紀念館急徵史料文物〉，《臺北畫刊》第 347 期，1996 年 12 月。

182. 張文義，〈「長夜漫漫路迢迢」——二二八運動的一個側面參與及觀察〉，《宜蘭文獻雜誌》第 25 期，1997 年 1 月。

183. 曹欽榮，〈行經歷史幽谷，邁向寬容未來——臺北市二二八紀念館素描〉，《空間》第 90-91 期，1997 年 1 月。

184. 張炎憲，〈「二二八事件史實青少年補充教材」導讀〉，《臺北畫刊》第 349 期，1997

年 2 月。

185. 陳一平，〈臺灣職棒二二八政治效應〉，《九十年代》第 325 期，1997 年 2 月。

186. 馮賢賢，〈歷史歸歷史，政治歸政治：李敖談二二八〉，《人本教育札記》第 92 期，1997 年 2 月。

187. 黃企之，〈二二八日記見證——五十年前一個二十二歲大陸青年目擊實錄〉，《海峽評論》第 74 期，1997 年 2 月。

188. 賴士安，〈二二八紀念碑文定稿〉，《六堆風雲》第 67 期，1997 年 2 月。

189. 陳宏勉，〈虛擬「二二八美展」——走過二二八的藝術家和其意義〉，《現代美術》第 70 期，1997 年 2 月。

190. 明人，〈二二八迴響——偏執與沈悶〉，《人本教育札記》第 93 期，1997 年 3 月。

191. 張美蓮，〈二二八迴響——對知識份子的幻滅〉，《人本教育札記》第 93 期，1997 年 3 月。

192. 林山田，〈刑法的保障功能？——悼二二八被害的法律人〉，《律師雜誌》第 210 期，1997 年 3 月。

193. 王曉波，〈請把二二八還給二二八：「二二八事件」五十週年感言〉，《海峽評論》第 75 期，1997 年 3 月。

194. 吳克泰，〈我們都是黃帝子孫：「二二八」事件的若干問題〉，《海峽評論》第 75 期，1997 年 3 月。

195. 黃嘉樹，〈「二二八事件」的歷史意義與現實意義〉，《海峽評論》第 75 期，1997 年 3 月。

196. 周天瑞，〈二二八倉促放假不單純，歷史傷痛將被假期所淹沒〉，《新新聞》第 521 期，1997 年 3 月。

197. 陳芳明，〈二二八迴響：碑文完成後〉，《人本教育札記》第 93 期，1997 年 3 月。

198. 林滄湞，〈傷痕二二八〉，《東海岸評論》第 104 期，1997 年 3 月。

199. 林滄湞，〈讓我們期待一名好觀眾——你看到二二八紀念碑的報導嗎？〉，《東海岸評論》第 104 期，1997 年 3 月。

200. 席澤，〈陳庚金是「二二八受害者」？〉，《商業周刊》第 487 期，1997 年 3 月。

201. 徐秀珍，〈臺灣定二二八為假日〉，《亞洲週刊》第 11 卷第 9 期，1997 年 3 月。

202. 〈從「二二八」到「六四」〉，《亞洲週刊》第 11 卷第 9 期，1997 年 3 月。

203. 茅漢，〈走出悲情，走出二二八：評〈彭明敏對臺灣歷史的無知〉〉，《海峽評論》第 76 期，1997 年 4 月。

204. 黃琪椿，〈[評李敏勇著]凝視死而追索生——簡評《傷口的花——二二八詩集》〉，《水筆仔》第 2 期，1997 年 4 月。

205. 曾士魁，〈二二八事件的冥想——新詩〉，《六堆雜誌》第 60 期，1997 年 4 月。

206. 黃寶萍，〈未見悲情,遑論昇華? ——看北美館「二二八美展」〉，《藝術家》第 44 卷 4 期，1997 年 4 月。

207. 簡瑛瑛，〈被遺忘的女性：二二八美展女性藝術家座談會〉，《現代美術》第 71 期，1997 年 4 月。

208. 典藏藝術編輯部，〈悲情昇華——二二八美展跳脫政治圖騰與口號〉，《典藏藝術》第 55 期，1997 年 4 月。

209. 李魁賢，〈詩人童年中的二二八經驗〉，《笠》第 198 期，1997 年 4 月。

210. 謝嘉梁，〈臺灣歷史事件編採——從二二八到五〇年代〉，《臺灣月刊》第 172 期，1997 年 4 月。

211. 賈培鑫，〈千萬個關懷．千萬個愛——二二八五十週年紀念活動感言〉，《臺北市立社會教育館館刊》第 8 期，1997 年 6 月。

212. 蔣永敬，〈中日代理戰爭的危機已在臺灣燃起〉，《海峽學術》第 80 期，1997 年 8 月。

213. 張恆豪，〈二二八的文學觀點——比較「泰姆山記」與「月印」的主題意識〉，《臺灣文藝》第 159 期，1997 年 10 月。

214. 楊翠，〈二二八的美學與文學思惟〉，《臺灣文藝》第 159 期，1997 年 10 月。

215. 倪再沁，〈本期封面作家林惺嶽~二二八系列．臺灣戒嚴統治〉，《臺灣文藝》第 159 期，1997 年 10 月。

216. 蔣梨雲，〈除了道歉與建碑以外~二二八事件五十週年紀念〉，《臺灣文藝》第 159 期，1997 年 10 月。

217. 蕭瓊瑞，〈一段沈重歷史的真實面對——「凝視與形塑：後二二八世代的歷史觀察」籌展宣告〉，《藝術家》第 45 卷 5 期，1997 年 11 月。

218. 蕭瓊瑞，〈建構臺灣美術創作的歷史論述——為形塑二二八的歷史意象而作〉，《山藝術雜誌》第 92 期，1997 年 11 月。

219. 鄭明德，〈二二八事件平反運動的形成〉，《史聯雜誌》第 30-31 期，1997 年 12 月。

220. 鄭明德，〈二二八事件處理及補償條例研究〉，《立法院院聞》第 25 卷 12 期，1997 年 12 月。

221. 劉延兵，〈二二八精神永垂不朽：臺灣人民與祖國人民共同的鬥爭〉，《海峽評論》第 86 期，1998 年 2 月。

222. 盧永華，〈走過二二八事變〉，《客家》第 115 期，1998 年 2 月。

223. 編輯部，〈二二八司法公義金捐款使用辦法〉，《全國律師》第 2 卷 3 期，1998 年 3 月。

224. 黃建龍，〈碧血鳳凰——臺南二二八事件〉，《鄉城生活雜誌》第 50 期，1998 年 3 月。

225. 鄭奠今，〈成大工學院二二八事件〉，《鄉城生活雜誌》第 50 期，1998 年 3 月。

226. 〈文武雙全的二二八先烈——湯德章〉，《鄉城生活雜誌》第 50 期，1998 年 3 月。

227. 陳文祥，〈「二二八美展」作為藝術與政治的辯正場域〉，《現代美術》第 77 期，1998 年 4 月。

228. 編輯部，〈新世代對歷史的凝視與形塑——北美館首度找策展人呈現二二八美展〉，《典藏藝術》第 67 期，1998 年 4 月。

229. 黃銘亮，〈「二二八」的社會教化：擴大歷史的視野〉，《空大學訊》第 218 期，1998 年 6 月。

230. 陳玉玲，〈二二八的新詩世界〉，《中外文學》第 27 卷 1 期，1998 年 6 月。

231. 邱貴芬，〈塗抹當代女性二二八撰述圖像〉，《中外文學》第 27 卷 1 期，1998 年 6 月。

232. 巫永福，〈文學論述——談岡崎郁子論二二八與文學〉，《淡水牛津文藝》第 2 1 期，1998 年 10 月。

233. 陳康宏，〈二二八還我母語運動十年的回顧與省思〉，《客家》第 102 期，1998 年 12 月。

234. 宋澤萊，〈戰後第二波鄉土文學（1980-1988）介紹——忍向屍山血海求教訓：試介鍾逸人、李喬的二二八長篇小說〉，《臺灣新文學》第 11 期，1998 年 12 月。

235. 林珮淳，〈歷史與人性的反思——受邀展於「二二八」美展的兩件裝置作品〉，《中原設計學報》第 1 卷 1 期，1999 年 1 月。

236. 二二八紀念館提供，〈二二八藝術祭〉，《臺北畫刊》第 373 期，1999 年 2 月。

237. 曹欽榮，〈歷史・政治・展示：我看 228 紀念館〉，《空間》第 114、115 期，1999 年 2、3 月。

238. 簡素琤，〈二二八小說中的女性、省籍與歷史〉，《中外文學》第 27 卷 10 期，1999 年 3 月。

239. 倪再沁，〈時代的他者——二二八時代的美術見證〉，《新朝華人藝術雜誌》第 6 期，1999 年 3 月。

240. 王曉波，〈「新臺灣人」的歷史觀：論馬英九「二二八紀念會」之致詞〉，《海峽評論》第100期，1999年4月。

241. 馬英九，〈記取教訓，走出悲情：講於「二二八紀念會」〉，《海峽評論》第100期，1999年4月。

242. 〈見證、反思、再生——重塑二二八歷史現場與圖像〉，《典藏藝術》第79期，1999年4月。

243. 岡崎郁子，〈西川滿先生追悼特輯（下）——西川滿先生和二二八事件〉，《淡水牛津文藝》第4期，1999年7月。

244. 〈二二八紀念獎學金申請辦法〉，《空大學訊》第239期，1999年9月。

245. 吳文星，〈二二八事件期間留臺日人之見聞〉，《臺灣文獻》第50卷4期，1999年12月。

246. 葉倫會，〈二二八和平公園〉，《臺灣博物》第18卷4期，1999年12月。

247. 許維宗，〈在光復之影下——戰後初期龍瑛宗的文學活動（一九四五、八、十五日本投降——一九四七、二、廿八「二二八」〉，《文學臺灣》第33-34期，2000年1、4月。

248. 陳俐甫整理，〈黃得時先生談：臺北帝大、臺灣文學與二二八事件〉，《淡水牛津文藝》第6期，2000年1月。

249. 高永光，〈揮手二二八，勾勒美麗島〉，《國魂》第651期，2000年2月。

250. 蘇友辰、張學海，〈人權論壇〉，《人權會訊》第68期，2000年2月。

251. 紀淑芳，〈文化藝術「公辦民營」快玩不下去？——二二八紀念館、臺中港區藝術中心未來怎麼走？〉，《財訊》第217期，2000年4月。

252. 楊雅慧，〈「二二八」蜂起的旗手——茶商鬥士王添灯〉，《臺北畫刊》第394期，2000年11月。

253. 莊惠惇，〈何處弔先生？——二二八受難的教育家林茂生〉，《臺北畫刊》第394期，2000年11月。

254. 楊雅慧，〈是非留予後人說——二二八調停人莊渭川〉，《臺北畫刊》第394期，2000年11月。

255. 〈二二八檔案首度解密展出〉，《海外學人》第312期，2001年2月。

256. 彭學堯，〈二二八事件在竹東〉，《新竹文獻》第5期，2001年3月。

257. 陳素珍，〈劉家榮受難記〉，《新竹文獻》第5期，2001年3月。

258. 陳芳明，〈臺灣新文學史（10）：二二八事件後的文學認同與論戰〉，《聯合文學》第

198 期，2001 年 4 月。

259. 〈網站動態——國家檔案局籌備處「二二八事件檔案資訊網」網站介紹〉，《政府機關資訊通報》第 162 期，2001 年 4 月。

260. 吳叡人，〈意志之碑——為二二八事件五十四週年而寫〉，《聯合文學》第 17 卷 6 期，2001 年 4 月。

261. 朱重聖修訂，〈大臺中地區二二八事件口述訪錄〉，《國史館館刊》第 30 期，2001 年 6 月。

262. 洪溫臨，〈檔案挖掘與真相探索——近年臺灣二二八事件檔案的徵集與分析（1991～2001）〉，《國史館館刊》第 30 期，2001 年 6 月。

263. 陳嘉芬，〈臺北人永遠的新公園——二二八和平公園〉，《臺北畫刊》第 401 期，2001 年 6 月。

264. 王曉波，〈二二八事件五十五周年——重版「二二八真相」自序〉，《海峽評論》第 134 期，2002 年 2 月。

265. 樊孝薇，〈二二八事件檔案庫房管理工作甘苦談：庫房工作「四力說」〉，《檔案季刊》第 1 卷第 1 期，2002 年 3 月。

266. 謝焰盛，〈二二八事件檔案蒐集整理對檔案管理實務之啟示〉，《檔案季刊》第 1 卷第 1 期，2002 年 3 月。

267. 之宇，〈張學良將軍口述歷史之外——二二八前後〉，《歷史月刊》第 171 期，2002 年 4 月。

268. 歐素瑛，〈理性．感性．記憶：二二八事件新書發表會紀實〉，《國史館館刊》復刊第 32 期，2002 年 6 月。

269. 劉淑玲，〈沈乃霖醫師與二二八事件〉，《南榮學報》第 6 期，2002 年 7 月。

270. 曾璧中，〈逃出臺灣二二八的鬼門關〉，《臺灣文獻》第 53 卷 3 期，2002 年 9 月。

271. 黃仁，〈從二二八臺灣新聞事業的浩劫談事變後臺北晚報的滄桑〉，《臺北文獻》第 141 期，2002 年 9 月。

272. 陳建忠，〈關於虹之虛與實的辯證——評[橫地剛]《南天之虹：把二二八事件刻在版畫上的人》〉，《水筆仔》第 14 期，2002 年 10 月。

273. 福爾卡庫，〈行過臺北二二八和平公園〉，《臺灣文藝》第 186 期，2003 年 2 月。

274. ※張敏，〈發揚二二八精神，促進祖國和平統一〉，《臺聲》2003 年第 1 期。

275. 丸川哲史著，朱惠足譯，〈與殖民地記憶／亡魂之搏鬥：臺灣的後殖民心理地圖〉，《中外文學》第 370 期，2003 年 3 月。

276. 徐宗懋，〈紅色「二二八」與臺籍中共黨員〉，《商業周刊》第 797 期，2003 年 3 月。

277. 何聰明，〈二二八事件與西來庵事件之比較〉，《高市文獻》第 16 卷 1 期，2003 年 3 月。

278. ※徐宗懋，〈李登輝密晤中共同志，透露施政構想：我當總統不搞臺獨〉，《亞洲週刊》17：10，2003 年 3 月。

279. 阿修伯，〈二二八：外省人的共業原罪〉，《海峽評論》第 148 期，2003 年 4 月。

280. 林巧敏，〈二二八事件檔案資訊網目錄使用調查研究〉，《中國圖書館學會會報》第 70 期，2003 年 4 月。

281. 李翠瑩，〈散席後的殺戮——二二八冤魂張七郎父子三人〉，《文化視窗》第 55 期，2003 年 9 月。

282. 陸綺怡，〈李登輝部署二二八大遊行〉，《*Taiwan News* 財經．文化周刊》第 105 期，2003 年 10 月。

283. 張炎憲，〈二二八事件研究詮釋的總檢討〉，《國史館館刊》復刊第 35 期，2003 年 12 月。

284. 張國城，〈二二八沒有歡樂的理由〉，《*Taiwan News* 財經．文化周刊》，第 121 期，2004 年 2 月。

285. 馮青，〈侯孝賢的二二八〉，《*Taiwan News* 財經．文化周刊》第 122 期，2004 年 2 月。

286. 張葆蘿，〈搖滾二二八唱出臺灣魂〉，《*Taiwan News* 財經．文化周刊》第 122 期，2004 年 2 月。

287. 〈論臺灣人民的「二二八」精神：抗議皇民化餘孽對臺灣愛國主義的歷史強暴〉，《海峽評論》第 158 期，2004 年 2 月。

288. 王曉波，〈陳儀、國民黨和臺盟——「二二八事件」史料選輯的說明〉，《海峽評論》第 158 期，2004 年 2 月。

289. 黃彰健，〈林茂生之死考〉，《歷史月刊》第 193 期，2004 年 2 月。

290. 林思慧、蔡依伶，〈迷宮中的臺灣長官陳儀〉，《少年臺灣》第 21 期，2004 年 2 月。

291. 李興祈，〈回顧 1947 年二二八事件的「政治」、「經濟」、「文化」背景，展望未來〉，《南主角》第 37 期，2004 年 2 月。

292. 吳志中，〈歐盟研究協會論壇：後二二八的國家認同〉，《*Taiwan News* 財經．文化周刊》第 125 期，2004 年 3 月。

293. ※徐宗懋，〈族群互助的「二二八」真相〉，《亞洲週刊》第 18 卷第 10 期，2004 年 3

月 7 日。

294. ※曹景行，〈阿扁「二二八」背水一戰〉，《明報月刊》第 39 卷 3 期，2004 年 3 月。

295. ※吳克泰，〈臺灣二二八事件真相〉，《閩臺文化交流》2004 年第 2、3 期。

296. 褚填正，〈林桂端律師於二二八受難前在臺事略（一九四三~一九四七）〉，《臺北文獻》第 147 期，2004 年 3 月。

297. 李靜，〈二二八牽手活動，喚醒臺灣社會底層守護土地的決心〉，《南主角》第 38 期，2004 年 3 月。

298. 林秀玲，〈高雄中學與「二二八事件」〉，《高市文獻》第 17 卷 1 期，2004 年 3 月。

299. 李哲夫，〈「二二八」精神〉，《海峽評論》第 159 期，2004 年 3 月。

300. 田習如，〈你二二八，他三一三——「百萬人運動」正流行，綠藍各自衝選票〉，《財訊》264 期，2004 年 3 月。

301. 海江田，〈阿扁「贏三%」最後三絕招——二二八護臺、公投大辯論、超級大造勢!〉，《財訊》特刊，2004 年 3 月。

302. 揚陽，〈喜樂二二八牽手寫歷史〉，《*Taiwan News* 財經・文化周刊》第 123 期，2004 年 3 月。

303. 陳鴻基，〈悲情二二八自信二二八〉，《*Taiwan News* 財經・文化周刊》第 123 期，2004 年 3 月。

304. 蘇秀琴，〈二二八熱情延燒三二〇〉，《*Taiwan News* 財經・文化周刊》第 124 期，2004 年 3 月。

305. 吳志中，〈歐盟研究協會論壇——後二二八的國家認同〉，《*Taiwan News* 財經・文化周刊》第 125 期，2004 年 3 月。

306. 陳香君，〈從二二八歷史創傷書寫看重建臺灣文化主體〉，《典藏今藝術》第 138-139 期，2004 年 3-4 月。

307. 陳徵毅，〈陳澄波——殞落於二二八事件中的藝壇慧星〉，《藝術家》第 58 卷 3 期，2004 年 3 月。

308. 黃于玲，〈暗鬱彩顏二二八傳遞的本島美學——第五次二二八畫展〉，《藝術家》第 58 卷 3 期，2004 年 3 月。

309. 施美旭，〈走過歷史的二二八〉，《南主角》第 38 期，2004 年 3 月。

310. 施美旭，〈學者看二二八守護臺灣〉，《南主角》第 38 期，2004 年 3 月。

311. 李靜盈，〈二二八牽手活動，喚醒臺灣社會底層守護土地的決心〉，《南主角》第 38 期，2004 年 3 月。

312. 容瑜鴻，〈回首二二八的痕跡〉，《南主角》第 38 期，2004 年 3 月。

313. 成中原，〈解讀二二八牽手運動的大選效應〉，《南主角》第 38 期，2004 年 3 月。

314. 吳惠玲、容瑜鴻，〈全國首座二二八紀念碑發起人陳英華〉，《南主角》第 38 期，2004 年 3 月。

315. 鄭志敏，〈「二二八」前夕雲嘉南地區的傳染病防治〉，《臺南文化》第 56 期，2004 年 4 月。

316. 藍博洲，〈革命醫師郭琇琮〉（上、中、下），《傳記文學》第 84 卷第 4～6 期，2004 年 4～6 月。

317. 林呈蓉，〈評介何義麟的《二二八事件：形塑「臺灣人」的族群政治》〉，《全國新書資訊月刊》第 65 期，2004 年 5 月。

318. 鄭志敏，〈二二八事件前高屏地區的傳染病防治——以霍亂與天花為中心的探討〉，《臺灣文獻》第 55 卷 2 期，2004 年 6 月。

319. 洪敏麟，〈二二八事件與白色恐怖事件在中部〉，《中縣文獻》第 10 期，2004 年 6 月。

320. 吳克泰，〈臺灣「二二八」事件真相〉（上），《軍事歷史》第 2 期，2004 年。

321. 陳樹升，〈黃榮燦與光復初期的臺灣美術——從《恐怖的檢查——臺灣二二八事件》談起〉，《臺灣美術》第 59 期，2005 年 1 月。

322. 臧克家，〈表現：有感於臺灣二二八事變〉，《海峽評論》第 170 期，2005 年 2 月。

323. 汪榮祖整理，〈寫在「夏德儀教授二二八前後日記」之前〉，《傳記文學》第 86 卷第 2-3 期，2005 年 2-3 月。

324. 〈夏德儀教授二二八前後日記〉，《傳記文學》第 86 卷第 3 期，2005 年 3 月。

325. 徐宗懋，〈紀念二二八，毋忘主角謝雪紅〉，《亞洲週刊》第 19 卷第 11 期，2005 年 3 月 13 日。

326. 張國城，〈二二八不是和解日〉，《*Taiwan News* 財經・文化周刊》第 175 期，2005 年 3 月。

327. 張炎憲，〈跨越族群的 228〉，《二二八會訊》2005 年 5 月。

328. 茅漢，〈揭開「國共和解」的歷史序幕誌連戰、陳明忠「二二八」的歷史和解〉，《海峽評論》第 174 期，2005 年 6 月。

329. 何輝慶，〈臺灣金融先驅陳炘在二二八受難的旁證——郵政封函的歷史印證效果〉，《中國郵刊》第 8 期，2005 年 8 月。

330. 王峙萍，〈二二八事件中的學生運動〉，《臺灣文獻》第 56 卷 3 期，2005 年 9 月。

331. 黃惠君，〈記憶底層的黑暗板塊——記中部二二八檔案特展〉，《臺北畫刊》第 457 期，2006 年 2 月。

332. 夏曉鵑主持，沈昌鎮整理，〈誰的悲情誰的歌？從影像二二八的記憶政治（座談會）〉，《臺灣社會研究》第 61 期，2006 年 3 月。

333. 尹章義，〈美國的擴張主義與臺灣的命運：160 年來美臺關係的回顧〉，《歷史月刊》第 219 期，2006 年 4 月。

334. 陸以正，〈葛超智（George H. Kerr）給國務院遠東司長的密件〉，《歷史月刊》第 219 期，2006 年 4 月。

335. 陸以正，〈臺獨運動的教父：葛超智（George H. Kerr）其人其事〉，《歷史月刊》第 219 期，2006 年 4 月。

336. 朱浤源，〈二二八事件真相還原〉，《海峽評論》第 184 期，2006 年 4 月。

337. 陳毓鈞，〈美國，二二八與臺獨〉，《海峽評論》第 184 期，2006 年 4 月。

338. 詹又霖，〈臺獨意識對「二二八事件」的扭曲和利用〉，《海峽評論》第 184 期，2006 年 4 月。

339. 林虹妤，〈戰後臺灣的接收與政府遷臺——兼論二二八事件〉，《松商學報》第 8 期，2006 年 4 月。

340. 戚嘉林，〈二二八事件時臺灣物價飛漲因素之探討：日帝離臺前曾發動一場無硝煙的經濟戰〉，《海峽評論》第 185 期，2006 年 5 月。

341. 張安滿，〈我的祖父，我的臺灣：二二八紀念會演講詞〉，《東海岸評論》第 206 期，2006 年 6 月。

342. 顏清梅，〈二二八事件前的臺灣省專賣局（1945～1947）：以《民報》為中心的觀察〉，《臺灣文獻》第 57 卷第 4 期，2006 年 12 月。

343. 王昭文，〈二二八事件的原因、經過、影響及平反概述〉，《神學與教會》第 32 卷第 1 期，2007 年 2 月。

344. 王貞文，〈由控訴、紀念到復和與救贖——情境轉變中的二二八紀念禮拜〉，《神學與教會》第 32 卷第 1 期，2007 年 2 月。

345. 羅光喜，〈二二八國難的記憶與禮拜內涵〉，《神學與教會》第 32 卷第 1 期，2007 年 2 月。

346. 王崇堯，〈省思「二二八」的幾個神學向度〉，《神學與教會》第 32 卷第 1 期，2007 年 2 月

347. 廖學銘，〈二二八大屠殺六十週年：從舊約先知的角色反省臺灣基督長老教會的社會功能〉，《神學與教會》第 32 卷第 1 期，2007 年 2 月。

348. 李孝忠，〈從「二二八」探討臺灣宣教契機〉，《神學與教會》第 32 卷第 1 期，2007 年 2 月。

349. 張村樑，〈二二八事件高雄慘景的見證〉，《神學與教會》第 32 卷第 1 期，2007 年 2 月。

350. 謝秀雄，〈馬加比事件和臺灣二二八事件的省思〉，《神學與教會》第 32 卷第 1 期，2007 年 2 月。

351. 羅光喜，〈從舊約聖經反省二二八反殖民抗爭〉，《神學與教會》第 32 卷第 1 期，2007 年 2 月。

352. 林娜鈴、洪玉麗、江明吉、陳春菊、李盈賢，〈我們所認識的二二八〉，《神學與教會》第 32 卷第 1 期，2007 年 2 月。

353. 蔡佳真，〈二二八事件與國家意識的轉變〉，《神學與教會》第 32 卷第 1 期，2007 年 2 月。

354. 曾昌發，〈二二八的省思〉，《神學與教會》第 32 卷第 1 期，2007 年 2 月。

355. 陳肇家，〈我所經歷的「二二八事變」〉，《傳記文學》第 90 卷第 2 期，2007 年 2 月。

356. 黃伯和，〈歷史的傷痕成為救贖的記號：二二八事件六十週年的神學省思〉，《神學與教會》第 32 卷第 1 期，2007 年 2 月。

357. 黃彰健，〈二二八高雄事件新考〉，《歷史月刊》第 229 期，2007 年 2 月。

358. 陳建仲，〈追謚忠魂──「二二八事件」創痕的昇華〉，《海峽評論》第 194 期，2007 年 2 月。

359. 戚嘉林，〈臺灣二二八解析〉，《海峽評論》第 194 期，2007 年 2 月。

360. 魏宏晉，〈用悲憫撫平傷口：228 事件 60 週年〉，《光華雜誌》第 32 卷第 2 期，2007 年 2 月。

361. 蔡明華整理，〈高雄市二二八和平紀念碑簡介〉，《高市文獻》第 20 卷第 1 期，2007 年 3 月。

362. 高茂辰，〈歷史應給陳儀公正評價〉，《傳記文學》第 90 卷第 3 期，2007 年 3 月。

363. 戚嘉林，〈二二八事件本省菁英的不當之處：陳儀紅線：臺灣永為祖國領土的一部份〉，《海峽評論》第 195 期，2007 年 3 月。

364. 廖繼斌，〈由法治國原則評述馬英九主席對二二八事件之看法與處理兼論二二八事件處理及補償條例之應然與實然〉，《海峽評論》第 195 期，2007 年 3 月。

365. 王曉波，〈「二二八」不是「官逼民反」嗎？也談「二二八」事件的責任歸屬問題〉，《海峽評論》第 196 期，2007 年 4 月。

366. 戚嘉林，〈釐清二二八論述盲點，兼駁官方學者對歷史真相的扭曲〉，《海峽評論》，第 196 期，2007 年 4 月。

367. 陳建仲，〈偏頗的獨派二二八史觀，埋下群矛盾的種子〉，《海峽評論》第 198 期，2007 年 6 月。

368. 劉明新，〈二二八和平週的教學意義〉，《國家與教育》第 2 期，2007 年 6 月。

369. 楊欽堯，〈從《彰化縣二二八事件檔案彙編》看彰化警察局檔案的史料價值〉，《臺灣文獻》第 58 卷 3 期，2007 年 9 月。

370. 陳遵旭，〈搖筆道出記憶拼圖——二二八事件六十週年紀念特展〉，《臺灣文獻》別冊 22 期，2007 年 9 月。

371. 褚靜濤，〈正確認識「二二八事件」〉，《兩岸關係》2007 年第 2 期。

372. 褚靜濤，〈白崇禧與二二八事件善後〉，《閩臺文化交流》2007 年第 2 期。

373. 陳翠蓮，〈二二八事件〉，《新活水》第 16 期，2008 年 1 月。

374. 陳錦煌，〈公道自在民主臺灣——「二二八國家紀念館」藝術特展暨巡迴展〉，《新活水》第 16 期，2008 年 1 月。

375. 藍博洲，〈消逝在二、二八迷霧中的王添灯〉，《傳記文學》第 92 卷 1-4 期，2008 年 1-4 月。

376. 朱浤源，〈二二八事件真相還原〉，《海峽評論》第 206 期，2008 年 2 月。

377. 臺南市文化基金會月刊編輯部，〈揮別烏暗迎向新生——二二八事件的過去、現在與未來〉，《王城氣度》第 24-25 期，2008 年 2-3 月。

378. 吳銘能，〈檔案、校勘與歷史真相——以黃彰健著《二二八事件真相考證稿》為例〉，《海峽評論》第 206 期，2008 年 2 月。

379. 臺南市文化基金會月刊編輯部，〈「二二八事件」應更名為「二二八起義」——專訪臺南神學院歷史神學榮譽教授鄭兒玉牧師〉，《王城氣度》第 25 期，2008 年 3 月。

380. 彭莊，〈一位「二二八」受難家屬的心聲〉，《海峽評論》第 207 期，2008 年 3 月。

381. 戚嘉林，〈二二八事件定性問題——起義、臺獨、民變 vs.平變〉，《海峽評論》第 207 期，2008 年 3 月。

382. 楊晨光，〈二二八事件期間整編廿一師主力回臺經過〉，《海峽評論》第 207 期，2008 年 3 月。

383. 楊建成，〈二二八研究另一種方向〉，《海峽評論》第 207 期，2008 年 3 月。

384. 宋炯，〈二二八事件親歷紀實——兼述老蔣總統反共保臺功高勛著〉，《中外雜誌》第 83 卷 3 期，2008 年 3 月。

385. 臺南市文化基金會月刊編輯部，〈從政經觀點談「二二八」——專訪成功大學政治經濟學的研究所暨政治系丁仁方教授〉，《王城氣度》第 25 期，2008 年 3 月。

386. 臺南市文化基金會月刊編輯部，〈歷史借鏡，事蹟永存——專訪前二二八事件紀念基金會董事王克紹醫師〉，《王城氣度》第 25 期，2008 年 3 月。

387. ※李祖基，〈記二二八前後的閩臺建設協進會〉，《臺灣源流》第 42 期，2008 年 3 月。

388. 周曉君，〈史料・文學・二二八——專訪眞理大學臺灣文學資料館張良澤館長〉，《王城氣度》第 26 期，2008 年 4 月。

389. 臺南市文化基金會月刊編輯部，〈從政經觀點談「二二八」——專訪成功大學政治經濟學研究所暨政治系丁仁方〉，《王城氣度》第 26 期，2008 年 4 月。

390. 蘇永欽，〈夏蟲語冰錄（4）——多元文化、實質平等和轉型正義〉，《法令月刊》第 59 卷 4 期，2008 年 4 月。

391. 呂正惠，〈陳明忠先生訪談錄後記〉，《思想》第 9 期，2008 年 5 月。

392. 宋家復，〈中國史是臺灣史的一部分？：論楊照的臺灣史意識型態構想〉，《思想》第 9 期，2008 年 5 月。

393. 陳偉智，〈論楊照、陸森寶與臺灣史研究：回應宋家復〉，《思想》第 9 期，2008 年 5 月。

394. 臺南市文化基金會月刊編輯部，〈走在臺灣文學路上的二二八——專訪國立臺灣文學館鄭邦鎮館長〉，《王城氣度》第 27 期，2008 年 5 月。

395. 臺南市文化基金會月刊編輯部，〈啟動二二八的歷史對話框——專訪國立臺灣歷史博物館吳密察館長〉，《王城氣度》第 27 期，2008 年 5 月。

396. 張信吉，〈戰後世代二二八文學策展體驗〉，《臺灣文學館通訊》第 19 期，2008 年 5 月。

397. 鄭浚豪，〈R. Niebuhr 政治倫理——「愛與正義」——之觀點，來初探轉型正義在臺灣：以二二八事件為例〉，《神學與教會》第 33 卷 2 期，2008 年 6 月。

398. 蘇瑤崇，〈二二八事件中的媒體宣傳戰〉，《臺灣文獻》第 59 卷 4 期，2008 年 12 月。

399. 唐士哲，〈入乎歷史、出乎社群：讀[夏春祥著]《在傳播的迷霧中：二二八事件的媒體印象與社會記憶》〉，《廣播與電視》第 29 期，2008 年 12 月。

400. 黃秀端，〈政治權力與集體記憶的競逐——從報紙之報導來看對二二八的詮釋〉，《臺灣民主季刊》第 5 卷 4 期，2008 年 12 月。

401. 狩甫，〈柯建銘羞辱「二二八」〉，《海峽評論》第 216 期，2008 年 12 月。

402. 翁聖峰，〈日治時期黃純青的文學與文學觀〉，《臺北文獻》第 166 期，2008 年 12 月。

403. 褚靜濤，〈王添灯與二二八事件〉，《閩臺文化交流》2008 年第 4 期。

404. 趙嵐音，〈迷失在愛情綺夢中的臺灣女子——歐坦生二二八小說《沉醉》中的國族寓言與女性描寫〉，《文學臺灣》第 69 期，2009 年 1 月。

405. 孫康宜，〈二二八事件之後的呂赫若〉，《明報月刊》第 44 卷 2 期，2009 年 2 月。

406. 楊天石，〈二二八事件與蔣介石的對策——蔣介石日記解讀〉，《傳記文學》第 94 卷 2 期，2009 年 2 月。

407. 陳兆熙，〈陳儀的本來面目〉，《傳記文學》第 94 卷 2-3 期，2009 年 2-3 月。

408. 鄭志敏，〈從「市参議員」到「悽慘議員」——論二二八事件前後的第一屆高雄市参議員〉，《高市文獻》第 22 卷 1 期，2009 年 3 月。

409. 蕭明治，〈二二八事件前後的臺灣專賣事業〉，《臺灣文獻》別冊第 28 期，2009 年 3 月。

410. 高淑媛，〈每月書摘——慘死二二八的畫家陳澄波〉，《人本教育札記》第 237 期，2009 年 3 月。

411. 戚嘉林，〈林茂生之死——解構臺獨史觀下的二二八〉，《海峽評論》第 219 期，2009 年 3 月。

412. 王呈祥，〈揭開葛超智與「二二八事件」之謎〉，《海峽評論》第 219-220 期，2009 年 3-4 月。

413. 鄭伊庭，〈重構二二八的困境與自覺——舞鶴的〈調查：敘述〉〉，《臺灣文學評論》第 9 卷 2 期，2009 年 4 月。

414. 陳正茂，〈記光復初期中共在臺之地下組織：「臺灣省工作委員會」〉，《傳記文學》第 95 卷 3 期，2009 年 9 月。

415. 陳謙平，〈國民政府戰後對臺灣的工業接收及其影響〉，《史學月刊》，2009 年第 10 期。

416. 王曉漁，〈二二八事件中的官民衝突與族群矛盾〉，《同舟共進》，2009 年第 12 期。

417. 彭瑞金，〈二二八滄桑奮鬥史——序《火的刻痕——鍾逸人》〉，《文學臺灣》第 73 期，2010 年 1 月。

418. 楊鎮宇、黃怡，〈後二二八白色恐怖中的兩位英文名師——蔡德本、柯旗化的故事〉，《人本教育札記》第 248 期，2010 年 2 月。

419. 許雪姬、陳仁悲、林秀玲、林美蘭、劉瑞杰，〈「二二八事件與雄中自衛隊」座談會紀實〉，《高市文獻》第 23 卷 1 期，2010 年 3 月。

420. 戚嘉林，〈黃彰健院士與我——兼論黃院士著《二二八事件真相考證稿》〉，《海峽評論》第231期，2010年3月。

421. 姜龍飛，〈陳儀與臺灣二二八事件（上）、（下）〉，《檔案春秋》，2010年第6、7期。

422. 邱斐顯，〈柯芳隆：牧童作曲家的《二二八安魂曲》〉，《人本教育札記》第254期，2010年8月。

423. 任上勇，〈戰後初期國府治臺態度初探〉，《史穗》第3期，2010年8月。

424. 戚嘉林，〈林茂生及其二二八之死〉，《傳記文學》第97卷4-6期，2010年10-12月。

425. 劉明憲，〈二二八事件中有關桃園地區之官方史料介紹〉，《通識論叢》第55卷10期，2010年12月。

426. 王津平，〈母親・典範・二二八——「陋室・草原・菩提樹」之四〉，《文訊》第304期，2011年2月。

427. 楊焜顯，〈清明的天猶未光：論二二八臺語詩的創傷書寫——以《火煉的水晶》、《天・光》的臺語詩作為分析場域〉，《海翁臺語文學》第110期，2011年2月。

428. 林品秀，〈葛超智與臺灣〉，《檔案季刊》第10卷1期，2011年3月。

429. 彭瑞金，〈自死地奮力求生的故事——《花蓮鳳林二二八》〉，《文學臺灣》第78期，2011年4月。

430. ※孔任遠，〈北大新聞學茶座（11）——臺灣世新大學夏春祥博士談「二二八事件的媒體印象與社會記憶」〉，《國際新聞界》2011年第4期。

431. 林麗雯，〈臺北二二八紀念館沿革與展覽特色〉，《地圖》第4期，2011年7月。

432. 周美雲，〈前二二八時期的臺灣歷史見證——鄭坤五《九曲堂時文集》點校〉，《東海大學圖書館館訊》第124-131期，2012年1-8月。

433. 王曉波，〈二二八事件研究的自我告白〉，《海峽論壇》104期，2012年2月。

434. 張大邦，〈不滅的烙記——張大邦的二二八、白色恐怖記憶〉，《高雄文獻》第2卷1-4期，2012年3-12月。

435. 白先勇、陳三井，〈白崇禧將軍與民國〉，《印刻文學生活誌》第8卷9期，2012年5月。

436. 侯坤宏，〈白崇禧與二二八〉，《傳記文學》第101卷1期，2012年7月。

437. 賴玉華，〈刀筆下的時代見證——戰後初期臺灣版畫中的庶民生活〉，《臺灣美術》第91期，2013年1月。

438. 賴彥陵，〈獻給二二八受難者的音樂關懷——蕭泰然《一九四七序曲》和柯芳隆《二二八安魂曲》〉，《美育》第 192 期，2013 年 3 月。

439. 鴻鴻，〈召喚歷史與未來——評黃粱史詩《小敘述：二二八个銃籽》〉，《文訊》第 335 期，2013 年 9 月。

440. 延光錫，〈二二八、五一八與六四——冷戰與失語〉，《人間思想》第 5 期，2013 年 12 月。

441. 蘇聖雄，〈評侯坤宏《研究二二八》〉，《國史館館刊》第 38 期，2013 年 12 月。

442. 章敬平、鄭東陽，〈67 年前的臺灣「二二八事件」餘波〉，《百姓生活》2014 年第 2 期。

443. 戚嘉林，〈歷史教科書中的 228 選擇性記憶〉，《海峽評論》第 279 期，2014 年 3 月。

444. 〈被出賣的臺灣——重譯校註〉，臺灣教授協會，《極光電子報》393 期，2014 年 3 月。

445. 張方遠，〈臺獨教科書是怎樣煉成的〉，《海峽評論》279 期，2014 年 3 月。

446. 謝禾生，〈光復初期臺灣文化重建的分歧與鬥爭（1945-1949 年）〉，《滄桑》2014 年第 4 期。

447. 張隆志，〈一頁屬於臺灣的民國史——讀白先勇、廖彥博合著《止痛療傷：白崇禧將軍與二二八》〉，《全國新書資訊月刊》第 190 期，2014 年 10 月。

448. 陳芳明，〈面對臺灣歷史傷口——一個歷史與文學的角度〉，《文訊》，第 352-353 期，2015 年 2-3 月。

449. 顏綠芬，〈蕭泰然與李敏勇的悲天憫人之音——打破政治禁忌的《1947 序曲》和《啊～福爾摩沙》〉，《新世紀智庫論壇》第 69 期，2015 年 3 月。

450. 劉振維，〈評介王之相《陳儀：為理想一生懸命的悲歌》，《止善》第 18 期，2015 年 6 月。

九、相關文學創作

1. 吳念真、朱天文，《悲情城市》，臺北：三三書坊，1989。

2. 林雙不編選，《二二八臺灣小說選》，臺北：自立晚報社，1989。

3. 李喬，《埋冤一九四七埋冤》（上、下），基隆：海洋臺灣文化，1995。

4. 李敏勇編著，《傷口的花：二二八詩集》，臺北：玉山社，1997。

5. 藍博洲，《藤纏樹》，臺北：印刻出版社，2002。

6. 許俊雅，《無語的春天：二二八小說選》，臺北：玉山社，2003。
7. 胡長松，《槍聲：臺語二二八小說集》，臺北：前衛出版社，2005。
8. 黃粱，《小敘述：二二八个銃籽》，臺北：唐山出版社，2013。

參、其他引用資料

一、專書

1. 王詩琅譯註，《臺灣社會運動史——文化運動》，臺北：稻鄉出版社，1995。
2. 李敖，《李敖快意恩仇錄》，臺北：李敖出版社，2000
3. 習賢德，《《聯合報》企業文化的形成與傳承，1963-2005》，臺北：秀威出版社，2006
4. 荊子馨著、鄭力軒譯，《成為「日本人」：殖民地臺灣與認同政治》，臺北：麥田出版社，2006

二、期刊

1. 中央研究院近代史研究所編，《口述歷史》第1期，臺北：編者，1989年10月。

三、單篇論文

1. 〈創社旨趣〉，《海峽評論》第1期，1991年1月。
2. 黃天橫，〈日據時期臺灣籍人考中日本高等考試行政科名錄〉，《臺灣文獻》第44卷，2-3期，1993。
3. 胡平生，〈抗戰時期國共關係的分水嶺——新四軍事件〉，《歷史月刊》第89期，1995年6月
4. 陳鵬仁，〈日據下臺灣人民的反抗運動〉，國立編譯館主編，《中日關係史論集》，臺北：水牛出版社，2005

四、學位論文

1. 何建銘，〈自由時代系列雜誌與 1980 年代後期臺灣民主運動〉，政大歷史所碩士論文，2015。

五、網路資料

1. 城邦圖書館，〈歐陽聖恩〉，http://www.cite.com.tw/authors_search.php?authors_id=5877。
2. 陳英泰部落格，http://blog.xuite.net/yingtaichen/twblog/150857177。
3. 二二八基金會網站，http://www.228.org.tw/pages.aspx?v=15EA1948FFC4FA7A。
4. 〈國民黨拋謬論試水溫？林俊憲：莫在歷史傷口蓄意挑起爭端〉，民進黨網站，http://www.dpp.org.tw/news_content.php?sn=6040#.T0MmliayUZo.facebook
5. 臺灣省諮議會網站，〈各屆議員查詢〉，http://www.tpa.gov.tw/big5/Councilor/Councilor.asp?cid=2&urlID=20。
6. 吳三連基金會網站，http://www.twcenter.org.tw/about。
7. 傳記文學出版社網站 http://www.biographies.com.tw/5。
8. 中央研究院臺灣史研究所網站，http://www.ith.sinica.edu.tw/quarterly_01.php。
9. 臺灣風物雜誌社網站，https://folkways.twcenter.org.tw/about/intro.jsp。
10. 中華民國出版期刊指南系統，http://readopac1.ncl.edu.tw/nclserialFront/search/guide/detail.jsp?sysId=0006510852&dtdId=000075&search_type=detail&mark=basic&la=ch&checked=&unchecked=0010006511731,0020006510852,。
11. 聯經出版社網頁，http://www.linkingbooks.com.tw/lnb/top/linkingreflexion.aspx。
12. 臺灣民主自治同盟官網，〈臺盟早期盟員之傳奇人物——林正亨〉http://www.taimeng.org.cn/zt/jnzgrmkrzzsljtwgfqszn/lshm/t20150717_328758.htm。
13. 法務部調查局網站 http://www.mjib.gov.tw/mojnbi.php?pg=newintroduction/newintro–2.html。
14. 姜亦青，〈政工〉，《中華百科全書》，http://ap6.pccu.edu.tw/encyclopedia/data.asp?id=4671&forepage=1。
15. 前衛出版社網站，http://www.avanguard.com.tw/web/SelfPageSetup?command=display&pageID=8690&_fcmID=3000529。

16. 《自立晚報》網站，http://www.idn–news.com/aboutme.php。

17. 玉山社網站，http://www.tipi.com.tw/index.php?showitem=aboutus。

18. 時報文化悅讀網，http://www.readingtimes.com.tw/ReadingTimes/site/453/default.aspx。

19. 人間出版社網站，https://www.facebook.com/%E4%BA%BA%E9%96%93%E5%87%BA%E7%89%88%E7%A4%BE–322160468182/info/?tab=page_info。

20. 海洋文教基金會網站，http://www.ocean.org.tw/ocean/。

21. 文化部《臺灣大百科全書》，廖中山，http://nrch.culture.tw/twpedia.aspx?id=6025。

22. 稻鄉出版社網頁，http://dawshiang.myweb.hinet.net/。

23. 臺灣教授協會網站，http://taup.net/index.php/abouttaup/getting–started。

24. 簡余晏部落格，〈《被出賣的臺灣》作者葛超智的廿箱故事〉，http://www.yuyen.tw/2007/08/blog–post_7126.html。

25. 陳榮儒，〈悼念裴爾參議員〉，http://www.fapa.org/MISC2009/SenatorPellObituary.htm。

26. 楊宗昌，〈佩恩先生–一位目擊二二八事件的美國友人〉，http://www.wufi.org.tw/taiwan/painec.htm。

27. 張俐璇，〈黨外雜誌〉，臺灣大百科全書，http://nrch.culture.tw/twpedia.aspx?id=2301。

28. 張炎憲，〈二二八事件責任歸屬〉，演講稿，https://sites.google.com/site/yanxian1947/yan–jiang–gao/ererbashijiandezerenguishu。

29. 〈臺灣基督長老教會對二二八事件受難者及家屬的道歉〉，長老教會網站，http://www.laijohn.com/PCT/Statements/1990–228.htm。

30. 近史所檔案館網站，http://archives.sinica.edu.tw/main/228.html

31. 劉新圓，〈蔣介石是二二八事件「元凶」嗎？──論《二二八事件責任歸屬研究報告》的爭議〉，財團法人國家政策研究基金會網站，http://old.npf.org.tw/PUBLICATION/EC/095/EC–R–095–002.htm。

32. 〈黑石坪疑案找尋佐證史料〉《自由電子報》，民國 91 年 7 月 17 日 http://www.libertytimes.com.tw/2002/new/jul/17/today–p10.htm

33. 國發會檔案管理局網站，http://www.archives.gov.tw/Publish.aspx?cnid=1390。

34. 黃埔軍校網，http://www.hoplite.cn/Templates/huangpushisheng.htm。

附錄一
二二八相關大事年表

日期	事件內容
19470227	專賣局人員因查緝私菸與民眾發生糾紛，造成一死一傷，當晚群眾包圍警局
19470228	群眾圍攻專賣局造成職員二死四傷，之後包圍長官公署，衛兵開槍造成六死數十傷，引發二二八事件
19470301	臺北市參議會邀國大代表、國民參政員及省參議員組「緝煙血案調查委員會」，並向陳儀建議組織「二二八事件官民處理委員會」獲同意；臺北北門事件二十餘人死亡
19470302	「緝煙血案調查委員會」改組為「二二八事件處理委員會」，並擴大組織；桃園、新竹、臺中、彰化、嘉義、臺南等地發生群眾攻擊官舍、警局之衝突
19470303	處委會成立忠義服務隊；臺北軍隊退回軍營；臺中、嘉義民軍官兵衝突激烈
19470304	行政長官陳儀與臺北市學生及民眾代表四十多名，會談二二八事件具體處理，以及相關改革；屏東、高雄、臺南等縣市政府由民軍掌握；嘉義民軍攻擊紅毛埤彈藥庫並包圍水上機場
19470305	處委會各縣市分會相繼成立；臺灣旅滬同鄉會組織「二二八事件上海聯合會」招待記者，並派代表赴南京請願；民軍繼續圍攻水上機場；高雄市長黃仲圖、議長彭清靠及涂光明等上高雄要塞談判；張鎮向蔣中正報告，臺灣暴亂性質已變成叛國奪權，陳儀猶粉飾太平。
19470306	高雄要塞彭孟緝下山攻擊民軍，重新控制全市，造成許多民眾傷亡；
19470307	處委會提出三十二條改革要求；民軍佔領虎尾機場，並攻陷紅毛埤彈藥庫
19470308	「二二八事件處理委員會」發表聲明，「七日所發表之四十二條建議，跡近

日期	事件內容
	反叛中央，並非臺民公意」；閩臺監察使楊亮功奉監察院之命與憲兵第四團一同抵達基隆港；圓山事件，據說留下大批青年屍體；彭孟緝開始鎮壓臺南、屏東
19470310	凌晨，二十一師抵達基隆，開始鎮壓；陳儀下令解散二二八事件處理委員會及一切非法團體
19470312	旅滬臺人團體面謁白崇禧，得許可於十二日乘軍用機回臺。但被監視行動，十三日被迫返京
19470317	白崇禧、蔣經國來臺宣慰
19470321	配合綏靖計劃，實施清鄉
19470403	白崇禧返京報告，中常會通過徹查陳儀；肇事專賣局職員傅學通處死刑，其餘徒刑
19470416	楊亮功、何漢文向監察院提交「二二八事變調查報告」
19470421	決定由魏道明出任省主席，省府委員本省外省各半
19470516	臺灣省政府成立
19490520	臺灣省進入戒嚴狀態
19850600	李筱峰碩士論文〈臺灣光復初期的民意代表〉通過，並由自立晚報社出版
19860928	民主進步黨成立
19870204	「二二八和平日促進會」成立
19870226	在鄭南榕帶領下，兩百餘人展開嘉義二二八遊行及祭拜，一千五百名憲警待命
19870228	由北美洲臺灣人教授協會等團體在美國舊金山舉辦二二八事件四十周年紀念學術研討會
19870715	總統蔣經國宣布解除戒嚴
19880222	李登輝繼任中華民國第八任總統，發表對二二八事件看法
19880309	政府公開楊亮功二二八報告
19881028	臺灣省文獻會派員前往各地開始二二八口述歷史採訪
19890422	政府在立法院二二八事件專案報告會議上，由內政部、國防部提出書面報告

日期	事件內容
19900614	國立編譯館表示將在當年度高中歷史教科書加入「二二八事件」史實。
19901129	行政院成立「行政院二二八事件專案小組」
19910227	尹章義呼籲以特別立法的方式，解決二二八事件
19911200	二二八民間研究小組舉辦臺灣第一次二二八學術研討會
19920222	行政院公布「二二八事件研究報告」
19920226	行政院成立「二二八建碑委員會」，籌建二二八紀念碑。
19950228	二二八紀念碑在臺北新公園落成。李登輝代表中華民國政府向全國人民道歉。
19950407	立法院公佈二二八事件處理補償條例
19951007	「二二八事件處理及補償條例」生效
19951012	財團法人二二八基金會第一次董監事會議，張京育當選董事長
19960111	財團法人二二八紀念基金會正式成立
19960228	臺北新公園改名為二二八和平公園。
19960323	第九任總統大選 由李登輝、連戰搭檔勝出
19970220	吳三連臺灣史料基金會與臺北市政府合辦二二八事件五十週年國際學術研討會
19970226	二二八基金會舉辦「族群正義與人權保障」研討會
19970228	臺北二二八紀念館在臺北市二二八公園內開館，發行紀念銀幣、舉辦紀念美展等
19970530	二二八基金會組成真相調查小組，由賴澤涵、張天欽擔任召集人
19971014	總統令公布修正「二二八事件處理及補償條例」第二條
19971124	嘉義梅山古坑專案解除委任古坑鄉公所，改由二二八基金會自己執行
19981220	「走過二二八 疼惜愛臺灣」關懷鄉土之旅第一梯次活動
19990207	二二八基金會配合「臺北國際書展」舉辦二二八圖書展覽，贈閱「二二八事件參考手冊」
19990331	「走過二二八 疼惜愛臺灣」關懷鄉土之旅第二梯次活動
19990518	二二八紀念碑碑文重新安裝

日期	事件內容
19991120	嘉義縣水上鄉北迴歸線附近台一線省道上疑埋有二二八事件受難者遺骨數十塊
19991205	嘉義水上二二八遺骸奉安納骨塔
19991218	雲林古坑二二八遺骸七罈奉安納骨塔
20000520	政黨輪替，陳水扁就任中華民國第十任總統
20001114	雲林古坑二二八紀念碑揭碑
20010228	二二八檔案展由國家檔案局籌備處主辦，二二八基金會及國家圖書館協辦
20011215	南區二二八和平週教學手冊研討會，召集六十名國中小教師進行二二八歷史教育 之扎根工作
20011222	北區二二八和平週教學手冊研討會，召集七十名國中小教師進行二二八歷史教育 之扎根工作
20011229	二二八獎學金頒獎典禮
20020323	第一座私人二二八紀念館──阮朝日 228 紀念館在屏東成立
20030628	二二八基金會舉辦二二八事件新史料學術研討會
20040116	委託公視籌拍二二八事件紀錄片
20040228	二二八手護臺灣運動
20040301	二二八基金會組織、人員精簡及減薪，兩波總計降薪 20%，專任減至 13 名
20040320	第十一任總統大選，陳水扁贏得連任
20040401	二二八基金會辦公室遷移至北平西路臺鐵大樓三樓，坪數較原先縮減一半以上，租金節省近三分之二。
20040630	完成 93 年度「二二八事件教材著作及調查考證補助案」之審查作業
20040811	93 年度第一梯次為期兩天的二二八教師研習營
20040817	二二八基金會行文教育部建議高中歷史教科書新課程綱要應以「略古詳今」原則，擴充臺灣戰後史之篇幅。
20040927	二二八基金會研訂發行 228 期刊計畫

日期	事件內容
20041021	民進黨承諾二二八基金會及臺灣二二八關懷總會，爭取設立「二二八國家紀念館」、將「補償」條例修改為「賠償」條例、二二八基金會轉型永續經營、內政部逐年編列預算補助基金會。
20041101	二二八基金會與行政院文建會共同贊助製作之年度大戲「臺灣百合」開始於台視晚間八點連續劇時段播映，共計四十集。
20041113	二二八基金會發動臺灣史學專家及民間意見領袖，出席教育部於北、中、南三區舉辦之「高中歷史課程暫行綱要草案公聽會」，表達堅持臺灣主體優先之教育理念。
20041127	二二八基金會於淡水工商舉辦 93 年度第二梯次教師研習營
20050224	二二八基金會委託外省臺灣人協會舉辦「二二八事件族群對話」座談會，由受難者家屬、學者與文化界外省新世代與談，理性呼籲各族群正視二二八歷史。
20050226	「二二八責任歸屬研究報告成果發表會」，由張炎憲、黃秀政、薛化元、陳儀深、李筱峰、陳翠蓮、何義麟、陳志龍、黃茂榮等報告，副總統呂秀蓮亦出席
20050227	舉辦第二場「二二八事件族群對話」座談會，現場民眾觀看二二八紀錄片後，與阮美姝女士、戴寶村教授等與談人對談二二八議題。
20050228	二二八基金會官方網站正式開放使用，除充實二二八歷史陳述及會務說明，並開放受難者資料庫供查詢
20050228	「二二八會訊」創刊號正式發行，每期印製一萬份，寄贈二二八受難家屬、各級學校、圖書館、人權關懷團體、中央部會機關、民意代表等。
20050406	二二八基金會與公視節目部商議紀錄片「傷痕 228」宣傳計畫。
20050418	二二八基金會陳董事長陪同謝長廷院長、蘇嘉全部長參觀臺北二二八紀念館「漫話二二八展」
20050605	「傷痕 228」首映會
20050715	二二八基金會主辦之「新臺灣二二八大專研習營」於淡水舉行
20050817	二二八基金會主辦「228 統合教學研習營」
20060215	二二八基金會召開 2006 年「追思二二八、展望新國家」紀念系列活動聯合記者會。
20060219	二二八責任歸屬研究報告 新書發表及座談會

日期	事件內容
20060227	二二八基金會舉辦「228 啟示錄 女性論壇」
20060404	二二八基金會召開 「蔣介石蓋棺後再論定」記者會
20060427	基金會往基隆市民政局進行「二二八事件死傷人數調查計畫」之戶籍資料審閱作業
20060519	二二八基金會召開「國家級 228 紀念館」基地評估公聽會
20060526	二二八基金會拜會基隆市民政局，查閱民國 36 年二二八事件死亡民眾之戶籍資料
20060615	二二八基金會舉辦高雄地區 228 家屬座談會
20061028	二二八基金會舉辦「228 之光・護臺灣」音樂會
20061104	二二八基金會於淡水富邦教育中心舉辦「228 歷史紀錄營」；並與臺灣教師聯盟合辦「228 教學研習營」。
20061214	二二八基金會召開 228 事件受難人數調查會議
20070000	高雄市文獻委員會、二二八基金會、中研院臺史所分別舉辦二二八事件 60 週年學術研討會
20070209	新聞局委託三立電視製作《228 走過一甲子》特別報導，後被指出影片內容造假
20070301	二二八基金會至 Youth Hub 青年交流中心參與「轉型正義論壇」成立記者會暨討論會議
20070518	二二八基金會舉辦「再見 蔣總統!反共、民主、臺灣路」巡迴展記者會
20070518	二二八基金會與海洋臺灣文教基金會於臺北火車站南廣場舉辦「2007 年第十屆 228 藝術創作巡迴展 臺灣警世錄 回顧・覺醒・守護」活動
20070616	二二八基金會於臺灣民主紀念館舉辦「蔣總統別再 KUSO 了！不要中正廟的十大理由」新世代嗆蔣活動。
20070905	二二八基金會於雲林縣政府文化局舉辦「為蘇案解密，為臺灣自我之思索開解」
20070908	二二八基金會與手護臺灣大聯盟於臺北二二八和平公園音樂台舉辦「犧牲有價 庇佑臺灣——2007 臺灣魂詩歌音樂祭」演唱會
20070920	教育部召開「二二八國家紀念館專案小組會議」
20071115	二二八基金會完成法人變更登記作業：第 6 屆董事、監察人改組、捐助章

日期	事件內容
	程變更、本會存立時期及目的、主管機關改隸教育部
20071123	二二八基金會進行 228 母親拍攝及採訪
20071207	二二八基金會於臺灣大學、清華大學、東海大學、中正大學及成功大學舉辦「因為正義 所以和平 2007ROSE TOUR：228 校園巡迴音樂會」
20080101	二二八基金會協助教育部策劃「民主開門 自由風吹」特展
20080131	二二八基金會舉辦「臺灣站出來」記者會，假臺大校友聯誼社舉辦
20080223	二二八基金會舉辦大國霸權 or 小國人權–二二八事件與人權正義二二八事件 61 週年國際學術研討會
20080228	二二八基金會與「臺灣文學基金會」及「臺灣文學館」共同舉辦 228 文學展，為期一個月，總計展出圖書史料及影像資料近千件
20080319	二二八基金會召開「延平學院復校問題」專案會議協助推動延平學院復校事宜
20080410	召開二二八國家紀念館組織設置要點專案會議
20080419	228 主題暨藝術巡迴特展移至高雄國立科學工藝博物館展出
20080515	二二八辭典及二二八檔案彙編出版
20080520	二次政黨輪替，馬英九就任中華民國第十二任總統
20080521	二二八基金會開始在臺中、南投、雲嘉南等地區招募志工
20080710	二二八基金會假台南神學院舉辦 2 日「二二八教師研習營」
20080805	二二八基金會舉辦「228 青年營」
20080927	國立彰化高中圖書館呂興忠主任邀請二二八基金會林昶佐董事(Freddy)至該校演講，以吸引年輕族群，順利推廣 228 歷史傳承工作
20081004	二二八基金會舉辦舉辦第一屆臺韓人權論壇
20081015	二二八基金會舉辦「228 之友研習營」
20081112	二二八基金會與吳三連臺灣史料基金會洽談 228 史料資料庫合作事宜
20081210	二二八基金會假臺南市太平境教會舉辦「菊花對警棍：街頭 228 影像展」
20081212	二二八基金會於臺大舉辦 2008 年大專青年參與公共事務計畫之「臺灣週」活動
20081220	二二八基金會「228 之友」第 2 梯次課程假臺南國家文學館舉辦

日期	事件內容
20090221	二二八基金會於花蓮舉辦「二二八主題藝術特展——花蓮展覽與人權影展」
20090225	於高雄市電影圖書館、臺南國立臺灣文學館、國立臺灣大學舉辦二二八 62 週年紀念系列活動「二二八國際人權影展」
20090226	財團法人二二八事件紀念基金會與高雄市政府合辦二二八事件 62 週年學術研討會：歷史教育與傳承
20090307	二二八基金會舉辦「二二八人權電影講座——吹動大麥的風」
20090308	二二八基金會、臺灣 228 關懷總會與基隆 228 關懷協會於基隆西岸 2 號碼頭及東岸碼頭田寮河口舉辦「228 大屠殺地緣記憶追思活動」
20090418	二二八基金會於臺南神學院舉辦「二二八藝術特展」系列講座
20090701	二二八事件處理及賠償條例增訂、修正條文，明訂二二八基金會負責事項、中央政府為保存二二八等相關事務，二二八國家紀念館將交由二二八基金會管理
20091126	二二八事件紀念基金會董事長詹啟賢與臺北市長郝龍斌，於臺北市南海路 54 號二二八國家紀念館現址，共同簽署「合作備忘錄」
20110101	二二八基金會遷至南海路二二八國家紀念館
20100222	為深化社會集體記憶，二二八基金會於臺南市「吳園藝文中心」舉辦「大臺南 228 英靈事蹟展」
20100403	「228 春季週末音樂會」由臺北二二八紀念館及二二八事件紀念基金會合辦，由臺灣國際音樂藝術策劃，共規劃十三場音樂會
20100524	二二八基金會與立德大學熱門音樂社於其校園共同舉辦「2010 U、Stage 正義系啥米!?」活動
20100823	雲林縣二二八紀念碑與紀念館舉行落成啟用典禮
20101106	二二八基金會舉辦「嘉農與二二八歷史」座談研討會
20101206	宜蘭舉辦 有圖有真相——228 紀實影像暨受難家屬攝影巡迴展
20101111	2010 年 228 秋季音樂饗宴開始至 19 日
20110225	總統馬英九主持回復名譽證書頒發典禮
20110228	二二八國家紀念館開館典禮
20110404	舉辦張七郎、張宗仁、張果仁醫師追思紀念會暨文物展

日期	事件內容
20110703	尤世景先生百年紀念追思會暨回顧展
20110724	「詩情添灯、畫藝傳愛」王添灯文物展暨家族詩書與錄像藝術特展
20110903	蔣渭川追思紀念儀式暨特展開幕
20111001	關鍵 1987～228 公義和平運動影像展
20111218	嘉義二二八國家紀念公園開園典禮
20111225	二二八基金會舉辦美國人在臺灣的足跡 1950～1980 巡迴展開幕
20120714	《沉默的目擊——2012 國際人權攝影展》
20120921	二二八基金會舉辦「二二八事件暨人權教育」課程
20130228	「紀念二二八事件 66 週年嘉義地區黃榮燦版畫及『時空錯置的新聞』張岳楊手稿及影像展」
20130323	「二二八事件 66 週年追思紀念音樂會」
20130524	二二八基金會恢復受理賠償申請
20130723	臺灣轉型正義政府作為之探討公聽會
20130911	洪成潭版畫展——光州 5 月民眾抗爭暨紀念臺灣黃榮燦
20131129	中央研究院臺灣史研究所「新史料與二二八研究學術研討會」
20140510	公民思辨微革命——2014 年 228 人權影展
20140729	「從二二八到鄉土情——二二八前後訪臺大陸木刻家的臺灣印象」木刻版畫臺東、花蓮及屏東巡迴展
20150810	臺北二二八紀念館、靜宜大學、中研院臺灣史研究所合辦二二八與臺灣戰後發展學術研討會
20151024	「民主的光與影——臺韓前進民主之路人權影像展」
20160220	傷痕顯影——「見證 228」高屏地區 228 受難者影像展
20160227	二二八新書聯合發表會。二二八基金會之《二二八事件文獻目錄解題》與《二二八記者劫》，與吳三連臺灣史料基金會出版之《王添灯紀念輯》、中央研究院臺灣史研究所出版之《保密局臺灣站二二八史料彙編（二）》同日發表

國家圖書館出版品預行編目(CIP) 資料

二二八事件真相辯證 / 黃種祥著. -- 初版. -- 臺北市 : 元華文創, 民107.08
面 ; 公分
ISBN 978-986-393-991-7(平裝)
1.二二八事件
733.2913　　107010133

二二八事件真相辯證

黃種祥　著

發 行 人：陳文鋒
出 版 者：元華文創股份有限公司
聯絡地址：100 臺北市中正區重慶南路二段 51 號 5 樓
電　　話：(02) 2351-1607
傳　　真：(02) 2351-1549
網　　址：www.eculture.com.tw
E-mail：service@eculture.com.tw
出版年月：2018（民 107）年 8 月 初版
定　　價：新臺幣 720 元

ISBN：978-986-393-991-7(平裝)

總 經 銷：易可數位行銷股份有限公司
地　　址：231 新北市新店區寶橋路 235 巷 6 弄 3 號 5 樓
電　　話：(02) 8911-0825　　傳　　真：(02) 8911-0801